କାହିଁକି ମୁଁ ଜଣେ
ନାସ୍ତିକ
ଏବଂ ଅନ୍ୟାନ୍ୟ ଲେଖା

ଭଗତ୍ ସିଂ

ହୀରା ପୁସ୍ତକ
www.diamondbooks.in

ପ୍ରକାଶକଃ	:	ଡାଇମଣ୍ଡ ପକେଟ ବୁକ୍ସ (ପି) ଲିମିଟେଡ୍।
		ଏକ୍ସ-30, ଓଖଲା ଶିଳ୍ପାଞ୍ଚଳ, ଫେଜ୍-II,
		ନୂଆଦିଲ୍ଲୀ-110020
ଫୋନ୍ ନମ୍ବରଃ	:	011-40712200
ଇମେଲଃ	:	wecare@diamondbooks.in
ୱେବ୍ସାଇଟ୍ଃ	:	www. diamondbooks.in
ରିଲିଜ୍ ତାରିଖଃ	:	2025
ପ୍ରକାଶକଃ	:	ରେପ୍ରୋ (ଭାରତ)

କାହିଁକି ମୁଁ ଜଣେ ନାସ୍ତିକ ଏବଂ ଅନ୍ୟାନ୍ୟ ଲେଖା (Why I am an Atheist - Oriya)

By : Bhagat Singh

ଦଶନ୍ଧି ଦଶନ୍ଧି ପୂର୍ବରୁ ଲେଖାଯାଇଥିବା ସତ୍ତ୍ୱେ, ପୁସ୍ତକର ବିଷୟବସ୍ତୁ ଯୁକ୍ତିବାଦ, ସାମାଜିକ ନ୍ୟାୟ ଏବଂ ଚିନ୍ତାଧାରାର ସ୍ୱାଧୀନତା ସମସାମୟିକ ସମାଜରେ ଅତ୍ୟଧିକ ପ୍ରାସଙ୍ଗିକ | ଏହା ପାଠକମାନଙ୍କୁ ସେମାନଙ୍କ ଚାରିପାଖରେ ବିଶ୍ୱ ଗଠନ କରିବାରେ ଧର୍ମ, ଯୁକ୍ତି ଏବଂ ସକ୍ରିୟତାର ଭୂମିକା ଉପରେ ପ୍ରତିଫଳିତ କରିବାକୁ ପ୍ରେରିତ କରେ।

- **ପ୍ରକାଶକ**

ମୁଖବନ୍ଧ

ଭାରତର ସ୍ୱାଧୀନତା ସଂଗ୍ରାମର ବିପ୍ଳବୀ ପ୍ରତୀକ ଭଗତ୍ ସିଂଙ୍କୁ ତାଙ୍କର ପ୍ରଚଣ୍ଡ ଦେଶପ୍ରେମ, ଦୃଢ ସାହସ ଏବଂ ଆପୋଷ ବୁଝାମଣା ମନୋଭାବ ପାଇଁ ସ୍ମରଣ କରାଯାଏ। ତେବେ, ତାଙ୍କର ବୈପ୍ଳବିକ କାର୍ଯ୍ୟକଳାପ ଏବଂ ବଳିଦାନ ମଧ୍ୟରେ, ତାଙ୍କ ବିଚାରଧାରାର ଏକ କମ୍ ଜଣାଶୁଣା ଦିଗ ରହିଛି-ତାଙ୍କର ନାସ୍ତିକବାଦ। "ମୁଁ କାହିଁକି ଜଣେ ନାସ୍ତିକ" ପୁସ୍ତକରେ ଭଗତ୍ ସିଂ ଧର୍ମ ଏବଂ ବିଶ୍ୱାସ ଉପରେ ନିଜର ଦାର୍ଶନିକ ଆଭିମୁଖ୍ୟ ସ୍ପଷ୍ଟ କରିଛନ୍ତି, ଧାର୍ମିକ ମତବାଦର ଏକ ଦୃଢ଼ ସମାଲୋଚନା କରିଛନ୍ତି ଏବଂ ଯୁକ୍ତିବାଦ ଏବଂ ମାନବବାଦ ପାଇଁ ଓକିଲାତି କରିଛନ୍ତି।

ଭଗତ ସିଂହଙ୍କ ଜୀବନ ଔପନିବେଶିକ ଭାରତର ଅଶାନ୍ତ ସାମାଜିକ-ରାଜନୈତିକ ପରିବେଶ ସହିତ ନିବିଡ଼ ଭାବେ ଜଡ଼ିତ ଥିଲା। 1907 ମସିହାରେ ଏକ ଭକ୍ତ ଶିଖ ପରିବାରରେ ଜନ୍ମିତ, ସେ ବ୍ରିଟିଶ ଔପନିବେଶିକ ଶାସନ ଅଧୀନରେ ଚାଲିଥିବା ଅନ୍ୟାୟ ଏବଂ ଅସମାନତା ପ୍ରତ୍ୟକ୍ଷ ଭାବରେ ଦେଖିଥିଲେ। ସ୍ୱାଧୀନତା ଏବଂ ସମାନତା ପାଇଁ ଉତ୍ସାହ ଯୁବ ଭଗତ୍ ସିଂଙ୍କ ଶିରାରେ ସ୍ପନ୍ଦିତ ହୋଇଥିଲା, ଯାହା ତାଙ୍କୁ ଭାରତର ସ୍ୱାଧୀନତା ସଂଗ୍ରାମର ଘୂର୍ଣ୍ଣିବଳୟକୁ ଆଗେଇ ନେଇଥିଲା।

ଯେତେବେଳେ ଭଗତ୍ ସିଂ ବିପ୍ଳବୀ ସକ୍ରିୟତାର ଗୋଲକଧାଡିକୁ ଗଭୀର ଭାବରେ ଅନୁସନ୍ଧାନ କରିଥିଲେ, ସେ ଏକ ଗଭୀର ଆଦର୍ଶଗତ ପରିବର୍ତ୍ତନ ଦେଇ ଗତି କରିଥିଲେ। ଯଦିଓ ମୁକ୍ତି ପାଇଁ ତାଙ୍କର ପ୍ରତିବଦ୍ଧତା ଅତୁଟ ରହିଥିଲା, ଧର୍ମ, ସମାଜ ଏବଂ ମାନବ ଅସ୍ତିତ୍ୱ ସମ୍ବନ୍ଧୀୟ ପ୍ରଶ୍ନଗୁଡ଼ିକୁ ଅନ୍ତର୍ଭୁକ୍ତ କରିବା ପାଇଁ ତାଙ୍କ ବିଚାରର ଅନ୍ୱେଷଣ ବ୍ୟାପକ ହୋଇଥିଲା। ଏହି ଆଦର୍ଶଗତ ଉତ୍ତେଜନା ମଧ୍ୟରେ ହିଁ ତାଙ୍କ ନାସ୍ତିକତାର ମଞ୍ଜି ବୁଣାଯାଇଥିଲା।

"ମୁଁ କାହିଁକି ଜଣେ ନାସ୍ତିକ" ପୁସ୍ତକରେ ଭଗତ୍ ସିଂହ ନିଜର ବୌଦ୍ଧିକ ଯାତ୍ରାକୁ ଖୋଲାଖୋଲି ଭାବେ ଉପସ୍ଥାପନ କରିଛନ୍ତି, ଯେଉଁଥିରେ ଭଗବାନଙ୍କ ପ୍ରତି ତାଙ୍କର ଅବିଶ୍ୱାସର ଗତିପଥ ବିଷୟରେ ଉଲ୍ଲେଖ ରହିଛି। ସେ ଧାର୍ମିକ ଚିନ୍ତାଧାରାର ବିଭିନ୍ନ ଧାରକୁ ପୃଥକ କରନ୍ତି, ଅନ୍ଧବିଶ୍ୱାସ ଏବଂ ରୁଢ଼ିବାଦୀ ଇଟା ଦ୍ୱାରା ଧ୍ୱଂସ କରନ୍ତି |

ଇଟା। ଯୁକ୍ତି ଏବଂ ଯୁକ୍ତିସଙ୍ଗତତାର ଉତ୍ସରୁ ଆକର୍ଷିତ ହୋଇ, ସେ ନାସ୍ତିକବାଦ ପାଇଁ ଏକ ବାଧ୍ୟତାମୂଳକ ଯୁକ୍ତି ନିର୍ମାଣ କରନ୍ତି, ଯାହା ଅଭିଜ୍ଞତାଗତ ପ୍ରମାଣ ଏବଂ ସମାଲୋଚନାମୂଳକ ଅନୁସନ୍ଧାନରେ ନିହିତ |

ତାଙ୍କ ପାଇଁ, ନାସ୍ତିକବାଦ କେବଳ ଭଗବାନଙ୍କ ଉପରେ ବିଶ୍ୱାସର ଅବମାନନା ନୁହେଁ, ବରଂ ମାନବ ସାମର୍ଥ୍ୟ ଏବଂ ମର୍ଯ୍ୟାଦାର ଏକ ସକାରାତ୍ମକ ସମର୍ଥନ ଥିଲା। ଜାତିଗତ କୁସଂସ୍କାର, ସାମ୍ପ୍ରଦାୟିକ ବିବାଦ ଏବଂ ଧାର୍ମିକ ଧର୍ମାନ୍ଧତା ଦ୍ୱାରା ଜର୍ଜରିତ ଏକ ସମାଜରେ, ଭଗତ୍ ସିଂ ନାସ୍ତିକତାକୁ ଏକ ମୁକ୍ତ ଶକ୍ତି ଭାବରେ ଦେଖିଥିଲେ, ଯାହା ମାନବଜାତିକୁ ଅଜ୍ଞାନତା ଏବଂ ଅନ୍ଧବିଶ୍ୱାସର ବନ୍ଧନରୁ ମୁକ୍ତ କରିଥିଲା |

ଅଧିକନ୍ତୁ, ଭଗତ୍ ସିଂଙ୍କ ନାସ୍ତିକବାଦ ସାଥୀ ପ୍ରାଣୀମାନଙ୍କ ପ୍ରତି ନୈତିକ ଦାୟିତ୍ୱର ଗଭୀର ଭାବନା ସହିତ ଅନୁପ୍ରାଣିତ ହୋଇଥିଲା | ସେ ଏପରି ଏକ ସମାଜର ପରିକଳ୍ପନା କରିଥିଲେ ଯେଉଁଠାରେ ମାନବ ସମ୍ପର୍କ ଈଶ୍ୱରୀୟ ପ୍ରତିଶୋଧର ଭୟ ଦ୍ୱାରା ନୁହେଁ ବରଂ କରୁଣା, ସହାନୁଭୂତି ଏବଂ ଏକତାର ନୀତି ଦ୍ୱାରା ପରିଚାଳିତ | ତାଙ୍କ ଦର୍ଶନରେ, ନାସ୍ତିକବାଦ ଏକ ନୈତିକ ଦିଗଦର୍ଶନ ଭାବରେ କାର୍ଯ୍ୟ କରିଥିଲା, ଯାହା ବ୍ୟକ୍ତିବିଶେଷଙ୍କୁ ଏକ ଅଧିକ ନ୍ୟାୟପୂର୍ଣ୍ଣ ଏବଂ ନ୍ୟାୟସଙ୍ଗତ ବିଶ୍ୱ ଆଡକୁ ମାର୍ଗଦର୍ଶନ କରିଥିଲା |

"ମୁଁ କାହିଁକି ଜଣେ ନାସ୍ତିକ" ର ସ୍ଥାୟୀ ପ୍ରାସଙ୍ଗିକତା ଏହାର ପ୍ରକାଶନର ସାମୟିକ ସୀମାକୁ ଅତିକ୍ରମ କରେ | ପୁନରୁତ୍ଥାନଶୀଳ ଧାର୍ମିକ ମୌଳବାଦ, ସାମ୍ପ୍ରଦାୟିକ ହିଂସା ଏବଂ ଆଦର୍ଶଗତ ମେରୁକରଣ ଦ୍ୱାରା ଚିହ୍ନିତ ଯୁଗରେ, ଯୁକ୍ତିବାଦ ଏବଂ ମାନବବାଦ ପାଇଁ ଭଗତ ସିଂଙ୍କ ସ୍ପଷ୍ଟ ଆହ୍ୱାନ ନୂତନ ଜରୁରୀତା ସହିତ ପ୍ରତିଧ୍ୱନିତ ହୁଏ | ତାଙ୍କର ଧାର୍ମିକ ମତବାଦର ସମାଲୋଚନା ଏବଂ ବୈଜ୍ଞାନିକ ମନୋବୃତ୍ତି ପାଇଁ ସମର୍ଥନ ଆଧୁନିକ ବିଶ୍ୱର ଜଟିଳତାକୁ ପରିଚାଳନା କରିବା ପାଇଁ ଅମୂଲ୍ୟ ଅନ୍ତର୍ଦୃଷ୍ଟି ପ୍ରଦାନ କରେ |

ପରିଶେଷରେ, "ମୁଁ କାହିଁକି ଜଣେ ନାସ୍ତିକ" ଭଗତ ସିଂଙ୍କ ବୌଦ୍ଧିକ କୁଶଳତା, ନୈତିକ ସାହସ ଏବଂ ଅଦମ୍ୟ ଆତ୍ମାକୁ ପ୍ରମାଣ କରେ | ତାଙ୍କର ତୀକ୍ଷ୍ଣ ବିଶ୍ଳେଷଣ ଏବଂ ନାସ୍ତିକବାଦ ପାଇଁ ଆବେଗପୂର୍ଣ୍ଣ ନିବେଦନ ମାଧ୍ୟମରେ, ସେ ଆମକୁ ଆମର ଗଭୀର ବିଶ୍ୱାସର ମୁକାବିଲା କରିବାକୁ ଏବଂ ଆମର ବିଶ୍ୱ ଦୃଷ୍ଟିକୋଣର ମୂଳଦୁଆକୁ ପଚରା ଉଚୁରା କରିବାକୁ ଆହ୍ୱାନ କରନ୍ତି | ଯେତେବେଳେ ଆମେ ଏହି ବୌଦ୍ଧିକ ଅଭିଯାନ ଆରମ୍ଭ କରିବା, ଆସନ୍ତୁ ଆମେ ଭଗତ୍ ସିଂଙ୍କ ଶବ୍ଦ ପ୍ରତି ଧ୍ୟାନ ଦେବା ଏବଂ ଏପରି ଏକ ବିଶ୍ୱ ଆଡକୁ ପ୍ରୟାସ କରିବା ଯେଉଁଠାରେ ଅନ୍ଧବିଶ୍ୱାସ ଉପରେ ବୁଦ୍ଧି ବିଜୟ ଲାଭ କରେ, ଏବଂ ମାନବତା ସର୍ବୋଚ୍ଚ ଶାସନ କରେ।

ଏହି ପୁସ୍ତକ ନାସ୍ତିକବାଦ ଏବଂ ଯୁକ୍ତିବାଦ ବିଷୟରେ ଏକ ଚିନ୍ତାଜନକ ଅନ୍ୱେଷଣ ପ୍ରଦାନ କରେ, ପାଠକମାନଙ୍କୁ ସେମାନଙ୍କର ବିଶ୍ୱାସକୁ ସମାଲୋଚନାତ୍ମକ ଭାବରେ ପରୀକ୍ଷା କରିବାକୁ ଏବଂ ବିକଳ୍ପ ଦୃଷ୍ଟିକୋଣ ଉପରେ ବିଚାର କରିବାକୁ ଆମନ୍ତ୍ରଣ କରେ

ବିଷୟବସ୍ତୁ

1923 ମସିହାରେ ନ୍ୟାସନାଲ କଲେଜ ଲାହୋର ଡ୍ରାମାଟିକ୍ସ କ୍ଲବର ଫଟୋରେ ତୃତୀୟ ଡାହାଣରେ ଠିଆ ହୋଇଥିବା ଭାଗବତ ସିଂ | (ଉତ୍ସ: ଇଣ୍ଡିଆନ୍ ଏକ୍ସପ୍ରେସ୍)

ଖଟକର କଲାନରେ ଭଗତ ସିଂହଙ୍କ ପୈତୃକ ଘର।

12 ବର୍ଷ ବୟସରେ ଭଗତ ସିଂହ।

1

ପଞ୍ଜାବର ଭାଷା ଏବଂ ଲିପିରେ ସମସ୍ୟା

"ପଞ୍ଜାବ ହିନ୍ଦୀ 1923 ମସିହାରେ ସାହିତ୍ୟ ସମ୍ମିଳନୀ "ପଞ୍ଜାବର ଭାଷା ଏବଂ ଲିପିର ସମସ୍ୟା" ବିଷୟ ଉପରେ ଏକ ପ୍ରବନ୍ଧ ପ୍ରତିଯୋଗିତା ଆୟୋଜନ କରିଥିଲା। ଭଗତ ସିଂହ ସେହି ପ୍ରତିଯୋଗିତା ପାଇଁ ଏହି ଲେଖାଟି ଲେଖିଥିଲେ। ଭଗତ ସିଂହଙ୍କୁ 2 ଲକ୍ଷ ଟଙ୍କାର ପୁରସ୍କାର ମିଳିଥିଲା। ଏହି ଲେଖା ପାଇଁ 50। ପରବର୍ତ୍ତୀ ସମୟରେ, ଏହା 28 ଫେବୃଆରୀ 1933 ରେ ହିନ୍ଦୀ ସନ୍ଦେଶରେ ପ୍ରକାଶିତ ହୋଇଥିଲା।

**

କୌଣସି ସମାଜ କିମ୍ବା ଦେଶର ସାହିତ୍ୟ ସହିତ ପରିଚିତ ହେବା ସେହି ସମାଜ କିମ୍ବା ଦେଶକୁ ବୁଝିବା ପାଇଁ ଅତ୍ୟନ୍ତ ଗୁରୁତ୍ୱପୂର୍ଣ୍ଣ, କାରଣ କୌଣସି ସମାଜର ଆତ୍ମାର ଚେତନା ଏହାର ସାହିତ୍ୟରେ ମଧ୍ୟ ପ୍ରତିଫଳିତ ହୋଇଥାଏ। ଉପରୋକ୍ତ ଉକ୍ତିର ସତ୍ୟତା ଇତିହାସରେ ପ୍ରମାଣିତ ହୋଇଛି। ଦେଶଗୁଡ଼ିକ ସେମାନଙ୍କ ସାହିତ୍ୟର ପ୍ରବାହ ଦ୍ୱାରା ନିର୍ଦ୍ଧାରିତ ଦିଗକୁ ଅନୁସରଣ କରିଛନ୍ତି। ପ୍ରତ୍ୟେକ ରାଷ୍ଟ୍ର ନିଜର ଉନ୍ନତି ପାଇଁ ଉଚ୍ଚମାନର ସାହିତ୍ୟ ଆବଶ୍ୟକ କରେ। କୌଣସି ଦେଶର ସାହିତ୍ୟ ଯେତେବେଳେ ନୂଆ ଶିଖର ଛୁଇଁଥାଏ, ସେତେବେଳେ ଦେଶର ମଧ୍ୟ ବିକାଶ ହୋଇଥାଏ। ଦେଶପ୍ରେମୀମାନେ, ସେମାନେ କେବଳ ସମାଜ ସଂସ୍କାରକ ହୁଅନ୍ତୁ କିମ୍ବା ରାଜନୈତିକ ନେତା-ନିଜ ଦେଶର ସାହିତ୍ୟ ପ୍ରତି ସର୍ବାଧିକ ଧ୍ୟାନ ଦିଅନ୍ତି। ଯଦି ସେମାନେ ସମସାମୟିକ ପ୍ରସଙ୍ଗ ଏବଂ ପରିସ୍ଥିତିର ଆବଶ୍ୟକତାକୁ ପୂରଣ କରିବା ପାଇଁ ନୂତନ ସାହିତ୍ୟ ସୃଷ୍ଟି ନକରନ୍ତି, ତେବେ ସେମାନଙ୍କର ସମସ୍ତ ପ୍ରୟାସ ବିଫଳ ହେବ ଏବଂ ସେମାନଙ୍କର କାର୍ଯ୍ୟ ଅସ୍ଥିର ପ୍ରମାଣିତ ହେବ।

ସମ୍ଭବତଃ ଗରିବାଲ୍ଡୀ ଏତେ ସହଜରେ ସେନାକୁ ନିୟୋଜିତ କରିବାରେ ସଫଳ ହୋଇପାରିନଥାନ୍ତେ ଯଦି ମାଜିନି ତାଙ୍କର ତିରିଶ ବର୍ଷ ତାଙ୍କ ସାଂସ୍କୃତିକ ଏବଂ ସାହିତ୍ୟିକ ପୁନର୍ଜାଗରଣ ମିଶନରେ ବିନିଯୋଗ କରିନଥାନ୍ତେ। ଆୟର୍ଲାଣ୍ଡର ନବଜାଗରଣ ସହିତ ସମାନ ଉତ୍ସାହ ସହିତ ଆଇରିସ ଭାଷାର ପୁନରୁଦ୍ଧାର ପାଇଁ ପ୍ରୟାସ କରାଯାଇଥିଲା। ଶାସକମାନେ ଆଇରିସ ଲୋକଙ୍କ ଉପରେ ଚୂଡ଼ାନ୍ତ ଦମନ ପାଇଁ ସେମାନଙ୍କ ଭାଷାକୁ ଏତେ ଦମନ କରିବାକୁ ଚାହୁଁଥିଲେ ଯେ ଗେଲିକ୍ ଭାଷାରେ କିଛି ପଦ ରଖିବା ଅପରାଧ ପାଇଁ ପିଲାମାନଙ୍କୁ ମଧ୍ୟ ଦଣ୍ଡିତ କରାଯାଇଥିଲା। ରୁସୋ ଏବଂ ଭଲ୍ଟେୟାରଙ୍କ ସାହିତ୍ୟ ବିନା ଫରାସୀ ବିପ୍ଳବ ଅସମ୍ଭବ ହୋଇଥାନ୍ତା। ଯଦି ଟଲଷ୍ଟୟ, କାର୍ଲ ମାର୍କ୍ସ ଏବଂ ମାକ୍ସିମ ଗୋର୍କି ଏକ ନୂତନ ସାହିତ୍ୟ ସୃଷ୍ଟି କରିବାରେ ନିଜ ଜୀବନର ଅନେକ ବର୍ଷ ବିନିଯୋଗ କରିନଥାନ୍ତେ, ତେବେ ରୁଷୀୟ ବିପ୍ଳବ ଘଟି ନଥାନ୍ତା, କମ୍ୟୁନିଜମ୍ର ପ୍ରଚାର ଏବଂ ଅଭ୍ୟାସ କଥା ଛାଡ଼ନ୍ତୁ।

ସାମାଜିକ ଏବଂ ଧାର୍ମିକ ସଂସ୍କାରକମାନଙ୍କ କ୍ଷେତ୍ରରେ ମଧ୍ୟ ଏହା ପ୍ରଯୁଜ୍ୟ। କବୀରଙ୍କ ଚିନ୍ତାଧାରା ତାଙ୍କ ସାହିତ୍ୟ କାରଣରୁ ଏକ ସ୍ଥିର ପ୍ରଭାବ ପକାଇଥାଏ। ଆଜି ପର୍ଯ୍ୟନ୍ତ, ତାଙ୍କ କବିତାଗୁଡ଼ିକର ମଧୁରତା ଏବଂ ସମ୍ବେଦନଶୀଳତା ଲୋକଙ୍କ ପାଇଁ ଆକର୍ଷଣୀୟ ପ୍ରମାଣିତ ହୋଇଛି |

ଗୁରୁ ନାନକ ଦେବଜୀଙ୍କ ବିଷୟରେ ମଧ୍ୟ ଠିକ୍ ସେହିଭଳି କୁହାଯାଇପାରେ, ଯେତେବେଳେ ଶିଖ ଗୁରୁମାନେ ନିଜ ବିଶ୍ୱାସର ପ୍ରଚାର ସହିତ ନିଜର ନୂତନ ବ୍ୟବସ୍ଥା ପ୍ରତିଷ୍ଠା କରିବା ଆରମ୍ଭ କଲେ, ସେମାନେ ଏକ ନୂତନ ସାହିତ୍ୟର ଆବଶ୍ୟକତା ଅନୁଭବ କଲେ ଏବଂ ଏହା ଗୁରୁ ଅଙ୍ଗଦ ଦେବଜୀଙ୍କୁ ଗୁରୁମୁଖୀ ଲିପି ବିକଶିତ କରିବା ପାଇଁ ପ୍ରେରଣା ଦେଲା। ଶହ ଶହ ବର୍ଷର ନିରନ୍ତର ଯୁଦ୍ଧ ଏବଂ ମୁସଲମାନ ଆକ୍ରମଣ ପଞ୍ଜାବର ସାହିତ୍ୟକୁ ଶୁଷ୍କ କରିଦେଇଥିଲା। ହିନ୍ଦୀ ଭାଷା ବିଲୁପ୍ତିର ଦ୍ୱାରଦେଶରେ ଥିଲା। ଭାରତୀୟ ଭାଷାର ସନ୍ଧାନରେ ସେ କାଶ୍ମୀରୀ ଲିପିକୁ ଗ୍ରହଣ କରିଥିଲେ। ପରେ ଆଦି ଗ୍ରନ୍ଥ ଗୁରୁ ଅର୍ଜୁନ ଦେବଜୀ ଏବଂ ଭାଇ ଗୁରୁଦାସଜୀଙ୍କ ଦ୍ୱାରା ସଂକଳିତ ହୋଇଥିଲା। ସେମାନଙ୍କ ବିଶ୍ୱାସକୁ ଚିରସ୍ଥାୟୀ କରିବା ପାଇଁ ସେମାନେ ନିଜସ୍ୱ ସ୍କ୍ରିପ୍ଟ ଏବଂ ସାହିତ୍ୟ ସୃଷ୍ଟି କରିବାର ଏହି କାର୍ଯ୍ୟରେ ଏକ ସୁଦୂରପ୍ରସାରୀ ଏବଂ ଉପଯୋଗୀ ପଦକ୍ଷେପ ନେଇଥିଲେ।

ପରେ, ପରିସ୍ଥିତି ବଦଳିବା ସହିତ ସାହିତ୍ୟର ପ୍ରବାହ ମଧ୍ୟ ବଦଳିଗଲା। ଗୁରୁମାନଙ୍କ ନିରନ୍ତର ବଳିଦାନ ଏବଂ ଯନ୍ତ୍ରଣା ପରିସ୍ଥିତିକୁ ବଦଳାଇ ଦେଇଥିଲା। ଯେତେବେଳେ କି ଆମେ ପ୍ରଥମ ଗୁରୁଙ୍କ ଉପଦେଶରେ ଭକ୍ତି ଏବଂ ଆତ୍ମ-ସମର୍ପଣ ପାଇଥାଉ, ଏବଂ ନିମ୍ନୋକ୍ତ ଦୋହରେ ଆତ୍ମ-ପ୍ରଭାବ ଅନୁଭବ କରୁଃ

ନାନକ ନନ୍ହେ ହୋ ରହେ, ଜେସି ନନ୍ହୀ ଦୁବ।
ଔର ଘାସ ଜରୀ ଜାତ ହୈ, ଦୁବ୍ ଖୁବ୍ କି ଖୁବ୍

(ନାନକ ସମସ୍ତଙ୍କୁ ଡବ୍ ଘାସ ପରି ନମ୍ର ଏବଂ ଗୁରୁତ୍ୱହୀନ ହେବାକୁ ଅନୁରୋଧ କରନ୍ତି | ଅନ୍ୟ ସମସ୍ତ ଘାସ ଜଳି ଯାଇଥିବାବେଳେ, ଡୁବ୍ ବୃଦ୍ଧି ପାଇବାରେ ଲାଗିଛି |)

ଗୁରୁ ଶ୍ରୀ ତେଗ ବାହାଦୂରଜୀଙ୍କ ଉପଦେଶରେ ଆମେ ଉତ୍ପୀଡ଼ିତଙ୍କ ପ୍ରତି ସହାନୁଭୂତି ଏବଂ ସାହାଯ୍ୟର ଭାବନା ପାଇଥାଉଃ

ବାଁହି ଜିନ୍ହ୍ କି ପକଡ଼ିଏ, ସାର୍ ଦିଜିଏ ବାଁହି ନା
ଛୋଡ଼ିଏ, ଗୁରୁ ତେଗ୍ ବାହାଦୁର୍ ବୋଲ୍ୟା, ଧାରାଟି ପାଇ ଧରମ୍ ନା ଚୋଡ଼ିଏ।

(ଆପଣ ଯାହାକୁ ସୁରକ୍ଷା ପ୍ରଦାନ କରନ୍ତି, ଆପଣ ନିଜକୁ ବଳିଦାନ କରିବାକୁ ପ୍ରସ୍ତୁତ ରହିବା ଉଚିତ୍ କିନ୍ତୁ ସେହି ସୁରକ୍ଷା ନୁହେଁ। ଗୁରୁ ତେଗ ବାହାଦୂର ଆପଣଙ୍କୁ ଅନୁରୋଧ କରିଛନ୍ତି ଯେ ଏହି ପୃଥିବୀରେ ନିଜର ଧର୍ମ ପରିତ୍ୟାଗ କରନ୍ତୁ ନାହିଁ)।

ତାଙ୍କ ବଳିଦାନ ପରେ, ହଠାତ୍, ଆମେ ଗୁରୁ ଗୋବିନ୍ଦ ସିଂ ଜୀଙ୍କ ପ୍ରଚାରରେ ଏକ ଯୋଦ୍ଧା ଆତ୍ମା ଅନୁଭବ କରୁ। ଯେତେବେଳେ ସେ ଅନୁଭବ କଲେ ଯେ କେବଳ ଆଧ୍ୟାତ୍ମିକ ଭକ୍ତି କିଛି କରିପାରିବ ନାହିଁ, ସେ ଚଣ୍ଡି ପୂଜା ଆରମ୍ଭ କରିଥିଲେ ଏବଂ ଆଧ୍ୟାତ୍ମିକତା ଏବଂ ଯୁଦ୍ଧକୁ ସଂଶ୍ଳେଷିତ କରି ଶିଖ ସମ୍ପ୍ରଦାୟକୁ ଉପାସକ ଏବଂ ଯୋଦ୍ଧାଙ୍କ ସମ୍ପ୍ରଦାୟରେ ପରିଣତ କରିଥିଲେ। ଆମେ ତାଙ୍କ କବିତା (ସାହିତ୍ୟ) ରେ ଏକ ନୂତନ ଆତ୍ମା ପାଇଥାଉ। ସେ ଲେଖିଛନ୍ତିଃ

ଜେ ତୋହି ପ୍ରେମ ଖେଲାନ୍ ଦା ଚାଭ୍, ସାର୍ ଧର ତଲି ଗଲି ମୋରି ଆଓ,
ଜେ ଇଟ୍ ମାରାଗ୍ ଯୋଡି ଧାରିଜାଇ, ସାର୍ ଦିଜାଇ କାନ୍ ନୋ ଦିଜାଇ।

(ଯଦି ଆପଣ ପ୍ରେମର ଖେଳ ଖେଳିବାକୁ ଆଗ୍ରହୀ, ତେବେ ନିଜ ମୁଣ୍ଡକୁ ନିଜ ହାତର ପାପୁଲିରେ ରଖନ୍ତୁ ଏବଂ ତା 'ପରେ ହିଁ ମୋ ଲେନ୍ରେ ପ୍ରବେଶ କରନ୍ତୁ। ଯଦି ଆପଣ ଏହି ରାସ୍ତାରେ ପାଦ ରଖନ୍ତି ତେବେ ପଛକୁ ପଡ଼ନ୍ତୁ ନାହିଁ, ଯଦିଓ ଆପଣଙ୍କୁ ନିଜ ଜୀବନ ହରାଇବାକୁ ପଡିବ |) ଏବଂ ତା "ପରେଃ

ସୁରା ସୋ ପବଚାନିୟେ, ଜେ ଲାଦେ ଦୀନ କେ ହେତ୍,
ପୁର୍ଜା-ପୁର୍ଜା କଟ ମାରେ, କବୁ ନା ଛଡ଼େ ଖେତ।

(କେବଳ ସେ ସାହସୀ ଯିଏ ଗରିବଙ୍କ ସ୍ୱାର୍ଥ ପାଇଁ ଲଢ଼ନ୍ତି। ତାଙ୍କୁ ଖଣ୍ଡ ଖଣ୍ଡ କରି କାଟି ଦିଆଯାଇପାରେ ଏବଂ ତାଙ୍କୁ ହତ୍ୟା କରାଯାଇପାରେ, କିନ୍ତୁ ସେ ପଡ଼ିଆ ଛାଡ଼ିବା ଉଚିତ ନୁହେଁ।)

ଏବଂ ତା 'ପରେ ହଠାତ୍, ଖଣ୍ଡା ପୂଜା ଆରମ୍ଭ ହୁଏ |

ସେହି ସମାନ ଭାବନା ନେଇ ବାବା ବାନ୍ଦା ଏବଂ ଅନ୍ୟମାନେ ମୁସଲମାନ ଶାସକଙ୍କ ସହ ନିରବଚ୍ଛିନ୍ନ ଭାବେ ଲଢ଼ିଥିଲେ। ଆମେ ପରେ ଜାଣିବାକୁ ପାଇଲୁ ଯେ ଯେତେବେଳେ ଶିଖ୍ମାନେ କେବଳ ଅରାଜକବାଦୀ ଗୋଷ୍ଠୀରେ ସୀମିତ ହୋଇଗଲେ, ବେଆଇନ ଘୋଷିତ ହେଲେ, ଏବଂ କ୍ରମାଗତ ଭାବରେ ଜଙ୍ଗଲରେ ସୀମିତ ରହିବାକୁ ବାଧ୍ୟ ହେଲେ, କୌଣସି ନୂତନ ସାହିତ୍ୟ ସୃଷ୍ଟି ହୋଇପାରିଲା ନାହିଁ। ସେମାନଙ୍କ ପାଖରେ ଯୋଦ୍ଧା ମନୋଭାବ, ସାହସ ଏବଂ ବଳିଦାନର ଭାବନା ଏବଂ ମୁସଲମାନ ଶାସକମାନଙ୍କ ବିରୁଦ୍ଧରେ ଯୁଦ୍ଧ ଜାରି ରଖିବା ପାଇଁ ଏକ ଉତ୍ସାହ ଥିଲା, କିନ୍ତୁ ସେମାନେ ଏହାଠାରୁ ଆଗକୁ ସେମାନଙ୍କ ଭବିଷ୍ୟତ ଯୋଜନା କରିପାରିଲେ ନାହି। ଏହା ବ୍ୟାଖ୍ୟା କରେ ଯେ କାହିଁକି ଏହି ଯୋଦ୍ଧା ଗୋଷ୍ଠୀମାନେ ନିଜ ନିଜ ମଧ୍ୟରେ ଲଢ଼ିଥିଲେ। ଏଠାରେ ସେମାନଙ୍କର ସମସାମୟିକ ମନୋବଳର ଅଭାବ ଆମକୁ ଚିନ୍ତିତ କରେ। ଯଦି ରଣଜିତ ସିଂହଙ୍କ ଭଳି ଜଣେ ଯୋଦ୍ଧା ଏବଂ ଚତୁର ଶାସକ ପରବର୍ତ୍ତୀ ସମୟରେ ଉଭା ହୋଇନଥାନ୍ତେ, ତେବେ ଶିଖ୍ମାନେ କୌଣସି ଉଚ୍ଚ ଆଦର୍ଶ କିମ୍ବା ଆତ୍ମାକୁ ହରାଇ ସେମାନଙ୍କୁ ଏକତ୍ରିତ କରିଥାନ୍ତେ।

ଏସବୁ ସହିତ, ଆଉ ଏକ ବିନ୍ଦୁ ଧ୍ୟାନ ଦେବା ଯୋଗ୍ୟ | ସମସ୍ତ ସଂସ୍କୃତ ସାହିତ୍ୟ, ଏକତ୍ର କରି, ହିନ୍ଦୁ ସମାଜକୁ ପୁନର୍ଜୀବିତ କରିବାରେ ବିଫଳ ହୋଇଥିଲା; ନୂତନ ସାହିତ୍ୟକୁ ସମସାମୟିକ ଆଧୁନିକ ଭାଷାରେ ଲେଖିବାକୁ ପଡ଼ିଥିଲା। ଆଜି ପର୍ଯ୍ୟନ୍ତ, ଆମେ କେବଳ ସେହି ପ୍ରଭାବକୁ ଅନୁଭବ କରୁଛୁ ଯାହା ସମସାମୟିକ ଚେତନାର ସେହି ସାହିତ୍ୟ ଦ୍ୱାରା ସୃଷ୍ଟି ହୋଇଥିଲା। ଏପରିକି ଉପଯୁକ୍ତ ଶିକ୍ଷା ଏବଂ ବୋଧଗମ୍ୟ ବ୍ୟକ୍ତିଙ୍କ ପାଇଁ, ଏକ ସରଳ ଭାଷାରେ ସରଳ ବିବୃତ୍ତି ଦ୍ୱାରା ଅସମ୍ଭବ ସଂସ୍କୃତ ଏବଂ ଶାସ୍ତ୍ରୀୟ ଆରବିର ଆୟତ (ପଦ) ର ଭଜନ ଏତେ ଉତ୍ସାହଜନକ ହୋଇପାରିବ ନାହିଁ |

ପଞ୍ଜାବୀ ଭାଷା ଏବଂ ସାହିତ୍ୟର ଏକ ସଂକ୍ଷିପ୍ତ ଇତିହାସ ଉପରେ ରେଖାଙ୍କିତ ହୋଇଛି। ଏବେ ଆମେ ଆମ ସମୟକୁ ଫେରିଯାଉଛୁ। ବଙ୍ଗଳାରେ ସ୍ୱାମୀ ବିବେକାନନ୍ଦ ଏବଂ ପଞ୍ଜାବରେ ସ୍ୱାମୀ ରାମତୀର୍ଥ ପ୍ରାୟ ଏକା ସମୟରେ ଜନ୍ମଗ୍ରହଣ କରିଥିଲେ। ଉଭୟ ସମାନ ଅର୍ଥରେ 'ମହାନ' ଥିଲେ। ଉଭୟ

ବିଦେଶରେ ଭାରତୀୟ ଅଧିବିଦ୍ୟ ପ୍ରତିଷ୍ଠା ପାଇଁ ସେ ପ୍ରସିଦ୍ଧି ଲାଭ କରିଥିଲେ। ସ୍ୱାମୀ ବିବେକାନନ୍ଦଙ୍କ ମିଶନ ବଙ୍ଗଳାରେ ଏକ ସ୍ଥାୟୀ ଅନୁଷ୍ଠାନରେ ପରିଣତ ହୋଇଥିଲା, ଯେତେବେଳେ କି ପଞ୍ଜାବରେ ସ୍ୱାମୀ ରାମତୀର୍ଥଙ୍କ ଏକ ସ୍ମାରକୀ ନାହିଁ। ସେମାନଙ୍କର ଚିନ୍ତାଧାରାରେ ଗୁରୁତ୍ୱପୂର୍ଣ୍ଣ ପାର୍ଥକ୍ୟ ସତ୍ତ୍ୱେ, ଆମେ ମୂଳରେ ଦୃଢ଼ ସମାନତା ପାଇଥାଉ। ଯେତେବେଳେ ସ୍ୱାମୀ ବିବେକାନନ୍ଦ କର୍ମଯୋଗ ପ୍ରଚାର କରୁଥିଲେ, ସେତେବେଳେ ସ୍ୱାମୀ ରାମତୀର୍ଥ ଆନନ୍ଦରେ ଗାନ କରୁଥିଲେଃ

ହମ ରୁଖେ ଟୁକଡ଼େ ଖାୟେଙ୍ଗେ,
ଭାରତ ପର ୱାରେ ଜାୟେଙ୍ଗେ,
ହମ ସୁଖେ ଚାନେ ଚାବେଙ୍ଗେ,
ଭାରତ କି ବାତ୍ ବନେଙ୍ଗେ,

ହମ ନାଙ୍ଗେ ଉମର ବିତାୟେଙ୍ଗେ,

ଭାରତ ପର ଜାନ ମିଟାୟେଙ୍ଗେ।

(ଆମେ ଛୋଟ ଛୋଟ ଖଣ୍ଡରେ ବଞ୍ଚିବୁ, କିନ୍ତୁ ଭାରତ ପାଇଁ ନିଜକୁ ବଳିଦାନ ଦେବୁ। ଆମେ ସବୁଠାରୁ ସାଧାରଣ ଖାଦ୍ୟ ଖାଇବୁ, କିନ୍ତୁ ଆମ ଦେଶ ପାଇଁ କାମ କରିବୁ। ଆମେ ସାରା ଜୀବନ ଉଲଗ୍ନ ରହିବୁ, କିନ୍ତୁ ଭାରତ ପାଇଁ ଆମ ଜୀବନ ଉତ୍ସର୍ଗ କରିବୁ।

ଅନେକ ଥର, ସେ ଆମେରିକାରେ ଅସ୍ତ ହେଉଥିବା ସୂର୍ଯ୍ୟକୁ ଦେଖି କାନ୍ଦିଥିଲେ, ଏବଂ କହିଥିଲେଃ "ବର୍ତ୍ତମାନ ତୁମେ ମୋର ପ୍ରିୟ ଦେଶରେ ଉଦୟ ହେଉଛ। ଭାରତର ସୁନ୍ଦର ଜଳ-ପୋଷିତ କ୍ଷେତ ଉପରେ ଶିଶିର-ବିନ୍ଦୁ ପରି ମୋର ଲୁହ ପକାନ୍ତୁ | " ଦେଶ ଏବଂ ଭଗବାନଙ୍କର ଏତେ ବଡ଼ ଭକ୍ତ ଥିଲେ। ଆମ ପ୍ରଦେଶରେ ଜନ୍ମ ଏବଂ, ଯଦି ଆମ ପାଖରେ ତାଙ୍କର ଗୋଟିଏ ବି ସ୍ମାରକୀ ନାହିଁ, ତେବେ ଆମର ସାହିତ୍ୟିକ ପଛୁଆତା ବ୍ୟତୀତ ଆଉ କ 'ଣ ବ୍ୟାଖ୍ୟା କରିପାରିବ?

ଏହା ଆମେ ପ୍ରତି ପାଦରେ ଅନୁଭବ କରୁ। ପଞ୍ଜାବରେ ଜନ୍ମିତ ଅନେକ ମହାନ ବ୍ୟକ୍ତି, ଯାହାଙ୍କ ତୁଳନା ବଙ୍ଗଳାର ଶ୍ରୀ ଦେବେନ୍ଦ୍ର ଠାକୁର ଏବଂ କେଶବ ଚନ୍ଦ୍ର ସେନଙ୍କ ସହ କରାଯାଏ, କିନ୍ତୁ ଆମେ ସେମାନଙ୍କୁ ସମ୍ମାନ ଦେଇନଥିଲୁ ଏବଂ ସେମାନଙ୍କ ମୃତ୍ୟୁ ପରେ ସେମାନଙ୍କୁ ସହଜରେ ଭୁଲିଗଲୁ-ଉଦାହରଣ ସ୍ୱରୂପ, ଗୁରୁ ଜ୍ଞାନ ସିଂହଜୀ ଇତ୍ୟାଦି। ଆମେ ତଳେ କେବଳ ଗୋଟିଏ କାରଣ ପାଇଥାଉ, ଏବଂ ତାହା ହେଉଛି ସାକ୍ଷରତା ଆଗ୍ରହ ଏବଂ ଜାଗରଣର ସମ୍ପୂର୍ଣ୍ଣ ଅଭାବ। ସତ୍ୟ ହେଉଛି ଯେ କୌଣସି ଦେଶ କିମ୍ବା ସମ୍ପ୍ରଦାୟ ଏହାର ସାହିତ୍ୟ ବିନା ପ୍ରଗତି କରିପାରିବ ନାହିଁ। କିନ୍ତୁ ଭାଷା ହେଉଛି ସାହିତ୍ୟର ପ୍ରାଥମିକ ଆବଶ୍ୟକତା ଏବଂ ଏହା ପଞ୍ଜାବରେ ଅନୁପସ୍ଥିତ | ଭିତରେ। ଦୀର୍ଘ ସମୟ ଧରି ଏହି ପ୍ରତିବନ୍ଧକ ମୁକ୍ତ ହେବା ସତ୍ତ୍ୱେ, ଭାଷାର ପ୍ରଶ୍ନ ଏପର୍ଯ୍ୟନ୍ତ ସମାଧାନ ହୋଇନାହିଁ। ଏହା ପଛରେ ମୁଖ୍ୟ କାରଣ ହେଉଛି ଆମ ପ୍ରଦେଶରେ, ଅନ୍ୟ ପ୍ରଦେଶରେ ଭାଷାର ଦୁର୍ଭାଗ୍ୟପୂର୍ଣ୍ଣ ସାମ୍ପ୍ରଦାୟିକକରଣ, ଆମେ ଦେଖୁଛୁ ଯେ ମୁସଲମାନମାନେ ସେମାନଙ୍କର ପ୍ରାଦେଶିକ ଭାଷାଗୁଡ଼ିକୁ ସମ୍ପୂର୍ଣ୍ଣ ଭାବରେ ଗ୍ରହଣ କରିଛନ୍ତି। ବଙ୍ଗଳାର ସାହିତ୍ୟ ଜଗତରେ। କବି ନଜରୁଲ-ଇସଲାମ ଜଣେ ଉଜ୍ଜ୍ୱଳ ତାରକା। ଲତିଫ୍ ହୁସେନ୍ 'ନଟୱାର୍' ହିନ୍ଦୀ କବିମାନଙ୍କ ମଧ୍ୟରେ ପ୍ରମୁଖ। ଗୁଜରାଟରେ ମଧ୍ୟ ସମାନ ସ୍ଥିତି। କିନ୍ତୁ ପଞ୍ଜାବ ଦୁର୍ଭାଗ୍ୟପୂର୍ଣ୍ଣ। ଏଠାରେ, ଏପରିକି ହିନ୍ଦୁ ଏବଂ ଶିଖମାନେ ମଧ୍ୟ ଏକଜୁଟ ନୁହଁନ୍ତି, ମୁସଲମାନମାନଙ୍କୁ ଛାଡ଼ିଦିଅନ୍ତୁ।

ଅନ୍ୟ ପ୍ରଦେଶ ଭଳି ପଞ୍ଜାବ ମଧ୍ୟ ପଞ୍ଜାବର ଭାଷା ହେବା ଉଚିତ ଥିଲା, କିନ୍ତୁ ଯେହେତୁ ଏହା ହୋଇନାହିଁ, ଯେହେତୁ ଏହି ପ୍ରଶ୍ନ ଏକ ସ୍ୱତଃସ୍ଫୂର୍ତ୍ତ ପ୍ରଶ୍ନ, ମୁସଲମାନମାନେ ଉର୍ଦ୍ଦୁ ଗ୍ରହଣ କରିଛନ୍ତି। ମୁସଲମାନମାନଙ୍କ ମଧ୍ୟରେ ଭାରତୀୟତାର ସମ୍ପୂର୍ଣ୍ଣ ଅଭାବ ରହିଛି, ତେଣୁ ସେମାନେ ଆରବୀ ଲିପି ଏବଂ ଫାରସୀ ଭାଷାର ପ୍ରଚାର କରିବାକୁ ଚାହୁଁଛନ୍ତି। ସମଗ୍ର ଭାରତରେ ଭାରତୀୟତାର ଗୁରୁତ୍ୱ ବୁଝିବାରେ ବିଫଳ ହୋଇଥିଲେ ମଧ୍ୟ ସେମାନେ ଗୋଟିଏ ଭାଷାର ଗୁରୁତ୍ୱ ବୁଝିବାରେ ବିଫଳ ହୋଇଛନ୍ତି, ଯାହା କେବଳ ହିନ୍ଦୀ ହୋଇପାରେ। ସେଥିପାଇଁ ସେମାନେ ଏକ ତୋତା ପରି ଉର୍ଦ୍ଦୁ ପାଇଁ ଦାବିକୁ ପୁନରାବୃତ୍ତି କରନ୍ତି ଏବଂ ଏକ ବିଚ୍ଛିନ୍ନ ଅବସ୍ଥାନ ନିଅନ୍ତି |

ତା 'ପରେ ଆସେ ଶିଖ୍ମାନଙ୍କ ପାଳି। ସେମାନଙ୍କର ସମଗ୍ର ସାହିତ୍ୟ ଗୁରୁମୁଖୀ ଲିପିରେ ରହିଛି। ହିନ୍ଦୀ ଏକ ଉପାଦାନ ଭାବରେ ବହୁତ ଅଛି, କିନ୍ତୁ ପଞ୍ଜାବୀ ମୁଖ୍ୟ ଉପାଦାନ ଗଠନ କରେ | ତେଣୁ ଶିଖ୍ମାନେ ଗୁରୁମୁଖୀରେ ଲିଖିତ ପଞ୍ଜାବୀକୁ ନିଜ ଭାଷା ଭାବେ ଗ୍ରହଣ କରିଥିଲେ। ସେମାନେ କୌଣସି ମୂଲ୍ୟରେ ଏହାକୁ ଛାଡ଼ି ପାରିଲେ ନାହିଁ। ସେମାନେ ଏହାକୁ ଗ୍ରହଣ କରି ଏହାକୁ ଏକ ସାମ୍ପ୍ରଦାୟିକ ଭାଷାରେ ପରିଣତ କରିଥିଲେ।

ଅନ୍ୟ ପକ୍ଷରେ ଆର୍ଯ୍ୟ ସମାଜର ଆବିର୍ଭାବ ହୋଇଥିଲା। ସ୍ୱାମୀ ଦୟାନନ୍ଦ ସମଗ୍ର ଭାରତବର୍ଷରେ ହିନ୍ଦୀ ଭାଷାର ପ୍ରସାର ପାଇଁ ଭାବନା ପ୍ରଚାର କରିଥିଲେ। ହିନ୍ଦୀ ଆର୍ଯ୍ୟ ସମାଜ ଆନ୍ଦୋଳନର ଏକ ଧାର୍ମିକ ଅଂଶ ହୋଇଗଲା | ଏହି ଧାର୍ମିକ ଆସକ୍ତିଗୁଡ଼ିକ ଭାଷାକୁ ଗୋଟିଏ ଉପାୟରେ ଉପକୃତ କରିଥିଲା। ଅର୍ଥାତ୍, ଶିଖ୍ ଦୃଢ଼ତା ପଞ୍ଜାବୀକୁ ସୁରକ୍ଷିତ କରିଥିବାବେଳେ ଆର୍ଯ୍ୟ ସମାଜବାଦୀଙ୍କ ଜିଦ୍ ହିନ୍ଦୀକୁ ନିଜର ଏକ ସ୍ଥାନ ସୁରକ୍ଷିତ କରିବାରେ ସାହାଯ୍ୟ କରିଥିଲା।

ଆର୍ଯ୍ୟ ସମାଜ ଆନ୍ଦୋଳନର ପ୍ରାରମ୍ଭିକ ଦିନରେ, ଶିଖ ଏବଂ ଆର୍ଯ୍ୟ ସମାଜବାଦୀମାନେ ଗୋଟିଏ ସ୍ଥାନରେ ଧାର୍ମିକ ସମାବେଶ କରୁଥିଲେ। ସେହି ସମୟରେ ସେମାନଙ୍କର ଭିନ୍ନ ହେବାର କୌଣସି ଭାବନା ନଥିଲା, କିନ୍ତୁ ପରେ ସତ୍ୟାର୍ଥ ପ୍ରକାଶଙ୍କ କିଛି ବାକ୍ୟ ବିଦ୍ୱେଷ ଏବଂ ପାରସ୍ପରିକ ଘୃଣା ସୃଷ୍ଟି କରିଥିଲା। ଶିଖ୍ମାନେ, ସେହି ଝରଣାରେ ପ୍ରବାହିତ ହୋଇ, ହିନ୍ଦୀକୁ ମଧ୍ୟ ଘୃଣା କରିବାକୁ ଲାଗିଲେ। ଅନ୍ୟମାନେ ଏହା ଉପରେ ଧ୍ୟାନ ମଧ୍ୟ ଦେଲେ ନାହିଁ।

ଏହା ପରେ, କୁହାଯାଏ, ଜଣେ ସାମାଜୀ ନେତା, ମହାତ୍ମା ହଂସରାଜ ଜୀ ଅନେକ ନେତାଙ୍କ ସହ ପରାମର୍ଶ କରିଥିଲେ ଏବଂ ପ୍ରସ୍ତାବ ଦେଇଥିଲେ ଯେ ଯଦି ସେମାନେ ହିନ୍ଦୀ ଲିପି ଗ୍ରହଣ କରନ୍ତି, ତେବେ ସେ ହିନ୍ଦୀ ଲିପିରେ ପଞ୍ଜାବୀ ଭାଷା ପାଇବେ, ଏବଂ ସେ ହିନ୍ଦୀ ଲିପିରେ ପଞ୍ଜାବୀ ଭାଷାକୁ ବିଶ୍ୱବିଦ୍ୟାଳୟରେ ସ୍ୱୀକୃତି ପାଇବେ। କିନ୍ତୁ ସେମାନଙ୍କର ସଂକୀର୍ଣ୍ଣ ମାନସିକତା ଏବଂ ସାହିତ୍ୟିକ ସଚେତନତାର ଅଭାବ ହେତୁ ସେମାନେ ଏହି ପ୍ରସ୍ତାବର ଗୁରୁତ୍ୱ ବୁଝିପାରିଲେ ନାହିଁ। ଏହି ସମୟରେ ପଞ୍ଜାବରେ ତିନୋଟି ମତ ରହିଛି। ପ୍ରଥମତଃ, ମୁସଲମାନମାନଙ୍କ ମଧ୍ୟରେ ଉର୍ଦ୍ଦୁ ପ୍ରତି ଦୃଢ଼ ଆସକ୍ତି ରହିଛି; ଦ୍ୱିତୀୟରେ, ଆର୍ଯ୍ୟ ସମାଜ ଏବଂ ଅନ୍ୟ କେତେକ ହିନ୍ଦୁଙ୍କ ମଧ୍ୟରେ ହିନ୍ଦୀ ପ୍ରତି; ଏବଂ ତୃତୀୟରେ, ପଞ୍ଜାବୀ ପ୍ରତି।

ଏଠାରେ ସମସ୍ତ ଭାଷା ସହିତ କାରବାର କରିବା ଗୁରୁତ୍ୱପୂର୍ଣ୍ଣ ହେବ ନାହିଁଗୋଟିଏ ପରେ ଗୋଟିଏ। ସର୍ବପ୍ରଥମେ, ଆମେ ମୁସଲମାନମାନଙ୍କ ଦୃଷ୍ଟିକୋଣ ଉପରେ ବିଚାର କରିବା।

ସେମାନେ ଉର୍ଦ୍ଦୁ ଭାଷାର ଦୃଢ଼ ସମର୍ଥକ। ଏହି ସମୟରେ, ଏହି ପଞ୍ଜାବରେ ଭାଷାର ପ୍ରାଧାନ୍ୟ ରହିଛି। ଏହା ମଧ୍ୟ ଭାଷା କୋର୍ଟ। ତା 'ପରେ କିଛି ମୁସଲମାନ କୁହନ୍ତି ଯେ ଉର୍ଦ୍ଦୁ ଲିପି ସ୍ଥାନ ସଞ୍ଚୟ କରେ | ଏହା ଠିକ୍ ହୋଇପାରେ, କିନ୍ତୁ ଏହା ପୂର୍ବରୁ ସବୁଠାରୁ ଗୁରୁତ୍ୱପୂର୍ଣ୍ଣ ପ୍ରଶ୍ନ ଥିଲା। ଏହି ସମୟରେ ଆମେ ଭାରତକୁ ଏକ ଏକୀକୃତ ରାଷ୍ଟ୍ରରେ ପରିଣତ କରିବାକୁ ଚାହୁଁଛୁ, କିନ୍ତୁ ଏହା

ଏକାଥରକେ ସବୁକିଛି ହୋଇପାରିବ ନାହିଁ। ଏଥିପାଇଁ ଆମକୁ ଗୋଟିଏ ପରେ ଗୋଟିଏ ପଦକ୍ଷେପ ନେବାକୁ ପଡ଼ିବ।ପଦକ୍ଷେପ. ଯଦି ଆମେ ସମଗ୍ର ଭାରତ ପାଇଁ ଗୋଟିଏ ଭାଷା ଗ୍ରହଣ କରିପାରିବୁ ନାହିଁଏହି ସମୟରେ, ଆମେ ଅତିକମ୍ରେ ଗୋଟିଏ ସ୍କ୍ରିପ୍ଟ ଗ୍ରହଣ କରିବା ଉଚିତ୍। ଦି ଉର୍ଦ୍ଦୁ

ସ୍କ୍ରିପ୍ଟକୁ ଏକ ପୂର୍ଣ୍ଣ ଏବଂ ସବୁଠାରୁ ଗୁରୁତ୍ୱପୂର୍ଣ୍ଣ ବୋଲି କୁହାଯାଇପାରିବ ନାହିଁକଥାଟି ହେଉଛି ଯେ ଏହା ପାର୍ସୀ ଭାଷା ଉପରେ ଆଧାରିତ | ଉଡ଼ାଣ ଉର୍ଦ୍ଦୁ କବିମାନଙ୍କ କଳ୍ପନା-ସେମାନେ ହିନ୍ଦୀ (ଭାରତୀୟ) ହୋଇଥିଲେ ମଧ୍ୟ - ପାରସ୍ୟର ସାକି (ବାର୍-ମେଡସ୍) ଏବଂ ଖଜୁରୀ ପାମ୍ ପର୍ଯ୍ୟନ୍ତ ପହଞ୍ଚନ୍ତୁ

ଆରବ ଦେଶଗୁଡ଼ିକ। କାଜୀ ନଜରୁଲ-ଇସଲାମଙ୍କ କବିତାଗୁଡ଼ିକ ଧୁର୍ଜଟେ ବିଷୟରେ ଉଲ୍ଲେଖ କରେ, ବିଶ୍ୱମିତ୍ର ଏବଂ ଦୁର୍ବାସା ବହୁତ ଥର, କିନ୍ତୁ ଆମର ପଞ୍ଜାବୀ

ହିନ୍ଦୀ-ଉର୍ଦ୍ଦୁ କବିମାନେ ସେମାନଙ୍କ ବିଷୟରେ ଚିନ୍ତା ମଧ୍ୟ କରିପାରୁନଥିଲେ। ଏହା କ "ଣ ଏପରି ଏକ ବିଷୟ ନୁହେଁ ଯାହା ଜଣକୁ ଦୁଃଖ ଦିଏ? ଭାରତୀୟତା ଏବଂ ଭାରତୀୟ ସାହିତ୍ୟ ପ୍ରତି ସେମାନଙ୍କର ଅଜ୍ଞତା

ଏହାର ମୁଖ୍ୟ କାରଣ। ଯେତେବେଳେ ସେମାନେ ଭାରତୀୟତାକୁ ଗ୍ରହଣ କରିପାରିବେ ନାହିଁ, ସେତେବେଳେ ସେମାନଙ୍କ ସାହିତ୍ୟ କିପରି ଆମକୁ ଭାରତୀୟ କରିପାରିବ? ଉର୍ଦ୍ଦୁ ଅଧ୍ୟୟନରେ ସୀମିତ ଥିବା ଛାତ୍ରଛାତ୍ରୀମାନେ ଭାରତର ଶାସ୍ତ୍ରୀୟ ସାହିତ୍ୟ ବିଷୟରେ ଜ୍ଞାନ ହାସଲ କରିପାରିବେ ନାହିଁ। ଏହା ନୁହେଁ ଯେ ଏହି ଗ୍ରନ୍ଥଗୁଡ଼ିକୁ ଉର୍ଦ୍ଦୁ ଭଳି ସାହିତ୍ୟିକ ଭାଷାରେ ଅନୁବାଦ କରାଯାଇପାରିବ ନାହିଁ, ବରଂ ଭାରତୀୟ ସାହିତ୍ୟର ଅନ୍ବେଷଣରେ ଏହା କେବଳ ଜଣେ ପାର୍ସୀଙ୍କ ପାଇଁ ଉପଯୋଗୀ ହେବ।

ଉପରୋକ୍ତ ଉକ୍ତିର ସମର୍ଥନରେ ଏହା କହିବା ଯଥେଷ୍ଟ ହେବ ଯେ ଯେତେବେଳେ ଆର୍ଯ୍ୟ ଏବଂ ସ୍ୱରାଜ୍ୟ ପରି ସରଳ ଶବ୍ଦଗୁଡ଼ିକ 'ଆରିୟା' ଏବଂ 'ସ୍ୱରାଜିଆ' ଭାବରେ ଲେଖାଯାଏ, ସେତେବେଳେ ଗଭୀର ଅଧିବିଦ୍ୟ ବିଷୟଗୁଡ଼ିକର କ 'ଣ ହେବ? କିଛି ଦିନ ପୂର୍ବରୁ, ଜଣେ ସରକାରୀ ଅନୁବାଦକ, ଉର୍ଦ୍ଦୁ ଲିପି ବ୍ୟବହାର କରି, ଋଷି ନଚିକେତାଙ୍କୁ 'ନୀଚ କୁଟିୟା' ବୋଲି ଭୁଲ କରିଥିଲେ, ଯାହାକୁ 'ନିମ୍ନ ଉତ୍ପତ୍ତିର ବିଚ୍' ଭାବରେ ଅନୁବାଦ କରାଯାଇପାରିବ, ଯେତେବେଳେ ଲାଲା ହରଦୟାଲଜୀ, ଙ୍କ ଦ୍ୱାରା ଏକ ଉର୍ଦ୍ଦୁ ପୁସ୍ତକ କଓମେନ କିସ ତାରା ଜିନ୍ଦା ରାହ ଶକ୍ତି ହେ (ଜାତୀୟତା କିପରି ବଞ୍ଚିପାରିବ) ଅନୁବାଦ କରିଥିଲେ। ଏହା ଲାଲାଜୀ କିମ୍ବା ଅନୁବାଦକଙ୍କର ଦୋଷ ନଥିଲା। ଏହା କେବଳ ଉର୍ଦ୍ଦୁ ଲିପିର ଏକ ଦୁର୍ବଳତା ଏବଂ ଉର୍ଦ୍ଦୁ ଏବଂ ହିନ୍ଦୀ ଭାଷା ଏବଂ ସାହିତ୍ୟ ମଧ୍ୟରେ ପାର୍ଥକ୍ୟ ଥିଲା।

ଅବଶିଷ୍ଟ ଭାରତରେ ଭାରତୀୟ ଭାଷା ଏବଂ ଲିପି ପ୍ରଚଳିତ। ଏଭଳି ପରିସ୍ଥିତିରେ, ଯଦି ଆମେ ଭାରତ ପ୍ରସଙ୍ଗରୁ ସମ୍ପୂର୍ଣ୍ଣ ଭାବେ ଅଲଗା ହେବା, ତା "ହେଲେ ମୁସଲମାନ ଲେଖକମାନଙ୍କ ମଧ୍ୟରେ ଉର୍ଦ୍ଦୁ ଭାଷାର ଦୃଢ଼ ସମର୍ଥକମାନେ ଅତ୍ୟନ୍ତ ପାରସିକ ଉର୍ଦ୍ଦୁ ଲେଖନ୍ତି। ଜମିନ୍ଦାର ଏବଂ ସିୟାସତ୍ ପରି ମୁସଲମାନ ଖବରକାଗଜଗୁଡ଼ିକର ଦୃଢ଼ ଆରବୀୟ ପ୍ରଭାବ ରହିଛି ଯାହା ସାଧାରଣ ଲୋକଙ୍କ ପାଇଁ ଅତ୍ୟନ୍ତ ବୋଧଗମ୍ୟ ନୁହେଁ। ଏଭଳି ପରିସ୍ଥିତିରେ ଏହାକୁ କିପରି ପ୍ରଚାର କରାଯାଇପାରିବ? ଆମେ ଚାହୁଁ ଯେ ଆମର ମୁସଲମାନ ଭାଇମାନେ ନିଜ ଧର୍ମରେ ଅଟଳ ରହି ତୁର୍କିର କମଲଙ୍କ ଭଳି ନିଜକୁ ଭାରତୀୟ କରିବା କଥା ଚିନ୍ତା କରନ୍ତୁ। ଭାରତର ମୁକ୍ତି କେବଳ ସେହି ଉପାୟରେ ସମ୍ଭବ। ଭାଷାକୁ ଏକ ସାମ୍ପ୍ରଦାୟିକ ପ୍ରଶ୍ନ କରିବା ପରିବର୍ତ୍ତେ, ଆମେ ଏକ ବ୍ୟାପକ ଦୃଷ୍ଟିକୋଣ ଗ୍ରହଣ କରିବା ଉଚିତ୍।

ଏବେ ଆମେ ହିନ୍ଦୀ ଏବଂ ପଞ୍ଜାବୀ ସମସ୍ୟାକୁ ଫେରିବୁ। ଅନେକ ଆଦର୍ଶବାଦୀ ବିଶ୍ୱର ଏକ ଦର୍ଶନକୁ ମନୋରଞ୍ଜନ କରନ୍ତି ଯାହା ଏକ ରେ ପରିଣତ ହୁଏ | ଗୋଟିଏ ରାଷ୍ଟ୍ର, ଗୋଟିଏ ବିଶ୍ୱ ରାଷ୍ଟ୍ର। ଏହି ଆଦର୍ଶଟି ସୁନ୍ଦର ଏବଂ ଏକ ଏହାକୁ ନିଜ ଆଗରେ ରଖିବା ଉଚିତ। କିନ୍ତୁ ଏହା ଆଜି ହାସଲ କରାଯାଇପାରିବ ନାହିଁ, ଆମର ସମସ୍ତ ପଦକ୍ଷେପ, ଆମର ସମସ୍ତ ପ୍ରୟାସ ଏହି ଦିଗରେ ନିର୍ଦ୍ଦେଶିତ ହେବା ଉଚିତ୍। ସମସ୍ତ ଜାତି, ଦେଶକୁ ଏକତ୍ର କରି ସୁଖ ବୃଦ୍ଧି କରିବା ଏବଂ ଜାତିଗୁଡ଼ିକ ଏକ ଦୃଢ଼ ବନ୍ଧନରେ ବାନ୍ଧି ହୁଅନ୍ତି। ଏହା ପୂର୍ବରୁ, ଆମକୁ ହୃଦୟଙ୍ଗମ କରିବାକୁ ହେବ

ଆମ ନିଜ ଦେଶରେ ସେହି ଆଦର୍ଶ। ଆମକୁ ଗୋଟିଏ ଭାଷା ଗ୍ରହଣ କରିବାକୁ ହେବ, ଗୋଟିଏ ଲିପି, ଗୋଟିଏ ସାହିତ୍ୟ, ଗୋଟିଏ ଆଦର୍ଶ ଏବଂ ଗୋଟିଏ ରାଷ୍ଟ୍ର, କିନ୍ତୁ ଗୋଟିଏ ଭାଷାକୁ ଗ୍ରହଣ କରିବା ଅନ୍ୟ ସମସ୍ତ ଏକତ୍ରୀକରଣ ଠାରୁ ଆଗରେ, ତେଣୁ ସେମାନେ ପରସ୍ପର ସହିତ ଯୋଗାଯୋଗ କରିପାରିବେ ଏବଂ ପରସ୍ପରକୁ ବୁଝିପାରିବେ। ପଞ୍ଜାବୀ ଏବଂ ଜଣେ ମଦ୍ରାସୀ କୌଣସି ସମାବେଶରେ ନିଃଶବ୍ଦ ଭାବେ ଏକାଠି ବସିବା ଉଚିତ ନୁହେଁ। କିନ୍ତୁ ସେମାନଙ୍କର ବିଚାର ଏବଂ ଆବେଗକୁ ଯୋଗାଯୋଗ କରିବାକୁ ଚେଷ୍ଟା କରନ୍ତୁ, ଏବଂ ଏହା

ଏକ ଭାଷାରେ ନୁହେଁ ବରଂ ଆମ ନିଜ ଭାଷାରେ, ହିନ୍ଦୀରେ କରାଯିବା ଉଚିତ ଇଂରାଜୀ ଭଳି ବିଦେଶୀ ଭାଷା। ଏପରିକି ଏହି ଆଦର୍ଶ ହେବା ପାଇଁ ବର୍ଷ ବର୍ଷ ଲାଗିବ। ହୃଦୟଙ୍ଗମ ହେଲା। ସର୍ବପ୍ରଥମେ, ଆମେ ଏଥିରେ ସାହିତ୍ୟିକ ସଚେତନତା ସୃଷ୍ଟି କରିବା ଉଚିତ। ଚେଷ୍ଟା କରନ୍ତୁ, ଅଳ୍ପ କିଛି ଲୋକଙ୍କ ମଧ୍ୟରେ ନୁହେଁ ବରଂ ଜନସାଧାରଣଙ୍କ ମଧ୍ୟରେ। ଲୋକଙ୍କର ନିଜର ଲୋକମାନଙ୍କ ମଧ୍ୟରେ ସାହିତ୍ୟିକ ସଚେତନତା ସୃଷ୍ଟି କରିବା ପାଇଁ ଭାଷା ଅପରିହାର୍ଯ୍ୟ। ଲୋକ ମାନେ। ଏହି ଯୁକ୍ତିର ଆଧାରରେ ଆମେ କହୁ ଯେ ଆପଣ ସଫଳ ହୋଇପାରିବେ।

ପଞ୍ଜାବରେ କେବଳ ପଞ୍ଜାବୀ ଭାଷାରେ। ଆଜି ପର୍ଯ୍ୟନ୍ତ ପଞ୍ଜାବୀ ଜଣେ ସାହିତ୍ୟିକ ହୋଇପାରିନାହିଁ। କେନ୍ଦ୍ରୀୟ ପଞ୍ଜାବର ଭାଷା ଏହା ଗୁରୁମୁଖୀରେ ଲେଖାଯାଇଛି।

ସ୍କ୍ରିପ୍ଟ ଏବଂ ବର୍ତ୍ତମାନ ପଞ୍ଜାବୀ ଭାବରେ ଜଣାଶୁଣା | ଏହା ବ୍ୟାପକ ନୁହେଁ। ଏହାର କୌଣସି ସାହିତ୍ୟ କିମ୍ବା ବୈଜ୍ଞାନିକ ମହତ୍ତ୍ୱ ନାହିଁ। ଏହା ଥିଲା। ପୂର୍ବରୁ ଅଣଦେଖା, କିନ୍ତୁ ବର୍ତ୍ତମାନ ମଧ୍ୟ ଏହାର ସ୍କ୍ରିପ୍ଟର ଅଭାବ

ଯେଉଁମାନେ ବର୍ତ୍ତମାନ ଏଥିରେ ଯୋଗ ଦେଉଛନ୍ତି ସେମାନଙ୍କୁ ବିଚଳିତ କରନ୍ତି | ସବୁ ଶବ୍ଦ, ହୋଇପାରିବ ନାହିଁ

ଧ୍ୱନି 'a' ଏବଂ ଯୌଗିକ ଲେଖିବା ପାଇଁ ଏହାର ଅକ୍ଷମତା ବିନା ଶେଷ ଅକ୍ଷର; ଏପରିକି 'ପୂର୍ଣ୍ଣ' (ସମ୍ପୂର୍ଣ୍ଣ) ଶବ୍ଦ ମଧ୍ୟ ଲେଖାଯାଇପାରିବ ନାହିଁ। ତେଣୁ ଏହି ଲିପି ଉର୍ଦ୍ଦୁ ଠାରୁ ମଧ୍ୟ ଅଧିକ ଅସମ୍ପୂର୍ଣ୍ଣ, କିନ୍ତୁ କେବେ ଆମ ପାଖରେ ପୂର୍ବରୁ ଏକ ବୈଜ୍ଞାନିକ ଏବଂ ସଠିକ୍ ହିନ୍ଦୀ ଲିପି ଅଛି, କ 'ଣ? ଏହାକୁ ଗ୍ରହଣ କରିବା ପାଇଁ ଦ୍ୱିଧା ଅନୁଭବ କରୁଛନ୍ତି କି? ଗୁରୁମୁଖୀ ଲିପି ହେଉଛି

କେବଳ ହିନ୍ଦୀ ଲିପିର ବିକୃତ ରୂପ। ଆରମ୍ଭରୁ ସବୁକିଛି ନିୟମ ସମାନ, ତେବେ, ଆମେ ଆମ ଦ୍ୱାରା କେତେ ଉପକୃତ ହେବୁ _ ତୁରନ୍ତ ଏହାକୁ ବଦଳାନ୍ତୁ। ପଞ୍ଜାବୀ ଭାଷା ଆରମ୍ଭ ହେବ। ଏହି ନିଖୁଁତ ସ୍କ୍ରିପ୍ଟକୁ ଗ୍ରହଣ କରି ତୁରନ୍ତ ବିକଶିତ କରନ୍ତୁ | ଏହାର ପ୍ରସାରରେ କୌଣସି ସମସ୍ୟା ନାହିଁ। ପଞ୍ଜାବର ହିନ୍ଦୁ ମହିଳାମାନେ ଏହି ଲିପି ବିଷୟରେ ପୂର୍ବରୁ ଜାଣିଛନ୍ତି। ଡିଏଭି ସ୍କୁଲ ଏବଂ ସନାତନ ଧର୍ମ ସ୍କୁଲ କେବଳ ହିନ୍ଦୀରେ ପଢ଼ାଏ, ଏଭଳି ପରିସ୍ଥିତିରେ କ "ଣ ଅସୁବିଧା ହୋଇପାରେ? ଆମେ ହିନ୍ଦୀ ସମର୍ଥକମାନଙ୍କୁ ନିବେଦନ କରିବା ଯେ, ପରିଶେଷରେ ଏବଂ ନିଶ୍ଚିତ ଭାବେ, କେବଳ ହିନ୍ଦୀ ସମଗ୍ର ଭାରତର ଭାଷା ହେବ, କିନ୍ତୁ ଏବେଠାରୁ ଏହାକୁ ପ୍ରଚାର କରିବା ଅଧିକ ସୁବିଧାଜନକ ହେବ। ଲିପି ଗ୍ରହଣ କରିବା ଦ୍ୱାରା ପଞ୍ଜାବୀ ହିନ୍ଦୀ ପରି ହୋଇଯିବ ଏବଂ ତା 'ପରେ ସମସ୍ତ ପାର୍ଥକ୍ୟ ଦୂର ହୋଇଯିବ; ଏବଂ ଏହା ମଧ୍ୟ ବାଞ୍ଛନୀୟ ଯେ ସାଧାରଣ ଲୋକଙ୍କୁ ଶିକ୍ଷିତ କରାଯାଇପାରିବ ଯାହା କେବଳ ଆମର ନିଜ ଲିପିରେ ଆମର ନିଜ ଭାଷା ଦ୍ୱାରା ସମ୍ଭବ | ଏହି ପଞ୍ଜାବୀ କବିତାଟିକୁ ଦେଖନ୍ତୁଃ

ହେ ରାହିଆ ରହେ ଜାନ୍ଦ୍ୟା, ସୁନ ଜା ଗଲ୍
ମେରି ସାର୍ ତୋ ପଗ୍ ତେରେ ବାଲାଇତ୍ ଦି, ଇହନୁନ୍ ଫୁକ୍ ମୁଆତାରା ଲା।।

(ହେ ପଥଚାରୀ, ମୋ କଥା ଶୁଣ। ଆପଣ ନିଜ ମୁଣ୍ଡରେ ପିନ୍ଧିଥିବା ସେହି ବିଦେଶୀ ପଗଡ଼ି ଜାଳି ଦିଅନ୍ତୁ, ଏବଂ 'ମୁତାରା "କୁ ନେଇ ଯାଆନ୍ତୁ।

ଏପରିକି ସୁନ୍ଦର ହିନ୍ଦୀ କବିତା ମଧ୍ୟ ଏହା ସହିତ ତୁଳନାତ୍ମକ ପ୍ରଭାବ ପକାଇପାରିବ ନାହିଁ, କାରଣ ସେମାନେ ଏପର୍ଯ୍ୟନ୍ତ ଲୋକଙ୍କ ହୃଦୟରେ ସଠିକ୍ ସ୍ଥାନ ପାଇ ନାହାଁନ୍ତି | ସେମାନେ ତଥାପି କିଛି ବିଦେଶୀ ପରି ଦେଖାଯାଆନ୍ତି | ଏହାର କାରଣ ହେଉଛି ହିନ୍ଦୀ ସଂସ୍କୃତ ଉପରେ ଆଧାରିତ। ଏବଂ ପଞ୍ଜାବ ଏହାଠାରୁ

ଆହୁରି ବହୁ ଦୂରରେ ଯାଇଛି। ପଞ୍ଜାବରେ ପାର୍ସୀ ବହୁ ପରିମାଣରେ ନିଜର ଆଧିପତ୍ୟ ବଜାୟ ରଖିଛି। ଉଦାହରଣ ସ୍ୱରୂପ, ଜିନିଷଗୁଡ଼ିକର ଏକ ସଂଗ୍ରହ ଏଠାରେ 'ଚିଜେନ୍' ପରିବର୍ତ୍ତେ 'ଚିଜେନ୍' ହୋଇଯାଏ ଏହି ନୀତି ସର୍ବତ୍ର ପ୍ରଚଳିତ। ଏଠାରେ ଯାହା ଉପରେ ଗୁରୁତ୍ୱ ଦିଆଯାଉଛି ତାହା ହେଉଛି ଯେ ପଞ୍ଜାବୀ ସହିତ ଘନିଷ୍ଠ ହେବା ସତ୍ତ୍ୱେ ହିନ୍ଦୀ ଏପର୍ଯ୍ୟନ୍ତ ପଞ୍ଜାବୀ ହୃଦୟରୁ ଦୂରରେ ଅଛି; ଅବଶ୍ୟ, ପଞ୍ଜାବୀ ହିନ୍ଦୀ ସହିତ ନିକଟତର ହେବ ଯେତେବେଳେ ଏହା ହିନ୍ଦୀ ଲିପି ଗ୍ରହଣ କରିବ ଏବଂ ଏହାର ସାହିତ୍ୟ ସୃଷ୍ଟି କରିବ |

ବର୍ତ୍ତମାନ ସୁଦ୍ଧା ଏଠାରେ ପ୍ରାୟ ପ୍ରତ୍ୟେକ ପ୍ରମୁଖ ପ୍ରସଙ୍ଗ ଉପରେ ଆଲୋଚନା ହୋଇସାରିଛି। ଏବେ କେବଳ ଗୋଟିଏ କଥା କହିବାକୁ ବାକି ରହିଛି। ଅନେକ ଲୋକ ଯୁକ୍ତି କରନ୍ତି ଯେ ପଞ୍ଜାବୀ ଭାଷାରେ ମଧୁରତା, ସୌନ୍ଦର୍ଯ୍ୟ ଏବଂ ଭାବପ୍ରବଣତାର ଅଭାବ ରହିଛି। ଏହା ସମ୍ପୂର୍ଣ୍ଣ ଭିତ୍ତିହୀନ। ନିକଟରେ ମଧୁରତା, ସୌନ୍ଦର୍ଯ୍ୟ ଏବଂ ଭାବପ୍ରବଣତା। ଏହା ସମ୍ପୂର୍ଣ୍ଣ ଭିତ୍ତିହୀନ। ନିକଟରେ ହିଁ ଏହି ଗୀତର ମଧୁରତା, ସୌନ୍ଦର୍ଯ୍ୟ ଏବଂ ଭାବପ୍ରବଣତା କବିନ୍ଦ୍ର ରବୀନ୍ଦ୍ରଙ୍କୁ ସମ୍ମୋହିତ କରିଥିଲା।

ଲଛିଏ, ଜିତତେ ତୁ ପାଣି ଡୋଲିଆ,
ଉତେ ୟୁ ପେ ସାଣ୍ଡାଲ ଦେ ବୁଟେ।

(ହେ ଲାଚି, ଯେଉଁଠାରେ ତୁମେ ସେହି ସ୍ଥାନରେ ପାଣି ବାଣ୍ଟିଛ ବାଲୁକା ଗଛଗୁଡ଼ିକ ଫୁଟିଲା |)

ଆହୁରି ଅନେକ ଉଦାହରଣ ଦିଆଯାଇପାରେ। ଅନ୍ୟ କୌଣସି ଭାଷାର କବିତା ତୁଳନାରେ ନିମ୍ନୋକ୍ତ କବିତାଟି କ "ଣ ସର୍ବନିମ୍ନ?

ପିପ୍ପଲ୍ ଦେ ପତ୍ୟେ ୱେ କେହି ଖାଡ୍କାଦ୍ ଲେଇ ଏ,
ପଟେ ଝଡ୍ଡେ ପୁରଣେ ହୁନ୍ ରୁତ୍ ନବାୟନ ଦି ଆୟେ ଦେ।

(ପିପଲ୍ ଚାଲିଯାଏ, ତୁମେ କାହିଁକି ଶବ୍ଦ କରୁଛ? ପୁରୁଣା ପତ୍ରଗୁଡ଼ିକ ପଡ଼ିଯାଇଛି ଏବଂ ନୂଆ ପତ୍ରର ଋତୁ ଆସିଛି)।

ଏବଂ ଯେତେବେଳେ ପଞ୍ଜାବ ଏକା ବସିଛି କିମ୍ବା ଏକ ଗୋଷ୍ଠୀରେ ବସିଛି, ଅନ୍ୟ କୌଣସି ଭାଷା ସେମାନଙ୍କୁ ଗୌହରଙ୍କ ଏହି ଧାଡ଼ିଗୁଡ଼ିକ ପର୍ଯ୍ୟନ୍ତ ନେଇଯିବ କି?

ଲାମ୍ ଲକ୍ଷ୍ମାନ୍ ତୁ କରୋରାନ୍ ଦେ
ଶାହ ଭେଖେ ମୁଁ କଦାପି କ୍ଷମା ପ୍ରାର୍ଥନା କରିବି ନାହିଁ।
ରାତ୍ରି ଦେ କୁବ୍ ଦେରେ,
ନା ଉହ୍ନାନ ଗୁଲାନ୍ ଦେ ବସାନା ତେ ଭଓରେନ
ବାବାଣ୍ଡେ ଗୁଲାନ୍ ଦେ ବସାନା ତେ ନା ସପାନ୍ ଦେ
ମୁହାନ୍ ତେ କୋଇ ପ୍ୟାର୍ ଦେଣ୍ଡା, ଗୌବର୍
ସେହି ସାଲୁକ ହାନ୍ ଜ୍ୟୁୟାଦ୍ୟା ଦେ
ମୋୟାନ ଗିୟାଁ ଉନ୍ ତାର କୋଇ ବିସାର ଦେଣ୍ଡା |

(ମୁଁ ଲକ୍ଷ ଲକ୍ଷ କୋଟିପତିଙ୍କ ସେନା ଦେଖିଛି। ଯେଉଁମାନେ କେବେ ଗୋଟିଏ ସ୍ଥାନରେ ରୁହନ୍ତି ନାହିଁ କେବେ ଗୋଟିଏ ସ୍ଥାନରେ ରୁହନ୍ତି ନାହିଁ, ସେମାନଙ୍କୁ କେହି ଋଣ ଦିଅନ୍ତି ନାହିଁ। ସେମାନଙ୍କୁ କେହି ବିଶ୍ୱାସ କରନ୍ତି ନାହିଁ। କଳା ବିଟ୍ ଫୁଲ ଉପରେ ବସିଥାଏ କାରଣ ସେମାନଙ୍କର ଗନ୍ଧ | ସାପ ଗୁଡ଼ିକୁ କେହି ଭଲ ପାଆନ୍ତି

ନାହିଁ। ହେ ଗୌହର, ଯେଉଁମାନେ ଜୀବିତ ଅଛନ୍ତି ସେମାନଙ୍କ ପାଇଁ ଭଲ ବ୍ୟବହାର ଏବଂ ସ୍ୱାଗତ, କିନ୍ତୁ ସମସ୍ତେ ମୃତ୍ୟୁ ସମୟରେ ବିଦାୟ କୁହନ୍ତି |)

ଜୀଭ୍ କୁଡିଆନ୍ ନୁ କିୟୋନ୍ ମାରନା ଏ
ଜେକର୍ ନହିଁସ୍ତୁ ମୋୟାନ୍ ଏନ୍ ଜିଆଭନ୍ ଜୋଗା,
ଘର୍ ଆୟେ ସାୱାଲି ନୁ କିୟୋନ୍ ଘର୍ନା ଏ
ଜେକର୍ ନହିଁ ତୁ ହାତିନ୍ ଖୈର ଜୋଗା;
ମିଲେ ଦିଲାନ ନୌ କାୟାକର ତୋଦନା
ଏ ମିଲେ ଦିଲାନ ତୁ ବିଛଦିଆଁ ନୁ ମିଲାଁ ଜୋଗା,
ଗୌହର ବାରବିଆ ରାଖ୍ ବ୍ୟାଣ୍ଡ ଖାନେ
ଜେକର୍ ନହିଁ ତୁ ନେକିୟାଁ କୁମାଁ ଜୋଗା।

(ଯେତେବେଳେ ଆପଣ ମୃତମାନଙ୍କୁ ଜୀବନ ଫେରାଇ ଆଣିବାରେ ସକ୍ଷମ ନୁହଁନ୍ତି, ତେବେ ଜୀବନ୍ତ ପ୍ରାଣୀମାନଙ୍କୁ କାହିଁକି ହତ୍ୟା କରିବେ? ଯେତେବେଳେ ଆପଣ ତାଙ୍କୁ କିଛି ଦେବାକୁ ସକ୍ଷମ ନୁହଁନ୍ତି, ସେତେବେଳେ ଆପଣଙ୍କ ଦ୍ୱାରକୁ ଆସିଥିବା ଭିକ୍ଷୁକକୁ ଆପଣ କାହିଁକି ଚାହିଁଛନ୍ତି? ଯଦି ଆପଣ ଅଲଗା ହୋଇଯାଇଥିବା ହୃଦୟକୁ ପୁନର୍ବାର ଏକାଠି କରିବାକୁ ସକ୍ଷମ ନୁହଁନ୍ତି ତେବେ ହୃଦୟର ସଂଯୋଗ କାହିଁକି ଭାଙ୍ଗିବେ? ହେ ଗୌହର, ଯଦି ଆପଣ ଅନ୍ୟମାନଙ୍କ ପାଇଁ ଭଲ କରିପାରିବେ ନାହିଁ, ତେବେ ଆପଣଙ୍କର ଭଲ ଖାଦ୍ୟ ଏବଂ କୋଠରୀ ବନ୍ଦ ରଖନ୍ତୁ |)

ଏବଂ ଆଜିକାଲି ଦର୍ଦ୍, ମସ୍ତାନା, ଦେୱାନା ପରି ଉଜ୍ଜ୍ୱଳ କବି ପଞ୍ଜାବୀଙ୍କ କବିତାକୁ ସମୃଦ୍ଧ କରୁଛନ୍ତି |

ଏହା ଏକ ଦୁଃଖର ବିଷୟ ଯେ ଏତେ ମିଠା, ଏତେ ଆକର୍ଷଣୀୟ ଭାଷା ପଞ୍ଜାବୀମାନେ ନିଜେ ମଧ୍ୟ ଗ୍ରହଣ କରିନାହାଁନ୍ତି। ସେମାନେ ତଥାପି ମନା କରନ୍ତି; ଏବଂ ଏହା ହେଉଛି ସମସ୍ୟାର ମୂଳ ବିଷୟ | ସମସ୍ତେ ଧାର୍ମିକ ବିଶ୍ୱାସ ଆଧାରରେ ତାଙ୍କ ଯୁକ୍ତିକୁ ସମର୍ଥନ କରନ୍ତି | ପଞ୍ଜାବର ଭାଷା ଏବଂ ଲିପି ସମ୍ବନ୍ଧୀୟ ଏକମାତ୍ର ସମସ୍ୟା ହେଉଛି ଏହି ପ୍ରତିବନ୍ଧକକୁ ଦୂର କରିବା, କିନ୍ତୁ ଆଶା ଶିଖମାନଙ୍କ ମଧ୍ୟରେ ବୃଦ୍ଧି ପାଉଥିବା ସାହିତ୍ୟିକ ସଚେତନତା ଉପରେ ରହିଛି। ହିନ୍ଦୁମାନଙ୍କର ମଧ୍ୟ ଏହା ଅଛି। ଭଲ ଉଦ୍ଦେଶ୍ୟ ଥିବା ଲୋକମାନେ ପାରସ୍ପରିକ ବିଚାରବିମର୍ଶ ଦ୍ୱାରା ନିଷ୍ପତ୍ତି ନିଅନ୍ତି ନାହିଁ କାହିଁକି? ସମାଧାନରେ ପହଞ୍ଚିବାର ଏହା ହେଉଛି ଏକମାତ୍ର ଉପାୟ। ଧାର୍ମିକ ବିଚାରକୁ ପରିତ୍ୟାଗ କରି ଏହି ପ୍ରଶ୍ନଟିକୁ ସମାଧାନ କରାଯାଇପାରିବ। ସେହି ଅନୁଯାୟୀ ପ୍ରୟାସ କରାଯିବା ଉଚିତ ଏବଂ ଅମୃତସରର ପ୍ରେମ ଭଳି ଏକ ପତ୍ରିକାର ପଞ୍ଜାବୀ ଭାଷାକୁ ସ୍ୱୀକୃତି ଦିଆଯିବା ଉଚିତ। ଏହାଦ୍ୱାରା ସମସ୍ୟାର ସମାଧାନ ହୋଇପାରିବ। ଏହି ଉତ୍ତେଜନା ଦୂର ହେବା ପରେ ପଞ୍ଜାବରେ ଏତେ ସୁନ୍ଦର ଏବଂ 'ଗୁଣାତ୍ମକ' ସାହିତ୍ୟ ଉପଲବ୍ଧ ହେବ ଯେ ଏହା ମଧ୍ୟ ଭାରତର ଭଲ ଭାଷା ମଧ୍ୟରେ ଗଣାଯିବ।

2

ଅସ୍ପୃଶ୍ୟତାର ସମସ୍ୟା

"ଭଗତ୍ ସିଂ ଜୁନ୍ 1923 ରେ 16 ବର୍ଷ ବୟସରେ ଏହି ଚମତ୍କାର ଖଣ୍ଡ ଲେଖିଥିଲେ। ଏହା ପରେ 1928 ମସିହାରେ କୀର୍ତିରେ ପ୍ରକାଶିତ ହୋଇଥିଲା।

**

ଆମ ଦେଶ ପ୍ରକୃତରେ ଏକ ଭୟଙ୍କର ସ୍ଥିତିରେ ଅଛି; ଅଧିକାଂଶ ଉଦ୍ଭଟ ଅନୁସନ୍ଧାନ ଏଠାରେ କରାଯାଏ, ଯେଉଁଥିରେ ସର୍ବପ୍ରଥମେ ଅସ୍ପୃଶ୍ୟମାନଙ୍କୁ ଅନ୍ତର୍ଭୁକ୍ତ କରାଯାଏ, ଯେଉଁମାନେ ଆମ ଦେଶର 30 କୋଟି ଜନସଂଖ୍ୟାର 6 କୋଟି ଗଠନ କରନ୍ତି |

ଉଦାହରଣ ସ୍ୱରୂପ -

ଏକ ଉଚ୍ଚ ଜାତିର ଅସ୍ପୃଶ୍ୟ ଅର୍ଥ ଅପବିତ୍ରତା ସହିତ ଯୋଗାଯୋଗ କରିବ କି?

ମନ୍ଦିରଗୁଡ଼ିକରେ ଅସ୍ପୃଶ୍ୟମାନଙ୍କ ପ୍ରବେଶକୁ ନେଇ ଦେବତାମାନେ କ୍ରୋଧିତ ହେବେ ନାହିଁ କି?

ଯଦି ଅସ୍ପୃଶ୍ୟମାନେ ସେହି କୂଅରୁ ପାଣି କାଢ଼ନ୍ତି, ତେବେ କୂଅଟିର ପାନୀୟ ଜଳ ପ୍ରଦୂଷିତ ହେବ ନାହିଁ କି? ଏହି ପ୍ରଶ୍ନଗୁଡିକ ବିଂଶ ଶତାବ୍ଦୀରେ ପଚରାଯାଉଛି, ଯାହା ଆମକୁ ଲଜ୍ଜିତ କରେ |

ଆମେ ଭାରତୀୟମାନେ ଆମର ଆଧ୍ୟାତ୍ମିକତା ଉପରେ ଗର୍ବ କରୁ, କିନ୍ତୁ ତା 'ପରେ, ଆମେ ପ୍ରତ୍ୟେକ ମଣିଷକୁ ନିଜ ପରି ଜଣେ ସାଥୀ ଭାବରେ ଗ୍ରହଣ କରିବାକୁ ଏଡ଼ାଇ ଯାଉ। ଅନ୍ୟ ପକ୍ଷରେ ପାଶ୍ଚାତ୍ୟ ଲୋକମାନେ, ଯେଉଁମାନେ ଅର୍ଥ-ମନସ୍କ ହେବାର ଖ୍ୟାତି ବହନ କରନ୍ତି, ସେମାନଙ୍କ ବିଶ୍ୱାସକୁ ଦ୍ୱ୍ୟର୍ଥହୀନ ଭାବେ ଦୃଢ଼ କରିଥିଲେ। ସମାନତାର ନୀତି। ଏହା ସେମାନେ ଆମେରିକା ଏବଂ ଫ୍ରାନ୍ସରେ ଏବଂ ସର୍ବୋପରି ରୁଷରେ ବିପ୍ଳବ ସମୟରେ କରିଥିଲେ, ଯାହା ଆଜିକାଲି ଜୀବନର ସମସ୍ତ ଦିଗକୁ ଏହି ନୀତି ବିସ୍ତାର କରିବାକୁ ଏବଂ ଯେକୌଣସି ରୂପରେ ଭେଦଭାବ ଦୂର କରିବାକୁ ପ୍ରତିଶ୍ରୁତିବଦ୍ଧ, ଯାହା ଦ୍ୱାରା ମେ ଦିବସ ଘୋଷଣାନାମାର ଆଦର୍ଶ ପୂରଣ ହୁଏ | କିନ୍ତୁ ଆମେ ଭାରତୀୟମାନେ, ଯେଉଁମାନେ ଆମର ଈଶ୍ୱର ଏବଂ ଈଶ୍ୱରପରାୟଣତା ବିଷୟରେ ଗର୍ବ କରିବାରେ କେବେ ଥକି ନାହୁଁ, ତଥାପି ଅସ୍ପୃଶ୍ୟମାନଙ୍କୁ ପବିତ୍ର ସୂତା ପିନ୍ଧିବାକୁ ଅନୁମତି ଦିଆଯିବ ନା ଜାନୁ ଏବଂ ଅସ୍ପୃଶ୍ୟମାନଙ୍କୁ ବେଦ/ଶାସ୍ତ୍ର ପଢ଼ିବାକୁ ଅନୁମତି ଦିଆଯିବ କି ନାହିଁ ସେ ବିଷୟରେ ଗମ୍ଭୀର ଭାବରେ ବିତର୍କ କରୁଛନ୍ତି। ଆମେ ପ୍ରାୟତଃ ଅନ୍ୟ ଦେଶରେ ଆମର ଦୁର୍ବ୍ୟବହାର ବିଷୟରେ ଅଭିଯୋଗ କରୁ, ଏବଂ ବିଶେଷ କରି ଯେତେବେଳେ ଆମେ ଶ୍ୱେତମାନଙ୍କ ଦ୍ୱାରା ଦୁର୍ବ୍ୟବହାର ହେଉ, ସେତେବେଳେ ଏପରି ଅସ୍ୱୀକାର କରିବା ପାଇଁ ଆମର କୌଣସି ନୈତିକ ଅଧିକାର ଅଛି କି?

1926 ମସିହାରେ, ଜଣେ ସିନ୍ଧି ମୁସଲମାନ ଭଦ୍ରବ୍ୟକ୍ତି, ବମ୍ବେ ବିଧାନ ପରିଷଦର ସଦସ୍ୟ, ଶ୍ରୀ ନୂର୍ ମହମ୍ମଦ ଯଥାର୍ଥରେ ମନ୍ତବ୍ୟ ଦେଇଥିଲେଃ-"ଯଦି ହିନ୍ଦୁ ସମାଜ ଅନ୍ୟ ମଣିଷ, ସାଥୀ ପ୍ରାଣୀମାନଙ୍କୁ ସରକାରୀ

ବିଦ୍ୟାଳୟରେ ପଢ଼ିବାକୁ ଅନୁମତି ଦେବାକୁ ମନା କରେ, ଏବଂ ଯଦି ସ୍ଥାନୀୟ ବୋର୍ଡର ସଭାପତି ନିଜ ଘରେ ଏତେ ଲକ୍ଷ ଲୋକଙ୍କୁ ପ୍ରତିନିଧିତ୍ୱ କରନ୍ତି, ତେବେ ତାଙ୍କ ସାଥୀ ଏବଂ ଭାଇମାନଙ୍କୁ ଅନୁମତି ଦେବାକୁ ମନା କରନ୍ତି, ପିଇବା ପାଇଁ ପାଣି ପାଇବାର ପ୍ରାଥମିକ ମାନବିକ ଅଧିକାର, ତେବେ ଅମଲାତନ୍ତ୍ରରୁ ଅଧିକ ଅଧିକାର ମାଗିବା ପାଇଁ ସେମାନଙ୍କର କ 'ଣ ଅଧିକାର ଅଛି? ଅନ୍ୟ ଦେଶରୁ ଆସୁଥିବା ଲୋକଙ୍କ ଉପରେ ଦୋଷାରୋପ କରିବା ପୂର୍ବରୁ, ଆମେ ଦେଖିବା ଉଚିତ ଯେ ଲୋକମାନେ କିପରି... ଆମେ କିପରି ଅଧିକ ରାଜନୈତିକ ଅଧିକାର ମାଗିପାରିବା ଯେତେବେଳେ (ଆମେ ନିଜେ) ମଣିଷର ପ୍ରାଥମିକ ଅଧିକାରକୁ ଅସ୍ୱୀକାର କରୁଛୁ?

କେତେ ସତ! କିନ୍ତୁ ଯେହେତୁ ଏହା ଜଣେ ମୁସଲମାନଙ୍କ ଦ୍ୱାରା କୁହାଯାଇଥିଲା, ତେଣୁ ହିନ୍ଦୁମାନେ ଏହା ଘୋଷଣା କରିବାରେ କୌଣସି ସମୟ ନଷ୍ଟ କରିନଥିଲେ ଯେ ମୁସଲମାନଙ୍କ ପ୍ରକୃତ ଉଦ୍ଦେଶ୍ୟ ହେଉଛି ଅସ୍ପୃଶ୍ୟମାନଙ୍କୁ ଇସଲାମକୁ ଧର୍ମାନ୍ତରିତ କରିବା ଏବଂ ଏହିପରି ସେମାନଙ୍କୁ ନିଜ ଭ୍ରାତୃଭାବରେ ସମ୍ମିଳିତ କରିବା। କିନ୍ତୁ ତା 'ପରେ, ଏହା କଠୋର ସତ୍ୟର ଏକ ଖୋଲା ସ୍ୱୀକାରକୁ ନେଇଗଲା ଯେ ଯଦି ଆପଣ (ହିନ୍ଦୁମାନେ) ସେମାନଙ୍କୁ ଆପଣଙ୍କ ଗୋରୁମାନଙ୍କ ଅପେକ୍ଷା ଖରାପ ବ୍ୟବହାର କରନ୍ତି, ତେବେ ସେମାନେ ଆପଣଙ୍କୁ ପରିତ୍ୟାଗ କରିବେ ଏବଂ ଅନ୍ୟ ଧର୍ମର ପାଳିରେ ଯୋଗଦେବେ ଯେଉଁଠାରେ ସେମାନେ ଅଧିକ ଅଧିକାର ଉପଭୋଗ କରିବାକୁ ଆଶା କରନ୍ତି, ଯେଉଁଠାରେ ସେମାନଙ୍କୁ ବ୍ୟବହାର କରାଯାଏ ସାଥୀ ପ୍ରାଣୀ ଭାବରେ |

ତେବେ ଖ୍ରୀଷ୍ଟିୟାନ ଏବଂ ମୁସଲମାନମାନେ ହିନ୍ଦୁ ଧର୍ମକୁ ଦୁର୍ବଳ କରୁଛନ୍ତି ବୋଲି ଅଭିଯୋଗ କରିବା କ "ଣ ନିରର୍ଥକ ହେବ ନାହିଁ?

କେତେ ନ୍ୟାୟସଙ୍ଗତ ଏବଂ ସତ୍ୟ! ତଥାପି ହିନ୍ଦୁମାନେ ଏହି ସରଳ ସତ୍ୟ ଶୁଣି କ୍ରୋଧରେ କମ୍ପିତ ହୁଅନ୍ତି। ଯାହା ହେଉନା କାହିଁକି, ଏହା ହିନ୍ଦୁମାନଙ୍କୁ ଏହି ପ୍ରସଙ୍ଗରେ ସେମାନଙ୍କ ଆତ୍ମସନ୍ତୋଷରୁ ବିଚଳିତ କରିଥିଲା। ଅର୍ଥୋଡକ୍ସ ବ୍ରାହ୍ମଣମାନେ ମଧ୍ୟ ଏହାକୁ ପୁନର୍ବାର ଚିନ୍ତା କରିବା ଆରମ୍ଭ କରିଥିଲେ, କିଛି ସ୍ୱଘୋଷିତ ସଂସ୍କାରକ ମଧ୍ୟ ଏଥିରେ ଯୋଗ ଦେଇଥିଲେ। ପାଟନାରେ ଏକ ହିନ୍ଦୁ ଉତ୍ସବ ଅନୁଷ୍ଠିତ ହୋଇଥିଲା। ଅସ୍ପୃଶ୍ୟମାନଙ୍କ ପ୍ରତି ଦୀର୍ଘ ଦିନର ସହାନୁଭୂତି ପାଇଁ ଜଣାଶୁଣା ଲାଲା ଲାଜପତ ରାୟ ଅଧ୍ୟକ୍ଷତା କରୁଥିଲେ। ଅସ୍ପୃଶ୍ୟମାନେ ପବିତ୍ର ସୂତା, ଜାନୁ ପିନ୍ଧିବା ପାଇଁ ଯୋଗ୍ୟ କି ନାହିଁ ସେ ବିଷୟରେ ଅନେକ ଉତ୍ତପ୍ତ ଯୁକ୍ତି ବିନିମୟ ହୋଇଥିଲା | ସେମାନେ ବେଦ/ଶାସ୍ତ୍ର ପଢ଼ିପାରିବେ କି? ଅନେକ ସମାଜ ସଂସ୍କାରକ ନିଜର ମନୋବଳ ହରାଇଲେ, କିନ୍ତୁ ଲାଲା ଜୀ ସେମାନଙ୍କୁ ଏହି ଦୁଇଟି ପ୍ରସଙ୍ଗରେ ଆପୋଷ ବୁଝାମଣା କରିବା ପାଇଁ ପ୍ରବର୍ତ୍ତାଇବାରେ ସକ୍ଷମ ହେଲେ, ଯାହାଦ୍ୱାରା ହିନ୍ଦୁ ଧର୍ମର ମର୍ଯ୍ୟାଦା ବଞ୍ଚିଲା; ନଚେତ୍ ଏହାର ପରିଣାମ କ "ଣ ହୋଇଥାନ୍ତା?

କଳ୍ପନା କରନ୍ତୁ କେତେ ଲଜ୍ଜାଜନକ! ଏପରିକି ଗୋଟିଏ କୁକୁର ମଧ୍ୟ ଆମ କୋଳରେ ବସିପାରେ, ଏହା ଆମ ରୋଷେଇ ଘରେ ମଧ୍ୟ ମୁକ୍ତ ଭାବରେ ଗତି କରିପାରିବ କିନ୍ତୁ ଯଦି ଜଣେ ସାଥୀ ମଣିଷ ଆପଣଙ୍କୁ ସ୍ପର୍ଶ କଲେ, ଆପଣଙ୍କ ଧର୍ମ ବିପଦରେ ପଡ଼ିଥାଏ। ଏତିକିରେ, ଏପରିକି ପଣ୍ଡିତ ମାଲବ୍ୟଙ୍କ ଭଳି ପ୍ରଖ୍ୟାତ ସମାଜ ସଂସ୍କାରକ, ଯିଏକି ତାଙ୍କ ଅବଦାନ ପାଇଁ ଜଣାଶୁଣା। ଅସ୍ପୃଶ୍ୟମାନଙ୍କ ପାଇଁ ନରମ କୋଣ, ପ୍ରଥମେ ସର୍ବସାଧାରଣରେ ରହିବାକୁ ରାଜି ହୁଅନ୍ତି

ଜଣେ ସଫେଇ କର୍ମଚାରୀଙ୍କ ଦ୍ୱାରା ମାଳା ପିନ୍ଧିଥିଲେ, କିନ୍ତୁ ପରେ ନିଜକୁ ଜଣେ ସଫେଇ କର୍ମଚାରୀ ବୋଲି ବିବେଚନା କରନ୍ତି ସେ ଗାଧୋଇବା ଏବଂ ସେହି ପୋଷାକ ଧୋଇବା ପର୍ଯ୍ୟନ୍ତ ପ୍ରଦୂଷିତ | କେତେ

ବିଦ୍ରୁପାତ୍ମକ! ଭଗବାନଙ୍କୁ ପୂଜା କରିବା ପାଇଁ ଉଦ୍ଦିଷ୍ଟ ମନ୍ଦିରରେ, ଯିଏ ଆମ ସମସ୍ତଙ୍କ ମଧ୍ୟରେ ବାସ କରନ୍ତି, ଜଣେ ଗରିବ ବ୍ୟକ୍ତି ଥରେ ଏଥିରେ ପ୍ରବେଶ କଲେ, ଏହା ଅଶୁଚି ହୋଇଯାଏ ଏବଂ ଭଗବାନ ବିରକ୍ତ ହୁଅନ୍ତି।

ଯେତେବେଳେ ହିନ୍ଦୁମାନଙ୍କ ମଧ୍ୟରେ ଏଭଳି ସ୍ଥିତି ରହିଥାଏ, ଆମେ କ "ଣ କରୁ?

ବାହାର ଲୋକଙ୍କ ଠାରୁ ସମାନତା ପାଇଁ ଲଢ଼ିବା ଭଲ ଲାଗୁଛି କି? ସର୍ବୋପରି,

ଏହି ପ୍ରକାରର ଆଭିମୁଖ୍ୟ ଯାହା ଆମକୁ ପ୍ରଶ୍ନରେ ଅଛି ଡିଗ୍ରିର ଏକ କୃତଜ୍ଞତା; ଯେଉଁମାନେ ଆମକୁ ପ୍ରଦାନ କରନ୍ତି ଆମ ପାଇଁ ଛୋଟ ଛୋଟ କାମ କରି ଆମେ ସେମାନଙ୍କୁ ପରିତ୍ୟାଗ କରି ଆରାମ ପାଇଥାଉ। ଆମେ କରିପାରିବୁ। ପଶୁମାନଙ୍କୁ ମଧ୍ୟ ପୂଜା କରନ୍ତି, କିନ୍ତୁ ସାଥୀ ମଣିଷମାନଙ୍କୁ ସହ୍ୟ କରନ୍ତି ନାହିଁ ଆମ ପାଖରେ ବସିଛି।

ଏହା ଆଜିକାଲି ଆଲୋଚନାର ଏକ ଜ୍ୱଳନ୍ତ ପ୍ରସଙ୍ଗ, ଗରିବ ପ୍ରାଣୀମାନେ ଏହିପରି ସ୍ୱତନ୍ତ୍ର ଧ୍ୟାନ ପାଉଛନ୍ତି | ଜାତୀୟ ମୁକ୍ତି ଦିଗରେ ଆମର ଅଗ୍ରଗତି ପରିପ୍ରେକ୍ଷୀରେ, ସାମ୍ପ୍ରଦାୟିକ ପ୍ରତିନିଧିତ୍ୱର ସମସ୍ୟା (ହିନ୍ଦୁ/ଶିଖ/ମୁସଲମାନ ଜନସଂଖ୍ୟା ଅନୁପାତରେ ବିଧାନସଭାରେ ଆବଣ୍ଟିତ ଆସନ) ଅନ୍ୟ କୌଣସି ଉପାୟରେ ଲାଭଦାୟକ ହୋଇନଥାଇପାରେ, କିନ୍ତୁ ଅତିକମ୍ରେ ହିନ୍ଦୁ/ମୁସଲମାନ/ଶିଖ ସମସ୍ତେ ନିଜ ନିଜ କୋଟାକୁ ସର୍ବାଧିକ କରିବାକୁ କଠିନ ପରିଶ୍ରମ କରୁଛନ୍ତି। ସେହି ଅନୁଯାୟୀ, ମୁସଲମାନମାନେ ସେମାନଙ୍କୁ ଇସଲାମକୁ ଧର୍ମାନ୍ତରିତ କରିବା ପରେ ସମାନ ଅଧିକାର ପ୍ରଦାନ କରି ଆରମ୍ଭ କରିଥିଲେ।

ଏହା ସ୍ୱାଭାବିକ ଭାବେ ହିନ୍ଦୁମାନଙ୍କୁ ଦୁଃଖ ଦିଏ। ତିକ୍ତତା ବୃଦ୍ଧି ପାଇଲା, ଏବଂ ଦଙ୍ଗା ମଧ୍ୟ ଆରମ୍ଭ ହେଲା | ଶିଖ୍ମାନଙ୍କ ଦ୍ୱାରା ଏବଂ ସେମାନଙ୍କ ଦ୍ୱାରା ମଧ୍ୟ ଜାଗ୍ରତ ହୋଇଥିଲେ, ନଚେତ୍ ସେମାନେ ଏହି ଦୌଡ଼ରେ ପଛରେ ରହିଯିବେ। ସେମାନେ ମଧ୍ୟ ଅମୃତ ଦେବା ଆରମ୍ଭ କଲେ; ଶିଖ୍ ଏବଂ ହିନ୍ଦୁମାନଙ୍କ ମଧ୍ୟରେ ଜାନୁ କିମ୍ବା ହେୟାର ଶେଭିଂ ହଟାଇବା ଉପରେ ଉତ୍ତେଜନା ବୃଦ୍ଧି ପାଇଲା | ମୋଟ ଉପରେ, ଏହି ତିନିଜଣ ଅନ୍ୟମାନଙ୍କୁ ଅତିକ୍ରମ କରିବାକୁ ଚେଷ୍ଟା କରୁଛନ୍ତି, ଯାହା ବ୍ୟାପକ ବିଶୃଙ୍ଖଳା ସୃଷ୍ଟି କରୁଛି। ବାଡ଼ ଉପରେ ବସିଥିବା ଖ୍ରୀଷ୍ଟିୟାନମାନେ ନୀରବରେ ସେମାନଙ୍କ ନିୟନ୍ତ୍ରଣକୁ ସୁଦୃଢ଼ କରୁଛନ୍ତି | ଯାହା ହେଉନା କାହିଁକି, ଏହି ଅସ୍ଥିରତା ନିଶ୍ଚିତ ଭାବେ ଆମକୁ ଅସ୍ପୃଶ୍ୟତାର ନିୟନ୍ତ୍ରଣକୁ ଦୁର୍ବଳ କରିବା ଦିଗରେ ଅଗ୍ରସର ହେବାରେ ସାହାଯ୍ୟ କରୁଛି।

ନିଜ ବିଷୟରେ, ଯେତେବେଳେ ସେମାନେ ଜାଣିବାକୁ ପାଇଲେ ଯେ ଏହି ସମସ୍ତ ବଡ଼ ଗଣ୍ଡଗୋଳ ସେମାନଙ୍କ ଉପରେ ସମାପ୍ତ ହୋଇଛି ଏବଂ ସମସ୍ତେ ନିଜ ପାଇଁ ଲାଭ ପାଇବାକୁ ଚେଷ୍ଟା କରୁଛନ୍ତି, ସେମାନେ ମଧ୍ୟ ଭାବିଲେ, "ଆମେ କାହିଁକି ନିଜେ ସଂଗଠିତ ହେବା ଉଚିତ ନୁହେଁ?" ଏହି ଚିନ୍ତାଧାରାକୁ କାର୍ଯ୍ୟକାରୀ କରିବା ପଛରେ ସରକାର ଅଛନ୍ତି କି ନାହିଁ କିମ୍ବା ସେମାନେ ନିଜେ କରୁଛନ୍ତି କି ନାହିଁ ତାହା ନିଶ୍ଚିତ ନୁହେଁ, କିନ୍ତୁ ଏହା ନିଶ୍ଚିତ ଯେ ଏହି ଧାରାକୁ ସରକାରୀ ମହଲରୁ ସମ୍ପୂର୍ଣ୍ଣ ସମର୍ଥନ ମିଳୁଛି। "ଆଦି ଧରମ ମଣ୍ଡଳ" ଏବଂ ଏହିପରି ଅନ୍ୟାନ୍ୟ ଧାରା ହେଉଛି ଏହି ଧାରାର ପରିଣାମ। ଏଠାରେ, ମୌଳିକ ପ୍ରଶ୍ନ ଉଠୁଛି, ଏହି ସମସ୍ୟାର ସମାଧାନ ପାଇଁ ସବୁଠାରୁ ପ୍ରଭାବଶାଳୀ ଉପାୟ କ "ଣ? ଉତ୍ତରଟି ସମ୍ପୂର୍ଣ୍ଣ ସ୍ପଷ୍ଟ; ସର୍ବୋପରି, ଏହା ଭଲ ପାଇଁ ସ୍ଥିର ହେବା ଆବଶ୍ୟକ, ଯେ ଜନ୍ମ କିମ୍ବା ବୃତ୍ତିର ପାର୍ଥକ୍ୟ ବିନା ସମସ୍ତ ମଣିଷ ସମାନ | ଅନ୍ୟ ଶବ୍ଦରେ କହିଲେ, କାରଣ କେହି ଜଣେ ଗରିବ ସଫେଇ କର୍ମଚାରୀଙ୍କ ପରିବାରରେ ଜନ୍ମ ନିଏ, ସେଥିପାଇଁ ସେ ଏହା ଆଜିକାଲି ଆଲୋଚନାର ଏକ ଜ୍ୱଳନ୍ତ ପ୍ରସଙ୍ଗ, ଗରିବ ପ୍ରାଣୀମାନେ ଏହିପରି ସ୍ୱତନ୍ତ୍ର ଧ୍ୟାନ ପାଉଛନ୍ତି | ଜାତୀୟ ମୁକ୍ତି ଦିଗରେ ଆମର ଅଗ୍ରଗତି ପରିପ୍ରେକ୍ଷୀରେ, ସାମ୍ପ୍ରଦାୟିକ ପ୍ରତିନିଧିତ୍ୱର ସମସ୍ୟା (ହିନ୍ଦୁ/ଶିଖ/ମୁସଲମାନ ଜନସଂଖ୍ୟା ଅନୁପାତରେ ବିଧାନସଭାରେ ଆବଣ୍ଟିତ ଆସନ) ଅନ୍ୟ କୌଣସି ଉପାୟରେ ଲାଭଦାୟକ ହୋଇନଥାଇପାରେ, କିନ୍ତୁ ଅତିକମ୍ରେ ହିନ୍ଦୁ/ମୁସଲମାନ/ଶିଖ ସମସ୍ତେ ନିଜ ନିଜ

କୋଟାକୁ ସର୍ବାଧିକ କରିବାକୁ କଠିନ ପରିଶ୍ରମ କରୁଛନ୍ତି। ସେହି ଅନୁଯାୟୀ, ମୁସଲମାନମାନେ ସେମାନଙ୍କୁ ଇସଲାମକୁ ଧର୍ମାନ୍ତରିତ କରିବା ପରେ ସମାନ ଅଧିକାର ପ୍ରଦାନ କରି ଆରମ୍ଭ କରିଥିଲେ।

ଏହା ସ୍ୱାଭାବିକ ଭାବେ ହିନ୍ଦୁମାନଙ୍କୁ ଦୁଃଖ ଦିଏ। ତିକ୍ତତା ବୃଦ୍ଧି ପାଇଲା, ଏବଂ ଦଙ୍ଗା ମଧ୍ୟ ଆରମ୍ଭ ହେଲା | ଶିଖମାନଙ୍କ ଦ୍ୱାରା ଏବଂ ସେମାନଙ୍କ ଦ୍ୱାରା ମଧ୍ୟ ଜାଗ୍ରତ ହୋଇଥିଲେ, ନଚେତ୍ ସେମାନେ ଏହି ଦୌଡ଼ରେ ପଛରେ ରହିଯିବେ। ସେମାନେ ମଧ୍ୟ ଅମୃତ ଦେବା ଆରମ୍ଭ କଲେ; ଶିଖ୍ ଏବଂ ହିନ୍ଦୁମାନଙ୍କ ମଧ୍ୟରେ ଜାନୁ କିମ୍ବା ହେୟାର ଶେଭିଂ ହଟାଇବା ଉପରେ ଉତ୍ତେଜନା ବୃଦ୍ଧି ପାଇଲା | ମୋଟ ଉପରେ, ଏହି ତିନିଜଣ ଅନ୍ୟମାନଙ୍କୁ ଅତିକ୍ରମ କରିବାକୁ ଚେଷ୍ଟା କରୁଛନ୍ତି, ଯାହା ବ୍ୟାପକ ବିଶୃଙ୍ଖଳା ସୃଷ୍ଟି କରୁଛି। ବାଡ଼ ଉପରେ ବସିଥିବା ଖ୍ରୀଷ୍ଟିୟାନମାନେ ନୀରବରେ ସେମାନଙ୍କ ନିୟନ୍ତ୍ରଣକୁ ସୁଦୃଢ଼ କରୁଛନ୍ତି | ଯାହା ହେଉନା କାହିଁକି, ଏହି ଅସ୍ଥିରତା ନିଶ୍ଚିତ ଭାବେ ଆମକୁ ଅସ୍ପୃଶ୍ୟତାର ନିୟନ୍ତ୍ରଣକୁ ଦୁର୍ବଳ କରିବା ଦିଗରେ ଅଗ୍ରସର ହେବାରେ ସାହାଯ୍ୟ କରୁଛି।

ନିଜ ବିଷୟରେ, ଯେତେବେଳେ ସେମାନେ ଜାଣିବାକୁ ପାଇଲେ ଯେ ଏହି ସମସ୍ତ ବଡ଼ ଗଣ୍ଡଗୋଳ ସେମାନଙ୍କ ଉପରେ ସମାପ୍ତ ହୋଇଛି ଏବଂ ସମସ୍ତେ ନିଜ ପାଇଁ ଲାଭ ପାଇବାକୁ ଚେଷ୍ଟା କରୁଛନ୍ତି, ସେମାନେ ମଧ୍ୟ ଭାବିଲେ, "ଆମେ କାହିଁକି ନିଜେ ସଂଗଠିତ ହେବା ଉଚିତ ନୁହେଁ?" ଏହି ଚିନ୍ତାଧାରାକୁ କାର୍ଯ୍ୟକାରୀ କରିବା ପଛରେ ସରକାର ଅଛନ୍ତି କି ନାହିଁ କିମ୍ବା ସେମାନେ ନିଜେ କରୁଛନ୍ତି କି ନାହିଁ ତାହା ନିଶ୍ଚିତ ନୁହେଁ, କିନ୍ତୁ ଏହା ନିଶ୍ଚିତ ଯେ ଏହି ଧାରାକୁ ସରକାରୀ ମହଲରୁ ସମ୍ପୂର୍ଣ୍ଣ ସମର୍ଥନ ମିଳୁଛି। "ଆଦି ଧରମ ମଣ୍ଡଳ" ଏବଂ ଏହିପରି ଅନ୍ୟାନ୍ୟ ଧାରା ହେଉଛି ଏହି ଧାରାର ପରିଣାମ।

ଏଠାରେ, ମୌଳିକ ପ୍ରଶ୍ନ ଉଠୁଛି, ଏହି ସମସ୍ୟାର ସମାଧାନ ପାଇଁ ସବୁଠାରୁ ପ୍ରଭାବଶାଳୀ ଉପାୟ କ "ଣ? ଉତ୍ତରଟି ସମ୍ପୂର୍ଣ୍ଣ ସ୍ପଷ୍ଟ; ସର୍ବୋପରି, ଏହା ଭଲ ପାଇଁ ସ୍ଥିର ହେବା ଆବଶ୍ୟକ, ଯେ ଜନ୍ମ କିମ୍ବା ବୃତ୍ତିର ପାର୍ଥକ୍ୟ ବିନା ସମସ୍ତ ମଣିଷ ସମାନ | ଅନ୍ୟ ଶବ୍ଦରେ କହିଲେ, କାରଣ କେହି ଜଣେ ଗରିବ ସଫେଇ କର୍ମଚାରୀଙ୍କ ପରିବାରରେ ଜନ୍ମ ନିଏ, ସେଥିପାଇଁ ସେ

ସାରା ଜୀବନ ଶୌଚାଳୟ ସଫା କରିବା ଜାରି ରଖିବେ ଏବଂ ଏହିପରି ବଞ୍ଚିତ ହେବେ। ଜୀବନରେ ପ୍ରଗତିର ସମସ୍ତ ସମ୍ଭାବନା ମଧ୍ୟରୁ, ଏସବୁ ହେଉଛି ବାଲୋନି। ଐତିହାସିକ ଭାବେ କହିବାକୁ ଗଲେ, ଯେତେବେଳେ ଆମର ଆର୍ଯ୍ୟ ପୂର୍ବପୁରୁଷମାନେ ଏହି ଅଭ୍ୟାସଗୁଡ଼ିକୁ ପୋଷଣ କରିଥିଲେ ସମାଜର ଏହି ବର୍ଗଙ୍କ ପ୍ରତି ଭେଦଭାବ, ଦୂରେଇ ରହିବା ସେମାନଙ୍କ ସହିତ ସମସ୍ତ ମାନବ ସମ୍ପର୍କକୁ ମେନିୟାଲ୍ ଭାବରେ ଟ୍ୟାଗ୍ କରି ଏବଂ

ସେମାନଙ୍କୁ ସମସ୍ତ ଅପମାନଜନକ କାର୍ଯ୍ୟ ଅର୍ପଣ କରିବା, ସେମାନେ ମଧ୍ୟ, ସ୍ୱାଭାବିକ ଭାବରେ ଏହି ବ୍ୟବସ୍ଥା ବିରୁଦ୍ଧରେ ଏକ ବିଦ୍ରୋହ ବିଷୟରେ ଚିନ୍ତା କରିବା ଆରମ୍ଭ କଲେ। ଏସବୁ ହେଉଛି

ଆପଣଙ୍କ ଅତୀତର ପାପର ପରିଣାମ; ଏହା ବିଷୟରେ କ 'ଣ କରାଯାଇପାରିବ? ଏହାକୁ ବହନ କରନ୍ତୁ। ନୀରବ! ଏବଂ ଏହିପରି ପ୍ରକାରର ଶୋଇବା ବଟିକା ସହିତ, ସେମାନେ ସକ୍ଷମ ହୋଇଥିଲେ କିଛି ସମୟ ପାଇଁ ଶାନ୍ତି କିଣିବା ପାଇଁ। କିନ୍ତୁ ସେମାନେ ଦୋଷୀ ଥିଲେ

ଏହି କାରଣରୁ ବଡ଼ ପାପ ଯେହେତୁ ଏହା ପ୍ରତ୍ୟାଖ୍ୟାନର ପରିମାଣ | ଆତ୍ମସମ୍ମାନ ଏବଂ ଆତ୍ମନିର୍ଭରଶୀଳତା ଭଳି ମୌଳିକ ମାନବୀୟ ମୂଲ୍ୟବୋଧ; ମୋଟାମୋଟି ଭାବେ

ଯେକୌଣସି ଉପାୟରେ ନିଷ୍ଠୁର ଆଚରଣ। ତଥାପି ବର୍ତ୍ତମାନ ହେଉଛି ଏହାର ପ୍ରାୟଶ୍ଚିତ୍ତର ମୁହୂର୍ତ୍ତ। ଏକ ବ୍ୟାପକ ସାମାଜିକ ଦୃଷ୍ଟିକୋଣରୁ, ଅସ୍ପୃଶ୍ୟତାର ଏକ ମାରାତ୍ମକ ପାର୍ଶ୍ୱ ପ୍ରତିକ୍ରିୟା ଥିଲା; ଲୋକମାନେ, ସାଧାରଣତଃ, ଚାକିରି ଘୃଣା କରିବାକୁ ଅଭ୍ୟସ୍ତ ହୋଇଥିଲେ ଯାହା ଅନ୍ୟଥା ଜୀବନ ପାଇଁ ଗୁରୁତ୍ୱପୂର୍ଣ୍ଣ

ଥିଲା | ଆମକୁ ପୋଷାକ ଯୋଗାଉଥିବା ବୁଣାକାରମାନଙ୍କୁ ଆମେ ଅସ୍ପୃଶ୍ୟ ବୋଲି ବିବେଚନା କରୁଥିଲୁ। U.P. ରେ। ଜଳ ବାହକମାନଙ୍କୁ ମଧ୍ୟ ଅସ୍ପୃଶ୍ୟ ବୋଲି ବିବେଚନା କରାଯାଏ। ଏସବୁ ଶ୍ରମ, ବିଶେଷ କରି ଶାରୀରିକ ଶ୍ରମର ମର୍ଯ୍ୟାଦାକୁ ଦୁର୍ବଳ କରି ଆମର ପ୍ରଗତିକୁ ବ୍ୟାପକ କ୍ଷତି ପହଞ୍ଚାଇଥିଲା। ତେଣୁ ଆମକୁ ଏହା ସ୍ୱୀକାର କରିବାକୁ ପଡ଼ିବ, ସବୁଦିନ ପାଇଁ, ଯେ ଆଗକୁ ବଢ଼ିବା ପାଇଁ ଆମକୁ ଦେବାକୁ ପଡ଼ିବ।

ଉଭୟ ସେମାନଙ୍କୁ ଅସ୍ପୃଶ୍ୟ ବୋଲି ବିବେଚନା କରନ୍ତି ଏବଂ ଡାକୁଛନ୍ତି। ଅନ୍ୟ ସବୁ କିଛି ଆପେ ଆପେ ଠିକ୍ ହୋଇଯିବ।

ଏହି ପରିପ୍ରେକ୍ଷୀରେ ନୌଜୱାନ ଭାରତ ସଭା ଏବଂ ଯୁବ ସମ୍ମିଳନୀ ଦ୍ୱାରା ଗ୍ରହଣ କରାଯାଇଥିବା ରଣନୀତି ସବୁଠାରୁ ଉପଯୁକ୍ତ, ଅର୍ଥାତ୍, ସେହି ଭାଇମାନଙ୍କଠାରୁ କ୍ଷମା ମାଗିବା, ଯେଉଁମାନଙ୍କୁ ଆମେ ଅସ୍ପୃଶ୍ୟ ବୋଲି କହୁଛୁ, ସେମାନଙ୍କୁ ଆମର ସାଥୀ ଭାବରେ ବ୍ୟବହାର କରି, ଶିଖ ଧର୍ମ, ଇସଲାମ କିମ୍ବା ହିନ୍ଦୁ ଧର୍ମର ଧର୍ମାନ୍ତରଣ ସମାରୋହ ଦେଇ ନ ଯାଇ, ସେମାନଙ୍କ ହାତରୁ ଖାଦ୍ୟ/ପାଣି ଗ୍ରହଣ କରି। ଏବଂ ସେମାନଙ୍କୁ ଜିତିବା ପାଇଁ ଦୌଡ଼ରେ ଆମ ମଧ୍ୟରେ ଝଗଡ଼ା କରିବା, ସେମାନଙ୍କୁ ସେମାନଙ୍କର ମାନବୀୟ ମର୍ଯ୍ୟାଦା ପୁନରୁଦ୍ଧାର ନକରି ନିରର୍ଥକ |

କିନ୍ତୁ ଯେଉଁ ମୁହୂର୍ତ୍ତରେ ଆମେ ଉପରେ ଉଲ୍ଲେଖ କରାଯାଇଥିବା ଆମର ମାନବିକ ସମାନତା ଏବଂ ଭାଇଚାରାର ବାର୍ତ୍ତା ନେଇ ଗ୍ରାମକୁ ଗଲୁ, ସରକାରୀ ଏଜେଣ୍ଟମାନେ ଜାଟ୍ ସମ୍ପ୍ରଦାୟକୁ ଉତ୍ସାହିତ କରିବାକୁ ଲାଗିଲେ ଯେ ଏହା ଏହି ଛୋଟ ଛୋଟ ଲୋକଙ୍କୁ ଆପଣଙ୍କ ସେବା କରିବାକୁ ମନା କରିବାକୁ ଉତ୍ସାହିତ କରିବ। ଜାଟ୍ ମାନଙ୍କୁ ଉତ୍ତେଜିତ କରିବା ପାଇଁ, ସଠିକ ଦିଗରେ ଆମର ପ୍ରୟାସକୁ ବିରୋଧ କରିବା ପାଇଁ ଏହା ଯଥେଷ୍ଟ ଥିଲା।

କିନ୍ତୁ ଉଚ୍ଚ ଜାତିମାନେ ଏହା ମଧ୍ୟ ହୃଦୟଙ୍ଗମ କରିବା ଉଚିତ ଯେ ଜୀବନରେ ସେମାନଙ୍କର ନିଜସ୍ୱ ସ୍ଥିତି ଭଲ ପାଇଁ ବଦଳିପାରିବ ନାହିଁ, ଯେପର୍ଯ୍ୟନ୍ତ ସେମାନେ ଏହି ଲୋକମାନଙ୍କୁ ନିମ୍ନମାନର ବୋଲି ବିବେଚନା କରୁଛନ୍ତି, ସେମାନଙ୍କୁ କ୍ଷୁଦ୍ର ବୋଲି କହୁଛନ୍ତି, ଏବଂ ସେମାନଙ୍କୁ ନିଜ ଗୋଡ଼ ତଳେ ରଖିଛନ୍ତି। ସେମାନେ ଅଶୁଚି ବୋଲି ଯୁକ୍ତି କରାଯାଉଛି। କଠୋର ସତ୍ୟ ହେଉଛି ଯେ ସେମାନେ ଗରିବ, ସେମାନଙ୍କର ଦାରିଦ୍ର୍ୟ ଦୂର କରନ୍ତୁ ଏବଂ ସେମାନେ ସ୍ୱଚ୍ଛ ହେବେ। ଆମେ କ "ଣ ଦେଖୁ ନାହୁଁ ଯେ ଉଚ୍ଚ ଜାତିର ଗରିବମାନେ ମଧ୍ୟ କିଛି କମ୍ ଅଶୁଚି ନୁହନ୍ତି? ଏହା ବ୍ୟତୀତ ଅଶୁଚି କାମ କରିବା ଖରାପ ନୁହେଁ; ଉଦାହରଣ ସ୍ୱରୂପ, ମାଆମାନେ ସେମାନଙ୍କ ପିଲାମାନଙ୍କ ପାଇଁ ସମସ୍ତ ଅଶୁଚି କର୍ତ୍ତବ୍ୟ ସମ୍ପାଦନ କରନ୍ତି | ସେମାନେ ଅଶୁଚି ହୋଇଯାଆନ୍ତି କି?

ତଥାପି, ଅସ୍ପୃଶ୍ୟ ସମ୍ପ୍ରଦାୟମାନେ ନିଜେ ଏକଜୁଟ ହୋଇ ସଂଗଠିତ ନହେବା ପର୍ଯ୍ୟନ୍ତ ଶେଷରେ ଏହି ସମସ୍ୟାର ପର୍ଯ୍ୟାପ୍ତ ସମାଧାନ ହୋଇପାରିବ ନାହିଁ। ଆମେ ସେମାନଙ୍କର ସ୍ୱତନ୍ତ୍ର ପରିଚୟ ଗଠନ କରିବା ପାଇଁ ସେମାନଙ୍କର ସାମ୍ପ୍ରତିକ ଏକୀକରଣକୁ ବିବେଚନା କରୁଛୁ, ଏବଂ ବିଧାନସଭାରେ ମୁସଲମାନମାନଙ୍କ ସହିତ ସମାନ ପ୍ରତିନିଧିତ୍ୱ ଦାବି କରିବା, ସଂଖ୍ୟାରେ ସମାନ ହେବା, ସଠିକ୍ ଦିଗରେ ଏକ ପଦକ୍ଷେପ ଭାବରେ ବିବେଚନା କରୁଛୁ। ସାମ୍ପ୍ରଦାୟିକ ପ୍ରତିନିଧିତ୍ୱକୁ ସମ୍ପୂର୍ଣ୍ଣ ରୂପେ ପ୍ରତ୍ୟାଖ୍ୟାନ କରନ୍ତୁ, ନଚେତ୍ ଏହି ଲୋକମାନଙ୍କୁ ସେମାନଙ୍କର ଉଚିତ ଅଂଶ ମଧ୍ୟ ଦିଅନ୍ତୁ! ନୀତିଗତ ଭାବେ, ପରିଷଦ, ବିଧାନସଭା ଏହି ସମସ୍ତ ସମ୍ପ୍ରଦାୟଙ୍କ ପାଇଁ ବିଦ୍ୟାଳୟ, କଲେଜ, କୂଅ ଏବଂ ରାସ୍ତାକୁ ସମ୍ପୂର୍ଣ୍ଣ ଏବଂ ମାଗଣା ପ୍ରବେଶ ନିଶ୍ଚିତ କରିବାକୁ ବାଧ୍ୟ; ତାହା ମଧ୍ୟ କେବଳ କାଗଜରେ ନୁହେଁ ବରଂ ପ୍ରକୃତରେ ସେମାନଙ୍କୁ କୂଅ ଏବଂ ବିଦ୍ୟାଳୟକୁ ନେଇ ସେଠାରେ ଭର୍ତ୍ତି କରିବା। କିନ୍ତୁ ଏହି ଆଇନସଭାଗୁଡ଼ିକ, ଯେଉଁଠାରେ ବାଲ୍ୟ ବିବାହକୁ ସେମାନଙ୍କ ଧର୍ମ ପ୍ରତି

ବିପଦ ବୋଲି ଦର୍ଶାଇ ଏହାକୁ ନିଷିଦ୍ଧ କରିବା ପାଇଁ ଏକ ବିଲ୍ଲ ନେଇ ମଧ୍ୟ ବହୁତ ହଙ୍ଗାମା କରାଯାଉଛି, ସେମାନେ କ "ଣ ଅସ୍ପୃଶ୍ୟମାନଙ୍କୁ ନିଜ ସ୍ତରକୁ ଆଣିବାକୁ ସାହସ କରିପାରିବେ? ନା, କଦାପି ନୁହେଁ, ସେଥିପାଇଁ ଆମେ ନିବେଦନ କରୁଛୁ ଯେ ସେମାନେ ଏହି ଅନୁପାତରେ ବିଧାନସଭାରେ ସେମାନଙ୍କର ସ୍ୱତ.

ସେମାନଙ୍କର ସଂଖ୍ୟାଗତ ଶକ୍ତି। ଆମେ ଘୋଷଣା କରିବାରେ କୌଣସି ଶବ୍ଦ କାଟି ନଥାଉଃ ଉଠ! ତଥାକଥିତ ଅସ୍ପୃଶ୍ୟ, ଜୀବନର ପ୍ରକୃତ ରକ୍ଷକ, ଜାଗ୍ରତ ହୁଅନ୍ତୁ ଏବଂ ନିଜ ଅତୀତ ବିଷୟରେ ଚିନ୍ତା କରନ୍ତୁ, ଆପଣ ଗୁରୁ ଗୋବିନ୍ଦ ସିଂଙ୍କ ସେନାର ମେରୁଦଣ୍ଡ ଥିଲେ। ଶିବାଜୀ ଆପଣଙ୍କ ଅଂଶଗ୍ରହଣ ଦ୍ୱାରା ସେ ସବୁ ହାସଲ କରିବାରେ ସକ୍ଷମ ହୋଇଥିଲେ ଯାହା ତାଙ୍କୁ ଇତିହାସରେ ସର୍ବଦା ଉଜ୍ଜ୍ୱଳ କରିଥିଲା। ଆପଣଙ୍କ ବଳିଦାନଗୁଡ଼ିକ ସୁବର୍ଣ୍ଣ ଅକ୍ଷରରେ ସନ୍ନିବେଶିତ ହେବାର ଯୋଗ୍ୟ। ଯେଉଁ ଉପାୟରେ ଆପଣ ଆମକୁ ସମ୍ଭାଳି ରଖନ୍ତି ଏବଂ ଆମର ଆରାମକୁ ବୃଦ୍ଧି କରନ୍ତି, ତାହା ଆମକୁ ଆପଣଙ୍କ ପ୍ରତି କୃତଜ୍ଞ ଅନୁଭବ କରାଇଦେବା ଉଚିତ। ଆମେମାନେ ହିଁ ପ୍ରଶଂସା କରିବାରେ ବିଫଳ ହେଉଛୁ। ଲ୍ୟାଣ୍ଡ ଏଲିୟେନେସନ ଆକ୍ଟ (ଅଣ-କୃଷି ସମ୍ପ୍ରଦାୟକୁ ଜମି ହସ୍ତାନ୍ତରକୁ ନିଷିଦ୍ଧ କରିବା, ଜାତି ଅନୁଯାୟୀ ବ୍ୟାଖ୍ୟା କରାଯାଇଛି) ଆପଣଙ୍କୁ ଜମି କିଣିବାକୁ ଅନୁମତି ଦିଏ ନାହିଁ ଯଦିଓ ଆପଣ ଏହାର ମୂଲ୍ୟ ବହନ କରିବାକୁ ଆବଶ୍ୟକ ପରିମାଣର ପରିଚାଳନା କରନ୍ତି | ଯେଉଁଭଳି ଭାବରେ ଆପଣଙ୍କୁ ନିର୍ଯାତନା ଦିଆଯାଉଛି, ର ମିସ୍ ମାୟୋ ଆପଣଙ୍କୁ "ପୁରୁଷଙ୍କ ଠାରୁ କମ୍" ବୋଲି ଚିହ୍ନିତ କରିବାକୁ ପ୍ରବର୍ତ୍ତାଇଥିଲେ। ବାସ୍ତବରେ, ନିଜ ପ୍ରୟାସ ବିନା ଆପଣ ଆଗକୁ ବଢ଼ିପାରିବେ ନାହିଁ।

"ଯେଉଁମାନେ ମୁକ୍ତ ହେବେ ସେମାନେ ନିଜେ ପ୍ରଥମ ପ୍ରହାର କରିବା ଆବଶ୍ୟକ |" ଏହା ଧ୍ୟାନରେ ରଖିବା ଉଚିତ ଯେ ସୁବିଧାପ୍ରାପ୍ତ ଶ୍ରେଣୀର ପ୍ରତ୍ୟେକ ବ୍ୟକ୍ତି ନିଜ ଅଧିକାର ଉପଭୋଗ କରିବାକୁ ଚେଷ୍ଟା କରନ୍ତି, କିନ୍ତୁ ତାଙ୍କ ତଳେ ଥିବା ଲୋକଙ୍କ ଉପରେ ଅତ୍ୟାଚାର ଜାରି ରଖିବା ଏବଂ ଅବହେଳିତ ଲୋକଙ୍କୁ ନିଜ ଗୋଡ଼ ତଳେ ରଖିବା ପାଇଁ ଯଥାସମ୍ଭବ ଚେଷ୍ଟା କରିବେ। ଏହା ଠିକ୍ ବୋଲି ଧରାଯାଇପାରେ। ତା 'ପରେ ସମୟ ନଷ୍ଟ କରନ୍ତୁ ନାହିଁ ଏବଂ ନିଜ ଗୋଡ଼ରେ ଛିଡ଼ା ହୋଇ ସମାଜର ବର୍ତ୍ତମାନର ବ୍ୟବସ୍ଥାକୁ ଚ୍ୟାଲେଞ୍ଜ କରିବାକୁ ଏକଜୁଟ ହୁଅନ୍ତୁ। ତା 'ପରେ ଦେଖିବା ଉଚିତ ଯେ କିଏ ଆପଣଙ୍କୁ ଆପଣଙ୍କ ଅଧିକାରରୁ ବଞ୍ଚିତ କରିବାକୁ ସାହସ କରେ। ଅନ୍ୟମାନଙ୍କ ଦୟାରେ ରୁହନ୍ତୁ ନାହିଁ ଏବଂ ସେମାନଙ୍କ ବିଷୟରେ କୌଣସି ଭ୍ରମ ରଖନ୍ତୁ ନାହିଁ। ସତର୍କ ରୁହନ୍ତୁ ଯେପରି ଅମଲାତନ୍ତ୍ରର ଫାନ୍ଦରେ ନ ପଡ଼ନ୍ତୁ, କାରଣ ଆପଣଙ୍କ ସହଯୋଗୀ ହେବା ପରିବର୍ତ୍ତେ ଏହା ଆପଣଙ୍କୁ ଏହାର ସ୍ୱରରେ ନାଚିବା ପାଇଁ ଚେଷ୍ଟା କରିଥାଏ। ପ୍ରକୃତରେ କହିବାକୁ ଗଲେ, ପୁଞ୍ଜିବାଦୀ ଅମଲାତାନ୍ତ୍ରିକ ମିଶ୍ରଣ ଆପଣଙ୍କ ଅତ୍ୟାଚାର ଏବଂ ଦାରିଦ୍ର୍ୟ ପାଇଁ ଦାୟୀ। ତେଣୁ ସବୁବେଳେ ଏହାକୁ ଏଡ଼ାଇ ଯାଆନ୍ତୁ। ଏହାର କୌଶଳ ପ୍ରତି ସତର୍କ ରୁହନ୍ତୁ। ତେବେ ଏହା ହିଁ ବାହାରର ରାସ୍ତା। ଆପଣ ହେଉଛନ୍ତି ପ୍ରକୃତ ଶ୍ରମିକ ଶ୍ରେଣୀ। ଶ୍ରମିକମାନେ ଏକଜୁଟ ହୁଅନ୍ତୁ, ଆପଣଙ୍କ ପାଖରେ ହରାଇବା ପାଇଁ କିଛି ନାହିଁ, କେବଳ ଆପଣଙ୍କ ଶୃଙ୍ଖଳ ବ୍ୟତୀତ। ବିଦ୍ୟମାନ ଆଦେଶ ବିରୁଦ୍ଧରେ ଉଠନ୍ତୁ ଏବଂ ବିଦ୍ରୋହ କରନ୍ତୁ। କ୍ରମିକତା ଏବଂ ସଂସ୍କାରବାଦ ଆପଣଙ୍କ ପାଇଁ କୌଣସି ଲାଭଦାୟକ ହେବ ନାହିଁ। ଆରମ୍ଭ କରନ୍ତୁ ଏକ ସାମାଜିକ ଆନ୍ଦୋଳନରୁ ଏକ ବିପ୍ଳବ ଏବଂ ରାଜନୈତିକ ଏବଂ ଅର୍ଥନୈତିକ ବିପ୍ଳବ ପାଇଁ ଆପଣଙ୍କ କଟିବନ୍ଧ କରନ୍ତୁ। ଆପଣ ଏବଂ କେବଳ ଆପଣ ହେଉଛନ୍ତି ରାଷ୍ଟ୍ରର ସ୍ତମ୍ଭ, ଏହାର ପ୍ରକୃତ ଶକ୍ତି। ହେ ଶୋଇଥିବା ସିଂହମାନେ! ଉଠନ୍ତୁ ଏବଂ ବିଦ୍ରୋହର ପତାକା ଉତ୍ତୋଳନ କରନ୍ତୁ।

3

ହୋଲି ଦିନ କ୍ରୁସିଫିକ୍ସରେ ରକ୍ତ ଛିଞ୍ଚିଥିଲେ ବବର ଅକାଲି

1925-26 ମସିହାରେ ଭଗତ୍ ସିଂ କାନପୁରରେ ହିନ୍ଦୀ ସାପ୍ତାହିକ ପ୍ରତାପରେ ଗଣେଶ ଶଙ୍କର ବିଦ୍ୟାର୍ଥୀଙ୍କ ଅଧୀନରେ କାର୍ଯ୍ୟ କରୁଥିଲେ। କାନପୁରରେ ଥିବାବେଳେ ସେ ବବର ଅକାଲୀ ଆନ୍ଦୋଳନର ଶହୀଦମାନଙ୍କ ବିଷୟରେ ଏହି ପ୍ରବନ୍ଧ ଲେଖିଥିଲେ ଏବଂ ଏହାକୁ ଏକ ପଞ୍ଜାବୀ ଯୁବକ ଭାବରେ ସ୍ୱାକ୍ଷର କରିଥିଲେ | ଏହା 1926 ମସିହା ମାର୍ଚ୍ଚ 15 ତାରିଖରେ ପ୍ରତାପରେ ପ୍ରକାଶିତ ହୋଇଥିଲା।

**

ହୋଲି ଦିନ, ଫେବୃଆରୀ 27,1926 ରେ, ଯେତେବେଳେ ଆମେ ଆମର ଆନନ୍ଦ ଉପଭୋଗ କରୁଥିଲୁ, ଏହି ମହାନ ପ୍ରଦେଶର ଏକ କୋଣରେ ଏକ ଭୟଙ୍କର ଘଟଣା ଘଟିଲା | ଯେତେବେଳେ ଆପଣ ଏହା ଶୁଣିବେ, ଆପଣ କମ୍ପିତ ହୋଇଯିବେ! ତୁ ଥରିବୁ! ସେହି ଦିନ ଲାହୋର କେନ୍ଦ୍ରୀୟ କାରାଗାରରେ ଛଅ ଜଣ ସାହସୀ ବବର ଆକାଲୀଙ୍କୁ ଫାଶୀ ଦିଆଯାଇଥିଲା। ଶ୍ରୀ କିଶନ ସିଂହଜୀ ଗଡଗଜ୍ଜା, ଶ୍ରୀ ସାନ୍ତା ସିଂହଜୀ, ଶ୍ରୀ ଦିଲୀପ ସିଂହଜୀ, ଶ୍ରୀ ନନ୍ଦ ସିଂହଜୀ, ଶ୍ରୀ କରମ ସିଂହଜୀ ଏବଂ ଶ୍ରୀ ଧରମ ସିଂହଜୀ ଗତ ଦୁଇ ବର୍ଷ ଧରି ଏହି ବିଚାର ପ୍ରତି ଅତ୍ୟନ୍ତ ଉଦାସୀନତା ପ୍ରଦର୍ଶନ କରିଆସୁଥିଲେ, ଯାହା ଏହି ଦିନ ପାଇଁ ସେମାନଙ୍କ ସ୍ନେହର ଅପେକ୍ଷାକୁ ଦର୍ଶାଉଛି। କିଛି ମାସ ପରେ ବିଚାରପତି ତାଙ୍କ ରାୟ ଶୁଣାଇଥିଲେ। ପାଞ୍ଚ ଜଣଙ୍କୁ ଫାଶୀ ଦିଆଯିବ, ଅନେକଙ୍କୁ ଆଜୀବନ କାରାଦଣ୍ଡ କିମ୍ବା ନିର୍ବାସନ ଏବଂ ବହୁତ ଦୀର୍ଘ କାରାବାସ ଦଣ୍ଡ ଦିଆଯିବ। ଅଭିଯୁକ୍ତ ବୀରମାନେ ଗର୍ଜନ କଲେ। ଏପରିକି ଆକାଶ ମଧ୍ୟ ସେମାନଙ୍କ ବିଜୟୀ ସ୍ଲୋଗାନରେ ପ୍ରତିଧ୍ୱନିତ ହେଉଥିଲା। ତା 'ପରେ ଏକ ଆବେଦନକୁ ପ୍ରାଥମିକତା ଦିଆଯାଇଥିଲା। ପାଞ୍ଚ ଜଣଙ୍କ ପରିବର୍ତ୍ତେ, ବର୍ତ୍ତମାନ ଛଅ ଜଣଙ୍କୁ ଫାଶକୁ ପଠାଯାଇଥିଲା | ସେହିଦିନ ହିଁ ଖବର ଆସିଥିଲା ଯେ ଦୟା ଆବେଦନ ପଠାଯାଇଥିଲା। ଫାଶୀ ସ୍ଥଗିତ ରଖାଯିବ ବୋଲି ପଞ୍ଜାବ ସଚିବ ଘୋଷଣା କରିଥିଲେ। ଆମେ ଅପେକ୍ଷା କରିଥିଲୁ, କିନ୍ତୁ ହଠାତ୍, ହୋଲି ଦିନ, ଆମେ ବୀରମାନଙ୍କ ଶବକୁ ଶ୍ମଶାନ ଆଡ଼କୁ ନେଇ ଯାଉଥିବା ଏକ ଛୋଟ ଶୋକ ପାଳନକାରୀ ଦଳ ଦେଖିଲୁ। ତା 'ପରେ ଶେଷ ରୀତିନୀତି ଶାନ୍ତ ଭାବରେ ସମାପ୍ତ ହୋଇଥିଲା |

ସହର ଏବେ ବି ଉତ୍ସବ ପାଳନ କରୁଥିଲା। ତଥାପି ବାଟଚାରୀମାନଙ୍କ ଉପରେ ରଙ୍ଗ ଫିଙ୍ଗାଯାଉଥିଲା। କେତେ ଭୟଙ୍କର ଉଦାସୀନତା। ଯଦି ସେମାନେ ପଥଭ୍ରଷ୍ଟ ହୁଅନ୍ତି, ଯଦି ସେମାନେ ଉନ୍ମତ୍ତ ହୁଅନ୍ତି, ତେବେ ସେମାନଙ୍କୁ ସେପରି ହେବାକୁ ଦିଅନ୍ତୁ। ଯାହା ବି ହେଉ, ସେମାନେ ନିର୍ଭୀକ ଦେଶପ୍ରେମୀ ଥିଲେ। ସେମାନେ ଯାହା ବି କଲେ, ଏହି ଦୁର୍ଦ୍ଦଶାପୂର୍ଣ୍ଣ ଦେଶ ପାଇଁ କଲେ। ସେମାନେ ଅନ୍ୟାୟ ସହ୍ୟ କରିପାରିଲେ ନାହିଁ। ସେମାନେ ପତିତ ରାଷ୍ଟ୍ରକୁ ସହ୍ୟ କରିପାରିଲେ ନାହିଁ। ଗରିବ ଲୋକଙ୍କ ଉପରେ ହେଉଥିବା ଅତ୍ୟାଚାର ସେମାନଙ୍କ ପାଇଁ ଅସହ୍ୟ ହୋଇଗଲା। ସେମାନେ ଜନସାଧାରଣଙ୍କ ଶୋଷଣକୁ ସହ୍ୟ କରିପାରିଲେ ନାହିଁ, ସେମାନେ ଆହ୍ୱାନ କଲେ ଏବଂ କାର୍ଯ୍ୟାନୁଷ୍ଠାନ ଗ୍ରହଣ କଲେ। ସେମାନେ ଜୀବନରେ ପରିପୂର୍ଣ୍ଣ ଥିଲେ। ଆରେ! ସେମାନଙ୍କର ଉତ୍ସର୍ଗୀକୃତ କାର୍ଯ୍ୟର ଭୟଙ୍କର କ୍ଷତି! ଆପଣମାନେ ଆଶୀର୍ବାଦପ୍ରାପ୍ତ!

ମୃତ୍ୟୁ ପରେ, ବନ୍ଧୁ ଏବଂ ଶତ୍ରୁ ସମସ୍ତେ ସମାନ-ଏହା ହେଉଛି ମନୁଷ୍ୟର ଆଦର୍ଶ। ଯଦିଓ ସେମାନେ କିଛି ଘୃଣ୍ୟ କାର୍ଯ୍ୟ କରିଥାନ୍ତେ, ଆମ ରାଷ୍ଟ୍ରର ବେଦିରେ ସେମାନଙ୍କ ଜୀବନ, ବିପରୀତ ପାର୍ଶ୍ୱରେ, ବଙ୍ଗର ସାହସୀ ବିପ୍ଳବୀ ଜତିନ ମୁଖାର୍ଜୀଙ୍କ ମୃତ୍ୟୁରେ ଶୋକ ପାଳନ କରୁଥିବାବେଳେ ସାହସ, ଦେଶପ୍ରେମ ଏବଂ ପ୍ରତିବଦ୍ଧତାକୁ ଅତ୍ୟଧିକ ଏବଂ ନିରବଚ୍ଛିନ୍ନ ଭାବରେ ପ୍ରଶଂସା କରିପାରିବ | କିନ୍ତୁ ଆମ୍ଭେମାନେ-ଭୀରୁ ଓ ଦୁର୍ଜନ ମାନବମାନେ-ନିଃଶ୍ୱାସ ପ୍ରଶ୍ୱାସ ନେବାର ସାହସ ପାଉନାହୁଁ, ଏପରିକି କିଛି କ୍ଷଣ ପାଇଁ ମଧ୍ୟ ଉତ୍ସବକୁ ସ୍ଥଗିତ ରଖିବାର ସାହସ ପାଉନାହୁଁ। କି ଦୁଃସାହସିକ କାର୍ଯ୍ୟ! ଗରିବ ଲୋକ! ନିଷ୍ଠୁର ଅମଲାତନ୍ତ୍ରଙ୍କ ମାନଦଣ୍ଡ ଦ୍ୱାରା ମଧ୍ୟ ସେମାନଙ୍କୁ "ପର୍ଯ୍ୟାପ୍ତ" ଦଣ୍ଡ ଦିଆଯାଇଥିଲା। ଏହିପରି ଏକ ଭୟଙ୍କର ଦୁଃଖଦ ଘଟଣା ଶେଷ ହେଲା, କିନ୍ତୁ ଏଯାଏଁ ପରଦାକୁ ଆସିନାହିଁ। ଏହି ନାଟକରେ ଆହୁରି କିଛି ଭୟଙ୍କର ଦୃଶ୍ୟ ରହିବ। କାହାଣୀଟି ବେଶ୍ ଲମ୍ବା, ଆମକୁ ପଛକୁ ଫେରିବାକୁ ପଡ଼ିବ।

ଏହା ବିଷୟରେ ଟିକେ ଜାଣିବାର ଅଛି।

ଅସହଯୋଗ ଆନ୍ଦୋଳନ ଶୀର୍ଷରେ ଥିଲା। ପଞ୍ଜାବ ମଧ୍ୟ ପଛରେ ନଥିଲା। ଶିଖମାନେ ମଧ୍ୟ ସେମାନଙ୍କର ଗଭୀର ନିଦ୍ରାରୁ ଉଠିଥିଲେ ଏବଂ ଏହା ଏକ ଜାଗ୍ରତ ଘଟଣା ଥିଲା। ଅକାଳୀ ଆନ୍ଦୋଳନ ଆରମ୍ଭ ହୋଇଥିଲା। ପ୍ରଚୁର ପରିମାଣରେ ବଳିଦାନ ଦିଆଯାଇଥିଲା। ମାଷ୍ଟର ମୋଟା ସିଂହ, ଖାଲସା ମାଧ୍ୟମିକ ବିଦ୍ୟାଳୟ, ମହଲପୁର (ଜିଲ୍ଲା ହୋସିଆରପୁର) ର ପୂର୍ବତନ ଶିକ୍ଷକ ଏକ ବକ୍ତବ୍ୟ ପ୍ରଦାନ କରିଥିଲେ। ତାଙ୍କ ବିରୋଧରେ ଏକ ୱାରେଣ୍ଟ ଜାରି କରାଯାଇଥିଲା, କିନ୍ତୁ ମୁକୁଟର ଆତିଥ୍ୟର ଲାଭ ଉଠାଇବାର ବିଚାର ତାଙ୍କ ସପକ୍ଷରେ ନଥିଲା | ଜେଲ ଗୁଡ଼ିକୁ ପୂରଣ କରିବା ପାଇଁ ସେ ଗିରଫ ପ୍ରସ୍ତାବକୁ ବିରୋଧ କରୁଥିଲେ। ତାଙ୍କ ଭାଷଣ ଜାରି ରହିଥିଲା। କୋଟ-ଫତୁହି ଗ୍ରାମରେ ଏକ ବଡ଼ 'ଦିବାନ "କୁହାଯାଉଥିଲା। ପୋଲିସ୍ ସବୁ ଦିଗରୁ ସେହି ଅଞ୍ଚଳକୁ ଘେରାବନ୍ଦୀ କରିଥିଲା; ତଥାପି ମାଷ୍ଟର ମୋଟା ସିଂହ ନିଜର ଭାଷଣ ଦେଇଥିଲେ। ସଭାର ଅଧ୍ୟବସାୟଙ୍କ ନିର୍ଦ୍ଦେଶରେ ସମଗ୍ର ଦର୍ଶକମାନେ ଠିଆ ହୋଇଥିଲେ ଏବଂ ଛତ୍ରଭଙ୍ଗ ଦେଇଥିଲେ। ଗୁରୁଜଣକ ରହସ୍ୟମୟ ଭାବରେ ପଳାଇଗଲେ। ଏହି ଲୁଚକାଳି ଦୀର୍ଘ ସମୟ ଧରି ଚାଲିଥିଲା। ସରକାର ଛାରଖାର ହୋଇପଡ଼ିଥିଲେ। ଶେଷରେ, ଜଣେ ବନ୍ଧୁ ଦେଶଦ୍ରୋହୀ ହୋଇଗଲେ, ଏବଂ ଦେଢ଼ ବର୍ଷ ପରେ ମାଷ୍ଟର ସାହେବଙ୍କୁ ଗିରଫ କରାଯାଇଥିଲା। ଏହା ଥିଲା ସେହି ଭୟଙ୍କର ନାଟକର ପ୍ରଥମ ଦୃଶ୍ୟ।

'ଗୁରୁ କା ବାଗ "ଆନ୍ଦୋଳନ ଆରମ୍ଭ ହୋଇଥିଲା। ନିରସ୍ତ୍ର ବୀରମାନଙ୍କୁ ଆକ୍ରମଣ କରିବା ଏବଂ ସେମାନଙ୍କୁ ଅଧା-ମୃତ ମାରିବା ପାଇଁ ଭଡ଼ାଟିଆ ଗୁଣ୍ଡାମାନେ ସେଠାରେ ଥିଲେ। ଯିଏ ଏହାକୁ ଦେଖୁଥିଲେ କିମ୍ବା ଶୁଣୁଥିଲେ, ସେ କ "ଣ ତାଙ୍କୁ ବିଚଳିତ ହେବାରେ ସାହାଯ୍ୟ କରିପାରିବେ? ଏହା ସବୁଆଡେ ଗିରଫଦାରୀ ଏବଂ ଗିରଫଦାରୀର ମାମଲା ଥିଲା। ସର୍ଦ୍ଦାର କିଶନ ସିଂଜୀ ଗଡଗଜ୍ଜାଙ୍କ ବିରୋଧରେ ଏକ ୱାରେଣ୍ଟ ମଧ୍ୟ ଜାରି କରାଯାଇଥିଲା, କିନ୍ତୁ ସେ ମଧ୍ୟ ସମାନ ବର୍ଗର ଥିଲେ ଏବଂ ଗିରଫ ପ୍ରସ୍ତାବ ଦେଇନଥିଲେ। ପୋଲିସ ନିଜର ସମସ୍ତ ମାନସିକ ଚାପକୁ ହ୍ରାସ କରିଥିଲା, କିନ୍ତୁ ସେ ସର୍ବଦା ଖସି ପଳାଇଥିଲା। ତାଙ୍କର ନିଜର ଏକ ସଙ୍ଗଠନ ଥିଲା। ସେ ନିରସ୍ତ୍ର ଆନ୍ଦୋଳନକାରୀଙ୍କ ବିରୋଧରେ ହିଂସାକୁ ସହ୍ୟ କରିପାରିଲେ ନାହିଁ। ଏହି ଶାନ୍ତିପୂର୍ଣ୍ଣ ଆନ୍ଦୋଳନ ସହିତ ଅସ୍ତ୍ରଶସ୍ତ୍ର ବ୍ୟବହାର କରିବାର ଆବଶ୍ୟକତା ସେ ଅନୁଭବ କରିଥିଲେ।

ଗୋଟିଏ ପଟେ, ସରକାରଙ୍କ ଶିକାର କୁକୁରମାନେ, ତାଙ୍କ ସୁଗନ୍ଧ ପାଇବା ପାଇଁ ସୂତ୍ର ଖୋଜୁଥିଲେ; ଅନ୍ୟ ପକ୍ଷରେ, ଚାଟୁକାରମାନଙ୍କୁ "ସଂସ୍କାର" କରିବାକୁ ନିଷ୍ପତ୍ତି ନିଆଯାଇଥିଲା। ସର୍ଦ୍ଦାର କିଶନ ସିଂଜୀ କହୁଥିଲେ ଯେ ଆମେ ନିଜ ସୁରକ୍ଷା ପାଇଁ ନିଜକୁ ସଶସ୍ତ୍ର ରଖିବା ଉଚିତ୍, କିନ୍ତୁ ବର୍ତ୍ତମାନ ପାଇଁ ଆମେ କୌଣସି ତ୍ୱରିତ କାର୍ଯ୍ୟାନୁଷ୍ଠାନ ନେବା ଉଚିତ୍ ନୁହେଁ। ଅଧିକାଂଶ ଏହାକୁ ବିରୋଧ କରିଥିଲେ। ଶେଷରେ, ଏହା ସ୍ଥିର

ହେଲା ଯେ ସେମାନଙ୍କ ମଧ୍ୟରୁ ତିନିଜଣ ସେମାନଙ୍କ ନାମ ଦେବେ, ସମସ୍ତ ଦୋଷ ନିଜ ଉପରେ ନେବେ ଏବଂ ଏହି ଚାଟୁକାରମାନଙ୍କୁ ସଂସ୍କାର କରିବା ଆରମ୍ଭ କରିବେ। ସର୍ଦ୍ଦାର କରମ ସିଂହଜୀ, ସର୍ଦ୍ଦାର ଧନା ସିଂହଜୀ ଏବଂ ସର୍ଦ୍ଦାର ଉଦୟ ସିଂହଜୀ ଆଗକୁ ଅଗ୍ରସର ହେଲେ। କେବଳ ଏହାର ଯଥାର୍ଥତା ପ୍ରଶ୍ନକୁ କିଛି ସମୟ ପାଇଁ ଅଲଗା ରଖନ୍ତୁ ଏବଂ ସେମାନେ ଶପଥ ଗ୍ରହଣ କରିବା ସମୟରେ ଦୃଶ୍ୟକୁ କଳ୍ପନା କରନ୍ତୁଃ ଦେଶର ସେବାରେ ଆମେ ଆମର ସମସ୍ତ ବଳିଦାନ ଦେବୁ। ଆମେ ଲଢ଼େଇ କରି ମରିବାକୁ ଶପଥ କରୁଛୁ, କିନ୍ତୁ ଜେଲକୁ ଯିବୁ ନାହିଁ। ଏହା କେତେ ସୁନ୍ଦର, ପବିତ୍ର ଦୃଶ୍ୟ ହୋଇଥିବ, ଯେତେବେଳେ ଏହି ଲୋକମାନେ, ଯେଉଁମାନେ ନିଜ ପରିବାରର ସମସ୍ତ ସ୍ନେହ ତ୍ୟାଗ କରି ସାରିଥିଲେ, ଏଭଳି ଶପଥ ନେଉଥିଲେ! ବଳିଦାନର ଶେଷ କେଉଁଠି? ସାହସ ଏବଂ ନିର୍ଭୀକତାର ସୀମା କେଉଁଠି? ଆଦର୍ଶବାଦର ଚରମ ସୀମା କେଉଁଠି ରହିଛି?

ଶ୍ୟାମ ଚୁରାସୀ-ହୋସିଆରପୁର ରେଳ ଶାଖା ଲାଇନର ଏକ ଷ୍ଟେସନ ନିକଟରେ ଜଣେ ସୁବେଦାର ପ୍ରଥମ ଶିକାର ହୋଇଥିଲେ। ଏହା ପରେ ଏହି ତିନିଜଣ ସେମାନଙ୍କ ନାମ ଘୋଷଣା କରିଥିଲେ। ସରକାର ସେମାନଙ୍କୁ ଗିରଫ କରିବା ପାଇଁ ଯଥାସମ୍ଭବ ଚେଷ୍ଟା କରିଥିଲେ, କିନ୍ତୁ ବିଫଳ ହୋଇଥିଲେ। ସର୍ଦ୍ଦାର କିଶନ ସିଂ ଗଡଗଜ୍ଜା ଥରେ ରୁର୍କି କଲାନ ନିକଟରେ ପୋଲିସ ଦ୍ୱାରା ପ୍ରାୟ ଫଶି ଯାଇଥିଲେ। ତାଙ୍କ ସହିତ ଆସିଥିବା ଜଣେ ଯୁବକ ଆହତ ହେବା ପରେ ତଳେ ପଡ଼ିଯାଇଥିଲେ ଏବଂ ଧରାପଡିଥିଲେ। କିନ୍ତୁ ସେଠାରେ ମଧ୍ୟ କିଶନ ସିଂହଜୀ ନିଜ ବାହୁ ସାହାଯ୍ୟରେ ଖସି ପଳାଇଥିଲେ। ବାଟରେ ସେ ଜଣେ ସାଧୁଙ୍କୁ ଭେଟିଥିଲେ ଯିଏ ତାଙ୍କୁ ତାଙ୍କ ପାଖରେ ଥିବା ଏକ ଔଷଧୀୟ ବୃକ୍ଷ ବିଷୟରେ କହିଥିଲେ ଯାହା ତାଙ୍କର ସମସ୍ତ ଯୋଜନାକୁ କାର୍ଯ୍ୟକାରୀ କରିପାରିବ ଏବଂ ଚମତ୍କାର କାର୍ଯ୍ୟ କରିପାରିବ। ସର୍ଦ୍ଦାରଜୀ ତାଙ୍କୁ ବିଶ୍ୱାସ କରିଥିଲେ ଏବଂ ନିରସ୍ତ୍ର ହୋଇ ଏହି ସାଧୁଙ୍କୁ ଭେଟିଥିଲେ।

ସାଧୁ ତାଙ୍କୁ ପ୍ରସ୍ତୁତ କରିବା ପାଇଁ କିଛି ଜଡିବୁଟି ଦେଇଥିଲେ ଏବଂ ଏହି ସମୟରେ ପୋଲିସକୁ ଆଣିଥିଲେ। ସର୍ଦ୍ଦାର ସାହେବଙ୍କୁ ଗିରଫ କରାଯାଇଥିଲା। ସେହି ସାଧୁ ସିଆଇଡି ବିଭାଗର ଜଣେ ଇନ୍ସପେକ୍ଟର ଥିଲେ। ବବର ଅକାଲିମାନେ ସେମାନଙ୍କ କାର୍ଯ୍ୟକଳାପକୁ ତ୍ୱରାନ୍ୱିତ କରିଥିଲେ। ଅନେକ ସରକାର ସମର୍ଥକଙ୍କୁ ହତ୍ୟା କରାଯାଇଥିଲା। ବ୍ୟାସ ଏବଂ ସତଲେଜ ମଧ୍ୟରେ ଥିବା ଦୋଆବ ଜମି, ଅର୍ଥାତ୍, ଜାଲନ୍ଧର ଏବଂ ହୋସିଆରପୁର ଜିଲ୍ଲା, ଏହା ପୂର୍ବରୁ ମଧ୍ୟ ଦେଶର ରାଜନୈତିକ ମାନଚିତ୍ରରେ ରହିଥିଲା। 1915ରେ ଶହୀଦମାନଙ୍କ ମଧ୍ୟରୁ ଅଧିକାଂଶ ଏହି ଜିଲ୍ଲାର ଥିଲେ। ଏବେ ପୁଣି ଗଣ୍ଡଗୋଳ ହୋଇଥିଲା। ପୋଲିସ୍ ବିଭାଗ ନିଜ ନିର୍ଦ୍ଦେଶରେ ନିଜର ସମସ୍ତ କ୍ଷମତା ପ୍ରୟୋଗ କରିଥିଲା, ଯାହା ଅତ୍ୟନ୍ତ ବ୍ୟର୍ଥ ପ୍ରମାଣିତ ହୋଇଥିଲା। ଜୁଲୁନ୍ଦୁର ନିକଟରେ ଏକ ଛୋଟ ନଦୀ ଅଛି; "ଚୌନ୍ତା ସାହିବ" ଗୁରୁଦ୍ୱାର ନଦୀ କୂଳରେ ଏକ ଗ୍ରାମରେ ଅବସ୍ଥିତ | ସେଠାରେ ଶ୍ରୀ କରମ ସିଂହଜୀ,

ଶ୍ରୀ ଧନା ସିଂହଜୀ, ଶ୍ରୀ ଉଦୟ ସିଂହଜୀ ଏବଂ ଶ୍ରୀ ଅନୁପ ସିଂହଜୀ ଅନ୍ୟ କେତେଜଣଙ୍କ ସହିତ ବସି ଚା 'ପ୍ରସ୍ତୁତ କରୁଥିଲେ। ହଠାତ୍ ଶ୍ରୀ ଧନା ସିଂହଜୀ କହିଲେଃ "ବାବା କରମ ସିଂହଜୀ! ଆମେ ତୁରନ୍ତ ଏହି ସ୍ଥାନ ଛାଡ଼ିବା ଉଚିତ୍। ମୁଁ କିଛି ଅତ୍ୟନ୍ତ ଅଶୁଭ ଘଟୁଥିବା ଅନୁଭବ କରୁଛି "। 75 ବର୍ଷ ବୟସ୍କ ସର୍ଦ୍ଦାର କରମ ସିଂହ ସମ୍ପୂର୍ଣ୍ଣ ଉଦାସୀନତା ଦେଖାଇଥିଲେ, କିନ୍ତୁ ଶ୍ରୀ ଧନା ସିଂହଜୀ ତାଙ୍କ 18 ବର୍ଷ ବୟସ୍କ ଅନୁଗାମୀ ଦିଲୀପ ସିଂହଙ୍କ ସହିତ ସେହି ସ୍ଥାନ ଛାଡ଼ି ଚାଲିଯାଇଥିଲେ। ହଠାତ୍ ବାବା କରମ ସିଂ ଅନୁପ ସିଂଙ୍କ ଆଡ଼କୁ ଚାହିଁ କହିଲେଃ "ଅନୁପ ସିଂ, ଆପଣ ଜଣେ ଭଲ ବ୍ୟକ୍ତି ନୁହଁନ୍ତି", କିନ୍ତୁ ଏହା ପରେ, ସେ ନିଜେ ନିଜର ପୂର୍ବ ସୂଚନାକୁ ଅଣଦେଖା କରିଦେଲେ। ସେମାନେ କଥାବାର୍ତ୍ତା କରୁଥିବା ବେଳେ ପୋଲିସ୍ ଘୋଷଣା କଲାଃ ବିଦ୍ରୋହୀମାନଙ୍କୁ ପଠାନ୍ତୁ, ନଚେତ୍ ଗାଁ ପୋଡ଼ି ଦିଆଯିବ। କିନ୍ତୁ ଗ୍ରାମବାସୀ ମାନିଲେ ନାହିଁ। ଏସବୁ ଦେଖି ସେମାନେ ନିଜେ

ବାହାରକୁ ଆସିଲେ। ଅନୁପ ସିଂହ ସମସ୍ତ ବୋମା ନେଇ ଦୌଡ଼ିଥିଲେ ଏବଂ ଆତ୍ମସମର୍ପଣ କରିଥିଲେ। ବାକି ଚାରି ଜଣ ସବୁ ଦିଗରୁ ଘେରି ରହି ଠିଆ ହୋଇଥିଲେ। ବ୍ରିଟିଶ୍ ପୋଲିସ୍ କ୍ୟାପ୍ଟେନ୍ କହିଲେଃ "କରମ୍ ସିଂ! ଅସ୍ତ୍ରଶସ୍ତ୍ର ପକାଇ ଦିଅ ଏବଂ କ୍ଷମା କରି ଦିଆଯିବ। " ବୀର ଜଣକ ଆହ୍ବାନପୂର୍ବକ ଉତ୍ତର ଦେଲେଃ "ଆମେ ନିଜ ମାତୃଭୂମି ପାଇଁ, ଜଣେ ପ୍ରକୃତ ବିପ୍ଳବୀ ଭାବେ ଲଢୁଥିବା ବେଳେ, ଜଣେ ସହିଦଙ୍କ ମୃତ୍ୟୁ ବରଣ କରିବୁ, କିନ୍ତୁ ଆମେ ଆମର ଅସ୍ତ୍ରଶସ୍ତ୍ର ସମର୍ପଣ କରିବୁ ନାହିଁ।" ସେ ପ୍ରେରଣାଦାୟୀ ଭାବେ ନିଜ ସାଥୀମାନଙ୍କୁ ଡାକିଥିଲେ। ସେମାନେ ମଧ୍ୟ ସିଂହ ଭଳି ଗର୍ଜନ କରୁଥିଲେ। ଏହା ପରେ ଏକ ଲଢ଼େଇ ହୋଇଥିଲା। ଗୁଳି ସବୁ ଦିଗରୁ ଉଡ଼ିଥିଲା। ସେମାନଙ୍କ ଗୋଳାବାରୁଦ ଶେଷ ହେବା ପରେ, ଏହି ସାହସୀ ଲୋକମାନେ ନଦୀରେ ଡେଇଁ ପଡ଼ିଥିଲେ ଏବଂ ଘଣ୍ଟା ଘଣ୍ଟା ଧରି ନିରବଚ୍ଛିନ୍ନ ଲଢ଼େଇ ପରେ ସାହସର ସହିତ ମୃତ୍ୟୁବରଣ କରିଥିଲେ।

ସର୍ଦ୍ଦାର କରମ ସିଂହଙ୍କୁ 75 ବର୍ଷ ବୟସ ହୋଇଥିଲା। ସେ କାନାଡ଼ାରେ ଥିଲେ। ତାଙ୍କର ଚରିତ୍ର ଶୁଦ୍ଧ ଏବଂ ବ୍ୟବହାର ଆଦର୍ଶ ଥିଲା। ସରକାର ଏହି ସିଦ୍ଧାନ୍ତରେ ପହଞ୍ଚିଲେ ଯେ ବବର ଅକାଲିମାନେ ସମାପ୍ତ ହୋଇଗଲେ, କିନ୍ତୁ ବାସ୍ତବରେ ସେମାନଙ୍କର ଶକ୍ତି ବୃଦ୍ଧି ପାଇଲା। 18 ବର୍ଷ ବୟସ୍କ ଦିଲୀପ ସିଂ ଜଣେ ବହୁତ ସୁନ୍ଦର ଏବଂ ଶକ୍ତିଶାଳୀ, ସୁ-ନିର୍ମିତ, ଯଦିଓ ଅଶିକ୍ଷିତ ଥିଲେ | ଯୁବକ ଜଣକ। ସେ କିଛି ଡକାୟତ ଗ୍ୟାଙ୍ଗରେ ଯୋଗ ଦେଇଥିଲେ। ଶ୍ରୀ ଧନ୍ନା ସିଂଜୀଙ୍କ ସହ ତାଙ୍କର ସମ୍ପର୍କ ତାଙ୍କୁ ଡକାୟତରୁ ଜଣେ ପ୍ରକୃତ ବିପ୍ଳବୀରେ ପରିଣତ କରିଥିଲା। ବନ୍ତା ସିଂହଙ୍କ ଭଳି ଅନେକ କୁଖ୍ୟାତ ଡକାୟତ ଏବଂ ବରିୟମ ସିଂହ ମଧ୍ୟ ଡକାୟତି ଛାଡ଼ି ସେମାନଙ୍କ ସହ ଯୋଗ ଦେଇଥିଲେ।

ମୃତ୍ୟୁକୁ ଭୟ ନଥିଲା। ସେମାନେ ସେମାନଙ୍କର ପୁରୁଣା ପାପ ଧୋଇବାକୁ ଆଗ୍ରହୀ ଥିଲେ। ସେମାନଙ୍କ ସଂଖ୍ୟା ଦିନକୁ ଦିନ ବୃଦ୍ଧି ପାଇବାରେ ଲାଗିଲା। ଦିନେ ଯେତେବେଳେ ଧନ୍ନା ସିଂ ନାମକ ଏକ ଗ୍ରାମରେ ବସିଥିଲେ। ମୌହାନା, ପୋଲିସକୁ ଡକାଗଲା। ଧନ୍ନା ସିଂ ମଦ୍ୟପାନ କରି ତଳେ ପଡ଼ିଥିଲେ ଏବଂ ବିନା ପ୍ରତିରୋଧରେ ଧରାପଡିଥିଲେ। ତାଙ୍କ ରିଭଲଭର ଛଡ଼ାଇ ନିଆଯାଇଥିଲା, ତାଙ୍କୁ ହାତକଡ଼ି ବାନ୍ଧି ବାହାରକୁ ଅଣାଯାଇଥିଲା। ବାର ଜଣ ପୋଲିସ ଏବଂ ଦୁଇ ଜଣ ବ୍ରିଟିଶ ଅଧିକାରୀ ତାଙ୍କୁ ଘେରି ରହିଥିଲେ। ଠିକ୍ ସେହି ସମୟରେ ଏକ ପ୍ରଚଣ୍ଡ ବିସ୍ଫୋରଣର ଶବ୍ଦ ଶୁଭିଲା। ଏହା ଥିଲା ଧନ୍ନା ସିଂଜୀଙ୍କ ଦ୍ୱାରା ବିସ୍ଫୋରଣ ହୋଇଥିବା ବୋମା। ଜଣେ ବ୍ରିଟିଶ ଅଧିକାରୀ ଏବଂ ଦଶ ଜଣ ପୋଲିସ କର୍ମଚାରୀଙ୍କ ସହ ତାଙ୍କର ଘଟଣା ସ୍ଥଳରେ ମୃତ୍ୟୁ ଘଟିଥିଲା। ଅନ୍ୟ ସମସ୍ତେ ଗୁରୁତର ଆହତ ହୋଇଥିଲେ।

ସେହିଭଳି, ବନ୍ତା ସିଂ, ଜ୍ୱାଲା ସିଂ ଏବଂ ଅନ୍ୟ କେତେକ ମୁନ୍ଦର ନାମକ ଏକ ଗ୍ରାମରେ ଘେରି ରହିଥିଲେ। ସେମାନେ ସମସ୍ତେ ଗୋଟିଏ ଘରର ଛାତ ଉପରେ ଏକାଠି ହୋଇଥିଲେ। ଗୁଳି ଚାଳନା କରାଯାଇଥିଲା, କିଛି ସମୟ ପାଇଁ କ୍ରସ ଫାୟାର ହୋଇଥିଲା, କିନ୍ତୁ ପରେ ପୋଲିସ ଏକ ପମ୍ପ ଦ୍ୱାରା କିରୋସିନି ତେଲ ଛିଞ୍ଚି ଘରେ ନିଆଁ ଲଗାଇ ଦେଇଥିଲା। ବନ୍ତା ସିଂହ ସେଠାରେ ନିହତ ହୋଇଥିଲେ, କିନ୍ତୁ ବରିୟମ ସିଂହ ସେଠାରୁ ଖସି ପଳାଇଥିଲେ। ଏଠାରେ ଆଉ କିଛି ସମାନ ଘଟଣା ବର୍ଣ୍ଣନା କରିବା ଅନୁଚିତ ହେବ ନାହିଁ। ବନ୍ତା ସିଂହ ଜଣେ ଅତ୍ୟନ୍ତ ସାହସୀ ବ୍ୟକ୍ତି ଥିଲେ। ଥରେ ସେ ଜାଲନ୍ଧର କ୍ୟାଣ୍ଟନମେଣ୍ଟରେ ଅସ୍ତ୍ରାଗାରର ଗାର୍ଡଙ୍କଠାରୁ ଏକ ଘୋଡ଼ା ଏବଂ ଏକ ରାଇଫଲ୍ ଛଡ଼ାଇ ନେଇଥିଲେ। ସେହି ସମୟରେ ଅନେକ ପୋଲିସ୍ ସ୍କ୍ୱାଡ୍ ତାଙ୍କୁ ଖୋଜୁଥିଲେ; ଏହିପରି ଏକ ସ୍କ୍ୱାଡ୍ ତାଙ୍କୁ ଜଙ୍ଗଲରେ କେଉଁଠି ସାମ୍ନା କରିଥିଲା | ସର୍ଦ୍ଦାର ସାହେବ ତୁରନ୍ତ ସେମାନଙ୍କୁ ଆହ୍ୱାନ କରିଥିଲେ। "ଯଦି ଆପଣଙ୍କର ସାହସ ଅଛି, ତେବେ ଆସି ମୋ ସହିତ ମୁହାଁମୁହିଁ ହୁଅନ୍ତୁ।" ସେହି ପାର୍ଶ୍ୱରେ, ଅର୍ଥର କ୍ରୀତଦାସ ଥିଲେ, ଏହି ପାର୍ଶ୍ୱରେ, ଇଚ୍ଛାକୃତ ଜୀବନ ବଳିଦାନ। ଅଭିପ୍ରେରଣାର କୌଣସି ତୁଳନା ନଥିଲା। ପୋଲିସ୍ ସ୍କ୍ୱାଡ୍ ଏକ ପ୍ରତ୍ୟାବର୍ତ୍ତନକୁ ପରାସ୍ତ କରିଥିଲା।

ସେମାନଙ୍କୁ ଗିରଫ କରିବା ପାଇଁ ନିୟୋଜିତ ସ୍ୱତନ୍ତ୍ର ପୋଲିସ ସ୍କ୍ୱାଡ୍ର ଏହି ସର୍ତ୍ତ ଥିଲା। ଯାହା ବି ହେଉ, ଗିରଫଦାରୀ ଏକ ନିତ୍ୟକର୍ମ ହୋଇଗଲା। ପ୍ରାୟ ପ୍ରତ୍ୟେକ ଗ୍ରାମରେ ପୋଲିସ ଚେକପୋଷ୍ଟ ସ୍ଥାପନ କରାଯାଇଥିଲା। ଧୀରେ ଧୀରେ, ବବର ଆକାଲୀମାନେ ଦୁର୍ବଳ ହୋଇଗଲେ। ଏ ପର୍ଯ୍ୟନ୍ତ ଏପରି ଲାଗୁଥିଲା ଯେ ସେମାନେ ହେଉଛନ୍ତି ବାସ୍ତବ ଶାସକ। ସେମାନେ ଯେଉଁଠିକି ଯାଉଥିଲେ, ସେଠାରେ କିଛି ଲୋକ ଭୟ ଏବଂ ଆତଙ୍କର ସହ ସେମାନଙ୍କୁ ଉଷ୍ମତାପୂର୍ବକ ଆତିଥ୍ୟ ଦେଉଥିଲେ। ଶାସନର ସମର୍ଥକମାନେ ପରାଜିତବାଦୀ ଥିଲେ। ସୂର୍ଯ୍ୟାସ୍ତ ଏବଂ ସୂର୍ଯ୍ୟୋଦୟ ମଧ୍ୟରେ ନିଜ ଘରୁ ବାହାରିବା ପାଇଁ ସେମାନଙ୍କର ସାହସର ଅଭାବ ଥିଲା। ସେମାନେ ସେହି ସମୟର 'ହିରୋ "ଥିଲେ। ସେମାନେ ସାହସୀ ଥିଲେ ଏବଂ ସେମାନଙ୍କର ଉପାସନା ଏକ ପ୍ରକାରର ବୀର-ପୂଜା ବୋଲି ବିଶ୍ୱାସ କରାଯାଉଥିଲା, କିନ୍ତୁ ଧୀରେ ଧୀରେ ସେମାନେ ନିଜର ଶକ୍ତି ହରାଇଲେ। ସେମାନଙ୍କ ମଧ୍ୟରୁ ଶହ ଶହ ଲୋକଙ୍କୁ କାରାରୁଦ୍ଧ କରାଯାଇଥିଲା ଏବଂ ସେମାନଙ୍କ ବିରୋଧରେ ମାମଲା ରୁଜୁ କରାଯାଇଥିଲା।

ବରିୟମ ସିଂହ ଏକମାତ୍ର ଜୀବିତ ବ୍ୟକ୍ତି ଥିଲେ। ଜାଲନ୍ଧର ଏବଂ ହୋସିଆରପୁରରେ ପୋଲିସର ଚାପ ବୃଦ୍ଧି ପାଇଥିବାରୁ ସେ ଲୟାଲପୁର ଅଭିମୁଖେ ଯାଉଥିଲେ। ଦିନେ ସେ ସେଠାରେ ଆଶାହୀନ ଭାବରେ ଘେରି ରହିଥିଲେ, କିନ୍ତୁ ସେ ବୀରତ୍ୱର ସହ ଲଢ଼ିବାକୁ ବାହାରି ଆସିଥିଲେ। ସେ ବହୁତ ଥକି ଯାଇଥିଲେ। ସେ ଏକୁଟିଆ ଥିଲେ। ଏହା ଏକ ଅଦ୍ଭୁତ ପରିସ୍ଥିତି ଥିଲା। ଦିନେ ସେ ଧେସିଆନ ନାମକ ଗ୍ରାମରେ ତାଙ୍କ ମାମୁଁଙ୍କୁ ଭେଟିବାକୁ ଯାଇଥିଲେ। ବାହାରେ ଅସ୍ତ୍ରଶସ୍ତ୍ର ରଖାଯାଇଥିଲା। ଖାଦ୍ୟ ଖାଇବା ପରେ ସେ ନିଜ ଅସ୍ତ୍ରଶସ୍ତ୍ର ଆଡ଼କୁ ଅଗ୍ରସର ହେଉଥିବା ବେଳେ ପୋଲିସ ସେଠାରେ ପହଞ୍ଚିଥିଲା। ତାଙ୍କୁ ଘେରି ରହିଥିଲେ। ବ୍ରିଟିଶ ଅଧିକାରୀ ତାଙ୍କୁ ପଛପଟୁ ଧରିଥିଲେ। ସେ ତାଙ୍କ କୃପାଣ (ଖଣ୍ଡା) ଦ୍ୱାରା ତାଙ୍କୁ ଗୁରୁତର ଭାବେ ଆଘାତ କରିଥିଲେ ଏବଂ ସେ ତଳେ ପଡ଼ିଯାଇଥିଲେ। ତାଙ୍କୁ ଧରିବା ପାଇଁ ସମସ୍ତ ପ୍ରୟାସ ବିଫଳ ହୋଇଥିଲା। ଦୁଇ ବର୍ଷର ଦମନ ପରେ, ଅକାଲୀ ଜଥାର ଅନ୍ତ ଘଟିଥିଲା। ତା 'ପରେ ମାମଲା ଆରମ୍ଭ ହେଲା, ଯେଉଁଥିରୁ ଗୋଟିଏ ଉପରେ ଆଲୋଚନା କରାଯାଇଛି। ନିକଟରେ ମଧ୍ୟ ସେମାନେ ଶୀଘ୍ର ଫାଶୀ ପାଇବାକୁ ଚାହୁଁଥିଲେ। ସେମାନଙ୍କର ଇଚ୍ଛା ପୂରଣ ହୋଇଛି; ସେମାନେ ଏବେ ନୀରବ।

4.

ଧାର୍ମିକ ଦଙ୍ଗା ଏବଂ ସେଗୁଡ଼ିକର ସମାଧାନ

"1919 ମସିହାରେ ଜାଲିଆନାୱାଲା ବାଗ ଦୁର୍ଘଟଣା ପରେ, ବ୍ରିଟିଶମାନେ ସାମ୍ପ୍ରଦାୟିକ ଦଙ୍ଗାକୁ ଉସୁକାଇବା ପାଇଁ ପ୍ରଚାର ଆରମ୍ଭ କରିଥିଲେ ଏବଂ 1924 ମସିହାରେ କୋହାଟରେ ବ୍ୟାପକ ଦଙ୍ଗା ହୋଇଥିଲା। ଏହା ପରେ ଜାତୀୟ ରାଜନୈତିକ କ୍ଷେତ୍ରରେ ସାମ୍ପ୍ରଦାୟିକ ଦଙ୍ଗା ଉପରେ ଯଥେଷ୍ଟ ବିତର୍କ ହୋଇଥିଲା। କଂଗ୍ରେସ ନେତାମାନେ ଦଙ୍ଗାକୁ ରୋକିବା ପାଇଁ ହିନ୍ଦୁ ଏବଂ ମୁସଲମାନ ନେତାମାନଙ୍କୁ ଏକ ଚୁକ୍ତିନାମା ସ୍ୱାକ୍ଷର କରିବାକୁ ଚେଷ୍ଟା କରିଥିଲେ। ଏହି ସନ୍ଦର୍ଭରେ ଏହି ଖଣ୍ଡଟି ଭଗତ ସିଂହଙ୍କ ଦ୍ୱାରା ଲେଖାଯାଇଥିଲା ଏବଂ କୀର୍ତ୍ତିଙ୍କ ଜୁନ 1927 ସଂସ୍କରଣରେ ପ୍ରକାଶିତ ହୋଇଥିଲା।

* *

ଭାରତର ସ୍ଥିତି ବାସ୍ତବରେ ଆଜି ଏକ ଦୁଃଖର ସ୍ଥିତିରେ ଅଛି। ଗୋଟିଏ ଧର୍ମର ଅନୁଗାମୀମାନେ ଅନ୍ୟ ଧର୍ମର ଅନୁଗାମୀମାନଙ୍କ ସ୍ପଷ୍ଟ ଶତ୍ରୁ ଅଟନ୍ତି। ବର୍ତ୍ତମାନ, କେବଳ ଗୋଟିଏ ଧର୍ମର ସଦସ୍ୟ ହେବା ଅନ୍ୟର ଶତ୍ରୁ ହେବା ପାଇଁ ଯଥେଷ୍ଟ କାରଣ ବୋଲି ବିବେଚନା କରାଯାଏ | ଯଦି ଆମେ ଏହାକୁ ଅବିଶ୍ୱସନୀୟ ମନେ କରୁ, ତେବେ ଲାହୋରରେ ହିଂସାକାଣ୍ଡର ନୂତନ ବିସ୍ଫୋରଣ ଦେଖିବା। ମୁସଲମାନମାନେ କିପରି ନିର୍ଦ୍ଦୋଷ ଶିଖ୍ ଏବଂ ହିନ୍ଦୁମାନଙ୍କୁ ହତ୍ୟା କଲେ, ଏବଂ ସୁଯୋଗ ଆସିଲେ ଶିଖ୍ମାନେ କିପରି ଆହୁରି ଖରାପ କଲେ। ଏହି ହତ୍ୟା କୌଣସି ନିର୍ଦ୍ଦିଷ୍ଟ ବ୍ୟକ୍ତି ଏକ ଅପରାଧ କରିଥିବା କାରଣରୁ ହୋଇନଥିଲା, ବରଂ ସେହି ନିର୍ଦ୍ଦିଷ୍ଟ ବ୍ୟକ୍ତି ଜଣେ ହିନ୍ଦୁ କିମ୍ବା ଜଣେ ଶିଖ୍ କିମ୍ବା ଜଣେ ମୁସଲମାନ ହୋଇଥିବାରୁ ହୋଇଥିଲା। କେବଳ ଜଣେ ବ୍ୟକ୍ତି ଶିଖ୍ କିମ୍ବା ହିନ୍ଦୁ ହେବା ଜଣେ ମୁସଲମାନଙ୍କ ଦ୍ୱାରା ତାଙ୍କୁ ହତ୍ୟା କରିବା ପାଇଁ ଯଥେଷ୍ଟ, ଏବଂ ସେହିପରି, ଜଣେ ମୁସଲମାନ ହେବା, କେବଳ, ତାଙ୍କ ଜୀବନ ନେବାକୁ ଏକ ମୂଲ୍ୟବାନ କାରଣ | ଯଦି ଏଭଳି ସ୍ଥିତି ରହିଛି, ତେବେ ଭଗବାନ ହିନ୍ଦୁସ୍ତାନକୁ ସାହାଯ୍ୟ କରନ୍ତୁ!

ଏଭଳି ପରିସ୍ଥିତିରେ ହିନ୍ଦୁସ୍ତାନର ଭବିଷ୍ୟତ ଅତ୍ୟନ୍ତ ଅନ୍ଧକାରମୟ ମନେହୁଏ। ଏହି 'ଧର୍ମ' ଗୁଡ଼ିକ ଦେଶକୁ ଧ୍ୱଂସାବଶେଷ ଆଡ଼କୁ ନେଇଯାଇଛନ୍ତି। ଏବଂ ଏହି ଧାର୍ମିକ ଦଙ୍ଗା ହିନ୍ଦୁସ୍ତାନକୁ କେତେ ଦିନ ଧରି ପୀଡ଼ିତ କରିବ ତାହାର କୌଣସି ଧାରଣା ନାହିଁ। ସେଠାକାର ଦଙ୍ଗା ସମଗ୍ର ବିଶ୍ୱ ସମ୍ମୁଖରେ ହିନ୍ଦୁସ୍ତାନର ନାମକୁ ଆଚ୍ଛାଦିତ କରିଛି। ଏବଂ ଆମେ ଦେଖିଛୁ ଯେ ଅନ୍ଧ ବିଶ୍ୱାସର ଜୁଆର ଦ୍ୱାରା ଲୋକମାନେ କିପରି ପ୍ରଭାବିତ ହୁଅନ୍ତି। ଜଣେ ହିନ୍ଦୁ, ମୁସଲମାନ କିମ୍ବା ଶିଖଙ୍କୁ କ୍ୱଚିତ୍ ଦେଖିବାକୁ ମିଳିଥାଏ ଯିଏ ମୁଣ୍ଡକୁ ଥଣ୍ଡା ରଖିପାରିବ; ଅନ୍ୟ ସମସ୍ତେ ଲାଠି ଏବଂ ଲାଠି, ଖଣ୍ଡା ଏବଂ ଛୁରୀ ଉଠାଇ ପରସ୍ପରକୁ ହତ୍ୟା କରନ୍ତି | ଯେଉଁମାନେ ମୃତ୍ୟୁକୁ ଠକିଥାନ୍ତି ସେମାନେ ଫାଶୀକୁ ଯାଆନ୍ତି କିମ୍ବା ଜେଲ୍ କୁ ଫିଙ୍ଗି ଦିଆଯାଏ | ଯଥେଷ୍ଟ ରକ୍ତପାତ ପରେ, ଯେତେବେଳେ ଏହି 'ଧାର୍ମିକ' ଲୋକମାନେ ଇଂରାଜୀ ସରକାରଙ୍କ ଲାଠି ଅଧୀନରେ ଥାଆନ୍ତି, ସେତେବେଳେ ସେମାନେ ଚେତନାକୁ ଆସନ୍ତି |

ଯେତେଦୂର ଆମେ ଦେଖିଛୁ, ଏହି ଦଙ୍ଗା ପଛରେ ସାମ୍ପ୍ରଦାୟିକ ନେତା ଏବଂ ଖବରକାଗଜ ରହିଛି। ଆଜିକାଲି ଭାରତୀୟ ନେତାମାନେ ଏପରି ଅପମାନଜନକ ଆଚରଣ ପ୍ରଦର୍ଶନ କରୁଛନ୍ତି ଯେ କିଛି ନ କହିବା

ଭଲ। ଯେଉଁ ନେତାମାନେ ନିଜ ଦେଶ ପାଇଁ ସ୍ୱାଧୀନତା ହାସଲ କରିବାର ଆହ୍ୱାନକୁ ନିଜ ହାତକୁ ନେଇଛନ୍ତି ଏବଂ ଯେଉଁମାନେ 'ସାଧାରଣ ଜାତୀୟତା' ଏବଂ 'ସ୍ୱାୟତ୍ତ ଶାସନ... ସ୍ୱାୟତ୍ତ ଶାସନ...' ସ୍ଲୋଗାନ ଦେବାରେ କ୍ଳାନ୍ତ ହୁଅନ୍ତି ନାହିଁ, ସେମାନେ ଲୁଚି ରହିଛନ୍ତି ଏବଂ ଧାର୍ମିକ ଅନ୍ଧତ୍ୱର ଏହି ଜୁଆରରେ ଘୁରି ବୁଲୁଛନ୍ତି। ନିଜେ ସ୍କ୍ରିନିଂ କରୁଥିବା ଲୋକଙ୍କ ସଂଖ୍ୟା ବହୁତ କମ୍ | କିନ୍ତୁ ଯଦି ଆପଣ ଗଭୀର ଭାବରେ ଖୋଳନ୍ତି, ତେବେ ସାମ୍ପ୍ରଦାୟିକ ଦଳରେ ଯୋଗ ଦେଉଥିବା ନେତାମାନେ

ଆନ୍ଦୋଳନ ଶହ ଶହ ସଂଖ୍ୟାରେ ଦେଖିବାକୁ ମିଳିଥାଏ। କେବଳ ଅଳ୍ପ କିଛି ନେତା

ତଳ ସ୍ତରରୁ ଲୋକଙ୍କ କଲ୍ୟାଣ ଚାହୁଁଥିବା ଲୋକ ଅଛନ୍ତି କି? ହୃଦୟ। ସାମ୍ପ୍ରଦାୟିକତା ଏତେ ବଡ଼ ବନ୍ୟା ଭଳି ଆସିଛି ଯେ ସେମାନେ ଏହାକୁ ହ୍ରାସ କରିବା ସମ୍ଭବ ନୁହେଁ। ଏମିତି ଲାଗୁଛି ଯେମିତି ଭାରତର ନେତୃତ୍ୱ। ଘୋର ଦୁର୍ଦ୍ଦଶା ଦେଇ ଗତି କରିଛି।

ସାମ୍ପ୍ରଦାୟିକ ଦଙ୍ଗା ସୃଷ୍ଟି କରିବାରେ ସ୍ୱତନ୍ତ୍ର ଭୂମିକା ଗ୍ରହଣ କରିଥିବା ଅନ୍ୟ ବ୍ୟକ୍ତିମାନେ ହେଉଛନ୍ତି ସମ୍ବାଦପତ୍ର ସହିତ କାର୍ଯ୍ୟ କରୁଥିବା ବ୍ୟକ୍ତି। ସାମ୍ବାଦିକତାର ବୃତ୍ତି, ଯାହାକୁ ଏକଦା ବହୁତ ଉଚ୍ଚ ମାନ୍ୟତା ଦିଆଯାଇଥିଲା, ବର୍ତ୍ତମାନ ବହୁତ ମଇଳା ହୋଇଯାଇଛି | ଏହି ଲୋକମାନେ ସ୍ପଷ୍ଟ, ଉତ୍ତେଜକ ହେଡଲାଇନ୍ ପ୍ରିଣ୍ଟ କରନ୍ତି ଏବଂ ଲୋକଙ୍କ ଆବେଗକୁ ପରସ୍ପର ବିରୋଧରେ ଉତ୍ତେଜିତ କରନ୍ତି ଯାହା ଦଙ୍ଗା ସୃଷ୍ଟି କରେ | କେବଳ ଗୋଟିଏ କିମ୍ବା ଦୁଇଟି ସ୍ଥାନରେ ନୁହେଁ, କିନ୍ତୁ ଅନେକ ସ୍ଥାନରେ ଦଙ୍ଗା ଘଟିଛି କାରଣ ସ୍ଥାନୀୟ ଖବରକାଗଜଗୁଡ଼ିକ ଅତ୍ୟନ୍ତ ଅପମାନଜନକ ପ୍ରବନ୍ଧ ମୁଦ୍ରିତ କରିଛନ୍ତି। ଅଳ୍ପ କିଛି ଲେଖକ ଏଭଳି ଦିନରେ ନିଜର ଯୁକ୍ତିସଙ୍ଗତତାକୁ ବଜାୟ ରଖିବାରେ ଏବଂ ଶାନ୍ତ ରହିବାକୁ ସକ୍ଷମ ହୋଇଛନ୍ତି। ସମ୍ବାଦପତ୍ରର ପ୍ରକୃତ କର୍ତ୍ତବ୍ୟ ଥିଲା ଶିକ୍ଷା ପ୍ରଦାନ କରିବା, ଲୋକଙ୍କ ମଧ୍ୟରେ ଧର୍ମାନ୍ଧତା ଦୂର କରିବା, ସାମ୍ପ୍ରଦାୟିକ ଭାବନାକୁ ସମାପ୍ତ କରିବା, ପାରସ୍ପରିକ ବୁଝାମଣାକୁ ପ୍ରୋତ୍ସାହିତ କରିବା ଏବଂ ଏକ ସାଧାରଣ ଭାରତୀୟ ଜାତୀୟତାବାଦ ସୃଷ୍ଟି କରିବା। କିନ୍ତୁ ସେମାନେ ଅଜ୍ଞାନତା ବିସ୍ତାର କରିବା, ସଂକୀର୍ଣ୍ଣ ମନୋବୃତ୍ତି ପ୍ରଚାର କରିବା, ପକ୍ଷପାତ ସୃଷ୍ଟି କରିବା, ଦଙ୍ଗା ସୃଷ୍ଟି କରିବା ଏବଂ ଭାରତୀୟ ସାଧାରଣ ଜାତୀୟତାବାଦକୁ ଲିଭାଇବା ପାଇଁ ସେମାନଙ୍କ ଦାୟିତ୍ୱକୁ ବିକୃତ କରିଛନ୍ତି। ଏହି କାରଣରୁ ଭାରତର ବର୍ତ୍ତମାନର ସ୍ଥିତିକୁ ଦେଖି ଆମ ଆଖିରୁ ରକ୍ତସ୍ରାବ ପ୍ରବାହିତ ହେଉଛି ଏବଂ ଆମ ହୃଦୟରେ ଉଠୁଥିବା ପ୍ରଶ୍ନ ହେଉଛି, 'ହିନ୍ଦୁସ୍ତାନର କ "ଣ ହେବ?"

ଲୋକଙ୍କୁ ପରସ୍ପର ସହ ଲଢ଼ିବାରୁ ରୋକିବା ପାଇଁ ଶ୍ରେଣୀ ଚେତନା ଗୁରୁତ୍ୱପୂର୍ଣ୍ଣ। ଗରିବ ଶ୍ରମିକ ଏବଂ କୃଷକମାନଙ୍କୁ ସ୍ପଷ୍ଟ ଭାବେ ବୁଝାଇବା ଉଚିତ ଯେ ସେମାନଙ୍କର ପ୍ରକୃତ ଶତ୍ରୁ ହେଉଛନ୍ତି ପୁଞ୍ଜିପତି, ତେଣୁ ସେମାନେ ଯେପରି ସେମାନଙ୍କ ଫାନ୍ଦରେ ନ ପଡ଼ନ୍ତି ସେଥିପ୍ରତି ସତର୍କ ରହିବା ଆବଶ୍ୟକ। ଜାତି, ବର୍ଣ୍ଣ, ଧର୍ମ କିମ୍ବା ରାଷ୍ଟ୍ର ନିର୍ବିଶେଷରେ ବିଶ୍ୱର ସମସ୍ତ ଗରିବ ଲୋକଙ୍କର ସମାନ ଅଧିକାର ରହିଛି। ଏହା ଆପଣଙ୍କ ସ୍ୱାର୍ଥରେ ଯେ ଧର୍ମ, ରଙ୍ଗ, ଜାତି ଏବଂ ଜାତୀୟତା କାରଣରୁ ସମସ୍ତ ଭେଦଭାବ ଦୂର ହେଉ ଏବଂ ସରକାରଙ୍କ କ୍ଷମତା ଆପଣଙ୍କ ହାତକୁ ନିଆଯାଉ। ଏହି ପ୍ରୟାସଗୁଡ଼ିକ ଆପଣଙ୍କୁ କୌଣସି ପ୍ରକାରେ କ୍ଷତି ପହଞ୍ଚାଇବ ନାହିଁ, କିନ୍ତୁ ଦିନେ ଆପଣଙ୍କର ବନ୍ଧନ କାଟିଦେବ ଏବଂ ଆପଣଙ୍କୁ ଆର୍ଥିକ ସ୍ୱାଧୀନତା ମିଳିବ।

ରୁଷର ଇତିହାସ ସହିତ ପରିଚିତ ଲୋକମାନେ ଜାଣନ୍ତି ଯେ ଜାରଙ୍କ ଶାସନ ସମୟରେ ସେଠାରେ ସମାନ ପରିସ୍ଥିତି ପ୍ରଚଳିତ ଥିଲା | ସେଠାରେ ଅନେକ ଗୋଷ୍ଠୀ ଥିଲେ ଯେଉଁମାନେ ପରସ୍ପରକୁ ତଳକୁ ଟାଣି ନେଉଥିଲେ। କିନ୍ତୁ ଶ୍ରମିକ ବିପ୍ଳବ ହେବା ଦିନଠାରୁ, ସ୍ଥାନର ମାନଚିତ୍ର ହିଁ ବଦଳିଗଲା। ଏବେ ସେଠାରେ କେବେ ବି ଦଙ୍ଗା ହୁଏ ନାହିଁ। ଏବେ ସେଠାକାର ସମସ୍ତଙ୍କୁ 'ମଣିଷ "ଭାବେ ବିବେଚନା କରାଯାଉଛି,' କୌଣସି ଧାର୍ମିକ ଗୋଷ୍ଠୀର ସଦସ୍ୟ" ଭାବେ ନୁହେଁ। ଜାରଙ୍କ ସମୟରେ ଲୋକଙ୍କ ଆର୍ଥିକ ଅବସ୍ଥା ଅତ୍ୟନ୍ତ ଦୟନୀୟ ଥିଲା ଯାହା ଫଳରେ ଦଙ୍ଗା ସୃଷ୍ଟି କରୁଛି। କିନ୍ତୁ ଏବେ ଯେତେବେଳେ ରୁଷୀୟମାନଙ୍କର ଆର୍ଥିକ ସ୍ଥିତିରେ ସୁଧାର

ଆସିଲା, ଯେତେବେଳେ ସେମାନେ ଶ୍ରେଣୀ ଚେତନା ବିକଶିତ କଲେ, ସେଠାରୁ ଦଙ୍ଗାର କୌଣସି ଖବର ନାହିଁ। ଯଦିଓ ଦଙ୍ଗା ବିଷୟରେ ସମସ୍ତେ ଶୁଣିଛନ୍ତି ସେମାନେ ଯନ୍ତ୍ରଣାଦାୟକ ବିବରଣୀ କିନ୍ତୁ ଆମେ କଲିକତା ଦଙ୍ଗା ବିଷୟରେ କିଛି ସକାରାତ୍ମକ କଥା ଶୁଣିଛୁ। ଶ୍ରମିକ ସଙ୍ଗଠନର ଶ୍ରମିକମାନେ ଦଙ୍ଗାରେ ଭାଗ ନେଲେ ନାହିଁ କିମ୍ବା ପରସ୍ପର ସହ ମାରପିଟ୍ କରିବାକୁ ଆସିଲେ ନାହିଁ, ଅନ୍ୟପକ୍ଷରେ, ସମସ୍ତ ହିନ୍ଦୁ ଏବଂ ମୁସଲମାନମାନେ ମିଲ୍ଗୁଡ଼ିକରେ ପରସ୍ପର ପ୍ରତି ସାଧାରଣ ବ୍ୟବହାର କରିଥିଲେ ଏବଂ ଦଙ୍ଗା ବନ୍ଦ କରିବାକୁ ମଧ୍ୟ ଚେଷ୍ଟା କରିଥିଲେ। ଏହାର କାରଣ ହେଉଛି ସେମାନଙ୍କ ମଧ୍ୟରେ ଶ୍ରେଣୀ ଚେତନା ଥିଲା ଏବଂ ସେମାନେ ସମ୍ପୂର୍ଣ୍ଣ ରୂପେ ସ୍ୱୀକାର କରିଥିଲେ ଯେ ସେମାନଙ୍କ ଶ୍ରେଣୀ ପାଇଁ କ "ଣ ଲାଭଦାୟକ ହେବ। ଏହା ହେଉଛି ଶ୍ରେଣୀ ଚେତନାର ଚମତ୍କାର ମାର୍ଗ ଯାହା ସାମ୍ପ୍ରଦାୟିକ ଦଙ୍ଗାକୁ ବନ୍ଦ କରିପାରିବ।

ଆମେ ଏହି ଖୁସି ଖବର ଶୁଣିଛୁ ଯେ ଭାରତର ଯୁବକମାନେ ବର୍ତ୍ତମାନ ଘୃଣା ଏବଂ ସାମ୍ପ୍ରଦାୟିକ ହିଂସା ଶିକ୍ଷା ଦେଉଥିବା ଧର୍ମରୁ ଦୂରେଇ ଯାଉଛନ୍ତି। ସେମାନେ ନିଜ ଦୃଷ୍ଟିକୋଣରେ ଏତେ ଆଗକୁ ବଢ଼ିଛନ୍ତି ଯେ ସେମାନେ ଲୋକମାନଙ୍କୁ ହିନ୍ଦୁ, ମୁସଲମାନ କିମ୍ବା ଶିଖ ଭାବରେ ଦେଖନ୍ତି ନାହିଁ, ବରଂ ପ୍ରଥମେ ମଣିଷ ଭାବରେ ଏବଂ ପରେ ଭାରତୀୟ ଭାବରେ ଦେଖନ୍ତି। ଭାରତର ଯୁବକମାନଙ୍କ ମଧ୍ୟରେ ଏହି ଚିନ୍ତାଧାରାର ଉତ୍ଥାନ ସହିତ, ମୁଁ ଭାରତର ଭବିଷ୍ୟତ ପାଇଁ ଆଶା ଦେଖୁଛି।

ଭାରତୀୟମାନେ ଏହି ଦଙ୍ଗା ଖବରରେ ବିଚଳିତ ହେବା ଉଚିତ୍ ନୁହେଁ, କିନ୍ତୁ ସେମାନେ ଏକ ସାମ୍ପ୍ରଦାୟିକ ପରିବେଶ ନିର୍ମାଣ ନକରିବାକୁ ଚେଷ୍ଟା କରିବା ଉଚିତ୍ ଯାହା ଦଙ୍ଗା ରେ ପରିଣତ ହୁଏ | 1914-15 ର ଶହୀଦମାନେ ଧର୍ମକୁ ରାଜନୀତିରୁ ଅଲଗା କରିଥିଲେ। ସେମାନେ ବୁଝିପାରିଥିଲେ ଯେ ଧର୍ମ ହେଉଛି ଜଣେ ବ୍ୟକ୍ତିର ବ୍ୟକ୍ତିଗତ ବିଷୟ ଯେଉଁଠାରେ ଅନ୍ୟର ହସ୍ତକ୍ଷେପ ଆବଶ୍ୟକ ନାହିଁ। କିନ୍ତୁ ସେମାନେ ସମସ୍ତେ ସହମତ ହୋଇଥିଲେ ଯେ ଧର୍ମ ରାଜନୀତିରେ ପ୍ରବେଶ କରିବା ଉଚିତ୍ ନୁହେଁ କାରଣ ଏହା ଲୋକଙ୍କୁ ଏକ ସାଧାରଣ କାରଣ ପାଇଁ ଏକାଠି କାମ କରିବାକୁ ଅନୁମତି ଦିଏ ନାହିଁ।

ଏହି କାରଣରୁ ଗଦର ପାର୍ଟି ଦ୍ୱାରା ଡକାଯାଇଥିବା ବିପ୍ଳବ ସମୟରେ ଲୋକମାନେ ଏକଜୁଟ ରହିଥିଲେ। ଏଠାରେ ବିପ୍ଳବ ପାଇଁ ଶିଖ, ହିନ୍ଦୁ ଏବଂ ମୁସଲମାନମାନଙ୍କୁ ଫାଶୀ ଦିଆଯାଇଥିଲା। ଆଜି କିଛି ନୂଆ ରାଜନେତା ଅଛନ୍ତି ଯେଉଁମାନେ ସ୍ୱାଧୀନତା ସଂଗ୍ରାମରେ ପ୍ରବେଶ କରିଛନ୍ତି, ଯେଉଁମାନେ ଧର୍ମକୁ ରାଜନୀତିରୁ ଅଲଗା କରିବାକୁ ଚାହୁଁଛନ୍ତି। ସାମ୍ପ୍ରଦାୟିକ ହିଂସାର ଅସୁସ୍ଥତାକୁ ଦୂର କରିବା ପାଇଁ ଏହା ଏକ ସୁନ୍ଦର ଉପାୟ। ଯଦିଓ ଆମେ ବିଭିନ୍ନ ଧାର୍ମିକ ବିଶ୍ୱାସ, ଯଦି ଆମେ ଧର୍ମକୁ ରାଜନୀତିରୁ ଅଲଗା କରିବା, ତେବେ ଆମେ ସମସ୍ତେ ରାଜନୀତି ଏବଂ ଜାତୀୟ ପ୍ରସଙ୍ଗରେ ଏକାଠି ଛିଡ଼ା ହୋଇପାରିବୁ। ଆମେ ଆଶା କରୁଛୁ ଯେ ଭାରତର ପ୍ରକୃତ ସମର୍ଥକମାନେ ଆମର ସମାଧାନ ବିଷୟରେ ଚିନ୍ତା କରିବେ ଏବଂ ଭାରତକୁ ଆତ୍ମ-ବିନାଶର ପଥ ଅନୁସରଣରୁ ରକ୍ଷା କରିବେ।

5.

ସାବଧାନ ରୁହ, ୟେ ବ୍ୟୁରୋକ୍ରେସି।

1928 ମସିହା ଡିସେମ୍ବର 18 ତାରିଖରେ ମୋଜାଙ୍ଗ ହାଉସ୍ ଡେନ୍ ଠାରେ ଏକ ହସ୍ତଲିଖିତ ଲିଫଲେଟ୍ ଲେଖାଯାଇଥିଲା, ଯେଉଁଥିରେ ସଣ୍ଡର୍ସଙ୍କ ହତ୍ୟାର କାରଣ ବର୍ଣ୍ଣନା କରାଯାଇଥିଲା। ଏହାକୁ 18 ରୁ 19 ତାରିଖ ମଧ୍ୟରେ ରାତିରେ ଲାହୋରର କାନ୍ଥରେ ଅନେକ ସ୍ଥାନରେ ଲଗାଯାଇଥିଲା। ଭଗତ୍ ସିଂଙ୍କ ହସ୍ତାକ୍ଷରର ଏକ ନକଲ ଲାହୋର ଷଡ଼ଯନ୍ତ୍ର ମାମଲାରେ ଏକ ପ୍ରଦର୍ଶନୀ ଭାବରେ ପ୍ରସ୍ତୁତ କରାଯାଇଥିଲା।

* *

ହିନ୍ଦୁସ୍ଥାନ ସୋସିଆଲିସ୍ଟ ରିପବ୍ଲିକ୍ ସେନା ବିଜ୍ଞପ୍ତି

ମୃତ; ଲାଲା ଲାଜପତ ରାୟ ପ୍ରତିଶୋଧ ନେଲେ ପ୍ରକୃତରେ ଏହା କଳ୍ପନା କରିବା ଭୟାନକ ଯେ ଜଣେ ସାଧାରଣ ପୋଲିସ୍ ଅଧିକାରୀ, ସଣ୍ଡର୍ସଙ୍କ ଏତେ ନମ୍ର ଏବଂ ହିଂସାତ୍ମକ ହାତ କେବେ ବି ଜଣେ ବୃଦ୍ଧ, ଏତେ ସମ୍ମାନିତ ଏବଂ ହିନ୍ଦୁସ୍ତାନର 300 ନିୟୁତ ଲୋକଙ୍କ ଦ୍ୱାରା ଏତେ ପ୍ରିୟ ବ୍ୟକ୍ତିଙ୍କ ଶବକୁ ଏପରି ଅପମାନଜନକ ଭାବରେ ଛୁଇଁବାକୁ ସାହସ କରିପାରିବ ଏବଂ ଏହିପରି ତାଙ୍କ ମୃତ୍ୟୁର କାରଣ ହୋଇପାରେ। ଭାରତର ରାଷ୍ଟ୍ରର ମୁଣ୍ଡ ଉପରେ ଫିଙ୍ଗାଯାଇଥିବା ଆଘାତ ଦ୍ୱାରା ଭାରତର ଯୁବକ ଏବଂ ପୁରୁଷତ୍ୱ ଆହ୍ୱାନ ହୋଇଥିଲା | ଏବଂ ବିଶ୍ୱକୁ ଜଣାନ୍ତୁ ଯେ ଭାରତ ଏବେବି ଜୀବିତ ଅଛି; ଯୁବକମାନଙ୍କ ରକ୍ତ ସମ୍ପୂର୍ଣ୍ଣ ଥଣ୍ଡା ହୋଇନାହିଁ ଏବଂ ଯଦି ସେମାନଙ୍କ ରାଷ୍ଟ୍ରର ସମ୍ମାନ ବିପଦରେ ପଡ଼ିଥାଏ, ତେବେ ସେମାନେ ନିଜ ଜୀବନକୁ ବିପଦରେ ପକାଇପାରନ୍ତି। ଏବଂ ଏହା ଏହି କାର୍ଯ୍ୟ ମାଧ୍ୟମରେ ସେହି ଅଜ୍ଞାତ ବ୍ୟକ୍ତିଙ୍କ ଦ୍ୱାରା ପ୍ରମାଣିତ ହୁଏ ଯେଉଁମାନେ ଏପରିକି ସେମାନଙ୍କ ନିଜ ଲୋକଙ୍କ ଦ୍ୱାରା ମଧ୍ୟ ନିର୍ଯ୍ୟାତନା, ନିନ୍ଦା ଏବଂ ନିନ୍ଦା କରାଯାଇଥିଲା।

ହେ ଅତ୍ୟାଚାରୀମାନେ, ସାବଧାନ ରୁହନ୍ତୁ; ସାବଧାନ ରୁହନ୍ତୁ।

ଏକ ଅବହେଳିତ ଏବଂ ଉତ୍ପୀଡ଼ିତ ଦେଶର ଭାବନାକୁ ଆଘାତ ଦିଅନ୍ତୁ ନାହିଁ। ଏପରି ପୈଶାଚିକ କାର୍ଯ୍ୟ କରିବା ପୂର୍ବରୁ ଦୁଇଥର ଚିନ୍ତା କରନ୍ତୁ, ଏବଂ ମନେ ରଖନ୍ତୁ ଯେ 'ଅସ୍ତ୍ରଶସ୍ତ୍ର ଆଇନ' ଏବଂ ଅସ୍ତ୍ରଶସ୍ତ୍ର ଚୋରାଚାଲାଣ ବିରୁଦ୍ଧରେ କଠୋର ସୁରକ୍ଷା ବ୍ୟବସ୍ଥା ସତ୍ତ୍ୱେ, ରିଭଲଭର ସର୍ବଦା ପ୍ରବାହିତ ହେବ-ଯଦି ବର୍ତ୍ତମାନ ଏକ ସଶସ୍ତ୍ର ବିଦ୍ରୋହ ପାଇଁ ଯଥେଷ୍ଟ ନୁହେଁ, ତେବେ ଅନ୍ତତଃ ଜାତୀୟ ଅପମାନର ପ୍ରତିଶୋଧ ନେବାକୁ ଯଥେଷ୍ଟ | ସେମାନଙ୍କ ନିଜ ସମ୍ପର୍କୀୟଙ୍କ ସମସ୍ତ ନିନ୍ଦା ଏବଂ ନିନ୍ଦା, ଏବଂ ବିଦେଶୀ ସରକାରଙ୍କ ନିର୍ଦ୍ଦୟ ଦମନ ଏବଂ ନିର୍ଯ୍ୟାତନା ସତ୍ତ୍ୱେ, ଯୁବକମାନଙ୍କ ଦଳ ଅହଙ୍କାରୀ ଶାସକମାନଙ୍କୁ ଏକ ଶିକ୍ଷା ଦେବା ପାଇଁ ସର୍ବଦା ବଞ୍ଚିବ | ସେମାନେ ଏତେ ସାହସୀ ହେବେ ଯେ ବିରୋଧୀ ଏବଂ ଦମନର ପ୍ରଚଣ୍ଡ ଝଡ଼ ମଧ୍ୟରେ ମଧ୍ୟ କାନ୍ଦୁଥିବେ, ଏପରିକି ମଞ୍ଚ ଉପରେ ମଧ୍ୟଃ

"ବିପ୍ଳବ ଦୀର୍ଘଜୀବୀ ହେଉ"!

ଜଣେ ବ୍ୟକ୍ତିଙ୍କ ମୃତ୍ୟୁ ପାଇଁ ମୁଁ ଦୁଃଖିତ। କିନ୍ତୁ ଏହି ବ୍ୟକ୍ତି ଏକ ଅନୁଷ୍ଠାନର ପ୍ରତିନିଧି ଭାବରେ ମୃତ୍ୟୁବରଣ କରିଛନ୍ତି ଯାହା ଏତେ ନିଷ୍ଠୁର, ନମ୍ର ଏବଂ ଏତେ ମୂଳ ଯେ ଏହାକୁ ଉଚ୍ଛେଦ କରିବାକୁ ପଡିବ।

ଏହି ବ୍ୟକ୍ତି ଜଣକ ଭାରତରେ ବ୍ରିଟିଶ କର୍ତ୍ତୃପକ୍ଷଙ୍କ ଜଣେ ଏଜେଣ୍ଟଙ୍କ ମୃତ୍ୟୁ ବରଣ କରିଛନ୍ତି, ଯିଏ ସରକାରଙ୍କ ସବୁଠାରୁ ଅତ୍ୟାଚାରୀ। ସରକାରଙ୍କର। ସଂସାରରେ।

ଜଣେ ମଣିଷର ରକ୍ତପାତ ପାଇଁ ମୁଁ ଦୁଃଖିତ; କିନ୍ତୁ ବିପ୍ଳବର ବେଦିରେ ବ୍ୟକ୍ତିବିଶେଷଙ୍କ ବଳିଦାନ ଯାହା ସମସ୍ତଙ୍କ ପାଇଁ ସ୍ୱାଧୀନତା ଆଣିବ ଏବଂ ମଣିଷ ଦ୍ୱାରା ମଣିଷର ଶୋଷଣକୁ ଅସମ୍ଭବ କରିବ, ତାହା ଅନିବାର୍ଯ୍ୟ।

"ବିପ୍ଳବ ଦୀର୍ଘଜୀବୀ ହୁଅନ୍ତୁ"!

ତାରିଖଃ 18 ଡିସେମ୍ବର, 1928

ବଲରାଜ

6.

ସହିଦ ସୁଖଦେବଙ୍କୁ ଚିଠି

ଏହି ଚିଠି 1929 ମସିହା ଏପ୍ରିଲ 5 ତାରିଖରେ ଦିଲ୍ଲୀର ସୀତା ରାମ ବଜାର ହାଉସରେ ଲେଖାଯାଇଥିଲା। ଏହି ଚିଠିଟି ଶ୍ରୀ ଶିବ ବର୍ମାଙ୍କ ଦ୍ୱାରା ଲାହୋରକୁ ନିଆଯାଇଥିଲା ଏବଂ ସୁଖଦେବଙ୍କୁ ହସ୍ତାନ୍ତର କରାଯାଇଥିଲା ଏବଂ ଏପ୍ରିଲ 13 ରେ ଗିରଫ ହେବା ସମୟରେ ତାଙ୍କଠାରୁ ଉଦ୍ଧାର କରାଯାଇଥିଲା। ଏହା ଜଣେ ବିପ୍ଳବୀଙ୍କ ଜୀବନରେ ପ୍ରେମ ଏବଂ ବଳିଦାନ ବିଷୟରେ ଭଗତ୍ ସିଂଙ୍କ ମତକୁ ପ୍ରତିଫଳିତ କରେ।

* *

ପ୍ରିୟ ଭାଇ।

ଆପଣ ଏହି ଚିଠି ପାଇବା ବେଳକୁ ମୁଁ ଚାଲିଯିବି, ଏକ ଦୂର ଗନ୍ତବ୍ୟସ୍ଥଳକୁ ଯିବି। ମୁଁ ଆଶ୍ୱାସନା ଦେଉଛି ଯେ ସମସ୍ତ ମଧୁର ସ୍ମୃତି ଏବଂ ଏଠାରେ ମୋ ଜୀବନର ସମସ୍ତ ଆକର୍ଷଣ ସତ୍ତ୍ୱେ ମୁଁ ଏହି ଯାତ୍ରା ପାଇଁ ପ୍ରସ୍ତୁତ ଅଛି। ଆଜି ପର୍ଯ୍ୟନ୍ତ ମୋ ମନରେ ଗୋଟିଏ କଥା ଉଙ୍କି ମାରୁଥିଲା, ଆଉ ତାହା ହେଲା ମୋ ଭାଇ, ମୋ ନିଜ ଭାଇ, ମୋତେ ଭୁଲ୍ ବୁଝିଲେ ଏବଂ ମୋ ଉପରେ ଏକ ଗୁରୁତର ଅଭିଯୋଗ ଆଣିଲେ-ଦୁର୍ବଳତା ଅଭିଯୋଗ। ଆଜି ମୁଁ ବହୁତ ସନ୍ତୁଷ୍ଟ, ଆଜି ମୁଁ ପୂର୍ବ ଅପେକ୍ଷା ଅଧିକ ଅନୁଭବ କରୁଛି ଯେ ଏହା କିଛି ନଥିଲା, ବରଂ ଏକ ଭୁଲ ବୁଝାମଣା ଥିଲା। ଭୁଲ ହିସାବ। ମୋର ଅତିରଞ୍ଜନକୁ ମୋର କଥାବାର୍ତ୍ତା ଏବଂ ମୋର ସ୍ୱୀକାରୋକ୍ତି ମୋର ଦୁର୍ବଳତା ଭାବରେ ବ୍ୟାଖ୍ୟା କରାଯାଇଥିଲା | ଏବଂ ବର୍ତ୍ତମାନ ମୁଁ ଅନୁଭବ କରୁଛି ଯେ ଏହା ଭୁଲ ବୁଝାମଣା ଥିଲା ଏବଂ କେବଳ ବୁଝିବା। ମୁଁ ଦୁର୍ବଳ ନୁହେଁ, ଯିବା ଅପେକ୍ଷା ଦୁର୍ବଳ ନୁହେଁ, ଭାଇ, ଆମମାନଙ୍କ ମଧ୍ୟରେ କେହି ରହିବେ କି? ଏକ ସ୍ୱଷ୍ଟ ହୃଦୟ ସହିତ, ମୁଁ ମଧ୍ୟ ସ୍ୱଷ୍ଟ କରୁଛି? ଏହା ଆପଣଙ୍କ ପ୍ରତି ବହୁତ ଦୟାଶୀଳ ହେବ। କିନ୍ତୁ ଧ୍ୟାନ ଦିଅନ୍ତୁ ଯେ ଆପଣଙ୍କୁ କୌଣସି ତରବରିଆ ପଦକ୍ଷେପ ନେବାକୁ ପଡିବ ନାହିଁ, ଶାନ୍ତ ଭାବରେ ଏବଂ ଶାନ୍ତ ଭାବରେ | ଆପଣଙ୍କୁ କାମ ଜାରି ରଖିବାକୁ ପଡ଼ିବ। ଆରମ୍ଭରେ ହିଁ ସୁଯୋଗ ନେବାକୁ ଚେଷ୍ଟା କରନ୍ତୁ ନାହିଁ। ଜନସାଧାରଣଙ୍କ ପ୍ରତି ଆପଣଙ୍କର କିଛି କର୍ତ୍ତବ୍ୟ ରହିଛି, ଏବଂ ଏହି କାର୍ଯ୍ୟ ଜାରି ରଖି ଆପଣ ଏହାକୁ ପୂରଣ କରିପାରିବେ। ଏକ ପ୍ରସ୍ତାବ ଭାବରେ, ମୁଁ କହିବି ଯେ M.R. ଶାସ୍ତ୍ରୀ ମୋତେ ପୂର୍ବ ଅପେକ୍ଷା ଅଧିକ ନିବେଦନ କରନ୍ତି। ତାଙ୍କୁ କ୍ଷେତ୍ରକୁ ଆଣିବାକୁ ଚେଷ୍ଟା କରନ୍ତୁ, ଯଦି ସେ ନିଜେ ଇଚ୍ଛୁକ ହୋଇପାରନ୍ତି, ସ୍ୱଷ୍ଟ ଭାବରେ ଅନ୍ଧକାର ଭବିଷ୍ୟତ ଜାଣି | ତାଙ୍କୁ ପୁରୁଷମାନଙ୍କ ସହିତ ମିଶିବାକୁ ଦିଅନ୍ତୁ ଏବଂ ସେମାନଙ୍କର ମନୋବିଜ୍ଞାନ ଅଧ୍ୟୟନ କରିବାକୁ ଦିଅନ୍ତୁ। ଯଦି ସେ ସଠିକ ଭାବନାରେ କାର୍ଯ୍ୟ କରିବେ, ତେବେ ସେ ଉତ୍ତମ ବିଚାରକ ହେବେ। ଆପଣ ଯେପରି ଉପଯୁକ୍ତ ମନେ କରିବେ ସେପରି ବ୍ୟବସ୍ଥା କରନ୍ତୁ। ଏବେ, ଭାଇ, ଆମ୍ଭେମାନେ ସୁଖୀ ହେବା।

ଯାହାହେଉ, ମୁଁ କହୁଛି ଯେ ମୁଁ ପୁଣି ଥରେ ଯୁକ୍ତି କରିବାରେ ସାହାଯ୍ୟ କରିପାରିବି ନାହିଁ। ଏହି ପ୍ରସଙ୍ଗରେ ମୋର ମାମଲା ଆଲୋଚନାଧୀନ ଅଛି। ମୁଁ ପୁଣିଥରେ ଗୁରୁତ୍ୱ ଦେଉଛି ଯେ ମୁଁ ଅଭିଳାଷ ଏବଂ ଆଶାରେ ପରିପୂର୍ଣ୍ଣ ଏବଂ ଜୀବନର ସମ୍ପୂର୍ଣ୍ଣ ଆକର୍ଷଣରେ ପରିପୂର୍ଣ୍ଣ।

କିନ୍ତୁ ମୁଁ ଆବଶ୍ୟକତା ସମୟରେ ସବୁକିଛି ତ୍ୟାଗ କରିପାରିବି, ଏବଂ ତାହା ହେଉଛି ପ୍ରକୃତ

ବଳିଦାନ। ଏହି ଜିନିଷଗୁଡ଼ିକ କଦାପି ପଥରେ ପ୍ରତିବନ୍ଧକ ହୋଇପାରିବ ନାହିଁ ମଣିଷ, ଯଦି ସେ ଜଣେ ମଣିଷ। ଆପଣଙ୍କ ପାଖରେ ବ୍ୟବହାରିକ ପ୍ରମାଣ ରହିବ। ନିକଟ ଭବିଷ୍ୟତରେ। କାହାରି ଚରିତ୍ର ବିଷୟରେ ଆଲୋଚନା କରିବା ସମୟରେ ଆପଣ ପଚାରିଲେ

ମୋର ଗୋଟିଏ କଥା, ପ୍ରେମ କେବେ କୌଣସି ପୁରୁଷଙ୍କ ପାଇଁ ସହାୟକ ପ୍ରମାଣିତ ହୋଇଛି କି? ହଁ, ମୁଁ ଆଜି ଏହି ପ୍ରଶ୍ନର ଉତ୍ତର ଦେଉଛି। ମାଜିନିଙ୍କ ପାଇଁ ଏହା ଥିଲା। ଆପଣଙ୍କର ନିଶ୍ଚୟ ଥିବ। ପଢ଼ନ୍ତୁ ଯେ ତାଙ୍କର ପ୍ରଥମ ପରାଜୟର ସମ୍ପୂର୍ଣ୍ଣ ବିଫଳତା ଏବଂ ଶୋଚନୀୟ ପରାଜୟ ପରେ ଉଠିବା ପରେ ସେ ତାଙ୍କ ଦୁଃଖର ଏବଂ ଭୟଙ୍କର ଚିନ୍ତାଧାରାକୁ ସହ୍ୟ କରିପାରିଲେ ନାହିଁ।

ମୃତ ସାଥୀମାନେ। ସେ ପାଗଳ ହୋଇଯାଇଥାନ୍ତେ କିମ୍ବା ଆତ୍ମହତ୍ୟା କରିଥାନ୍ତେ।କିନ୍ତୁ ସେ ଭଲ ପାଉଥିବା ଝିଅର ଗୋଟିଏ ଚିଠି ପାଇଁ। ସେ ଯେକୌଣସି ଭଳି ଶକ୍ତିଶାଳୀ ହେବେ।

ଗୋଟିଏ, ନା, ସମସ୍ତଙ୍କ ଠାରୁ ଅଧିକ ଶକ୍ତିଶାଳୀ। ପ୍ରେମର ନୈତିକ ସ୍ଥିତି ସମ୍ବନ୍ଧରେ ମୁଁ କହିପାରିବି ଯେ ଏହା ନିଜ ଭିତରେ ଆବେଗ ବ୍ୟତୀତ ଆଉ କିଛି ନୁହେଁ, ପଶୁ ନୁହେଁ।

ଆବେଗ କିନ୍ତୁ ଏକ ମାନବ, ଏବଂ ବହୁତ ମିଠା ମଧ୍ୟ | ପ୍ରେମ ନିଜେ କରିପାରିବ କେବେ ବି ପଶୁ ଆବେଗ ହୁଅନ୍ତୁ ନାହିଁ। ପ୍ରେମ ସବୁବେଳେ ଚରିତ୍ରକୁ ଉନ୍ନତ କରିଥାଏ। ପୁରୁଷଙ୍କର। ଯଦି ପ୍ରେମ ହିଁ ପ୍ରେମ ହୋଇଥିବ, ତେବେ ଏହା ତାଙ୍କୁ କେବେ ବି ଦୁର୍ବଳ କରି ନଥାଏ। ଆପଣ ପାରିବେ ନାହିଁ।

ଏହି ଝିଅମାନଙ୍କୁ ପାଗଳ ଲୋକ ବୋଲି କୁହନ୍ତୁ, ଯେପରି ଆମେ ସାଧାରଣତଃ ଚଳଚ୍ଚିତ୍ରରେ ଦେଖୁ। ପ୍ରେମୀଯୁଗଳ। ସେମାନେ ସର୍ବଦା ପଶୁମାନଙ୍କ ଆଗ୍ରହର ହାତରେ ଖେଳନ୍ତି | ଦି. ପ୍ରକୃତ ପ୍ରେମ ସୃଷ୍ଟି ହୋଇପାରିବ ନାହିଁ। ଏହା ନିଜ ଇଚ୍ଛାରେ ଆସିଥାଏ, କେହି ନୁହେଁ। କେତେବେଳେ କହିପାରିବେ। ଏହା କିନ୍ତୁ ସ୍ୱାଭାବିକ। ଏବଂ ମୁଁ ଆପଣଙ୍କୁ କହିପାରିବି ଯେ ଜଣେ ଯୁବକ ପୁରୁଷ ଏବଂ ଯୁବତୀ ପରସ୍ପରକୁ ଭଲ ପାଇପାରନ୍ତି, ଏବଂ ସେମାନଙ୍କ ସହାୟତାରେ ସେମାନଙ୍କର ପ୍ରେମ ସେମାନେ ନିଜେ ଆବେଗକୁ ଅତିକ୍ରମ କରିପାରିବେ ଏବଂ କରିପାରିବେ ସେଗୁଡ଼ିକର ଶୁଦ୍ଧତା ବଜାୟ ରଖନ୍ତୁ। ମୁଁ ଏଠାରେ ଗୋଟିଏ କଥା ସ୍ପଷ୍ଟ କରିଦେବି; ଯେତେବେଳେ ମୁଁ କହିଲି ଯେ ପ୍ରେମର ମାନବୀୟ ଦୁର୍ବଳତା ଅଛି, ମୁଁ ଏହି ପର୍ଯ୍ୟାୟରେ ଜଣେ ସାଧାରଣ ମଣିଷ ପାଇଁ ଏହା କହି ନାହିଁ, ଯେଉଁଠାରେ ସାଧାରଣତଃ ଲୋକମାନେ ଅଛନ୍ତି। କିନ୍ତୁ ତାହା ହେଉଛି ସବୁଠାରୁ ଆଦର୍ଶବାଦୀ ପର୍ଯ୍ୟାୟ ଯେତେବେଳେ ମଣିଷ ଏହି ସମସ୍ତ ଭାବନା, ପ୍ରେମ, ଘୃଣା ଇତ୍ୟାଦି ଉପରେ ବିଜୟ ଲାଭ କରିବ। ଯେତେବେଳେ ମଣିଷ ତର୍କକୁ ନିଜ କାର୍ଯ୍ୟର ଏକମାତ୍ର ଆଧାର ଭାବେ ଗ୍ରହଣ କରିବ। କିନ୍ତୁ ବର୍ତ୍ତମାନ ଏହା ଖରାପ ନୁହେଁ, ବରଂ ମଣିଷ ପାଇଁ ଭଲ ଏବଂ ଉପଯୋଗୀ। ଏବଂ ଏହା ବ୍ୟତୀତ ପ୍ରେମକୁ ଭର୍ତ୍ସନା କରିବା ସମୟରେ। ମୁଁ ଜଣେ ବ୍ୟକ୍ତିଙ୍କ ପାଇଁ ଜଣେ ବ୍ୟକ୍ତିଙ୍କ ପ୍ରେମକୁ ଭର୍ତ୍ସନା କଲି, ଏବଂ ତାହା ମଧ୍ୟ ଆଦର୍ଶବାଦୀ ପର୍ଯ୍ୟାୟରେ। ଏବଂ ତଥାପି, ମଣିଷର ପ୍ରେମର ସବୁଠାରୁ ଶକ୍ତିଶାଳୀ ଭାବନା ରହିବା ଆବଶ୍ୟକ ଯାହା ସେ ଜଣେ ବ୍ୟକ୍ତିଙ୍କ ମଧ୍ୟରେ ସୀମିତ ନଥାଇପାରେ ଏବଂ ଏହାକୁ ସାର୍ବଜନୀନ କରିପାରେ | ଏବେ ମୁଁ ଭାବୁଛି ମୁଁ ମୋ ସ୍ଥିତି ସ୍ପଷ୍ଟ କରିଦେଇଛି। ଗୋଟିଏ କଥା ମୁଁ ଆପଣଙ୍କୁ ସ୍ମରଣ କରାଇବାକୁ କହିପାରିବି; ଆମେ ସମସ୍ତ ଉଗ୍ରବାଦୀ ଚିନ୍ତାଧାରା ସତ୍ତ୍ୱେ ନୈତିକତା ବିଷୟରେ ଅତ୍ୟଧିକ ଆଦର୍ଶବାଦୀ ଆର୍ଯ୍ୟ ସମାଜବାଦୀ ଧାରଣାକୁ ଦୂର କରିବାରେ ସକ୍ଷମ ହୋଇନାହୁଁ। ଆମେ ସମସ୍ତ ମୌଳିକ ଜିନିଷ ବିଷୟରେ ଉଜ୍ଜ୍ୱଳ ଭାବରେ କହିପାରିବା ଯାହା ସମ୍ଭବତଃ କଳ୍ପନା କରାଯାଇପାରେ, କିନ୍ତୁ ବ୍ୟବହାରିକ

ଜୀବନରେ ଆମେ ଆରମ୍ଭରେ ହିଁ କମ୍ପିତ ହେବାକୁ ଆରମ୍ଭ କରୁ। ଏହାକୁ ଦୂର କରିବା ପାଇଁ ମୁଁ ଆପଣଙ୍କୁ ଅନୁରୋଧ କରିବି। ଏବଂ ମେ 1, ମୋ ମନରେ ଥିବା ସମସ୍ତ ଭୁଲ ବୁଝାମଣାକୁ ଭୟ ନକରି, ଆପଣଙ୍କୁ ଅନୁରୋଧ କରନ୍ତୁ ଯେ ଦୟାକରି ଆପଣଙ୍କର ଅତ୍ୟଧିକ ଆଦର୍ଶବାଦର ମାନକକୁ ଟିକିଏ ହ୍ରାସ କରନ୍ତୁ, ଯେଉଁମାନେ ପଛରେ ରହିବେ ଏବଂ ମୋ ପରି ଏକ ରୋଗର ଶିକାର ହେବେ ସେମାନଙ୍କ ପ୍ରତି କଠୋର ହୁଅନ୍ତୁ ନାହିଁ? ସେମାନଙ୍କୁ ଭର୍ତ୍ସନା କରନ୍ତୁ ନାହିଁ ଏବଂ ଏହିପରି ସେମାନଙ୍କର ଦୁଃଖ ଏବଂ ଦୁଃଖକୁ ବୃଦ୍ଧି କରନ୍ତୁ ନାହିଁ। ସେମାନଙ୍କୁ ଆପଣଙ୍କର ସହାନୁଭୂତି ଦରକାର। ମୁଁ କ "ଣ ପୁଣିଥରେ କହିପାରିବି ଯେ ଆପଣ କୌଣସି ନିର୍ଦ୍ଦିଷ୍ଟ ବ୍ୟକ୍ତିଙ୍କ ପ୍ରତି କୌଣସି ପ୍ରକାରର ଘୃଣାଭାବ ନ ରଖି, ଯେଉଁମାନଙ୍କର ସବୁଠାରୁ ଅଧିକ ଆବଶ୍ୟକତା ରହିଛି, ସେମାନଙ୍କ ପ୍ରତି ସହାନୁଭୂତି ପ୍ରକାଶ କରିବେ? କିନ୍ତୁ ଆପଣ ନିଜେ ଏହାର ଶିକାର ନ ହେବା ପର୍ଯ୍ୟନ୍ତ ଆପଣ ଏହି ଜିନିଷଗୁଡ଼ିକୁ ଅନୁଭବ କରିପାରିବେ ନାହିଁ। କିନ୍ତୁ, ମୁଁ ଏ ସବୁ କାହିଁକି ଲେଖୁଛି? ମୁଁ ଖୋଲାଖୋଲି କହିବାକୁ ଚାହୁଁଥିଲି। ମୁଁ ମୋ ହୃଦୟକୁ ସଫା କରିଦେଇଛି।

ଆପଣ ସମସ୍ତଙ୍କର ସଫଳତା ଏବଂ ସୁଖମୟ ଜୀବନ କାମନା କରୁଛି।

ଆପଣଙ୍କର ବି. ଏସ୍

7.

କେନ୍ଦ୍ରୀୟ ବିଧାନସଭା ହଲରେ ଫିଙ୍ଗାଯାଇଥିବା ଲିଫଲେଟ୍

ଅଧିକାଂଶ ସଦସ୍ୟ ଏହାକୁ ବିରୋଧ କରିଥିଲେ ଏବଂ ପୂର୍ବରୁ ଏହାକୁ ପ୍ରତ୍ୟାଖ୍ୟାନ କରିଥିଲେ, ଏହା ସତ୍ତ୍ୱେ 1929 ମସିହା ଏପ୍ରିଲ 8 ତାରିଖରେ ଭାଇସରୟଙ୍କ ଦ୍ୱାରା ଦୁଇଟି ବିଲ୍ ପ୍ରଣୟନ ଘୋଷଣା କରାଯିବାର ଥିଲା। ଭଗତ୍ ସିଂ ଏବଂ ତାଙ୍କ ସାଥୀ ବଟୁକେଶ୍ୱର ଦତ୍ତ ଅଧିବେଶନରେ ବୋମା ପକାଇଥିଲେ ଏବଂ ଏହି ଲିଫଲେଟ୍ର ନକଲ ବର୍ଷା କରିଥିଲେ। "ଇନ୍କିଲାବ୍ ଜିନ୍ଦାବାଦ୍!" ଏହା ଭାରତୀୟ ସ୍ୱାଧୀନତା ଆନ୍ଦୋଳନର ସବୁଠାରୁ ସ୍ଥାୟୀ ସ୍ଲୋଗାନ ମଧ୍ୟରୁ ଗୋଟିଏ ହୋଇଥିଲା। ଭଗତ ସିଂ ଏବଂ ବଟୁକେଶ୍ୱର ଦତ୍ତ ବୋମା ଫିଙ୍ଗିବା ଘଟଣା ସମ୍ବନ୍ଧୀୟ ଅଭିଯୋଗରେ ଜୁନ୍ 1929 ରେ ସେମାନଙ୍କର ବିଚାରରେ ଏହି ସ୍ଲୋଗାନକୁ ଦୋହରାଇଥିଲେ। ଏହି ଲିଫଲେଟକୁ "ବଲରାଜ" ଭାବରେ ସାଇନ୍ ଅଫ୍ କରାଯାଇଥିଲା, ଯାହା ଚନ୍ଦର ଶେଖର ଆଜାଦଙ୍କ ଛଦ୍ମ ନାମ ଥିଲା, କିନ୍ତୁ ଏହା ମୁଖ୍ୟତଃ ଭଗତ ସିଂଙ୍କ ଦ୍ୱାରା ଲେଖାଯାଇଥିଲା।

* *

ହିନ୍ଦୁସ୍ଥାନୀୟ ସମାଜବାଦୀ ଗଣରାଜ୍ୟ ସେନା)

"ବଧିରଙ୍କୁ ଶୁଣାଇବା ପାଇଁ ଏକ ଉଚ୍ଚ ସ୍ୱର ଆବଶ୍ୟକ, ଫରାସୀ ଅରାଜକବାଦୀ ସହିଦ ଭାଲିଏଣ୍ଟଙ୍କ ଦ୍ୱାରା ସମାନ ଅବସରରେ ଉଚ୍ଚାରିତ ଏହି ଅମର ଶବ୍ଦ ସହିତ, ଆମେ ଏହି କାର୍ଯ୍ୟକୁ ଦୃଢ ଭାବରେ ଯଥାର୍ଥତା ଦେଉଛୁ କି? ଆମର "।

"ସଂସ୍କାର କାର୍ଯ୍ୟର ଗତ ଦଶ ବର୍ଷର ଅପମାନଜନକ ଇତିହାସର ପୁନରାବୃତ୍ତି ନକରି (ମୋଣ୍ଟେଗୁ-ଚେମ୍ସଫୋର୍ଡ) ସଂସ୍କାର) ଏବଂ ଏହି ସଦନ-ତଥାକଥିତ ଭାରତୀୟ ସଂସଦ ମାଧ୍ୟମରେ ଭାରତୀୟ ରାଷ୍ଟ୍ର ଉପରେ ହୋଇଥିବା ଅପମାନ ବିଷୟରେ ଉଲ୍ଲେଖ ନକରି-ଆମେ ଏହା ଦର୍ଶାଇବାକୁ ଚାହୁଁଛୁ ଯେ, ଯେତେବେଳେ ଲୋକମାନେ ସାଇମନ କମିଶନଙ୍କଠାରୁ ଆହୁରି କିଛି ସଂସ୍କାର ଆଶା କରୁଛନ୍ତି, ଏବଂ ଆଶା କରାଯାଉଥିବା ହାଡ଼ ବଣ୍ଟନକୁ ନେଇ ସର୍ବଦା ଝଗଡ଼ା କରୁଛନ୍ତି, ସରକାର ଆମ ଉପରେ ଜନ ସୁରକ୍ଷା ଏବଂ ବାଣିଜ୍ୟ ବିବାଦ ବିଲ୍ ପରି ନୂତନ ଦମନକାରୀ ପଦକ୍ଷେପ ନେଉଛନ୍ତି, ଏବଂ ପ୍ରେସ ରାଜଦ୍ରୋହ ବିଲ୍ ପରବର୍ତ୍ତୀ ଅଧିବେଶନ ପାଇଁ ସଂରକ୍ଷିତ ରଖିଛନ୍ତି। ଖୋଲା ପଡ଼ିଆରେ କାର୍ଯ୍ୟ କରୁଥିବା ଶ୍ରମିକ ନେତାମାନଙ୍କର ନିର୍ବିଚାର ଗିରଫଦାରୀ ସ୍ପଷ୍ଟ ଭାବରେ ସୂଚାଇଥାଏ ଯେ ପବନ କେଉଁଠାରେ ପ୍ରବାହିତ ହେଉଛି।

"ଏହି ଅତ୍ୟନ୍ତ ଉତ୍ତେଜକ ପରିସ୍ଥିତିରେ, ହିନ୍ଦୁସ୍ଥାନ ସମାଜବାଦୀ ରିପବ୍ଲିକାନ୍ ଆସୋସିଏସନ୍, ସମ୍ପୂର୍ଣ୍ଣ ଗମ୍ଭୀରତାର ସହ, ସେମାନଙ୍କର ସମ୍ପୂର୍ଣ୍ଣ ଦାୟିତ୍ୱକୁ ହୃଦୟଙ୍ଗମ କରି, ଏହି ନିର୍ଦ୍ଦିଷ୍ଟ କାର୍ଯ୍ୟାନୁଷ୍ଠାନ ଗ୍ରହଣ କରିବାକୁ ନିଷ୍ପତ୍ତି ନେଇଥିଲା ଏବଂ ଏହାର ସେନାକୁ ନିର୍ଦ୍ଦେଶ ଦେଇଥିଲା, ଯାହା ଦ୍ୱାରା ଏହି ଅପମାନଜନକ ପ୍ରହସନକୁ ବନ୍ଦ କରାଯାଇପାରିବ ଏବଂ ବିଦେଶୀ ଅମଲାତାନ୍ତ୍ରିକ ଶୋଷଣକାରୀଙ୍କୁ ସେମାନେ ଯାହା ଚାହିଁବେ

ତାହା କରିବାକୁ ଦିଆଯିବ, କିନ୍ତୁ ସେମାନଙ୍କୁ ସେମାନଙ୍କ ନଗ୍ନ ରୂପରେ ସର୍ବସାଧାରଣଙ୍କ ସମ୍ମୁଖରେ ଆସିବାକୁ ପଡିବ |"

"ଜନ ପ୍ରତିନିଧିମାନେ ନିଜ ନିଜ ନିର୍ବାଚନମଣ୍ଡଳୀକୁ ଫେରନ୍ତୁ ଏବଂ ଆଗାମୀ ବିପ୍ଳବ ପାଇଁ ଜନସାଧାରଣଙ୍କୁ ପ୍ରସ୍ତୁତ କରନ୍ତୁ, ଏବଂ ସରକାରଙ୍କୁ ଜଣାନ୍ତୁ ଯେ ଜନ ସୁରକ୍ଷା ଏବଂ ବାଣିଜ୍ୟ ବିବାଦ ବିଲ୍ ଏବଂ ଲାଲା ଲାଜପତ ରାୟଙ୍କ ନିର୍ଦ୍ଦୟ ହତ୍ୟା ବିରୋଧରେ ପ୍ରତିବାଦ କରୁଥିବାବେଳେ, ଅସହାୟ ଭାରତୀୟ ଜନତାଙ୍କ ତରଫରୁ, ଆମେ ଇତିହାସ ଦ୍ୱାରା ବାରମ୍ବାର ପୁନରାବୃତ୍ତି ହୋଇଥିବା ଶିକ୍ଷା ଉପରେ ଗୁରୁତ୍ୱ ଦେବାକୁ ଚାହୁଁଛୁ, ଯେ ବ୍ୟକ୍ତିବିଶେଷଙ୍କୁ ହତ୍ୟା କରିବା ସହଜ କିନ୍ତୁ ଆପଣ ଚିନ୍ତାଧାରାକୁ ମାରି ପାରିବେ ନାହିଁ। ବଡ଼ ବଡ଼ ସାମ୍ରାଜ୍ୟଗୁଡ଼ିକ ଧ୍ୱଂସ ପାଇଯାଇଥିବା ବେଳେ ଚିନ୍ତାଧାରା ତିଷ୍ଠି ରହିଥିଲା। ବର୍ବନ ଏବଂ ଜାର୍ମାନଙ୍କର ପତନ ହେଲା। ଯେତେବେଳେ ପୁନଃମୂଲ୍ୟାୟନ ବିଜୟପୂର୍ବକ ଆଗକୁ ବଢ଼ିଲା "।

"ଆମେ ଏହା ସ୍ୱୀକାର କରିବାକୁ ଦୁଃଖିତ ଯେ ଆମେ ଯେଉଁମାନେ ମାନବ ଜୀବନକୁ ଏତେ ପବିତ୍ରତା ଦେଉଛୁ, ଯେଉଁମାନେ ଏକ ଗୌରବମୟ ଭବିଷ୍ୟତର ସ୍ୱପ୍ନ ଦେଖୁଛୁ, ଯେତେବେଳେ ମଣିଷ ପୂର୍ଣ୍ଣ ଶାନ୍ତି ଏବଂ ସମ୍ପୂର୍ଣ୍ଣ ସ୍ୱାଧୀନତା ଉପଭୋଗ କରିବ, ମାନବ ରକ୍ତପାତ କରିବାକୁ ବାଧ୍ୟ ହୋଇଛି। କିନ୍ତୁ ବେଦିରେ ବ୍ୟକ୍ତିବିଶେଷଙ୍କ ବଳିଦାନ 'ମହାନ ବିପ୍ଳବ' ଯାହା ସମସ୍ତଙ୍କ ପାଇଁ ସ୍ୱାଧୀନତା ଆଣିବ, ମନୁଷ୍ୟ ଦ୍ୱାରା ମନୁଷ୍ୟର ଶୋଷଣକୁ ଅସମ୍ଭବ କରିଦେବ, ତାହା ଅନିବାର୍ଯ୍ୟ।

"ବିପ୍ଳବ ଦୀର୍ଘଜୀବୀ ହୁଅନ୍ତୁ"।

- ବଲରାଜ

କମାଣ୍ଡର-ଇନ୍-ଚିଫ

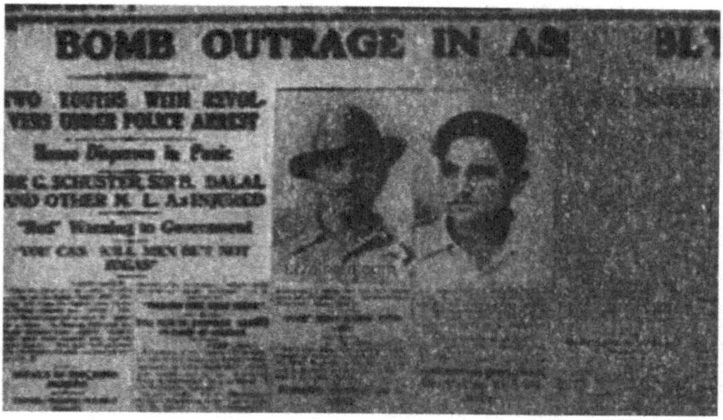

BOMB OUTRAGE IN AS

SIR C. SCHUSTER, SIR B. DALAL
AND OTHER M. L. A.s INJURED

କେନ୍ଦ୍ରୀୟ ବିଧାନସଭା ହଲରେ ଭାଗବତ ସିଂ ଏବଂ ବାଟୁକେଶ୍ୱର ଦତ୍ତଙ୍କ ଗିରଫ ପରେ ଏକ ଖବରକାଗଜରେ ହେଡଲାଇନ

ଲାହୋରରୁ ଦ୍ୱାରା ଉଦ୍ଧାର ହୋଇଥିବା ବୋମା ସେଲ | ବିଧାନସଭା ବମ୍ କେସରେ ପ୍ରଦର୍ଶନୀଗୁଡ଼ିକର ଏକ ଅଂଶ ହେଲା | (ଉତ୍ସ: ଅଲ ଇଣ୍ଡିଆ ରାଉଣ୍ଡଅପ୍)

୪.

ବିଧାନସଭା ବୋମା ମାମଲା ସମୟରେ ସେସନ୍ କୋର୍ଟରେ ବିବୃତ୍ତି

"ଏହା ଭଗତ ସିଂ ଏବଂ ଙ୍କ ଦ୍ୱାରା ଦିଆଯାଇଥିବା ବିବୃତ୍ତି | ବିଧାନସଭା ବୋମା ମାମଲାରେ ଦତ୍ତ। ଏହା ଜୁନ୍ 6,1929 ରେ ଭଗତ ସିଂ ଏବଂ B.K ଙ୍କ ତରଫରୁ ଶ୍ରୀ ଆସଫ ଅଲ୍ଲୀଙ୍କ ଦ୍ୱାରା କୋର୍ଟରେ ପାଠ କରାଯାଇଥିଲା। ଦତ୍ତ "।

* *

ଆମେ କେତେକ ଗୁରୁତର ଅପରାଧରେ ଅଭିଯୁକ୍ତ, ଏବଂ ଏହି ପର୍ଯ୍ୟାୟରେ ଏହା ଠିକ୍ ଯେ ଆମେ ଆମର ଆଚରଣ ବ୍ୟାଖ୍ୟା କରିବା ଆବଶ୍ୟକ |

ଏହି ପରିପ୍ରେକ୍ଷୀରେ, ନିମ୍ନୋକ୍ତ ପ୍ରଶ୍ନମାନ ଉଠୁଛି।

1. ବୋମା ଗୁଡ଼ିକ କ "ଣ ଚାମ୍ବରରେ ଫିଙ୍ଗାଯାଇଥିଲା, ଏବଂ, ଯଦି ହଁ, ତେବେ କାହିଁକି?

2. ନିମ୍ନ ଅଦାଲତ ଦ୍ୱାରା ପ୍ରସ୍ତୁତ ହୋଇଥିବା ଅଭିଯୋଗ ସଠିକ୍ ନା ଅନ୍ୟ କିଛି?

ପ୍ରଥମ ପ୍ରଶ୍ନର ପ୍ରଥମାର୍ଦ୍ଧରେ, ଆମର ଉତ୍ତର ସକାରାତ୍ମକ ଅଟେ, କିନ୍ତୁ ଯେହେତୁ କେତେକ ତଥାକଥିତ 'ପ୍ରତ୍ୟକ୍ଷଦର୍ଶୀ' ନିଜକୁ କ୍ଷତି ପହଞ୍ଚାଇଛନ୍ତି ଏବଂ ଯେହେତୁ ଆମେ ସେହି ପରିମାଣରେ ଆମର ଦାୟିତ୍ୱକୁ ଅସ୍ୱୀକାର କରୁନାହୁଁ, ସେମାନଙ୍କ ବିଷୟରେ ଆମର ବିବୃତ୍ତିକୁ ବିଚାର କରାଯାଉ ଏହାର ମୂଲ୍ୟ କ 'ଣ। ଏକ ଦୃଷ୍ଟାନ୍ତ ମାଧ୍ୟମରେ, ଆମେ ଅନେକ ଦର୍ଶାଇଛୁ ଯେ ଆମମାନଙ୍କ ମଧ୍ୟରୁ ଜଣଙ୍କ ଠାରୁ ପିସ୍ତଲ ଜବତ ବିଷୟରେ ସାର୍ଜେଣ୍ଟ ଟେରିଙ୍କ ପ୍ରମାଣ ଏକ ଜାଣିଶୁଣି ମିଥ୍ୟା, କାରଣ ଆମେ ନିଜକୁ ତ୍ୟାଗ କରିବା ସମୟରେ ଆମ ଦୁହିଁଙ୍କ ପାଖରେ ପିସ୍ତଲ ନଥିଲା। ଅନ୍ୟ ସାକ୍ଷୀମାନେ, ଆହୁରି ମଧ୍ୟ, ଯେଉଁମାନେ ଆମ ଦ୍ୱାରା ବୋମା ଫିଙ୍ଗାଯାଉଥିବାର ଦେଖି ପଦଚ୍ୟୁତ ହୋଇଛନ୍ତି, ସେମାନେ ମିଛ କହିବାକୁ ପଛଘୁଞ୍ଚା ଦେଇନାହାନ୍ତି। ଯେଉଁମାନେ ନ୍ୟାୟିକ ଶୁଦ୍ଧତା ଏବଂ ନିରପେକ୍ଷତା ଲକ୍ଷ୍ୟ ରଖନ୍ତି, ସେମାନଙ୍କ ପାଇଁ ଏହି ତଥ୍ୟର ନିଜସ୍ୱ ନୈତିକତା ଥିଲା। ଏଥି ସହିତ, ଆମେ ସରକାରୀ ଓକିଲଙ୍କ ନିରପେକ୍ଷତା ଏବଂ ଏପର୍ଯ୍ୟନ୍ତ ନ୍ୟାୟାଳୟର ନ୍ୟାୟିକ ମନୋଭାବକୁ ସ୍ୱୀକାର କରୁଛୁ।

ଭାଇସରୟଙ୍କ ମତକୁ ସମର୍ଥନ ମିଳିଛି

ପ୍ରଥମ ପ୍ରଶ୍ନର ପରବର୍ତ୍ତୀ ଭାଗର ଉତ୍ତରରେ, ଆମେ ଆମର ଉଦ୍ଦେଶ୍ୟ ଏବଂ ବର୍ତ୍ତମାନ ଏକ ଐତିହାସିକ ଘଟଣା ହେବାକୁ ଯାଉଥିବା ପରିସ୍ଥିତି ବିଷୟରେ ସମ୍ପୂର୍ଣ୍ଣ ଏବଂ ଖୋଲାଖୋଲି ବ୍ୟାଖ୍ୟା ଦେବାକୁ କିଛି ବିସ୍ତୃତ ଭାବରେ ଯିବାକୁ ବାଧ୍ୟ।

ଜେଲ୍ରେ ଆମକୁ ଭେଟିବାକୁ ଆସିଥିବା କେତେକ ପୋଲିସ ଅଧିକାରୀ ଯେତେବେଳେ ଆମକୁ କହିଲେ ଯେ ଲର୍ଡ ଇରୱିନ୍ ଦୁଇ ଗୃହର ମିଳିତ ଅଧିବେଶନରେ ତାଙ୍କ ଅଭିଭାଷଣରେ ଏହି ଘଟଣାକୁ କୌଣସି ବ୍ୟକ୍ତି ବିରୁଦ୍ଧରେ ନୁହେଁ ବରଂ ଏକ ସଂସ୍ଥା ବିରୁଦ୍ଧରେ ହୋଇଥିବା ଆକ୍ରମଣ ବୋଲି ବର୍ଣ୍ଣନା କରିଥିଲେ, ଆମେ ସହଜରେ ସ୍ୱୀକାର କଲୁ ଯେ ଘଟଣାର ପ୍ରକୃତ ଗୁରୁତ୍ୱକୁ ସଠିକ୍ ଭାବରେ ପ୍ରଶଂସା କରାଯାଇଛି।

ମାନବିକତା ପ୍ରତି ଆମର ପ୍ରେମରେ ଆମେ କାହାରି ପଛରେ ନାହୁଁ। କୌଣସି ବ୍ୟକ୍ତିଙ୍କ ପ୍ରତି କୌଣସି ବିଦ୍ୱେଷ ରଖିବା ପରିବର୍ତ୍ତେ, ଆମେ ମାନବ ଜୀବନକୁ ଶବ୍ଦ ବାହାରେ ପବିତ୍ର ବୋଲି ବିବେଚନା କରୁ।

ଆମ୍ଭେମାନେ କାପୁରୁଷୋଚିତ କ୍ରୋଧର ଅପରାଧୀ ନୁହଁ, ଏବଂ ସେଥିପାଇଁ ଛଦ୍ମ-ସମାଜବାଦୀ ଦେୱାନ ଭାବରେ ଦେଶ ପାଇଁ ଏକ ଅପମାନ। ଚମନ ଲାଲ ଆମକୁ ବର୍ଣ୍ଣନା କରିଥିବା ଜଣାଯାଇଛି, କିମ୍ବା ଆମେ 'ପାଗଳ' ନୁହେଁ ଯେପରି ଲାହୋରର ଟ୍ରିବ୍ୟୁନ ଏବଂ ଅନ୍ୟମାନେ ଏହାକୁ ବିଶ୍ୱାସ କରିଥିବେ |

ବ୍ୟବହାରିକ ପ୍ରତିବାଦ

ଆମେ ନମ୍ରତାର ସହ ଦାବି କରୁଛୁ ଯେ ଆମେ ଆମ ଦେଶର ଇତିହାସ ଏବଂ ପରିସ୍ଥିତି ଏବଂ ଏହାର ଆକାଂକ୍ଷାଗୁଡ଼ିକର ଗମ୍ଭୀର ଛାତ୍ର ବ୍ୟତୀତ ଆଉ କିଛି ନୁହେଁ। ଆମେ ଭଣ୍ଡାମିକୁ ଘୃଣା କରୁ, ଆମର ବ୍ୟବହାରିକ ବିରୋଧ ସେହି ଅନୁଷ୍ଠାନ ବିରୁଦ୍ଧରେ ଥିଲା, ଯାହା ଏହାର ଜନ୍ମ ପରଠାରୁ ଏହି ସଂସ୍ଥାକୁ ସାହାଯ୍ୟ କରିଆସିଛି। କେବଳ ଏହାର ମୂଲ୍ୟହୀନତା ନୁହେଁ ବରଂ ଦୁଷ୍ଟତା ପାଇଁ ଏହାର ସୁଦୂରପ୍ରସାରୀ ଶକ୍ତି ପ୍ରଦର୍ଶନ କରେ | ସେମାନେ ଆହୁରି ଅଧିକ ବିଶ୍ୱାସ କରିଛନ୍ତି ଯେ ଏହା କେବଳ ବିଶ୍ୱ ଭାରତୀୟଙ୍କ ଅପମାନ ଏବଂ ଅସହାୟତା ପ୍ରଦର୍ଶନ କରିବା ପାଇଁ ବିଦ୍ୟମାନ, ଏବଂ ଏହା ଏକ ଦାୟିତ୍ୱହୀନ ଏବଂ ସ୍ୱୈରାଚାରୀ ଶାସନର ପ୍ରାଧାନ୍ୟକୁ ପ୍ରତୀକ କରେ | ବାରମ୍ବାର ଜାତୀୟ ଦାବିକୁ କେବଳ ବର୍ଜ୍ୟ କାଗଜ ଝୁଡ଼ିକୁ ଏହାର ଅନ୍ତିମ ଗନ୍ତବ୍ୟସ୍ଥଳ ଭାବରେ ଖୋଜିବା ପାଇଁ ଲୋକ ପ୍ରତିନିଧିମାନେ ଚାପ ପକାଇଛନ୍ତି।

ଅନୁଷ୍ଠାନ ଉପରେ ଆକ୍ରମଣ

ତଥାକଥିତ ଭାରତୀୟ ସଂସଦରେ ଗୃହ ଦ୍ୱାରା ପାରିତ ହୋଇଥିବା ଗୁରୁତ୍ୱପୂର୍ଣ୍ଣ ପ୍ରସ୍ତାବଗୁଡ଼ିକୁ ଅବମାନନାକର ଢଙ୍ଗରେ ପାଦ ତଳେ ଦଳି ଦିଆଯାଇଛି। ଦମନକାରୀ ଏବଂ ସ୍ୱେଚ୍ଛାଚାରୀ ପଦକ୍ଷେପକୁ ରଦ୍ଦ କରିବା ସମ୍ବନ୍ଧୀୟ ସଂକଳ୍ପକୁ ଅତ୍ୟନ୍ତ ଅବମାନନା ସହିତ ବିବେଚନା କରାଯାଇଛି, ଏବଂ ବିଧାନସଭାର ନିର୍ବାଚିତ ସଦସ୍ୟମାନଙ୍କୁ ଅଗ୍ରହଣୀୟ ବୋଲି ପ୍ରତ୍ୟାଖ୍ୟାନ କରାଯାଇଥିବା ସରକାରୀ ପଦକ୍ଷେପ ଏବଂ ପ୍ରସ୍ତାବଗୁଡିକ କେବଳ କଲମର ଆଘାତ ଦ୍ୱାରା ପୁନରୁଦ୍ଧାର କରାଯାଇଛି। ସଂକ୍ଷେପରେ, ଆମେ ଏକ ଅନୁଷ୍ଠାନର ଅସ୍ତିତ୍ୱ ପାଇଁ କୌଣସି ଯଥାର୍ଥତା ଖୋଜିବାରେ ସମ୍ପୂର୍ଣ୍ଣ ବିଫଳ ହୋଇଛୁ, ଯାହା ଏହାର ସମସ୍ତ ଆଡ଼ମ୍ବର ଏବଂ ଚମତ୍କାରତା ସତ୍ତ୍ୱେ, ଭାରତର ଲକ୍ଷ ଲକ୍ଷ ଲୋକଙ୍କ କଷ୍ଟ ଉପାର୍ଜିତ ଅର୍ଥ ସହିତ ସଂଗଠିତ, କେବଳ ଏକ ଫାଙ୍କା ପ୍ରଦର୍ଶନ ଏବଂ ଏକ ଦୁଷ୍ଟ ବିଶ୍ୱାସ | ସେହିଭଳି, ଆମେ କ "ଣ ସେହି ଜନନେତାମାନଙ୍କର ମାନସିକତାକୁ ବୁଝିବାରେ ବିଫଳ ହୋଇଛୁ, ଯେଉଁମାନେ ଜନସାଧାରଣଙ୍କ ସମୟ ଏବଂ ଅର୍ଥକୁ ନଷ୍ଟ କରିବାରେ ସରକାରଙ୍କୁ ସାହାଯ୍ୟ କରୁଛନ୍ତି।

ଶ୍ରମ ପାଇଁ କୌଣସି ଆଶା ନାହିଁ

ଆମେ ଏହି ସମସ୍ତ ବିଷୟ ଉପରେ, ଏବଂ ଶ୍ରମିକ ଆନ୍ଦୋଳନର ନେତାମାନଙ୍କର ପାଇକାରୀ ଗିରଫଦାରୀ ଉପରେ ମଧ୍ୟ ବିଚାର କରୁଛୁ। ଯେତେବେଳେ ବାଣିଜ୍ୟ ବିବାଦ ବିଲର ଉପସ୍ଥାପନା ଆମକୁ

ଏହାର ଅଗ୍ରଗତି ଦେଖିବା ପାଇଁ ବିଧାନସଭାକୁ ଆଣିଥିଲା, ସେତେବେଳେ ବିତର୍କର ଧାରା କେବଳ ଆମର ଦୃଢ଼ ବିଶ୍ୱାସକୁ ନିଶ୍ଚିତ କରିଥିଲା ଯେ ଭାରତର ଲକ୍ଷ ଲକ୍ଷ ଶ୍ରମିକଙ୍କର ଏକ ସଂସ୍ଥା ଭାବରେ ଠିଆ ହୋଇଥିବା ଅନୁଷ୍ଠାନରୁ କିଛି ଆଶା କରିବାର ନାହିଁ। ଶୋଷଣକାରୀଙ୍କ ଗଳା ଚିପି ହତ୍ୟା ଏବଂ ଅସହାୟ ଶ୍ରମିକଙ୍କ ଦାସତ୍ୱ ପାଇଁ ଭୟଙ୍କର ସ୍ମାରକୀ।

ପରିଶେଷରେ, ଆମେ ଯାହା ବିବେଚନା କରୁ, ତାହାର ଅପମାନ, ସମଗ୍ର ଦେଶର ସମର୍ପିତ ପ୍ରତିନିଧିଙ୍କ ମୁଣ୍ଡ ଉପରେ ଏକ ଅମାନବୀୟ ଏବଂ ବର୍ବରୋଚିତ ପଦକ୍ଷେପ ଫିଙ୍ଗି ଦିଆଯାଇଥିଲା, ଏବଂ ଭୋକିଲା ଏବଂ ସଂଘର୍ଷରତ ଲକ୍ଷ ଲକ୍ଷ ଲୋକ ସେମାନଙ୍କର ପ୍ରାଥମିକ ଅଧିକାର ଏବଂ ସେମାନଙ୍କର ଆର୍ଥିକ କଲ୍ୟାଣର ଏକମାତ୍ର ଉପାୟରୁ ବଞ୍ଚିତ ହୋଇଥିଲେ। ଆମ ଭଳି ଅନୁଭବ କରିଥିବା କୌଣସି ବ୍ୟକ୍ତି ବୋଧହୁଏ ଏହି ଦୃଶ୍ୟକୁ ସମାନତାର ସହ ଦେଖି ପାରି ନଥିଲେ, ଯାହାଙ୍କ ଦ୍ୱାରା ଶ୍ରମିକମାନେ ମୂର୍ଖତାପୂର୍ଣ୍ଣ ଭାବେ ପରିଚାଳିତ ହେଉଥିଲେ। ଯେଉଁମାନଙ୍କ ହୃଦୟ ସେମାନଙ୍କ ପାଇଁ ରକ୍ତସ୍ରାବ କରୁଛି, ଯେଉଁମାନେ ଆର୍ଥିକ ଢାଞ୍ଚାର ନିର୍ମାଣ ପାଇଁ ନୀରବରେ ନିଜ ଜୀବନ-ରକ୍ତ ଦେଇଛନ୍ତି, ସେମାନେ ଆମ ହୃଦୟରୁ ବାହାରିଥିବା ଏହି ନିର୍ଦ୍ଦୟ ଆଘାତକୁ ଦମନ କରିପାରିବେ ନାହିଁ।

ବୋମା ଦରକାର

ଫଳସ୍ୱରୂପ, ସ୍ୱର୍ଗତ ଶ୍ରୀଯୁକ୍ତ S.R ଙ୍କ ଶବ୍ଦଗୁଡ଼ିକୁ ଧ୍ୟାନରେ ରଖି। ଦାସ, ଥରେ ଗଭର୍ଣ୍ଣର୍ ଜେନେରାଲଙ୍କ କାର୍ଯ୍ୟନିର୍ବାହୀ ପରିଷଦର ଆଇନ ସଦସ୍ୟ, ଯାହା ତାଙ୍କ ପୁଅକୁ ସମ୍ବୋଧିତ କରିଥିବା ପ୍ରସିଦ୍ଧ ଚିଠିରେ ପ୍ରକାଶ ପାଇଥିଲା, 'ଇଂଲଣ୍ଡକୁ ତା' ସ୍ୱପ୍ନରୁ ଜାଗ୍ରତ କରିବା ପାଇଁ ବୋମା ଆବଶ୍ୟକ ଥିଲା ', ଆମେ ବିଧାନସଭା ଚାମ୍ବରର ଚଟାଣରେ ବୋମା ପକାଇଲୁ, ଯେଉଁମାନଙ୍କ ପାଖରେ ସେମାନଙ୍କର ହୃଦୟ ବିଦାରକ ଯନ୍ତ୍ରଣା ପ୍ରକାଶ କରିବାକୁ ଅନ୍ୟ କୌଣସି ଉପାୟ ନଥିଲା | ଆମର ଏକମାତ୍ର ଉଦ୍ଦେଶ୍ୟ ଥିଲା "ବଧିରମାନଙ୍କୁ ଶୁଣାଇବା" ଏବଂ ଅସାବଧାନମାନଙ୍କୁ ସମୟୋଚିତ ଚେତାବନୀ ଦେବା। ଅନ୍ୟମାନେ ମଧ୍ୟ ଆମେ ଯେତିକି ଉତ୍କଣ୍ଠାର ସହ ଅନୁଭବ କରିଛୁ, ସେତିକି ଉତ୍କଣ୍ଠାର ସହ ଅନୁଭବ କରିଛନ୍ତି, ଏବଂ ଭାରତୀୟ ମାନବତାର ସମୁଦ୍ରର ଆପାତ ନୀରବତାରୁ, ଏକ ପ୍ରକୃତ ଝଡ଼ ଆରମ୍ଭ ହେବାକୁ ଯାଉଛି। ଯେଉଁମାନେ ଆଗକୁ ଆସୁଥିବା ଗମ୍ଭୀର ବିପଦ ପ୍ରତି ଧ୍ୟାନ ନଦେଇ ଦ୍ରୁତ ଗତିରେ ଯାଉଛନ୍ତି ସେମାନଙ୍କୁ ଚେତାବନୀ ଦେବା ପାଇଁ ଆମେ କେବଳ "ବିପଦ ସଙ୍କେତ" ଉତ୍ତୋଳନ କରିଛୁ। ଆମେ କେବଳ ଆଦର୍ଶବାଦୀ ଅହିଂସାର ଏକ ଯୁଗର ସମାପ୍ତି ଚିହ୍ନିତ କରିଛୁ, ଯାହାର ନିରର୍ଥକତା ବିଷୟରେ ଉଦୀୟମାନ ପିଢ଼ି ସନ୍ଦେହର ଛାୟା ବାହାରେ ବିଶ୍ୱାସ କରିଛନ୍ତି।

ଆଦର୍ଶ ବ୍ୟାଖ୍ୟା କରାଯାଇଛି

ଆମେ ଉପରୋକ୍ତ ଅନୁଚ୍ଛେଦରେ ଆଦର୍ଶଗତ ଅହିଂସା ଅଭିବ୍ୟକ୍ତି ବ୍ୟବହାର କରିଛୁ, ଯାହା କିଛି ବ୍ୟାଖ୍ୟା ଆବଶ୍ୟକ କରେ | ଯେତେବେଳେ ଆକ୍ରମଣାତ୍ମକ ଭାବରେ ପ୍ରୟୋଗ କରାଯାଏ ବଳ ପ୍ରୟୋଗ ହେଉଛି "ହିଂସା" ଏବଂ ତେଣୁ, ନୈତିକ ଭାବରେ ଅନ୍ୟାୟଯୋଗ୍ୟ, କିନ୍ତୁ ଯେତେବେଳେ ଏହା ଏକ ବୈଧ କାରଣର ଅଗ୍ରଗତି ପାଇଁ ବ୍ୟବହୃତ ହୁଏ, ଏହାର ନୈତିକ ଯଥାର୍ଥତା ଅଛି | ଆଦର୍ଶବାଦରେ ଯେକୌଣସି ମୂଲ୍ୟରେ ବଳର ବିଲୋପ, ଏବଂ ଦେଶରେ ସୃଷ୍ଟି ହୋଇଥିବା ନୂତନ ଆନ୍ଦୋଳନ, ଏବଂ ସେହି ଭୋରର ଆମେ ଚେତାବନୀ ଦେଇଛୁ, ଗୁରୁ ଗୋବିନ୍ଦ ସିଂ ଏବଂ ଶିବାଜୀ, କମଲ ପାଶା ଏବଂ ରିଜା ଖାନ, ୱାଶିଂଟନ୍ ଏବଂ ଗରିବାଲ୍ଡି, ଲାଫାୟେଟ ଏବଂ ଲେନିନ୍ଙ୍କ ମାର୍ଗଦର୍ଶନ କରିଥିବା ଆଦର୍ଶ ଦ୍ୱାରା ଅନୁପ୍ରାଣିତ |

ଯେହେତୁ ଉଭୟ ବିଦେଶୀ ସରକାର ଏବଂ ଭାରତୀୟ ଜନସାଧାରଣ ଏହି ଆନ୍ଦୋଳନର ଅସ୍ତିତ୍ୱ ପ୍ରତି ଆଖି ବନ୍ଦ କରି ରଖିଥିବା ପରି ଜଣାପଡ଼ିଲା, ଆମେ ଅନୁଭବ କଲୁ ଯେ ଏକ ଚେତାବନୀ ଦେବା ଆମର କର୍ତ୍ତବ୍ୟ ଯେଉଁଠାରେ ଏହା ଶୁଣା ଯାଇପାରିବ ନାହିଁ |

ଆମେ ଏପର୍ଯ୍ୟନ୍ତ ଉକ୍ତ ଘଟଣା ପଛରେ ଥିବା ଉଦ୍ଦେଶ୍ୟକୁ ମୁକାବିଲା କରିଛୁ, ଏବଂ ବର୍ତ୍ତମାନ ଆମକୁ ଆମର ଉଦ୍ଦେଶ୍ୟର ପରିମାଣ ବ୍ୟାଖ୍ୟା କରିବାକୁ ପଡିବ |

କୌଣସି ବ୍ୟକ୍ତିଗତ ଅସନ୍ତୋଷ ନାହିଁ

ସାମାନ୍ୟ ଆହତ ହୋଇଥିବା ବ୍ୟକ୍ତିଙ୍କ ବିରୋଧରେ କିମ୍ବା ବିଧାନସଭାରେ ଅନ୍ୟ କୌଣସି ବ୍ୟକ୍ତିଙ୍କ ବିରୋଧରେ ଆମେ କୌଣସି ବ୍ୟକ୍ତିଗତ ଘୃଣା କିମ୍ବା ବିଦ୍ୱେଷ ପୋଷଣ କରିନାହୁଁ। ଅପରପକ୍ଷେ, ଆମେ ଦୋହରାଉଛୁ ଯେ ଆମେ ମାନବ ଜୀବନକୁ ଶବ୍ଦାତୀତ ଭାବରେ ପବିତ୍ର ବୋଲି ବିବେଚନା କରୁ, ଏବଂ ଅନ୍ୟ କାହାକୁ ଆଘାତ ଦେବା ଅପେକ୍ଷା ମାନବତାର ସେବାରେ ଶୀଘ୍ର ନିଜ ଜୀବନ ଉତ୍ସର୍ଗ କରିବୁ। ସାମ୍ରାଜ୍ୟବାଦୀ ସେନାର ଭଡ଼ାଟିଆ ସୈନିକମାନଙ୍କ ପରି ଯେଉଁମାନେ ବିନା ସଂକୋଚରେ ହତ୍ୟା କରିବାକୁ ଶୃଙ୍ଖଳିତ, ଆମେ ସମ୍ମାନ କରୁ, ଏବଂ ଯେତେ ଦୂର ଏହା ଆମ ଶକ୍ତିରେ ଅଛି, ଆମେ ମାନବ ଜୀବନ ବଞ୍ଚାଇବାକୁ ଚେଷ୍ଟା କରୁ। ଏବଂ ତଥାପି ଆମେ ସ୍ୱୀକାର କରୁଛୁ ଯେ ଆମେ ଜାଣିଶୁଣି ବିଧାନସଭା ଚାମ୍ବରରେ ବୋମା ଫିଙ୍ଗିଛୁ। ତେବେ, ତଥ୍ୟଗୁଡ଼ିକ ନିଜ ପକ୍ଷରେ କହିଥାଏ ଏବଂ ଆମର ଉଦ୍ଦେଶ୍ୟକୁ କଳ୍ପନାତ୍ମକ କାଳ୍ପନିକ ପରିସ୍ଥିତି ଏବଂ ଅନୁମାନ ନ ଆଣି କାର୍ଯ୍ୟର ଫଳାଫଳରୁ ବିଚାର କରାଯିବ।

କୌଣସି ଚମତ୍କାର ନାହିଁ

ସରକାରୀ ବିଶେଷଜ୍ଞଙ୍କ ପ୍ରମାଣ ସତ୍ତ୍ୱେ, ବୋମା ଗୁଡ଼ିକ ଯାହା ବିଧାନସଭା ଚାମ୍ବରରେ ଫିଙ୍ଗି ଦିଆଯାଇଥିଲା ଫଳସ୍ୱରୂପ ସାମାନ୍ୟ ଏକ ଖାଲି ବେଞ୍ଚରେ କ୍ଷତି ଏବଂ କିଛି ସାମାନ୍ୟ ଘର୍ଷଣ ଅଧା ଡଜନ ମାମଲା, ଯେତେବେଳେ ସରକାରୀ ବୈଜ୍ଞାନିକ ଏବଂ ବିଶେଷଜ୍ଞମାନେ ଅଛନ୍ତି ଏହି ଫଳାଫଳକୁ ଏକ ଚମତ୍କାର ବୋଲି କୁହାଯାଇଥାଏ, ଆମେ ଏକ ନିର୍ଦ୍ଦିଷ୍ଟ ପରିଣାମ ବ୍ୟତୀତ ଆଉ କିଛି ଦେଖୁନାହୁଁ। ଏହି ସମସ୍ତ ଘଟଣାରେ ବୈଜ୍ଞାନିକ ପ୍ରକ୍ରିୟା। ପ୍ରଥମତଃ, କିମ୍ବା ଦୁଇଟି ବୋମା କାଠର ପ୍ରତିବନ୍ଧକ ମଧ୍ୟରେ ଖାଲି ସ୍ଥାନରେ ବିସ୍ଫୋରଣ

ଡେସ୍କ ଏବଂ ବେଞ୍ଚ, ଦ୍ୱିତୀୟରେ, ଏପରିକି ଯେଉଁମାନେ 2 ଫୁଟ ମଧ୍ୟରେ ଥିଲେ ବିସ୍ଫୋରଣ ବିଷୟରେ, ଉଦାହରଣ ସ୍ୱରୂପ, ଶ୍ରୀ ପି. ରାଓ, ଶ୍ରୀ ଶଙ୍କର ରାଓ ଏବଂ ସାର୍ ଜର୍ଜ ଶୁଷ୍ଟର ଆହତ ହୋଇନଥିଲେ କିମ୍ବା କେବଳ ସାମାନ୍ୟ ଆହତ ହୋଇଥିଲେ।ଛାରଖାର ହୋଇଗଲା। ସରକାରଙ୍କ ଦ୍ୱାରା କ୍ଷମତାଚ୍ୟୁତ ବୋମା ବିଶେଷଜ୍ଞ ପୋଟାସିୟମ୍ କ୍ଲୋରେଟ୍ ର ଏକ ପ୍ରଭାବଶାଳୀ ଚାର୍ଜ ସହିତ ଲୋଡ୍ ଏବଂ ସମ୍ବେଦନଶୀଳ (ବିସ୍ଫୋରକ) ପିକ୍ରେଟ୍ ପ୍ରତିବନ୍ଧକଗୁଡ଼ିକୁ ଭାଙ୍ଗି ଦେଇଥାଆନ୍ତା।

ଏବଂ ବିସ୍ଫୋରଣର କିଛି ଗଜ ମଧ୍ୟରେ ଅନେକ ତଳକୁ ପଡ଼ିଥିଲା। ପୁନର୍ବାର, ଯଦି ସେଗୁଡ଼ିକରେ ଅନ୍ୟ କୌଣସି ଉଚ୍ଚ ବିସ୍ଫୋରକ ଭର୍ତ୍ତି ହୋଇଥାଆନ୍ତା, ବିନାଶକାରୀ ଗୁଳି କିମ୍ବା ଡାର୍ଟର ଚାର୍ଜ ସହିତ, ସେମାନେ ବିଧାନସଭାର ଅଧିକାଂଶ ସଦସ୍ୟଙ୍କୁ ନିଶ୍ଚିହ୍ନ କରିବା ପାଇଁ ଯଥେଷ୍ଟ ହୋଇଥାଆନ୍ତେ | ତଥାପି ଆମେ ସେମାନଙ୍କୁ ସରକାରୀ ବାକ୍ସରେ ଫିଙ୍ଗି ଦେଇପାରିଥାନ୍ତୁ ଯାହା କିଛି ଉଲ୍ଲେଖନୀୟ ବ୍ୟକ୍ତିଙ୍କ ଦ୍ୱାରା ଦଖଲ କରାଯାଇଥିଲା | ଏବଂ ଶେଷରେ ଆମେ ସାର୍ ଜନ୍ ସାଇମନ୍ଙ୍କ ଉପରେ ଅତର୍କିତ ଆକ୍ରମଣ କରିପାରିଥାନ୍ତୁ, ଯାହାଙ୍କ ଦୁର୍ଭାଗ୍ୟପୂର୍ଣ୍ଣ ଦାୟିତ୍ୱକୁ ସମସ୍ତ ଦାୟିତ୍ୱବାନ ବ୍ୟକ୍ତିମାନେ ଘୃଣା କରୁଥିଲେ ଏବଂ ସେହି ସମୟରେ

ରାଷ୍ଟ୍ରପତିଙ୍କ ଗ୍ୟାଲେରୀରେ ବସିଥିଲେ। ତେବେ ଏହି ସମସ୍ତ ଜିନିଷ ଆମର ଉଦ୍ଦେଶ୍ୟ ବାହାରେ ଥିଲା ଏବଂ ବୋମା ଗୁଡ଼ିକ ଯେତିକି କରିବା ପାଇଁ ପ୍ରସ୍ତୁତ କରାଯାଇଥିଲା ତା 'ଠାରୁ ଅଧିକ କିଛି କରିନଥିଲା, ଏବଂ ଚମତ୍କାରଟି ଉଦ୍ଦେଶ୍ୟମୂଳକ ଉଦ୍ଦେଶ୍ୟ ବ୍ୟତୀତ ଆଉ କିଛି ନଥିଲା ଯାହା ସେମାନଙ୍କୁ ନିରାପଦ ସ୍ଥାନରେ ପହଞ୍ଚାଇଥିଲା।

ତା 'ପରେ ଆମେ ଜାଣିଶୁଣି ଆମେ ଯାହା କରିଥିଲୁ ସେଥିପାଇଁ ଦଣ୍ଡ ବହନ କରିବାକୁ ଏବଂ ସାମ୍ରାଜ୍ୟବାଦୀ ଶୋଷକମାନଙ୍କୁ ଜଣାଇବାକୁ ପ୍ରସ୍ତୁତ ହେଲୁ ଯେ ବ୍ୟକ୍ତିବିଶେଷଙ୍କୁ ଦମନ କରି ସେମାନେ ଚିନ୍ତାଧାରାକୁ ମାରି ପାରିବେ ନାହିଁ। ଦୁଇଟି ଗୁରୁତ୍ୱହୀନ ୟୁନିଟକୁ ଧ୍ୱଂସ କରି, ଏକ ରାଷ୍ଟ୍ରକୁ ଧ୍ୱଂସ କରାଯାଇପାରିବ ନାହିଁ। ଆମେ ସେହି ଐତିହାସିକ ଶିକ୍ଷା ଉପରେ ଗୁରୁତ୍ୱ ଦେବାକୁ ଚାହୁଁଥିଲୁ ଯାହା ଲେଟର୍ସ ଡି କ୍ୟାଶେ ଏବଂ ବାସ୍ତିଲିସ୍ ଫ୍ରାନ୍ସର ବିପ୍ଳବୀ ଆନ୍ଦୋଳନକୁ ଦମନ କରିପାରିଲେ ନାହିଁ। ଗ୍ୟାଲୋ ଏବଂ ସାଇବେରିଆର ଖଣିଗୁଡ଼ିକ ରୁଷୀୟ ବିପ୍ଳବକୁ ଲିଭାଇ ପାରିଲେ ନାହିଁ। ରକ୍ତାକ୍ତ ରବିବାର, ଏବଂ ବ୍ଲାକ୍ ଆଣ୍ଡ ଟାନ୍ସ ଆୟର୍ଲାଣ୍ଡର ସ୍ୱାଧୀନତା ଆନ୍ଦୋଳନକୁ ଦମନ କରିବାରେ ବିଫଳ ହୋଇଥିଲେ।

ଅଧ୍ୟାଦେଶ ଏବଂ ସୁରକ୍ଷା ବିଲ୍ ଭାରତରେ ସ୍ୱାଧୀନତାର ନିଆଁକୁ ଲିଭାଇ ପାରିବ କି? ଷଡ଼ଯନ୍ତ୍ର ମାମଲା, ଠପ୍ କିମ୍ବା ଆବିଷ୍କୃତ ଏବଂ ସମସ୍ତ ଯୁବକମାନଙ୍କୁ ବନ୍ଦୀ କରି ରଖିବା, ଯେଉଁମାନେ ଏକ ମହାନ ଆଦର୍ଶର ଦର୍ଶନକୁ ଆଦର କରନ୍ତି, ବିପ୍ଳବର ଯାତ୍ରାକୁ ରୋକିପାରିବେ ନାହିଁ | କିନ୍ତୁ ଏକ ସମୟୋଚିତ ଚେତାବନୀ, ଯଦି ଅଣଦେଖା ନ କରାଯାଏ, ଜୀବନହାନି ଏବଂ ସାଧାରଣ ଯନ୍ତ୍ରଣା ରୋକିବାରେ ସାହାଯ୍ୟ କରିପାରେ |

ଏହି ଚେତାବନୀ ଦେବା ଦାୟିତ୍ୱ ଆମେ ନିଜ ହାତକୁ ନେଇଛୁ ଏବଂ ଆମର କର୍ତ୍ତବ୍ୟ ପୂରଣ ହୋଇଛି। (ଭଗତ ସିଂହଙ୍କୁ ନିମ୍ନ ଅଦାଲତରେ ପଚରାଯାଇଥିଲା ଯେ ତାଙ୍କର ଅର୍ଥ କ "ଣ?

"ବିପ୍ଳବ" ଶବ୍ଦ ଦ୍ୱାରା। ସେହି ପ୍ରଶ୍ନର ଉତ୍ତରରେ ସେ କହିଲେ) "ବିପ୍ଳବ" ରେ ରକ୍ତାକ୍ତ ସଂଘର୍ଷ ଅନ୍ତର୍ଭୁକ୍ତ ନୁହେଁ କିମ୍ବା ଏଥିରେ ବ୍ୟକ୍ତିଗତ ପ୍ରତିଶୋଧର କୌଣସି ସ୍ଥାନ ଅଛି କି? ଏହା ଧର୍ମ ନୁହେଁ ବୋମା ଓ ପିସ୍ତଲ। "ବିପ୍ଳବ" ଦ୍ୱାରା ଆମେ ବୁଝୁଛୁ ଯେ ଜିନିଷଗୁଡ଼ିକର ବର୍ତ୍ତମାନ କ୍ରମ, ଯାହା ସ୍ପଷ୍ଟ ଅନ୍ୟାୟ ଉପରେ ଆଧାରିତ,

ପରିବର୍ତ୍ତନ ନିହାତି ଆବଶ୍ୟକ। ଉତ୍ପାଦନକାରୀ କିମ୍ବା ଶ୍ରମିକ ହେବା ସତ୍ତ୍ୱେ ସମାଜର ସର୍ବାଧିକ ଉପାଦାନ, ସେମାନଙ୍କର ଶୋଷଣକାରୀଙ୍କ ଦ୍ୱାରା ଲୁଟ୍ ହୁଏ _ ସେମାନଙ୍କର ପରିଶ୍ରମର ଫଳ ଏବଂ ସେମାନଙ୍କର ପ୍ରାଥମିକ ଅଧିକାରରୁ ବଞ୍ଚିତ। ଯେଉଁ ଚାଷୀ ସମସ୍ତଙ୍କ ପାଇଁ ମକା ଚାଷ କରେ, ସେ ନିଜ ପରିବାର ସହିତ ଭୋକିଲା ରହେ, ବିଶ୍ୱ ବଜାରରେ ବୟନଶିଳ୍ପ ଯୋଗାଣ କରୁଥିବା ବୁଣାକାରଙ୍କ ପାଖରେ ଅଛି ନିଜର ଏବଂ ନିଜ ପିଲାମାନଙ୍କ ଶରୀରକୁ ଢାଙ୍କିବା ପାଇଁ ଯଥେଷ୍ଟ ନୁହେଁ, ରାଜମିସ୍ତ୍ରୀ, ଚମତ୍କାର ପ୍ରାସାଦ ନିର୍ମାଣ କରୁଥିବା ସ୍ମିଥ୍ ଏବଂ ବଢ଼େଇମାନେ ଏହିପରି ରୁହନ୍ତି ବସ୍ତିରେ ପାରିୟାସ୍। ପୁଞ୍ଜିପତି ଏବଂ ଶୋଷକ, ପରଜୀବୀମାନେ ସମାଜର, ଲକ୍ଷ ଲକ୍ଷ ଲୋକଙ୍କୁ ନିଜ ଇଚ୍ଛାରେ ନଷ୍ଟ କରିଦିଅନ୍ତି। ଏହି ଭୟଙ୍କର

ଅସମାନତା ଏବଂ ସୁଯୋଗର ବାଧ୍ୟତାମୂଳକ ଅସମାନତା ନିଶ୍ଚିତ ଭାବରେ ଏହାର କାରଣ ହେବ। ବିଶୃଙ୍ଖଳା ପାଇଁ। ଏହି ସ୍ଥିତି ଅଧିକ ଦିନ ତିଷ୍ଠି ରହିପାରିବ ନାହିଁ, ଏବଂ ଏହା ସ୍ପଷ୍ଟ, ଯେ ସମାଜର ବର୍ତ୍ତମାନର ଶୃଙ୍ଖଳା ଆନନ୍ଦରେ ସନ୍ନିକଟ ଏକ ଆଗ୍ନେୟଗିରି।

ଏହି ସଭ୍ୟତାର ସମ୍ପୂର୍ଣ୍ଣ ଅଟ୍ଟାଳିକା, ଯଦି ସମୟ ମଧ୍ୟରେ ସଞ୍ଚୟ ନହୁଏ, ତେବେ ଭାଙ୍ଗି ପଡ଼ିବ। ତେଣୁ ଏକ ଆମୂଳ ପରିବର୍ତ୍ତନ ଆବଶ୍ୟକ ଏବଂ ଯେଉଁମାନେ ଏହାକୁ ହୃଦୟଙ୍ଗମ କରନ୍ତି ସେମାନଙ୍କ କର୍ତ୍ତବ୍ୟ

ହେଉଛି ସମାଜବାଦୀ ଆଧାରରେ ସମାଜକୁ ପୁନର୍ଗଠନ କରିବା। ଯେ ପର୍ଯ୍ୟନ୍ତ ଏହି କାର୍ଯ୍ୟ କରାଯାଇନାହିଁ ଏବଂ ମଣିଷ ଦ୍ୱାରା ମଣିଷ ଏବଂ ରାଷ୍ଟ୍ର ଦ୍ୱାରା ରାଷ୍ଟ୍ରର ଶୋଷଣ ସମାପ୍ତ ହୋଇନାହିଁ, ଆଜି ମାନବତା ବିପଦରେ ଥିବା ଯନ୍ତ୍ରଣା ଏବଂ ନରସଂହାରକୁ ରୋକାଯାଇପାରିବ ନାହିଁ। ଯୁଦ୍ଧର ସମାପ୍ତି ଏବଂ ସାର୍ବଜନୀନ ଶାନ୍ତିର ଯୁଗ ଆରମ୍ଭ କରିବାର ସମସ୍ତ ଆଲୋଚନା ହେଉଛି ଖୋଲାଖୋଲି ଭଣ୍ଡାମି।

"ବିପ୍ଳବ" ଶବ୍ଦର ଅର୍ଥ ହେଉଛି ସମାଜର ଏପରି ଏକ ବ୍ୟବସ୍ଥାର ଚୂଡ଼ାନ୍ତ ପ୍ରତିଷ୍ଠା ଯାହା ଏପରି ଭାଙ୍ଗିବା ଦ୍ୱାରା ବିପଦରେ ପଡ଼ିନପାରେ, ଏବଂ ଯେଉଁଥିରେ ଶ୍ରମିକଶ୍ରେଣୀର ସାର୍ବଭୌମତ୍ୱକୁ ସ୍ୱୀକୃତି ଦିଆଯିବା ଉଚିତ ଏବଂ ଏକ ବିଶ୍ୱ ସଂଘ ମାନବଜାତିକୁ ପୁଞ୍ଜିବାଦର ବନ୍ଧନ ଏବଂ ସାମ୍ରାଜ୍ୟ ଯୁଦ୍ଧର ଦୁଃଖରୁ ମୁକ୍ତ କରିବା ଉଚିତ୍। ଏହା ହେଉଛି ଆମର ଆଦର୍ଶ, ଏବଂ ଏହି ବିଚାରଧାରାକୁ ଆମର ପ୍ରେରଣା ଭାବେ ନେଇ ଆମେ ଏକ ଯଥାର୍ଥ ଏବଂ ଜୋରରେ ଯଥେଷ୍ଟ ଚେତାବନୀ ଦେଇଛୁ।

ତଥାପି, ଯଦି ଏହା ଅଣଦେଖା ହୋଇଯାଏ ଏବଂ ବର୍ତ୍ତମାନର ସରକାର ବ୍ୟବସ୍ଥା ବୃଦ୍ଧି ପାଉଥିବା ପ୍ରାକୃତିକ ଶକ୍ତିମାନଙ୍କ ମାର୍ଗରେ ଏକ ପ୍ରତିବନ୍ଧକ ହୋଇ ରହିଥାଏ, ତେବେ ଏକ ଭୟଙ୍କର ସଂଘର୍ଷ ସମସ୍ତ ବାଧାବିଘ୍ନକୁ ହଟାଇବା ଏବଂ ବିପ୍ଳବର ଆଦର୍ଶର ସମାପ୍ତି ପାଇଁ ପଥ ପରିଷ୍କାର କରିବା ପାଇଁ ଶ୍ରମିକଶ୍ରେଣୀର ଏକଛତ୍ରବାଦର ଏକଛତ୍ରବାଦର ପ୍ରତିଷ୍ଠା ନିଶ୍ଚିତ କରିବ। ବିପ୍ଳବ ହେଉଛି ମାନବଜାତିର ଏକ ଅବିଚ୍ଛେଦ୍ୟ ଅଧିକାର। ସ୍ୱାଧୀନତା ହେଉଛି ସମସ୍ତଙ୍କର ଏକ ଅକ୍ଷୟ ଜନ୍ମଗତ ଅଧିକାର। ଶ୍ରମ ହେଉଛି ସମାଜର ପ୍ରକୃତ ପୋଷଣକାରୀ। ଅନ୍ତିମ ଭାଗ୍ୟର ସାର୍ବଭୌମତ୍ୱ

ଶ୍ରମିକମାନେ। ଏହି ଆଦର୍ଶଗୁଡ଼ିକ ପାଇଁ, ଏବଂ ଏହି ବିଶ୍ୱାସ ପାଇଁ, ଆମେ ଯେକୌଣସି ଦୁଃଖକୁ ସ୍ୱାଗତ କରିବୁ ଯାହା ପାଇଁ ଆମେ ନିନ୍ଦିତ ହୋଇପାରନ୍ତି। ଏହି ବିପ୍ଳବର ଯଜ୍ଞବେଦି ନିକଟରେ ଆମେ ଆମ ଯୁବାବସ୍ଥାକୁ ଏକ ଧୂପ ଭାବରେ ଆଣିଛୁ, କାରଣ ଏତେ ଚମତ୍କାର କାର୍ଯ୍ୟ ପାଇଁ କୌଣସି ବଳିଦାନ ଏତେ ବଡ଼ ନୁହେଁ। ଆମେ ସନ୍ତୁଷ୍ଟ, ଆମେ ବିପ୍ଳବର ଆଗମନକୁ ଅପେକ୍ଷା କରିଛୁ। "ବିପ୍ଳବ ଦୀର୍ଘଜୀବୀ ହୁଅନ୍ତୁ"।

୨.

ଙ୍କୁ ଚିଠି (କାରାଗାର) ପଞ୍ଜାବ

"ଏହା କାରାଗାରରେ ଏକ ଦୀର୍ଘସ୍ଥାୟୀ ସଂଘର୍ଷର ଆରମ୍ଭ। ପ୍ରଥମ ଚିଠିଟି ଭଗତ ସିଂହଙ୍କ ଦ୍ୱାରା କର୍ତ୍ତୃପକ୍ଷଙ୍କୁ ଲେଖାଯାଇଥିଲା, ଯେଉଁଥିରେ ଜେଲର ଅଭାବକୁ ଦର୍ଶାଯାଇଥିଲା।

* *

ମିଆଁୱାଲି ଜେଲ୍

17 ଜୁନ୍, 1929

ଇନ୍ସ୍‌ପେ

କ୍ଟର୍ ଜେନେରାଲ୍ (ଜେଲ୍)

ପଞ୍ଜାବ ଜେଲ୍,

ଲାହୋର

ପ୍ରିୟ ସାର୍,

ସଣ୍ଡର୍ସ ଗୁଳିକାଣ୍ଡ ମାମଲାରେ ଗିରଫ ହୋଇଥିବା ଅନ୍ୟ ଯୁବକମାନଙ୍କ ସହିତ ମୋ ବିରୋଧରେ ମାମଲା ରୁଜୁ କରାଯିବା ସତ୍ତ୍ୱେ, ମୋତେ ଦିଲ୍ଲୀରୁ ମିଆଁୱାଲି ଜେଲ୍କୁ ସ୍ଥାନାନ୍ତର କରାଯାଇଛି। 1929 ମସିହା ଜୁନ୍ 26 ତାରିଖରୁ ଏହି ମାମଲାର ଶୁଣାଣି ଆରମ୍ଭ ହେବ। ଏହି ପ୍ରକାରର ପରିବର୍ତ୍ତନ ପଛରେ ଥିବା ଯୁକ୍ତିକୁ ମୁଁ ସମ୍ପୂର୍ଣ୍ଣ ଭାବେ ବୁଝିପାରୁନାହିଁ। ଯାହା ହେଉନା କାହିଁକି, ନ୍ୟାୟ ଦାବି କରେ ଯେ ପ୍ରତ୍ୟେକ ବିଚାରାଧୀନ ବ୍ୟକ୍ତିଙ୍କୁ ସେହି ସମସ୍ତ ସୁବିଧା ଦିଆଯିବା ଉଚିତ ଯାହା ତାଙ୍କୁ ମାମଲା ପ୍ରସ୍ତୁତ କରିବାରେ ଏବଂ ପ୍ରତିଦ୍ୱନ୍ଦ୍ୱିତ କରିବାରେ ସାହାଯ୍ୟ କରେ | ମୁଁ କିପରି କୌଣସି ନିଯୁକ୍ତି ଦେଇପାରିବି? ମୁଁ ଏଠାରେ ଥିବାବେଳେ ଓକିଲ? ମୋ ବାପା ଏବଂ ଅନ୍ୟ ସମ୍ପର୍କୀୟଙ୍କ ସହ ଯୋଗାଯୋଗ ରଖିବା କଷ୍ଟକର। ଏହି ସ୍ଥାନଟି ବେଶ୍ ବିଚ୍ଛିନ୍ନ, ରାସ୍ତାଟି କଷ୍ଟସାଧ୍ୟ ଏବଂ ଏହା ଲାହୋରରୁ ବହୁତ ଦୂରରେ | ମୁଁ ଆପଣଙ୍କୁ ଅନୁରୋଧ କରୁଛି ଯେ ଆପଣ ମୋତେ ତୁରନ୍ତ ଲାହୋର କେନ୍ଦ୍ରୀୟ କାରାଗାରକୁ ସ୍ଥାନାନ୍ତର କରିବାକୁ ନିର୍ଦ୍ଦେଶ ଦିଅନ୍ତୁ ଯାହା ଦ୍ୱାରା ମୁଁ ମୋର ମାମଲା ପ୍ରସ୍ତୁତ କରିବାକୁ ସୁଯୋଗ ପାଇବି। ମୁଁ ଆଶା କରୁଛି ଯେ ଏହା ଉପରେ ଯଥାଶୀଘ୍ର ବିଚାର କରାଯିବ।

ଆପଣଙ୍କର ପ୍ରକୃତ

ଭଗତ୍ ସିଂ

10.

'ବିପ୍ଲବ ଦୀର୍ଘଜୀବୀ ହୁଅନ୍ତୁ "ସ୍ଲୋଗାନ ଉପରେ

'ମଡର୍ଣ୍ଣ ରିଭ୍ୟୁ "ର ସମ୍ପାଦକ ଶ୍ରୀ ରାମାନନ୍ଦ ଚଟର୍ଜୀ ଏକ ସମ୍ପାଦକୀୟ ଟିପ୍ପଣୀ ଜରିଆରେ' ଲଙ୍ଗ୍ ଲାଇଭ୍ ରିଭୋଲ୍ୟୁସନ୍" ସ୍ଲୋଗାନକୁ ପରିହାସ କରିଥିଲେ। ଭଗତ ସିଂ ଏକ ଉତ୍ତର ଲେଖିଥିଲେ ଏବଂ ଏହାକୁ ମଡର୍ଣ୍ଣ ରିଭ୍ୟୁକୁ ପଠାଇବା ପାଇଁ ବିଚାର କରୁଥିବା ମାଜିଷ୍ଟ୍ରେଟଙ୍କୁ ହସ୍ତାନ୍ତର କରିଥିଲେ। ଏହା 1929 ମସିହା ଡିସେମ୍ବର 24 ତାରିଖରେ ଦି ଟ୍ରିବ୍ୟୁନ୍ରେ ପ୍ରକାଶିତ ହୋଇଥିଲା।

* *

ପାଇଁ।

ସମ୍ପାଦକ ଆଧୁନିକ ସମୀକ୍ଷା

ଆପଣ ନିଜର ପ୍ରତିଷ୍ଠିତ ପତ୍ରିକାର ଡିସେମ୍ବର (1929) ସଂସ୍କରଣରେ "ବିପ୍ଳବ ଦୀର୍ଘଜୀବୀ ହୁଅ" ଶୀର୍ଷକ ସହିତ ଏକ ଟିପ୍ପଣୀ ଲେଖିଛନ୍ତି ଏବଂ ଏହି ବାକ୍ୟର ଅର୍ଥହୀନତା ଉପରେ ଆଲୋକପାତ କରିଛନ୍ତି। ଆପଣଙ୍କ ଭଳି ଜଣେ ପୁରୁଣା, ଅଭିଜ୍ଞ ଏବଂ ପ୍ରସିଦ୍ଧ ସାମ୍ବାଦିକଙ୍କ ଉକ୍ତିକୁ ଖଣ୍ଡନ କରିବା କିମ୍ବା ବିରୋଧ କରିବା ଆମ ପକ୍ଷରେ ଅପରିହାର୍ଯ୍ୟ ହେବ, ଯାହାଙ୍କ ପ୍ରତି ପ୍ରତ୍ୟେକ ପ୍ରବୁଦ୍ଧ ଭାରତୀୟଙ୍କର ଗଭୀର ପ୍ରଶଂସା ରହିଛି। ତଥାପି ଉକ୍ତ ବାକ୍ୟାଂଶ ଦ୍ୱାରା ଆମେ କ "ଣ କହିବାକୁ ଚାହୁଁଛୁ ତାହା ବ୍ୟାଖ୍ୟା କରିବା ଆମର କର୍ତ୍ତବ୍ୟ ବୋଲି ଆମେ ଅନୁଭବ କରୁ, କାରଣ ଏକ ପ୍ରକାରରେ ଏହି ପର୍ଯ୍ୟାୟରେ ଏହି ଦେଶରେ ଏହି" ଚିତ୍କାର "କୁ ପ୍ରଚାର କରିବା ଆମର କର୍ତ୍ତବ୍ୟ ଥିଲା।

ଆମେ ଏହି ଚିତ୍କାରର ଉତ୍ସ ନୁହଁ। ରୁଷୀୟ ବିପ୍ଳବୀ ଆନ୍ଦୋଳନରେ ମଧ୍ୟ ସମାନ ଚିତ୍କାର ବ୍ୟବହାର କରାଯାଇଥିଲା। ଅପ୍ଟନ୍ ସିନ୍କ୍ଲେୟାର, ଜଣାଶୁଣା ସମାଜବାଦୀ ଲେଖକ, ତାଙ୍କ ସାମ୍ପ୍ରତିକ ଉପନ୍ୟାସରେ ଅଛନ୍ତି ବୋଷ୍ଟନ୍ ଏବଂ ଅଏଲ୍, କିଛି ଅରାଜକବାଦୀଙ୍କ ମାଧ୍ୟମରେ ଏହି ଚିତ୍କାରକୁ ବ୍ୟବହାର କରିଥିଲେ ବୈପ୍ଳବିକ ଚରିତ୍ର। ଏହି ଶବ୍ଦର ଅର୍ଥ କଦାପି ନୁହେଁ ଯେ ରକ୍ତାକ୍ତ ସଂଘର୍ଷ କଦାପି ଜାରି ରହିବା ଉଚିତ, କିମ୍ବା କିଛି ହେବା ଉଚିତ ନୁହେଁ ଅଳ୍ପ ସମୟ ପାଇଁ ମଧ୍ୟ ସ୍ଥିର ରୁହନ୍ତୁ। ଦୀର୍ଘକାଳୀନ ବ୍ୟବହାର ଦ୍ୱାରା ଏହା କାନ୍ଦ ଏକ ଗୁରୁତ୍ୱ ହାସଲ କରେ ଯାହା ସମ୍ପୂର୍ଣ୍ଣ ନ୍ୟାୟସଙ୍ଗତ ହୋଇନପାରେ | ବ୍ୟାକରଣଗତ କିମ୍ବା ବ୍ୟୁତ୍ପତ୍ତିଗତ ଦୃଷ୍ଟିକୋଣରୁ, କିନ୍ତୁ ତଥାପି ଆମେ ସେହି ସଙ୍ଗଠନରୁ ବିମୂର୍ତ୍ତ କରିପାରିବୁ ନାହିଁ ଏହା ସହିତ ଜଡିତ ଚିନ୍ତାଧାରା। ଏଭଳି ସମସ୍ତ ଚିତ୍କାର ଏକ ସାଧାରଣ ଶବ୍ଦକୁ ସୂଚାଏ। ଇନ୍ଦ୍ରିୟ ଯାହା ଆଂଶିକ ଭାବରେ ଅର୍ଜିତ ଏବଂ ଆଂଶିକ ଭାବରେ ସେମାନଙ୍କ ମଧ୍ୟରେ ଅନ୍ତର୍ନିହିତ | ଏଥିପାଇଁ ଉଦାହରଣ ସ୍ୱରୂପ, ଯେତେବେଳେ ଆମେ "ଜତିନ ଦାସ ଦୀର୍ଘଜୀବୀ ହୁଅନ୍ତୁ" ବୋଲି ଚିତ୍କାର କରୁ, ଆମେ ତାହା କରିପାରିବୁ ନାହିଁ। ଏବଂ ଏହାର ଅର୍ଥ ନୁହେଁ ଯେ ଦାସ ଶାରୀରିକ ଭାବରେ ଜୀବିତ ରହିବା ଉଚିତ୍। ସେହି ଚିତ୍କାର ଦ୍ୱାରା ଆମେ ଯାହା ବୁଝୁଛୁ ତାହା ହେଉଛି

ତାଙ୍କ ଜୀବନର ମହାନ ଆଦର୍ଶ, ଅଦମ୍ୟ ଆତ୍ମା ଯାହା ସେହି ମହାନ ସହିଦଙ୍କୁ ବହନ କରିବାକୁ ସକ୍ଷମ କରିଥିଲା ଏପରି ଅକଥନୀୟ ଯନ୍ତ୍ରଣା ଭୋଗ କରିବା ଏବଂ ସେଥିପାଇଁ ଚରମ ବଳିଦାନ ଦେବା ଆମେ ଆମର ଅନୁସରଣରେ ସମାନ ଅବିସ୍ମରଣୀୟ ସାହସ ଦେଖାଇ ପାରିବା _ ଆଦର୍ଶ। ଏହା ହେଉଛି ସେହି ଆତ୍ମା ଯାହା ପ୍ରତି ଆମେ ଇଙ୍ଗିତ କରୁଛୁ।

ସେହିପରି, ଜଣେ "ବିପ୍ଳବ" ଶବ୍ଦକୁ ଏହାର ଆକ୍ଷରିକ ଅର୍ଥରେ ବ୍ୟାଖ୍ୟା କରିବା ଉଚିତ୍ ନୁହେଁ। ଯେଉଁମାନେ ଏହାକୁ ବ୍ୟବହାର କରନ୍ତି କିମ୍ବା ଅପବ୍ୟବହାର କରନ୍ତି ସେମାନଙ୍କ ସ୍ୱାର୍ଥ ଅନୁଯାୟୀ ଏହି ଶବ୍ଦର ବିଭିନ୍ନ ଅର୍ଥ ଏବଂ ତାତ୍ପର୍ଯ୍ୟକୁ ଦାୟୀ କରାଯାଏ | ଶୋଷଣର ପ୍ରତିଷ୍ଠିତ ଏଜେନ୍ସିଗୁଡ଼ିକ ପାଇଁ, ଏହା ଉତ୍ତରଞ୍ଜିତ ଭୟର ଭାବନା ସୃଷ୍ଟି କରେ | ବିପ୍ଳବୀମାନଙ୍କ ପାଇଁ ଏହା ଏକ ପବିତ୍ର ବାକ୍ୟ। ବିଧାନସଭା ବୋମା ମାମଲାରେ ଆମର ବିଚାରରେ ଦିଲ୍ଲୀର ସେସନ୍ ଜଜ୍ଙ୍କ ସମ୍ମୁଖରେ ଆମେ ଆମର ବିବୃତ୍ତିରେ ସ୍ପଷ୍ଟ କରିବାକୁ ଚେଷ୍ଟା କରିଥିଲୁ ଯେ "ବିପ୍ଳବ" ଶବ୍ଦର ଅର୍ଥ କ "ଣ। ଆମେ ସେଥିରେ କହିଥିଲୁ ଯେ ବିପ୍ଳବରେ ରକ୍ତାକ୍ତ ସଂଘର୍ଷ ଜଡ଼ିତ ନଥିଲା। ଏହା ବୋମା ଏବଂ ପିସ୍ତଲର ଏକ ଧର୍ମ ନଥିଲା। ସେଗୁଡ଼ିକ ବେଳେବେଳେ ଏହାର ସଫଳତା ପାଇଁ କେବଳ ମାଧ୍ୟମ ହୋଇପାରେ। ଏଥିରେ କୌଣସି ସନ୍ଦେହ ନାହିଁ ଯେ ସେମାନେ କେତେକ ଆନ୍ଦୋଳନରେ ଏକ ପ୍ରମୁଖ ଭୂମିକା ଗ୍ରହଣ କରନ୍ତି, କିନ୍ତୁ ସେମାନେ କରନ୍ତି ନାହିଁ-ସେହି କାରଣରୁ ଏକ ଏବଂ ସମାନ ଜିନିଷ ହୋଇଯାଏ | ବିଦ୍ରୋହ କୌଣସି ବିପ୍ଳବ ନୁହେଁ। ଏହା ଶେଷରେ ସେହି ଲକ୍ଷ୍ୟକୁ ନେଇ ଯାଇପାରେ।

ସେହି ବାକ୍ୟାଂଶରେ ଯେଉଁ ଅର୍ଥରେ ବିପ୍ଳବ ଶବ୍ଦଟି ବ୍ୟବହୃତ ହୋଇଛି, ତାହା ହେଉଛି ଆତ୍ମା, ଭଲ ପାଇଁ ପରିବର୍ତ୍ତନ ପାଇଁ ଉତ୍କଣ୍ଠା | ଲୋକମାନେ ସାଧାରଣତଃ ଜିନିଷଗୁଡ଼ିକର ପ୍ରତିଷ୍ଠିତ କ୍ରମରେ ଅଭ୍ୟସ୍ତ ହୋଇଯାଆନ୍ତି ଏବଂ ପରିବର୍ତ୍ତନର ଚିନ୍ତାଧାରାରେ କମ୍ପିତ ହେବାକୁ ଆରମ୍ଭ କରନ୍ତି | ଏହି ଅଳସୁଆ ମନୋଭାବକୁ ହିଁ ବୈପ୍ଳବିକ ଚେତନା ଦ୍ୱାରା ବଦଳାଇବାର ଆବଶ୍ୟକତା ରହିଛି। ଅନ୍ୟଥା ଅବକ୍ଷୟ ଉପର ହାତ ହାସଲ କରେ ଏବଂ ସମଗ୍ର ମାନବଜାତି ପ୍ରତିକ୍ରିୟାଶୀଳ ଶକ୍ତି ଦ୍ୱାରା ପଥଭ୍ରଷ୍ଟ ହୁଏ | ଏଭଳି ସ୍ଥିତି ମାନବ ପ୍ରଗତିରେ ସ୍ଥାଣୁତା ଏବଂ ପକ୍ଷାଘାତ ସୃଷ୍ଟି କରିଥାଏ। ବିପ୍ଳବର ଭାବନା ସର୍ବଦା ମାନବତାର ଆତ୍ମାକୁ ପରିବ୍ୟାପ୍ତ କରିବା ଉଚିତ, ଯାହାଦ୍ୱାରା ପ୍ରତିକ୍ରିୟାଶୀଳ ଶକ୍ତିମାନେ ଏହାର ଚିରନ୍ତନ ଅଗ୍ରଗତିକୁ ରୋକିବା ପାଇଁ (ଶକ୍ତି) ଜମା କରିପାରିବେ ନାହିଁ। ପୁରୁଣା ବ୍ୟବସ୍ଥା ସର୍ବଦା ଏବଂ ସର୍ବଦା ପରିବର୍ତ୍ତନ ହେବା ଉଚିତ, ନୂତନକୁ ସ୍ଥାନ ଦେବା, ଯାହା ଦ୍ୱାରା ଗୋଟିଏ "ଭଲ" ବ୍ୟବସ୍ଥା ବିଶ୍ୱକୁ ଦୁର୍ନୀତିଗ୍ରସ୍ତ କରିପାରିବ ନାହିଁ | ଏହି ଅର୍ଥରେ ଆମେ "ବିପ୍ଳବ ଦୀର୍ଘଜୀବୀ ହୁଅ" ସ୍ଲୋଗାନ ଉଠାଉଛୁ।

ଆପଣଙ୍କର ଆନ୍ତରିକତାର

ସହିତ ଭଗତ ସିଂ

ବି କେ. ଦତ୍ତ

11

ଭୋକିଲା ଆନ୍ଦୋଳନକାରୀଙ୍କ ଦାବି

"ଭଗତ୍ ସିଂ ଏବଂ B.K. ଦିଲ୍ଲୀ ବିଧାନସଭା ବୋମା ମାମଲାରେ ଦତ୍ତଙ୍କୁ ଆଜୀବନ ପରିବହନ ଦଣ୍ଡାଦେଶ ଦିଆଯାଇଥିଲା। ଦୋଷୀ ସାବ୍ୟସ୍ତ ହେବା ପରେ ସେମାନଙ୍କୁ ଯଥାକ୍ରମେ ମିଆଁୱାଲି ଏବଂ ଲାହୋର ଜେଲ୍କୁ ସ୍ଥାନାନ୍ତର କରାଯାଇଥିଲା। ଜେଲ୍ରେ ଥିବା ରାଜନୈତିକ ବନ୍ଦୀମାନଙ୍କ ପ୍ରତି ଉତ୍ତମ ବ୍ୟବହାର ପାଇଁ ସେମାନେ ଅନଶନ ଆରମ୍ଭ କରିଥିଲେ। କିଛି ଦିନ ପରେ ଭଗତ ସିଂହଙ୍କୁ ମଧ୍ୟ ମିଆଁୱାଲିରୁ ଲାହୋର କେନ୍ଦ୍ରୀୟ କାରାଗାରକୁ ସ୍ଥାନାନ୍ତର କରାଯାଇଥିଲା। ସେମାନେ ମିଳିତ ଭାବେ ଏହି ଚିଠିକୁ ଭାରତ ସରକାରଙ୍କ ସ୍ୱରାଷ୍ଟ୍ର ସଦସ୍ୟଙ୍କୁ ସମ୍ବୋଧିତ କରି ସେମାନଙ୍କ ଦାବିଗୁଡ଼ିକୁ ବର୍ଣ୍ଣନା କରିଥିଲେ। ଏଠାରୁ ଜେଲ୍ରେ ଥିବା ରାଜନୈତିକ ବନ୍ଦୀମାନଙ୍କ ପ୍ରତି ଉତ୍ତମ ବ୍ୟବହାର ପାଇଁ ଏକ ଦୀର୍ଘସ୍ଥାୟୀ ସଂଘର୍ଷର ସମୟ ଆରମ୍ଭ ହୋଇଥିଲା।

* *

ଲାହୋର କେନ୍ଦ୍ରୀୟ କାରାଗାର

24.6.29

ଆମେ, ଭଗତ୍ ସିଂ ଏବଂ B.K. 1929 ମସିହା ଏପ୍ରିଲ 19 ତାରିଖରେ ଦିଲ୍ଲୀର ବିଧାନସଭା ବୋମା ମାମଲାରେ ଦତ୍ତଙ୍କୁ ଆଜୀବନ କାରାଦଣ୍ଡରେ ଦଣ୍ଡିତ କରାଯାଇଥିଲା। ଯେପର୍ଯ୍ୟନ୍ତ ଆମେ ଦିଲ୍ଲୀ ଜେଲରେ ବିଚାରାଧୀନ କଏଦୀ ଥିଲୁ, ସେହି ଜେଲ୍ରୁ ଆରମ୍ଭ କରି ମିଆଁୱାଲି ଏବଂ ଲାହୋର ସେଣ୍ଟ୍ରାଲ ଜେଲ ପର୍ଯ୍ୟନ୍ତ ଆମକୁ ବହୁତ ଭଲ ବ୍ୟବହାର ଦିଆଯାଉଥିଲା, ଆମେ ଉଚ୍ଚ କର୍ତ୍ତୃପକ୍ଷଙ୍କୁ ଏକ ଆବେଦନ ପତ୍ର ଲେଖି ଉନ୍ନତ ଖାଦ୍ୟ ଏବଂ ଅନ୍ୟ କିଛି ସୁବିଧା ମାଗିଥିଲୁ, ଏବଂ ଜେଲର ଖାଦ୍ୟ ଗ୍ରହଣ କରିବାକୁ ମନା କରିଦେଲୁ।

ଆମର ଦାବିଗୁଡ଼ିକ ନିମ୍ନରେ ଦିଆଗଲା୍ଃ

ରାଜନୈତିକ ବନ୍ଦୀ ଭାବେ ଆମକୁ ଉତ୍ତମ ଖାଦ୍ୟ ଦିଆଯିବା ଉଚିତ ଏବଂ ଆମର ଖାଦ୍ୟର ମାନ ଅନ୍ତତଃ ୟୁରୋପୀୟ କଏଦୀଙ୍କ ଭଳି ହେବା ଉଚିତ। ଏହା ଆମେ ଆବଶ୍ୟକ କରୁଥିବା ଖାଦ୍ୟପେୟର ସମାନତା ନୁହେଁ, ବରଂ ଖାଦ୍ୟର ମାନର ସମାନତା |)

1. ଆମେ କୌଣସି ପ୍ରକାର କଠିନ ଏବଂ ଅସମ୍ମାନିତ ପରିଶ୍ରମ କରିବାକୁ ବାଧ୍ୟ ହେବୁ ନାହିଁ।
2. ନିଷିଦ୍ଧ ହୋଇଥିବା ପୁସ୍ତକଗୁଡ଼ିକ ବ୍ୟତୀତ ସମସ୍ତ ପୁସ୍ତକ, ଲିଖିତ ସାମଗ୍ରୀ ସହିତ, ବିନା କୌଣସି ପ୍ରତିବନ୍ଧକରେ ଆମକୁ ଅନୁମତି ଦିଆଯିବା ଉଚିତ୍।

3. ପ୍ରତ୍ୟେକ ରାଜନୈତିକ କଏଦୀଙ୍କୁ ଅତିକମ୍ରେ ଗୋଟିଏ ମାନକ ଦୈନିକ କାଗଜ ଯୋଗାଇ ଦିଆଯିବା ଉଚିତ।

4. ରାଜନୈତିକ ବନ୍ଦୀମାନଙ୍କର ପ୍ରତ୍ୟେକ କାରାଗାରରେ ସେମାନଙ୍କର ନିଜସ୍ୱ ଏକ ସ୍ୱତନ୍ତ୍ର ୱାର୍ଡ ରହିବା ଉଚିତ୍, ଯାହା ୟୁରୋପୀୟମାନଙ୍କ ପରି ସମସ୍ତ ଆବଶ୍ୟକତାକୁ ଯୋଗାଇଦେବା ଉଚିତ୍। ଏବଂ ଗୋଟିଏ ଜେଲ୍ରେ ଥିବା ସମସ୍ତ ରାଜନୈତିକ ବନ୍ଦୀଙ୍କୁ ସେହି ୱାର୍ଡରେ ଏକାଠି ରଖିବାକୁ ପଡ଼ିବ।

5. ଆବଶ୍ୟକ ଶୌଚାଳୟ ସାମଗ୍ରୀ ଯୋଗାଇଦେବା ଉଚିତ।

6. ଭଲ ପୋଷାକ ପିନ୍ଧନ୍ତୁ।

ଆମେ କରିଥିବା ଦାବିଗୁଡ଼ିକ ଉପରେ ବର୍ଣ୍ଣନା କରିଛୁ। ସେଗୁଡ଼ିକ ହେଉଛି ସବୁଠାରୁ ଯୁକ୍ତିଯୁକ୍ତ ଦାବି। ଜେଲ୍ କର୍ତ୍ତୃପକ୍ଷ ଦିନେ ଆମକୁ କହିଥିଲେ ଯେ ଉଚ୍ଚ କର୍ତ୍ତୃପକ୍ଷ ଆମର ଦାବି ମାନିବାକୁ ମନା କରିଦେଇଛନ୍ତି।

ଏହା ବ୍ୟତୀତ, ସେମାନେ ଆମକୁ କୃତ୍ରିମ ଭାବରେ ଖୁଆଇବା ସମୟରେ ଆମକୁ ବହୁତ ମୋଟାମୋଟି ଭାବରେ ବ୍ୟବହାର କରନ୍ତି, ଏବଂ ଭଗତ୍ ସିଂ 1929 ମସିହା ଜୁନ୍ 10 ତାରିଖରେ, ପ୍ରାୟ 15 ମିନିଟ୍ ଧରି, ବଳପୂର୍ବକ ଖୁଆଇବା ପରେ, ଯାହା ଆମେ ଅନୁରୋଧ କରୁଛୁ ଯେ ଆଉ ବିଳମ୍ବ ନକରି ବନ୍ଦ କରାଯାଉ।

ଏହା ବ୍ୟତୀତ, ରେ ଦିଆଯାଇଥିବା ସୁପାରିସଗୁଡ଼ିକୁ ଉଲ୍ଲେଖ କରିବା ପାଇଁ ଆମକୁ ଅନୁମତି ଦିଆଯାଇପାରେ। ପି. ଟି. ଙ୍କ ଦ୍ୱାରା ଜେଲ୍ କମିଟି ଜଗତ ନାରାୟଣ ଏବଂ ହାଫିଜ ହିଦାୟତ ହୁସେନ୍। ସେମାନେ ରାଜନୈତିକ ବନ୍ଦୀମାନଙ୍କୁ "ଉନ୍ନତ ଶ୍ରେଣୀର ବନ୍ଦୀ" ଭାବରେ ବ୍ୟବହାର କରିବାକୁ ସୁପାରିଶ କରିଛନ୍ତି।

ଆମେ ଆପଣଙ୍କୁ ଅନୁରୋଧ କରୁଛୁ ଯେ ଦୟାକରି ଆପଣ ଯଥାଶୀଘ୍ର ଆପଣଙ୍କ ସୁବିଧାରେ ଆମର ଦାବି ଉପରେ ବିଚାର କରନ୍ତୁ।

"ରାଜନୈତିକ ବନ୍ଦୀ" ଙ୍କ ଅର୍ଥ ହେଉଛି ସେହି ସମସ୍ତ ଲୋକ ଯେଉଁମାନେ ରାଜ୍ୟ ବିରୁଦ୍ଧରେ ଅପରାଧ ପାଇଁ ଦୋଷୀ ସାବ୍ୟସ୍ତ ହୋଇଛନ୍ତି, ଯେଉଁମାନେ ଲାହୋର ଷଡ଼ଯନ୍ତ୍ର ମାମଲାରେ ଦୋଷୀ ସାବ୍ୟସ୍ତ ହୋଇଥିଲେ; 1915-17, କାକୋରୀ ଷଡ଼ଯନ୍ତ୍ର ମାମଲା ଏବଂ ସାଧାରଣ ଭାବରେ ରାଜଦ୍ରୋହ ମାମଲା।

ଆପଣଙ୍କର ଭଗତ୍
ସିଂ. ଦତ୍ତ

ମେ 29, 1927 ରେ ପ୍ରଥମ ଗିରଫ ସମୟରେ ଲାହୋର ରେଳ ପୋଲିସ ଷ୍ଟେସନରେ ଭାଗବତ ସିଂ |

12.

ପଞ୍ଜାବ ଛାତ୍ର ସମ୍ମିଳନୀକୁ ବାର୍ତ୍ତା

ସୁଭାଷ ଚନ୍ଦ୍ର ବୋଷଙ୍କ ଅଧ୍ୟକ୍ଷତାରେ 1929 ମସିହା ଅକ୍ଟୋବର 19 ତାରିଖରେ ଲାହୋରରେ ଦ୍ୱିତୀୟ ପଞ୍ଜାବ ଛାତ୍ର ସମ୍ମିଳନୀ ଅନୁଷ୍ଠିତ ହୋଇଥିଲା। ଏହି ସୁଯୋଗର ଲାଭ ଉଠାଇ ଭଗତ୍ ସିଂହ ଛାତ୍ରଛାତ୍ରୀମାନଙ୍କୁ 1930-31 ର ଆଗାମୀ ଆନ୍ଦୋଳନରେ ହୃଦୟରୁ ସାମିଲ ହୋଇ ଦେଶର କୋଣ ଅନୁକୋଣରେ ବିପ୍ଳବର ବାର୍ତ୍ତା ପହଞ୍ଚାଇବାକୁ ଆହ୍ୱାନ କରିଥିଲେ। ଏହା ଙ୍କ ଦ୍ୱାରା ମିଳିତ ଭାବେ ସ୍ୱାକ୍ଷରିତ ହୋଇଥିଲା। ଦତ୍ତ। ଖୋଲା ଅଧିବେଶନରେ ଏହି ବାର୍ତ୍ତା ପାଠ କରାଯାଇଥିଲା। ଏହା 'ଭଗତ୍ ସିଂ ଜିନ୍ଦାବାଦ୍ "ସ୍ଲୋଗାନ ସହିତ ଛାତ୍ରମାନଙ୍କ ଠାରୁ ପ୍ରବଳ ପ୍ରଶଂସା ପାଇଥିଲା।

* *

ସାଥୀମାନେ।

ଆଜି ଆମେ ଯୁବକମାନଙ୍କୁ ପିସ୍ତଲ ଏବଂ ବୋମା ନେବାକୁ କହିପାରିବା ନାହିଁ। ଆଜି, ଛାତ୍ରଛାତ୍ରୀମାନେ ଏକ ଅଧିକ ଗୁରୁତ୍ୱପୂର୍ଣ୍ଣ କାର୍ଯ୍ୟର ସମ୍ମୁଖୀନ ହେଉଛନ୍ତି। ଆଗାମୀ ଲାହୋର ଅଧିବେଶନରେ କଂଗ୍ରେସ ଦେଶର ସ୍ୱାଧୀନତା ପାଇଁ ଏକ ଭୟଙ୍କର ଲଢ଼େଇ ପାଇଁ ଆହ୍ୱାନ ଦେବାକୁ ଯାଉଛି। ଦେଶର ଇତିହାସରେ ଏଭଳି କଠିନ ସମୟରେ ଯୁବପିଢ଼ିଙ୍କୁ ଏକ ବଡ଼ ବୋଝ ବହନ କରିବାକୁ ପଡ଼ିବ। ଏହା ସତ୍ୟ ଯେ ସ୍ୱାଧୀନତା ସଂଗ୍ରାମର ଅଗ୍ରଭାଗରେ ବିଦ୍ୟାର୍ଥୀମାନେ ମୃତ୍ୟୁର ସମ୍ମୁଖୀନ ହୋଇଛନ୍ତି। ଏଥର ମଧ୍ୟ ସେମାନେ ସମାନ ଦୃଢ଼ତା ଏବଂ ଆତ୍ମବିଶ୍ୱାସ ପ୍ରମାଣ କରିବାରେ ଦ୍ୱିଧା କରିବେ କି? ଯୁବକମାନଙ୍କୁ ଏହି ବୈପ୍ଳବିକ ବାର୍ତ୍ତାକୁ ଦେଶର କୋଣ ଅନୁକୋଣ ପର୍ଯ୍ୟନ୍ତ ପହଞ୍ଚାଇବାକୁ ପଡ଼ିବ। ସେମାନଙ୍କୁ ଜାଗ୍ରତ ହେବାକୁ ପଡ଼ିବ। ଶିଳ୍ପ କ୍ଷେତ୍ରର କୋଟି କୋଟି ବସ୍ତି ବାସିନ୍ଦା ଏବଂ ଜରାଜୀର୍ଣ୍ଣ କୁଟୀରରେ ରହୁଥିବା ଗ୍ରାମବାସୀ, ଯାହାଦ୍ୱାରା ଆମେ ସ୍ୱାଧୀନ ହେବୁ ଏବଂ ମଣିଷ ଦ୍ୱାରା ମଣିଷର ଶୋଷଣ ଅସମ୍ଭବ ହୋଇଯିବ। ଅନ୍ୟଥା ପଞ୍ଜାବକୁ ରାଜନୈତିକ ଦୃଷ୍ଟିରୁ ପଛୁଆ ବୋଲି ବିବେଚନା କରାଯାଏ। ଏହା ମଧ୍ୟ ଯୁବପିଢ଼ିଙ୍କ ଦାୟିତ୍ୱ। ସହିଦ ଯତୀନ୍ଦ୍ର ନାଥ ଦାସଙ୍କ ଠାରୁ ପ୍ରେରଣା ନେଇ ଏବଂ ଦେଶ ପ୍ରତି ଅସୀମ ଶ୍ରଦ୍ଧାର ସହ, ସେମାନେ ପ୍ରମାଣ କରିବା ଉଚିତ ଯେ ସେମାନେ ଏହି ସ୍ୱାଧୀନତା ସଂଗ୍ରାମରେ ଦୃଢ ସଂକଳ୍ପ ସହିତ ଲଢ଼ିପାରିବେ।

13

ଲେନିନ୍‌ଙ୍କ ମୃତ୍ୟୁ ବାର୍ଷିକୀରେ ଟେଲିଗ୍ରାମ

"ଜାନୁଆରୀ 21, 1930 ରେ ଲାହୋର ଷଡ଼ଯନ୍ତ୍ର ମାମଲାର ଅଭିଯୁକ୍ତମାନେ ଲାଲ ସ୍କାର୍ଫ ପିନ୍ଧି କୋର୍ଟରେ ହାଜର ହୋଇଥିଲେ। ମାଜିଷ୍ଟ୍ରେଟ୍ ତାଙ୍କ ଆସନ ଗ୍ରହଣ କରିବା ମାତ୍ରେ ସେମାନେ "ସମାଜବାଦୀ ବିପ୍ଳବ ଦୀର୍ଘଜୀବୀ ହୁଅନ୍ତୁ", "କମ୍ୟୁନିଷ୍ଟ ଇଣ୍ଟରନ୍ୟାସନାଲ ଦୀର୍ଘଜୀବୀ ହୁଅନ୍ତୁ", "ଲୋକମାନେ ଦୀର୍ଘଜୀବୀ ହୁଅନ୍ତୁ" "ଲେନିନ୍‌ଙ୍କ ନାମ କେବେ ମରିବ ନାହିଁ" ଏବଂ "ସାମ୍ରାଜ୍ୟବାଦ ସହିତ ତଳକୁ ଯାଆନ୍ତୁ" ସ୍ଲୋଗାନ ଉଠାଇଥିଲେ। ଏହା ପରେ ଭଗତ ସିଂହ ଅଦାଲତରେ ଏହି ଟେଲିଗ୍ରାମର ପାଠ୍ୟ ପଢ଼ିଥିଲେ ଏବଂ ମାଜିଷ୍ଟ୍ରେଟଙ୍କୁ ଏହାକୁ ତୃତୀୟ ଆନ୍ତର୍ଜାତୀୟକୁ ପଠାଇବାକୁ କହିଥିଲେ।

* *

ମହାନ ଲେନିନ୍‌ଙ୍କ ଚିନ୍ତାଧାରାକୁ ଆଗକୁ ନେବା ପାଇଁ କିଛି ନା କିଛି କରୁଥିବା ସମସ୍ତଙ୍କୁ ଆମେ ଲେନିନ୍ ଦିବସରେ ହାର୍ଦ୍ଦିକ ଅଭିନନ୍ଦନ ଜଣାଉଛୁ। ରୁଷିଆ ଯେଉଁ ମହାନ ପରୀକ୍ଷଣ କରୁଛି, ଆମେ ତାହାର ସଫଳତା କାମନା କରୁଛୁ। ଆମେ ଆନ୍ତର୍ଜାତୀୟ ଶ୍ରମିକ ଶ୍ରେଣୀ ଆନ୍ଦୋଳନ ପାଇଁ ଆମ ସ୍ୱରରେ ଯୋଗ ଦେଉଛୁ। ଶ୍ରମିକଶ୍ରେଣୀ ଜିତିବ। ପୁଞ୍ଜିବାଦ ପରାସ୍ତ ହେବ। ସାମ୍ରାଜ୍ୟବାଦର ମୃତ୍ୟୁ।

14

କ୍ଷୁଧା-ଆନ୍ଦୋଳନକାରୀଙ୍କ ଦାବି ଦୋହରାଗଲା

ଭାରତ ସରକାର ଜେଲ୍ କମିଟି ରିପୋର୍ଟ ଉପରେ ବିଚାର କରୁଛନ୍ତି ଏବଂ ଅନଶନରେ ଅଂଶଗ୍ରହଣ କରିଥିବାରୁ ଜେଲ୍ ସଂସ୍କାରକୁ ଦଣ୍ଡିତ କରାଯିବ ବୋଲି ଆଶ୍ୱାସନା ଦେଇ ଲାହୋର ଷଡ଼ଯନ୍ତ୍ର ମାମଲାର କଏଦୀମାନେ ସେମାନଙ୍କ ଅନଶନ ସ୍ଥଗିତ ରଖିଥିଲେ। ଅନଶନ ସ୍ଥଗିତ ହେବା ପରେ, ଭାରତ ସରକାର ବିଳମ୍ବ କରିବାର କୌଶଳ ଅବଲମ୍ବନ କରିଥିଲେ। . ରେ ଅନଶନକାରୀମାନଙ୍କ ବିରୁଦ୍ଧରେ ମଧ୍ୟ ଶୃଙ୍ଖଳାଗତ କାର୍ଯ୍ୟାନୁଷ୍ଠାନ ଗ୍ରହଣ କରାଯାଇଥିଲା। ଏବଂ ପଞ୍ଜାବ କାରାଗାର ଏହି ପରିପ୍ରେକ୍ଷୀରେ ଭଗତ ସିଂ ଭାରତ ସରକାରଙ୍କୁ ଏହି ଚିଠି ଲେଖିଥିଲେ, ଯାହା ଅନଶନ ପୁଣି ଆରମ୍ଭ କରିବା ପାଇଁ ଏକ ନୋଟିସ୍-ତଥା-ଅଲ୍ଟିମେଟମ ଭଳି ଥିଲା।

* *

ଗୃହ ସଦସ୍ୟ, ସରକାର।

ଭାରତ, ଦିଲ୍ଲୀ। ସ୍ୱତନ୍ତ୍ର ମାଜିଷ୍ଟ୍ରେଟ୍ଙ୍କ ଜରିଆରେ,

ଲାହୋର ଷଡ଼ଯନ୍ତ୍ର ମାମଲା,

ଲାହୋର।

ସାର୍,

1930 ମସିହା ଜାନୁଆରୀ 20 ତାରିଖର ଟେଲିଗ୍ରାମର ସନ୍ଦର୍ଭରେ, ଯାହା ନିମ୍ନରେ ଦିଆଗଲା, ଆମକୁ କୌଣସି ଉତ୍ତର ଦିଆଯାଇନାହିଁ।

ଗୃହ ସଦସ୍ୟ, ଭାରତ ସରକାର। ଦିଲ୍ଲୀ ବିଚାରାଧୀନ, ଲାହୋର ଷଡ଼ଯନ୍ତ୍ର ମାମଲା ଏବଂ ଅନ୍ୟାନ୍ୟ ରାଜନୈତିକ ବନ୍ଦୀ ଭାରତ ସରକାର ଦେଇଥିବା ପ୍ରତିଶ୍ରୁତି ଆଧାରରେ ଅନଶନ ସ୍ଥଗିତ ରଖାଯାଇଥିଲା। ପ୍ରାଦେଶିକ ଜେଲ୍ କମିଟିର ରିପୋର୍ଟ ଉପରେ ବିଚାର କରାଯାଉଥିଲା। ସର୍ବଭାରତୀୟ ସରକାରୀ ସମ୍ମିଳନୀ ଶେଷ ହୋଇଛି। ଏପର୍ଯ୍ୟନ୍ତ କୌଣସି କାର୍ଯ୍ୟାନୁଷ୍ଠାନ ଗ୍ରହଣ କରାଯାଇନାହିଁ। ଯେହେତୁ ରାଜନୈତିକ ବନ୍ଦୀମାନଙ୍କ ପ୍ରତି ପ୍ରତିଶୋଧମୂଳକ ବ୍ୟବହାର ଜାରି ରହିଛି, ଆମେ ଅନୁରୋଧ କରୁଛୁ ଯେ ଆମକୁ ଏକ ସପ୍ତାହ ମଧ୍ୟରେ ସୂଚନା ଦିଆଯାଉ। ନିଷ୍ପତ୍ତି. ଲାହୋର ଷଡ଼ଯନ୍ତ୍ର ମାମଲା ବିଚାରାଧୀନ।

ଉପରୋକ୍ତ ଟେଲିଗ୍ରାମରେ ସଂକ୍ଷେପରେ କୁହାଯାଇଛି, ଆମେ ଆଣିବାକୁ ଅନୁରୋଧ କରୁଛୁ ଆପଣ ଦୟାକରି ଧ୍ୟାନ ଦିଅନ୍ତୁ ଯେ ଲାହୋର ଷଡ଼ଯନ୍ତ୍ର ମାମଲା ବିଚାରାଧୀନ ଅଛି ଏବଂ ଅନ୍ୟ କେତେକ ରାଜନୈତିକ ବନ୍ଦୀ ପଞ୍ଜାବ ଜେଲ୍ରେ ବନ୍ଦୀ ହୋଇ ରହିଛନ୍ତି। ସଦସ୍ୟମାନଙ୍କ ଦ୍ୱାରା ଦିଆଯାଇଥିବା ପ୍ରତିଶ୍ରୁତି

ଉପରେ ଅନଶନ ସ୍ଥଗିତ ରଖାଯାଇଛି। ପଞ୍ଜାବ ଜେଲ୍ ତଦନ୍ତ କମିଟିର ପ୍ରଶ୍ନ ରାଜନୈତିକ ବନ୍ଦୀମାନଙ୍କ ପ୍ରତି ବ୍ୟବହାର ଶେଷରେ ସମାଧାନ ହେବାକୁ ଯାଉଥିଲା।

ବହୁତ କମ୍ ସମୟ ମଧ୍ୟରେ ଆମର ସନ୍ତୋଷ। ଆହୁରି, ମୃତ୍ୟୁ ପରେ ଆମର ମହାନ ସହିଦ ଜତିନ୍ଦ୍ର ନାଥ ଦାସଙ୍କ ବିଷୟରେ, ଏହି ପ୍ରସଙ୍ଗ ଉଠାଯାଇଥିଲା ବିଧାନସଭାରେ ଏବଂ ସମାନ ପ୍ରତିଶ୍ରୁତି ଦିଆଯାଇଥିଲା ସର୍ବସାଧାରଣରେ ସାର୍ ଜେମ୍ସ କ୍ରେରାରଙ୍କ ଦ୍ୱାରା ଏହା ପରେ କୁହାଯାଇଥିଲା ଯେ,ହୃଦୟ ପରିବର୍ତ୍ତନ ହୋଇଛି ଏବଂ ଚିକିତ୍ସାର ପ୍ରଶ୍ନ ରାଜନୈତିକ ବନ୍ଦୀମାନେ ସର୍ବାଧିକ ସହାନୁଭୂତି ପାଉଥିଲେ ସରକାର. ଏଭଳି ରାଜନୈତିକ ବନ୍ଦୀ, ଯେଉଁମାନେ ତଥାପି ଭୋକରେ ଥିଲେ। ଦେଶର ବିଭିନ୍ନ ଭାଗରେ ଥିବା କାରାଗାରଗୁଡ଼ିକରେ ଧର୍ମଘଟ ପରେ ସ୍ଥଗିତ ରଖାଗଲା।

ଏହି ଉଦ୍ଦେଶ୍ୟରେ କରାଯାଇଥିବା ଅନୁରୋଧ ଉପରେ ସେମାନଙ୍କର ଅନଶନ ଉକ୍ତ ଆଶ୍ୱାସନାକୁ ଦୃଷ୍ଟିରେ ରଖି ଏ. ଆଇ. ସି. ସି. ସଂକଳ୍ପ ପାରିତ ହୋଇଥିଲା ଏବଂ କେତେକ କଏଦୀଙ୍କ ଅବସ୍ଥା ଗୁରୁତର ରହିଛି। ସେବେଠାରୁ ସମସ୍ତ ସ୍ଥାନୀୟ ସରକାର ସେମାନଙ୍କ ରିପୋର୍ଟ ଦାଖଲ କରିଛନ୍ତି। ଲକ୍ଷ୍ନୌରେ ବିଭିନ୍ନ ପ୍ରଦେଶର କାରାଗାରର ଇନ୍ସପେକ୍ଟର ଜେନେରାଲଙ୍କ ଏକ ବୈଠକ ଅନୁଷ୍ଠିତ ହୋଇଛି ଏବଂ ସର୍ବଭାରତୀୟ ସରକାରଙ୍କ ବିଚାରବିମର୍ଶ କରାଯାଇଛି। ଦିଲ୍ଲୀରେ ଏହି ସମ୍ମିଳନୀ ଶେଷ ହୋଇଛି। ଗତ ଡିସେମ୍ବର ମାସରେ ସର୍ବଭାରତୀୟ ସମ୍ମିଳନୀ ଅନୁଷ୍ଠିତ ହୋଇଥିଲା। କୌଣସି ଚୂଡ଼ାନ୍ତ ସୁପାରିସ କାର୍ଯ୍ୟକାରୀ ହୋଇନାହିଁ। ସରକାରଙ୍କ ଏଭଳି ନମନୀୟ ମନୋଭାବ ଦ୍ୱାରା ଆମେ ସାଧାରଣ ଜନତାଙ୍କୁ ଭୟ କରିବାକୁ ଆରମ୍ଭ କରିଛୁ ଯେ ବୋଧହୁଏ ଏହି ପ୍ରଶ୍ନକୁ ବନ୍ଦ କରିଦିଆଯାଇଛି। ଆମର ଆଶଙ୍କା ସୁଦୃଢ଼ ହୋଇଛି ଗତ ଚାରି ମାସ ମଧ୍ୟରେ ଅନଶନକାରୀ ଏବଂ ଅନ୍ୟ ରାଜନୈତିକ ବନ୍ଦୀମାନଙ୍କ ପ୍ରତି ପ୍ରତିଶୋଧମୂଳକ ବ୍ୟବହାର କରାଯାଇଥିଲା। ରାଜନୈତିକ ବନ୍ଦୀମାନଙ୍କୁ କେତେ କଷ୍ଟ ଭୋଗିବାକୁ ପଡୁଛି ତାହାର ବିସ୍ତୃତ ବିବରଣୀ ଜାଣିବା ଆମ ପାଇଁ ଅତ୍ୟନ୍ତ କଷ୍ଟକର। ତଥାପି କାରାଗାରର ଚାରି କାନ୍ଥରୁ ଯେଉଁ ଛୋଟ ସୂଚନା ବାହାରିଛି, ତାହା ଆମକୁ ଚମକପ୍ରଦ ଉଦାହରଣ ପ୍ରଦାନ କରିବା ପାଇଁ ଯଥେଷ୍ଟ। ଆମେ ନିମ୍ନରେ ଏପରି କିଛି ଉଦାହରଣ ଦେଉଛୁ ଯାହା ଆମେ ଅନୁଭବ କରିପାରୁ ନାହୁଁ, ସରକାରଙ୍କ ଅନୁରୂପ ନୁହେଁ। ଆଶ୍ୱାସନା।

(1) ଏସ୍ପୋ। ଲାହୋର କେନ୍ଦ୍ରୀୟ କାରାଗାରରେ ଦକ୍ଷିଣେଶ୍ୱର ବୋମା ମାମଲାରେ 5 ବର୍ଷ କାରାଦଣ୍ଡ ଭୋଗୁଥିବା ବାନର୍ଜୀ ଗତ ବର୍ଷ ଅନଶନରେ ଯୋଗ ଦେଇଥିଲେ। ବର୍ତ୍ତମାନ ଏହାର ଦଣ୍ଡ ସ୍ୱରୂପ, ତାଙ୍କ ଅନଶନ ସମୟର ପ୍ରତ୍ୟେକ ଦିନ ପାଇଁ, ଏପର୍ଯ୍ୟନ୍ତ ତାଙ୍କ ଦ୍ୱାରା ଅର୍ଜିତ ଦୁଇ ଦିନର କ୍ଷମା ଜବତ କରାଯାଇଛି। ସାଧାରଣ ପରିସ୍ଥିତିରେ ତାଙ୍କର ମୁକ୍ତି ଗତ ଡିସେମ୍ବରରେ ହେବାର ଥିଲା, କିନ୍ତୁ ଏହା ସମ୍ପୂର୍ଣ୍ଣ ଚାରି ମାସ ବିଳମ୍ବ ହେବ | ସେହି ଜେଲ୍ରେ ପ୍ରାୟ ସତୁରି ବର୍ଷର ବୃଦ୍ଧ ବାବା ସୋହନ ସିଂହଙ୍କୁ ସମାନ ଦଣ୍ଡାଦେଶ ଦିଆଯାଇଛି, ଯିଏକି ବର୍ତ୍ତମାନ (ପ୍ରଥମ) ଲାହୋର ଷଡ଼ଯନ୍ତ୍ର ମାମଲାରେ ଆଜୀବନ କାରାବାସ ଦଣ୍ଡ ଭୋଗୁଛନ୍ତି। ଏହା ବ୍ୟତୀତ ମିଆଁୱାଲି ଜେଲ୍ରେ ବନ୍ଦୀ ଥିବା ସର୍ଦ୍ଦାର ଗୋପାଳ ସିଂହ, ରାୱଲପିଣ୍ଡି ଜେଲ୍ରେ ବନ୍ଦୀ ଥିବା ମାଷ୍ଟର ମୋଟା ସିଂହଙ୍କୁ ମଧ୍ୟ ସାଧାରଣ ଅନଶନରେ ସାମିଲ ହୋଇଥିବାରୁ ପ୍ରତିଶୋଧମୂଳକ ଦଣ୍ଡାଦେଶ ଦିଆଯାଇଛି। ଏଥିମଧ୍ୟରୁ ଅଧିକାଂଶ ମାମଲାରେ କାରାବାସ ଅବଧି ବୃଦ୍ଧି କରାଯାଇଥିବା ବେଳେ କେତେକଙ୍କୁ ସ୍ୱତନ୍ତ୍ର ଶ୍ରେଣୀରୁ ହଟାଇ ଦିଆଯାଇଛି।

(2) ସମାନ ଅପରାଧ ପାଇଁ, ସାଧାରଣ ଅନଶନରେ ସାମିଲ ହୋଇ ଆଗ୍ରା କେନ୍ଦ୍ରୀୟ କାରାଗାରରେ ବନ୍ଦୀ ଥିବା ମେସର୍ସ ସଚିନ୍ଦ୍ର ନାଥ ସାନ୍ୟାଲ, ରାମ କିଶନ ଖତ୍ରୀ ଏବଂ ସୁରେଶ ଚନ୍ଦ୍ର ଭଟ୍ଟାଚାର୍ଯ୍ୟ, ରାଜ କୁମାର ସିହ୍ନା, ସଚିନ୍ଦ୍ର ନାଥ ବୁକ୍ସୀ, ମନ୍ମଥ ନାଥ ଗୁପ୍ତା ଏବଂ କାକୋରୀ ମାମଲାର ଅନ୍ୟ କଏଦୀମାନଙ୍କୁ କଠୋର ଦଣ୍ଡ

ଦିଆଯାଇଛି। ଏହା ବିଶ୍ୱାସଯୋଗ୍ୟ ଭାବରେ ଜାଣିବାକୁ ମିଳିଛି ଯେ ଶ୍ରୀଯୁକ୍ତ ସାନ୍ୟାଲଙ୍କୁ ବାର-ବେଟର୍ ଏବଂ ଏକାନ୍ତ କୋଠରୀ-କାରାବାସ ଦିଆଯାଇଥିଲା ଏବଂ ଏହାର ପରିଣାମ ସ୍ୱରୂପ ତାଙ୍କ ସ୍ୱାସ୍ଥ୍ୟରେ ଅବନତି ଘଟିଛି। ତା 'ର ଓଜନ ଗଲାଣି। 18 ପାଉଣ୍ଡ ହ୍ରାସ କରନ୍ତୁ। ଶ୍ରୀଯୁକ୍ତ ଭଟ୍ଟାଚାର୍ଯ୍ୟ ଯକ୍ଷ୍ମାରେ ପୀଡ଼ିତ ଥିବା ସୂଚନା ମିଳିଛି। ବରେଲି ଜେଲ୍ର ତିନି ଜଣ କଏଦୀଙ୍କୁ ମଧ୍ୟ ଦଣ୍ଡିତ କରାଯାଇଛି। ଜାଣିବାକୁ ମିଳିଛି ଯେ ସେମାନଙ୍କର ସମସ୍ତ ସୁବିଧା ପ୍ରତ୍ୟାହାର କରି ନିଆଯାଇଛି। ଏପରିକି ସମ୍ପର୍କ ସହିତ ସାକ୍ଷାତକାର ଏବଂ ସେମାନଙ୍କ ସହିତ ଯୋଗାଯୋଗ କରିବାର ସେମାନଙ୍କର ସାଧାରଣ ଅଧିକାର ମଧ୍ୟ ଛଡ଼ାଇ ନିଆଯାଇଥିଲା। ସେ ସବୁର ଓଜନ ଯଥେଷ୍ଟ ହ୍ରାସ ପାଇଛି। ପଣ୍ଡିତ ଜବାହରଲାଲ ନେହେରୁଙ୍କ ଦ୍ୱାରା ସେପ୍ଟେମ୍ବର 1929 ଏବଂ ଜାନୁଆରୀ 1930 ରେ ଏହି ସମ୍ବନ୍ଧରେ ଦୁଇଟି ପ୍ରେସ୍ ବିବୃତ୍ତି ଜାରି କରାଯାଇଛି।

(3) ଅନଶନ ସମ୍ବନ୍ଧୀୟ ଏଆଇସିସି ସଂକଳ୍ପ ପାରିତ ହେବା ପରେ, ବିଭିନ୍ନ ରାଜନୈତିକ ବନ୍ଦୀମାନଙ୍କୁ ପଠାଯାଇଥିବା ଏହାର ନକଲଗୁଡିକ ଜେଲ୍ କର୍ତ୍ତୃପକ୍ଷଙ୍କ ଦ୍ୱାରା ଅଟକାଇ ରଖାଯାଇଥିଲା। ଏହା ବ୍ୟତୀତ ସରକାର... ଏହି ପ୍ରସଙ୍ଗରେ ବନ୍ଦୀମାନଙ୍କୁ ଭେଟିବା ପାଇଁ କଂଗ୍ରେସର ଏକ ପ୍ରତିନିଧିମଣ୍ଡଳକୁ ପ୍ରତ୍ୟାଖ୍ୟାନ କରିଥିଲେ।

(4) ଉଚ୍ଚ ପୋଲିସ ଅଧିକାରୀଙ୍କ ନିର୍ଦ୍ଦେଶରେ 1929 ମସିହା ଅକ୍ଟୋବର 23 ଏବଂ 24 ତାରିଖରେ ଲାହୋର ଷଡ଼ଯନ୍ତ୍ର ମାମଲାର ବିଚାରାଧୀନ କଏଦୀମାନଙ୍କୁ ନିର୍ଦ୍ଦୟ ଭାବେ ଆକ୍ରମଣ କରାଯାଇଥିଲା। ପ୍ରେସରେ ସମ୍ପୂର୍ଣ୍ଣ ବିବରଣୀ ପ୍ରକାଶ ପାଇଛି। ସ୍ୱତନ୍ତ୍ର ମାଜିଷ୍ଟ୍ରେଟ୍, ପଣ୍ଡିତଙ୍କ ଦ୍ୱାରା ରେକର୍ଡ କରାଯାଇଥିବା ଆମମାନଙ୍କ ମଧ୍ୟରୁ ଜଣଙ୍କ ବିବୃତ୍ତିର ନକଲ। ଶ୍ରୀ କ୍ରିଷ୍ଣନ, 1929 ମସିହା ଡିସେମ୍ବର 16 ତାରିଖର ଏକ ଚିଠିରେ ଆପଣଙ୍କୁ ଏହା ବିଧିବଦ୍ଧ ଭାବେ ପଠାଯାଇଛି। ନା ପଞ୍ଜାବ ସରକାର ନା ସରକାର। ଭାରତ ସରକାର ତଦନ୍ତ ପାଇଁ ପ୍ରାର୍ଥନା କରି ଆମର ଯୋଗାଯୋଗ ପ୍ରାପ୍ତିକୁ ଉତ୍ତର ଦେବା କିମ୍ବା ସ୍ୱୀକାର କରିବା ଆବଶ୍ୟକ ବୋଲି ଅନୁଭବ କରିଥିଲେ। ଅନ୍ୟପକ୍ଷରେ, ସ୍ଥାନୀୟ ସରକାର "ହିଂସାତ୍ମକ" ପ୍ରତିରୋଧ "ପ୍ରଦାନ କରିଥିବାରୁ ସେହି ସମାନ ଘଟଣା ସମ୍ବନ୍ଧରେ ଆମ ବିରୋଧରେ ମାମଲା ରୁଜୁ କରିବାର ଅପରିହାର୍ଯ୍ୟ ଆବଶ୍ୟକତା ଅନୁଭବ କରିଛନ୍ତି।

(5) 1929 ମସିହା ଡିସେମ୍ବର ମାସର ଶେଷ ସପ୍ତାହରେ, ଏସ୍. ଜେ. ଲାହୋର ବୋର୍ଷ୍ଟାଲ କାରାଗାରରେ ବନ୍ଦୀ ଥିବା କିରଣ ଚନ୍ଦ୍ର ଦାସ ଏବଂ ଅନ୍ୟ ଆଠ ଜଣଙ୍କୁ ମାଜିଷ୍ଟ୍ରେଟଙ୍କ ଅଦାଲତକୁ ନିଆଯିବା ଏବଂ ହାଜର କରାଯିବା ସମୟରେ, ପଞ୍ଜାବ ଜେଲ୍ ଅନୁସନ୍ଧାନ କମିଟି ଏବଂ ପଞ୍ଜାବର ଆଇଜିଙ୍କ ସର୍ବସମ୍ମତ ସୁପାରିଶକୁ ଖୋଲାଖୋଲି ଉଲ୍ଲଂଘନ କରି ହାତକଡ଼ି ଏବଂ ଶୃଙ୍ଖଳାରେ ବନ୍ଧା ହୋଇଥିବା ଦେଖିବାକୁ ମିଳିଥିଲା। ଏହା ମଧ୍ୟ ଉଲ୍ଲେଖନୀୟ ଯେ ଏହି କଏଦୀମାନେ ବିଚାରାଧୀନ ଥିଲେ, ଜାମିନ ଯୋଗ୍ୟ ଅପରାଧ ପାଇଁ ବଦଳି ହୋଇଥିଲେ। ଜାରି କରିଛନ୍ତି ଏକ ଲମ୍ବା ବିବୃତ୍ତି ଡକ୍ଟର ମହମ୍ମଦ। ଏହି ସମ୍ବନ୍ଧରେ ଲାହୋରର ଅସଲମ, ଲାଲା ଦୁନୀ ଚାନ୍ଦ ଏବଂ ଅମ୍ବାଲାର ଲାଲା ଦୁନୀ ଚାନ୍ଦ ଟ୍ରିବ୍ୟୁନରେ ପ୍ରକାଶିତ ହୋଇଥିଲେ।

ଯେତେବେଳେ ଆମେ ରାଜନୈତିକ ବନ୍ଦୀମାନଙ୍କ ଏହି ଏବଂ ଅନ୍ୟାନ୍ୟ ଯନ୍ତ୍ରଣା ବିଷୟରେ ଜାଣିଲୁ, ଆମେ ଆମର ଅନଶନକୁ ପୁନର୍ବାର ଆରମ୍ଭ କରିବା ଠାରୁ ଦୂରେଇ ରହିଲୁ, ଯଦିଓ ଆମେ ବହୁତ ଦୁଃଖିତ ଥିଲୁ କାରଣ ଆମେ ଭାବିଥିଲୁ ଯେ ଏହି ମାମଲା ଶୀଘ୍ର ସମାଧାନ ହେବାକୁ ଯାଉଛି, କିନ୍ତୁ ଉପରୋକ୍ତ ଘଟଣାଗୁଡ଼ିକର ଆଲୋକରେ, ଆମେ କ 'ଣ ବିଶ୍ୱାସ କରିବା ଯେ ଅନଶନକାରୀଙ୍କ ଅବର୍ଣ୍ଣନୀୟ ଯନ୍ତ୍ରଣା ଏବଂ ଜତିନ ଦାସଙ୍କ ଦ୍ୱାରା କରାଯାଇଥିବା ସର୍ବୋଚ୍ଚ ବଳିଦାନ ସବୁ ବ୍ୟର୍ଥ ହୋଇଛି?

ଆମେ ବୁଝିବା ଉଚିତ କି ସରକାର? କେବଳ ଜନସାଧାରଣଙ୍କ ଆନ୍ଦୋଳନର ବୃଦ୍ଧି ପାଉଥିବା ଜ୍ୱଆରକୁ ରୋକିବା ଏବଂ ସଙ୍କଟକୁ ଏଡ଼ାଇବା ପାଇଁ ପ୍ରତିଶ୍ରୁତି ଦେଇଥିଲେ? ଯଦି ଆମେ କହିବା ଯେ ଆମେ ଯଥେଷ୍ଟ ଯୁକ୍ତିସଙ୍ଗତ ସମୟ ପାଇଁ ଧୈର୍ଯ୍ୟର ସହ ଅପେକ୍ଷା କରିଛୁ, ତେବେ ଆପଣ ଆମ ସହ ସହମତ ହେବେ। କିନ୍ତୁ ଆମେ ଅନିର୍ଦ୍ଦିଷ୍ଟ କାଳ ପର୍ଯ୍ୟନ୍ତ ଅପେକ୍ଷା କରିପାରିବୁ ନାହିଁ। ସରକାର ନିଜର ନମନୀୟ ମନୋଭାବ ଏବଂ ରାଜନୈତିକ ବନ୍ଦୀମାନଙ୍କ ପ୍ରତି ପ୍ରତିଶୋଧମୂଳକ ବ୍ୟବହାର ଜାରି ରଖିବା ଦ୍ୱାରା ଆମ ପାଇଁ ସଂଗ୍ରାମକୁ ପୁନର୍ବାର ଆରମ୍ଭ କରିବା ବ୍ୟତୀତ ଅନ୍ୟ କୌଣସି ବିକଳ୍ପ ଛାଡି ନାହିଁ। ଆମେ ଅନୁଭବ କରୁଛୁ ଯେ ଅନଶନ ଜାରି ରଖିବା ଏବଂ ଏହାକୁ ଜାରି ରଖିବା କୌଣସି ସହଜ କାମ ନୁହେଁ। କିନ୍ତୁ ଏହା ସହିତ ଆମେ ଉଲ୍ଲେଖ କରିବା ଯେ ଭାରତ ଆହୁରି ଅନେକ ଜତିନ ଏବଂ ୱାଗିଆ, ରଣ ରାକ୍ଷସ ଏବଂ ଭାନ ସିଂହ ସୃଷ୍ଟି କରିପାରିବ। 1917 ମସିହାରେ ଆଣ୍ଡାମାନରେ ଶେଷ ଦୁଇଜଣ ନାମିତ ହୋଇଥିଲେ - ପ୍ରଥମ ଦିନ 63 ଦିନ ଭୋକ ଉପାସରେ ଶେଷ ନି hed ଶ୍ୱାସ ତ୍ୟାଗ କରିଥିବାବେଳେ ଅନ୍ୟଟି ସମ୍ପୂର୍ଣ୍ଣ ଛଅ ମାସ ପର୍ଯ୍ୟନ୍ତ ଚୁପଚାପ୍ ଅମାନୁଷିକ ନିର୍ଯାତନା ଦେବା ପରେ ଜଣେ ମହାନ ବୀରଙ୍କ ମୃତ୍ୟୁ ହୋଇଥିଲା।) (ଶେଷ 1917 ମସିହାରେ ଆଣ୍ଡାମାନରେ ଦୁଇଜଣ ନିଜ ଜୀବନକୁ ବାଜି ଲଗାଇଲେ - ପ୍ରଥମ ଦିନ 63 ଦିନ ଭୋକ ଉପାସରେ ଶେଷ ନିଶ୍ୱାସ ତ୍ୟାଗ କରିଥିବାବେଳେ ଅନ୍ୟଟି ଜଣେ ମହାନ ବୀରଙ୍କ ମୃତ୍ୟୁରେ ନିରବଚ୍ଛିନ୍ନ ଭାବରେ ଛଅ ମାସ ଧରି ଅମାନୁଷିକ ନିର୍ଯାତନା ଦେଇଥଲା।)

ରାଜନୈତିକ ବନ୍ଦୀମାନଙ୍କ ପ୍ରତି ଉତ୍ତମ ବ୍ୟବହାରର ଯଥାର୍ଥତା ପାଇଁ ଆମେ ଏବଂ ଜନସାଧାରଣ (ତଦନ୍ତ କମିଟି) ଙ୍କ ଦ୍ୱାରା ଯଥେଷ୍ଟ କୁହାଯାଇଛି ଏବଂ ଏଠାରେ ସମାନ ପୁନରାବୃତ୍ତି କରିବା ଅନାବଶ୍ୟକ। ତେବେ ବର୍ଗୀକରଣ ପ୍ରସଙ୍ଗରେ ଆଧାର ଏବଂ ସବୁଠାରୁ ଗୁରୁତ୍ୱପୂର୍ଣ୍ଣ କାରକ ଭାବରେ ଅଭିପ୍ରେରଣାକୁ ଅନ୍ତର୍ଭୁକ୍ତ କରିବା ବିଷୟରେ ଆମେ କିଛି ଶବ୍ଦ କହିବାକୁ ଚାହୁଁଛୁ। ବର୍ଗୀକରଣର ମାନଦଣ୍ଡକୁ ନେଇ ବଡ଼ ଗଣ୍ଡଗୋଳ ସୃଷ୍ଟି ହୋଇଛି। ଆମେ ଦେଖୁଛୁ ଯେ ବିଭିନ୍ନ ପ୍ରାଦେଶିକ ସରକାରଙ୍କ ଦ୍ୱାରା ପ୍ରସ୍ତାବିତ ମାନଦଣ୍ଡରୁ ଏପର୍ଯ୍ୟନ୍ତ ଉଦ୍ଦେଶ୍ୟକୁ ସମ୍ପୂର୍ଣ୍ଣ ଭାବେ ବାଦ ଦିଆଯାଇଛି। ଏହା ପ୍ରକୃତରେ ଅଦ୍ଭୁତ ମନୋବୃତ୍ତି। କୌଣସି କାର୍ଯ୍ୟର ପ୍ରକୃତ ମୂଲ୍ୟ କେବଳ ଉଦ୍ଦେଶ୍ୟ ଦ୍ୱାରା ସ୍ଥିର କରାଯାଇପାରିବ। ଆମେ କ "ଣ ବୁଝିପାରିବା ଯେ ଜଣେ ଡକାୟତ ଯିଏ ତାଙ୍କ ଶିକାରକୁ ଲୁଟି ହତ୍ୟା କରେ ଏବଂ ଜଣେ ଖଳନାୟକଙ୍କୁ ହତ୍ୟା କରି ଜଣେ ଯୁବତୀର ସମ୍ମାନ ବଞ୍ଚାଇ ସମାଜକୁ ଏକ ଅତି ଲାଇସେନ୍ସିୟ ପରଜୀବୀରୁ ମୁକ୍ତ କରୁଥିବା ଜଣେ ଖରଗ ବାହାଦୂରଙ୍କ ମଧ୍ୟରେ ସରକାର ପାର୍ଥକ୍ୟ କରିବାରେ ଅସମର୍ଥ? ଉଭୟଙ୍କୁ ସମାନ ବର୍ଗର ଦୁଇ ଜଣ ପୁରୁଷ ଭାବେ ବିବେଚନା କରାଯିବ କି? ସମାନ ଅପରାଧ କରୁଥିବା ଦୁଇ ଜଣଙ୍କ ମଧ୍ୟରେ କୌଣସି ପାର୍ଥକ୍ୟ ନାହିଁ, ଜଣେ ସ୍ୱାର୍ଥପର ଉଦ୍ଦେଶ୍ୟ ଦ୍ୱାରା ପରିଚାଳିତ ଏବଂ ଅନ୍ୟ ଜଣେ ନିଃସ୍ୱାର୍ଥପର ଦ୍ୱାରା ପରିଚାଳିତ? ସେହିଭଳି, ଜଣେ ସାଧାରଣ ହତ୍ୟାକାରୀ ଏବଂ ଜଣେ ରାଜନୈତିକ କର୍ମୀଙ୍କ ମଧ୍ୟରେ କୌଣସି ପାର୍ଥକ୍ୟ ନାହିଁ, ଯଦିଓ ସେ ହିଂସାକାଣ୍ଡର ଆଶ୍ରୟ ନିଅନ୍ତି? ତାଙ୍କର ନିଃସ୍ୱାର୍ଥପରତା କ "ଣ ସାଧାରଣ ଅପରାଧୀମାନଙ୍କ ଠାରୁ ତାଙ୍କ ସ୍ଥାନ ଉପରକୁ ଉଠୁନାହିଁ? ଏଭଳି ପରିସ୍ଥିତିରେ ଆମେ ଭାବୁ ଯେ ବର୍ଗୀକରଣର ମାନଦଣ୍ଡରେ ଉଦ୍ଦେଶ୍ୟକୁ ସବୁଠାରୁ ଗୁରୁତ୍ୱପୂର୍ଣ୍ଣ କାରକ ଭାବରେ ଗ୍ରହଣ କରାଯିବା ଉଚିତ୍।

ଗ ତ ବର୍ଷ, ଆମ ଅନଶନ ଆରମ୍ଭରେ, ଯେତେବେଳେଡ. ଗୋପୀଚାନ୍ଦ ଏବଂ ଲାଲା ଦୁନିଙ୍କ ସମେତ ଜନନେତା ସ୍ୱାକ୍ଷରକାରୀମାନଙ୍କ ମଧ୍ୟରୁ ଜଣେ ଭାବେ ଅମ୍ବାଲାର ଚାନ୍ଦଙ୍କ ନାମ ଶେଷ ସ୍ଥାନରେ ରହିଛି। ପଞ୍ଜାବ ଜେଲ୍ ତଦନ୍ତ କମିଟି ରିପୋର୍ଟକୁ ଯୋଗାଯୋଗ କରାଯାଇଛି ଆମେ ସମାନ କଥା ଆଲୋଚନା କରିବା ଏବଂ ଯେତେବେଳେ ସେମାନେ ଆମକୁ କହିଲେ ଯେ ଦୋଷୀ ସାବ୍ୟସ୍ତ ହୋଇଥିବା ରାଜନୈତିକ କଏଦୀଙ୍କ ଚିକିତ୍ସା ପାଇଁ ସରକାର ବିଚାର କରୁଛନ୍ତି

ସ୍ୱତନ୍ତ୍ର ଶ୍ରେଣୀର କଏଦୀ ଭାବରେ ହିଂସାତ୍ମକ ପ୍ରକୃତିର ଅପରାଧର, ତା 'ପରେ ଆପୋଷ ବୁଝାମଣାର ଉପାୟ ଆମେ ପ୍ରସ୍ତାବରେ ସହମତ ହୋଇଛୁ ପ୍ରକୃତରେ ହତ୍ୟା ଅଭିଯୋଗରେ ଅଭିଯୁକ୍ତମାନଙ୍କୁ ବାଦ ଦେବା। କିନ୍ତୁ ପରେ... ଉପରେ, ଆଲୋଚନା ଏକ ଭିନ୍ନ ମୋଡ଼ ନେଇଥିଲା ଏବଂ କମ୍ୟୁନିକ୍ ପଞ୍ଜାବ ଜେଲ ତଦନ୍ତ ପାଇଁ ରେଫରେନ୍ସ ସର୍ତ୍ତାବଳୀ ଧାରଣ କରିଛି

କମିଟି ଏତେ ଶବ୍ଦଯୁକ୍ତ ଥିଲା ଯେ ଅଭିପ୍ରାୟ ପ୍ରଶ୍ନ ପରି ଲାଗୁଥିଲା | ସମ୍ପୂର୍ଣ୍ଣ ଭାବେ ବାଦ ଦିଆଯିବ, ଏବଂ ବର୍ଗୀକରଣ ଉପରେ ଆଧାରିତ ଥିଲା ଦୁଇଟି କଥାଃ

1. ଅପରାଧର ପ୍ରକୃତି; ଏବଂ

2. "ଅପରାଧୀ" ର ସାମାଜିକ ସ୍ଥିତି।

ଏହି ମାନଦଣ୍ଡ, ସମସ୍ୟାର ସମାଧାନ କରିବା ପରିବର୍ତ୍ତେ, ଏହାକୁ ଅଧିକ ଜଟିଳ କରିଦେଇଥିଲା।

ଆମେ ରାଜନୈତିକ ବନ୍ଦୀମାନଙ୍କ ମଧ୍ୟରେ ଦୁଇଟି ଶ୍ରେଣୀକୁ ବୁଝିପାରିଥାନ୍ତୁ, ଯେଉଁମାନେ ଅହିଂସାତ୍ମକ ଅପରାଧରେ ଅଭିଯୁକ୍ତ ଏବଂ ଯେଉଁମାନେ ହିଂସାତ୍ମକ ଅପରାଧରେ ଅଭିଯୁକ୍ତ। କିନ୍ତୁ ପରେ ପଞ୍ଜାବ ଜେଲ୍ ତଦନ୍ତ କମିଟିର ରିପୋର୍ଟରେ ସାମାଜିକ ସ୍ଥିତି ଉପରେ ପ୍ରଶ୍ନ ଉଠିଥାଏ। ଯେପରି ଚୌଧୁରୀ ଅଫଜଲ୍ ହକ୍ ଦର୍ଶାଇଛନ୍ତି, ଏବଂ ଯଥାର୍ଥରେ ମଧ୍ୟ, ଏହି ରିପୋର୍ଟ ପ୍ରତି ତାଙ୍କ ଅସନ୍ତୋଷର ନୋଟରେ, ସେହି ରାଜନୈତିକ କାର୍ଯ୍ୟକର୍ତ୍ତାଙ୍କ ଭାଗ୍ୟ କ 'ଣ ହେବ ଯେଉଁମାନେ ସ୍ୱାଧୀନତା ପାଇଁ ସେମାନଙ୍କର ସମ୍ମାନଜନକ ସେବା ହେତୁ ଦରିଦ୍ର ଅବସ୍ଥାର ଅବନତି ଘଟିଛି? ସେମାନଙ୍କୁ କ "ଣ ଜଣେ ମାଜିଷ୍ଟ୍ରେଟଙ୍କ ଦୟାରେ ଛାଡ଼ି ଦିଆଯିବ, ଯିଏ ସମସ୍ତଙ୍କୁ ଜଣେ ସାଧାରଣ ଦୋଷୀ ଭାବେ ବର୍ଗୀକୃତ କରି ନିଜର ଆନୁଗତ୍ୟର ସତ୍ୟତା ପ୍ରମାଣ କରିବାକୁ ଚେଷ୍ଟା କରିବେ?

କିମ୍ବା, ଏହା ଆଶା କରାଯାଏ କି ଯେ ଜଣେ ଅଣ-ସହଯୋଗୀ ଜେଲ୍ରେ ଉନ୍ନତ ଚିକିତ୍ସା ପାଇଁ ଭିକ୍ଷା କରି, ଯେଉଁମାନଙ୍କ ବିରୁଦ୍ଧରେ ସେ ପ୍ରତିଦ୍ୱନ୍ଦ୍ୱୀ ଭାବରେ ଲଢୁଛନ୍ତି, ସେମାନଙ୍କ ସମ୍ମୁଖରେ ହାତ ବିସ୍ତାର କରିବେ? ଏହା କ "ଣ ଅସନ୍ତୋଷର କାରଣଗୁଡ଼ିକୁ ଦୂର କରିବାର ଉପାୟ, ନା ବରଂ ସେଗୁଡ଼ିକୁ ତୀବ୍ର କରିବାର ଉପାୟ? ଏହା ଯୁକ୍ତି କରାଯାଇପାରେ ଯେ ଜେଲ୍ ବାହାରେ ସମ୍ପତ୍ତିରେ ରହୁଥିବା ଲୋକମାନେ, ଦଣ୍ଡ ଉଦ୍ଦେଶ୍ୟରେ ଅଟକ ରଖାଯିବା ସମୟରେ ଜେଲ୍ ଭିତରେ ବିଳାସ ଆଶା କରିବା ଉଚିତ୍ ନୁହେଁ |

କିନ୍ତୁ ଯେଉଁ ସଂସ୍କାରର ଦାବି କରାଯାଉଛି, ତାହା ବିଳାସପୂର୍ଣ୍ଣ କି? ସେଗୁଡ଼ିକ କ "ଣ ସବୁଠାରୁ ମଧ୍ୟମ ଧରଣର ଜୀବନଧାରଣ ମାନ ଅନୁଯାୟୀ ଜୀବନର ମୌଳିକ ଆବଶ୍ୟକତା ନୁହେଁ କି? ସମ୍ଭବତଃ ଦାବି କରାଯାଉଥିବା ସମସ୍ତ ସୁବିଧା ସତ୍ତ୍ୱେ, ଜେଲ୍ ସର୍ବଦା ଏକ ଜେଲ୍ ହୋଇ ରହିବ। ବାହାରେ ଥିବା ଲୋକମାନଙ୍କୁ ଆକର୍ଷିତ କରିବା ପାଇଁ କାରାଗାରରେ କୌଣସି ଚୁମ୍ବକୀୟ ଶକ୍ତି ନଥାଏ ଏବଂ କଦାପି ନଥାଏ। କେବଳ ଜେଲ୍ ଆସିବା ପାଇଁ କେହି ଅପରାଧ କରିବେ ନାହିଁ।

ଅଧିକନ୍ତୁ, ଆମେ ଏହା କହିବାକୁ ସାହାସ କରିପାରିବା ଯେ କୌଣସି ସରକାରଙ୍କ ତରଫରୁ ଏହା କହିବା ଅତ୍ୟନ୍ତ ଖରାପ ଯୁକ୍ତି ଯେ ଏହାର ନାଗରିକମାନେ ଏତେ ଚରମ ଦାରିଦ୍ର୍ୟ ଆଡକୁ ଠେଲି ହୋଇଯାଇଛନ୍ତି ଯେ ସେମାନଙ୍କର ଜୀବନଶୈଳୀ ଜେଲ୍ ତୁଳନାରେ ଆହୁରି ତଳକୁ ଖସିଛି? ଏପରି ଯୁକ୍ତି କ "ଣ ସେହି ସରକାରଙ୍କ ଅସ୍ତିତ୍ୱ ଅଧିକାରର ମୂଳକୁ କାଟି ନଥାଏ? ତଥାପି, ବର୍ତ୍ତମାନ ଆମେ ଏହାକୁ ନେଇ ଚିନ୍ତିତ ନାହୁଁ। ଆମେ ଯାହା କହିବାକୁ ଚାହୁଁଛୁ ତାହା ହେଉଛି ପ୍ରଚଳିତ ଅସନ୍ତୋଷକୁ ଦୂର କରିବାର ସର୍ବୋତ୍ତମ ଉପାୟ ହେଉଛି ରାଜନୈତିକ ବନ୍ଦୀମାନଙ୍କୁ ଏକ ପୃଥକ ଶ୍ରେଣୀରେ ବର୍ଗୀକୃତ କରିବା ଯାହା ଆବଶ୍ୟକ ହେଲେ

ଦୋଷୀ ସାବ୍ୟସ୍ତ ହୋଇଥିବା ବ୍ୟକ୍ତିଙ୍କ ପାଇଁ ଦୁଇଟି ଶ୍ରେଣୀରେ ବିଭକ୍ତ ହୋଇପାରେ | ଅହିଂସା ଅପରାଧ ଏବଂ ଅନ୍ୟଟି ସେହି ବ୍ୟକ୍ତିମାନଙ୍କ ପାଇଁ ଯାହାର ଅପରାଧରେ ହିଂସା ଅନ୍ତର୍ଭୁକ୍ତ। ସେହି କ୍ଷେତ୍ରରେ ଅଭିପ୍ରେରଣା ନିର୍ଣ୍ଣାୟକ କାରକମାନଙ୍କ ମଧ୍ୟରୁ ଗୋଟିଏ ହେବ। ରାଜନୈତିକ ମାମଲାରେ ଉଦ୍ଦେଶ୍ୟ ନିର୍ଦ୍ଧାରଣ କରାଯାଇପାରିବ ନାହିଁ ବୋଲି କହିବା କପଟପୂର୍ଣ୍ଣ ଦାବି। ଏମିତି କ 'ଣ ଅଛି ଯାହା ଆଜି ଜେଲ୍ କର୍ତ୍ତୃପକ୍ଷଙ୍କୁ' ରାଜନୈତିକ 'ମାନଙ୍କୁ ମଧ୍ୟ ସାଧାରଣ ସୁବିଧାରୁ ବଞ୍ଚିତ କରିବାକୁ ସୂଚନା ଦିଏ? ଏହା କ 'ଣ ଯାହା ସେମାନଙ୍କୁ ସ୍ୱତନ୍ତ୍ର ଗ୍ରେଡ୍ କିମ୍ବା' ନାମ୍ବାର୍ଡାରୀ 'ଇତ୍ୟାଦି ଠାରୁ ବଞ୍ଚିତ କରେ | ? ସେମାନଙ୍କୁ ଅଲଗା ରଖିବା ଏବଂ ଅନ୍ୟ ସମସ୍ତ ଦୋଷୀଙ୍କଠାରୁ ଅଲଗା ରଖିବା ପାଇଁ କର୍ତ୍ତୃପକ୍ଷମାନେ କ "ଣ କରନ୍ତି? ସମାନ ଜିନିଷ ବର୍ଗୀକରଣରେ ମଧ୍ୟ ସାହାଯ୍ୟ କରିପାରେ |

ସ୍ୱତନ୍ତ୍ର ଦାବିଗୁଡ଼ିକ ବିଷୟରେ ଆମେ ପଞ୍ଜାବ ଜେଲ୍ ତଦନ୍ତ କମିଟିକୁ ଦେଇଥିବା ସ୍ମାରକୀ ପତ୍ରରେ ସମ୍ପୂର୍ଣ୍ଣ ଭାବେ ଉଲ୍ଲେଖ କରିଛୁ। ତେବେ ଆମେ ବିଶେଷ ଭାବେ ଗୁରୁତ୍ୱ ଦେଉଛୁ ଯେ କୌଣସି ରାଜନୈତିକ ବନ୍ଦୀ, ତା 'ର ଅପରାଧ ଯାହା ହେଉନା କାହିଁକି, ତାକୁ ଏପରି କୌଣସି କଠିନ ଏବଂ ଅସମ୍ମାନିତ ଶ୍ରମ ଦିଆଯିବା ଉଚିତ, ଯାହା ପାଇଁ ସେ ଉପଯୁକ୍ତ ଅନୁଭବ କରିନପାରେ। ଗୋଟିଏ ଜେଲ୍ରେ ବନ୍ଦୀ ଥିବା ସମସ୍ତଙ୍କୁ ଗୋଟିଏ ୱାର୍ଡରେ ଏକାଠି ରଖିବା ଉଚିତ। ସେମାନଙ୍କୁ ସ୍ଥାନୀୟ ଭାଷା କିମ୍ବା ଇଂରାଜୀରେ ଅତି କମରେ ଗୋଟିଏ ମାନକ ଦୈନିକ ଖବରକାଗଜ ଦିଆଯିବା ଉଚିତ୍।

ଅଧ୍ୟୟନ ପାଇଁ ସମ୍ପୂର୍ଣ୍ଣ ଏବଂ ଉପଯୁକ୍ତ ସୁବିଧା ପ୍ରଦାନ କରାଯିବା ଉଚିତ। ଶେଷରେ, ସେମାନଙ୍କୁ ସେମାନଙ୍କ ବ୍ୟକ୍ତିଗତ ଉତ୍ସରୁ ଖାଦ୍ୟ ଏବଂ ପୋଷାକ ପାଇଁ ସେମାନଙ୍କର ଖର୍ଚ୍ଚ ପୂରଣ କରିବାକୁ ଅନୁମତି ଦିଆଯିବା ଉଚିତ୍। ଆମେ ତଥାପି ଆଶା କରୁଛୁ ଯେ ସରକାର ଆମକୁ ଏବଂ ଜନସାଧାରଣଙ୍କୁ ଦେଇଥିବା ପ୍ରତିଶ୍ରୁତିକୁ ଆଉ ବିଳମ୍ବ ନକରି କାର୍ଯ୍ୟକାରୀ କରିବେ, ଯାହା ଦ୍ୱାରା ଅନଶନ ପୁନର୍ବାର ଆରମ୍ଭ କରିବାର ଆଉ ଏକ ସୁଯୋଗ ନଥାଇପାରେ | ଯେ ପର୍ଯ୍ୟନ୍ତ ଆମେ ଆଗାମୀ ସାତ ଦିନ ମଧ୍ୟରେ ସରକାର ଦେଇଥିବା ପ୍ରତିଶ୍ରୁତିକୁ ପୂରଣ କରିବା ପାଇଁ କୌଣସି ନିର୍ଦ୍ଦିଷ୍ଟ ପଦକ୍ଷେପ ନେଉନାହୁଁ, ଆମେ ପୁଣି ଅନଶନ ଆରମ୍ଭ କରିବାକୁ ବାଧ୍ୟ ହେବୁ।

ଆପଣଙ୍କର ଇତ୍ୟାଦି।
ଭଗତ ସିଂହ, ଦତ୍ତ ଏବଂ ଅନ୍ୟମାନେ
ତାରିଖଃ 28 ଜାନୁଆରୀ, 1930 ବିଚାରାଧୀନ।
ଲାହୋର ଷଡ଼ଯନ୍ତ୍ର ମାମଲା

15

ଅଦାଲତରେ ହାଜର ହେବାକୁ ମନା କରିବାର କାରଣ

"ସରକାରଙ୍କ ପ୍ରତିଶ୍ରୁତି କ୍ରମେ ଲାହୋର ଷଡ଼ଯନ୍ତ୍ର ମାମଲାର କଏଦୀମାନଙ୍କ ଦ୍ୱିତୀୟ ଅନଶନ ମଧ୍ୟ 21 ଦିନ ପରେ ସ୍ଥଗିତ ରଖାଯାଇଥିଲା। କିନ୍ତୁ ତଥାପି କିଛି ସମସ୍ୟା ଏବଂ ଅଭିଯୋଗ ରହିଥିଲା ଯାହା ମାଜିଷ୍ଟ୍ରେଟ୍ ଶୁଣିନଥିଲେ। ଏହାପରେ ଅଭିଯୁକ୍ତମାନେ କୋର୍ଟରେ ହାଜର ହେବାକୁ ମନା କରିଦେଇଥିଲେ। ଦି ସିଭିଲ୍ ଆଣ୍ଡ ମିଲିଟାରୀ ଗେଜେଟ୍ ମନ୍ତବ୍ୟ ଦେଇଛି ଯେ ଅଭିଯୁକ୍ତ ବ୍ରିଟିଶ ଅଦାଲତକୁ ବର୍ଜନ କରିଛି। ଏହା ଭୁଲ ଥିଲା। ଭଗତ ସିଂହ ଏହାକୁ ଖଣ୍ଡନ କରିଥିଲେ ଏବଂ ଅଦାଲତରେ ହାଜର ହେବାକୁ ମନା କରିବାର କାରଣ ବର୍ଣ୍ଣନା କରିଥିଲେ।

* *

ଶ୍ରୀଯୁକ୍ତ ମାଜିଷ୍ଟ୍ରେଟ୍

1930 ମସିହା ଫେବୃଆରୀ 4 ତାରିଖର ଆପଣଙ୍କ ଆଦେଶକୁ ଅନୁଧ୍ୟାନ କରିବା ପରେ, ଯାହା 'ଦି ସିଭିଲ୍ ଆଣ୍ଡ ମିଲିଟାରୀ ଗେଜେଟ୍' ରେ ପ୍ରକାଶିତ ହୋଇଥିଲା, ଏହା ଆବଶ୍ୟକ ମନେହୁଏ ଯେ ଆମେ ଅଦାଲତକୁ ବର୍ଜନ କରିବାର କାରଣ ଆପଣଙ୍କୁ ବୁଝାଇବୁ।

ଏହା କହିବା ଭୁଲ ଯେ ଆମେ ବ୍ରିଟିଶ ସରକାରଙ୍କ ଅଦାଲତକୁ ବର୍ଜନ କରିଛୁ। ଆଜି, ଆମେ ମିଷ୍ଟର ଲୁଇଙ୍କ ଅଦାଲତକୁ ଯାଉଛୁ ଯିଏ ଜେଲ୍ ଆଇନର ଧାରା 22 ଅନୁଯାୟୀ ଆମ ବିରୋଧରେ ଆରମ୍ଭ ହୋଇଥିବା ମାମଲାର ଶୁଣାଣି କରୁଛନ୍ତି। ଆମେ ଆପଣଙ୍କ ସମ୍ମୁଖରେ ଆମର ଜାମିନ ଆବେଦନରେ ଆମର ସମସ୍ୟା ଏବଂ ଅସୁବିଧାଗୁଡ଼ିକୁ ଉପସ୍ଥାପନ କରିଥିଲୁ, କିନ୍ତୁ ଏହା ଏପର୍ଯ୍ୟନ୍ତ ବିଚାରହୀନ ହୋଇ ରହିଛି।

ବିଚାରଧୀନ ଆମର ସାଥୀମାନେ ଦେଶର ବିଭିନ୍ନ ଏବଂ ଦୂର କୋଣରୁ ଆସିଛନ୍ତି। ତେଣୁ, ସେମାନଙ୍କୁ ସେମାନଙ୍କ ଶୁଭଚିନ୍ତକ ଏବଂ ସହାନୁଭୂତିଶୀଳମାନଙ୍କୁ ଭେଟିବାର ସୁବିଧା ଦିଆଯିବା ଉଚିତ। ଶ୍ରୀ B.K. ଦତ୍ତ ମିସ୍ ଲଜ୍ଜାବତୀଙ୍କୁ ଭେଟିବା ପାଇଁ ଆବେଦନ କରିଥିଲେ, ଏବଂ ଶ୍ରୀ କମଲ ନାଥ ତିୱାରୀ ମଧ୍ୟ କାହାକୁ ଭେଟିବାକୁ ଚାହୁଁଥିଲେ, କିନ୍ତୁ ସେମାନେ ସେମାନଙ୍କ ସମ୍ପର୍କୀୟ କିମ୍ବା ସେମାନଙ୍କ ଓକିଲ ନଥିଲେ। ସେମାନଙ୍କ ଅନୁମତି ପାଇବା ପରେ ମଧ୍ୟ ସେମାନଙ୍କୁ ଭେଟିବାକୁ ଅନୁମତି ଦିଆଯାଇନଥିଲା। ଏଥିରୁ ଏହା ସ୍ପଷ୍ଟ ଯେ ବିଚାରାଧୀନ କଏଦୀମାନଙ୍କୁ ସେମାନଙ୍କ ପ୍ରତିରକ୍ଷା ପାଇଁ ସୁବିଧା ଦିଆଯାଇନଥାଏ। କେବଳ ଏତିକି ନୁହେଁ, କମରେଡ କ୍ରାନ୍ତି କୁମାର, ଯିଏକି ଆମ ପ୍ରତିରକ୍ଷା କମିଟି ପାଇଁ ବହୁତ ଉପଯୋଗୀ କାର୍ଯ୍ୟ କରୁଥିଲେ ଏବଂ ଆମକୁ ଦୈନନ୍ଦିନ ବ୍ୟବହାରର ଜିନିଷ ମଧ୍ୟ ଯୋଗାଉଥିଲେ, ଏକ ମନଗଢ଼ା ଅଭିଯୋଗରେ ଜେଲ୍ ଗଲେଣି। ଏହା ଆମ ଜ୍ଞାନକୁ ଆସିଛି ଯେ ଯେତେବେଳେ ସସ୍ତେ ଗୁଳି ଆଣିବାର ମନଗଢ଼ା ଅଭିଯୋଗ ତାଙ୍କ ବିରୋଧରେ ପ୍ରମାଣ ହୋଇପାରିଲା ନାହିଁ, ଲାହୋରଠାରୁ ଦୂରରେ ଥିବା ଗୁରୁଦାସପୁରରେ ଧାରା 124 ଏ ଅନୁଯାୟୀ।

ମୁଁ ନିଜେ ଜଣେ ପୂର୍ଣ୍ଣକାଳୀନ ଓକିଲ ରଖିପାରିବି ନାହିଁ। ତେଣୁ ମୁଁ ଚାହୁଁଥିଲି ଯେ ମୋର ବିଶ୍ୱସ୍ତ ବନ୍ଧୁମାନେ ସେଠାରେ ଉପସ୍ଥିତ ରହି ଅଦାଲତର କାର୍ଯ୍ୟାନୁଷ୍ଠାନ ପାଳନ କରନ୍ତୁ, କିନ୍ତୁ ସେମାନଙ୍କୁ କୌଣସି ସ୍ପଷ୍ଟ କାରଣ ବିନା ଅନୁମତି ଦିଆଯାଇ ନଥିଲା, ଏବଂ କେବଳ ଲାଲା ଅମରଦାସ, ଆଡଭୋକେଟ୍ଙ୍କୁ ଏକ ଆସନ ଦିଆଯାଇଛି।

ନ୍ୟାୟ ନାମରେ କରାଯାଇଥିବା ଏହି ନାଟକକୁ ଆମେ କଦାପି ପସନ୍ଦ କରିପାରିବୁ ନାହିଁ, କାରଣ ଆମକୁ ନିଜକୁ ରକ୍ଷା କରିବା ପାଇଁ କୌଣସି ସୁବିଧା କିମ୍ବା ଲାଭ ମିଳୁନାହିଁ। ଖବରକାଗଜ ଉପଲବ୍ଧ ନଥିବା ବିରୋଧରେ ଆଉ ଏକ ଗୁରୁତର ଅଭିଯୋଗ ରହିଛି। ବିଚାରାଧୀନ କଏଦୀମାନଙ୍କୁ ଦୋଷୀ ସାବ୍ୟସ୍ତ କଏଦୀ ଭଳି ବ୍ୟବହାର କରାଯାଇପାରିବ ନାହିଁ। ଆମକୁ ନିୟମିତ ଭାବେ ଅତି କମ୍ରେ ଗୋଟିଏ ଖବରକାଗଜ ଦିଆଯିବା ଉଚିତ। ଯେଉଁମାନେ ଇଂରାଜୀ ଜାଣନ୍ତି ନାହିଁ ସେମାନଙ୍କ ପାଇଁ ମଧ୍ୟ ଆମେ ଗୋଟିଏ ଖବରକାଗଜ ଚାହୁଁଛୁ। ତେଣୁ ପ୍ରତିବାଦ ସ୍ୱରୂପ ଆମେ ଇଂରେଜମାନଙ୍କୁ ମଧ୍ୟ ଫେରାଇ ଦେଉଛୁ। ତେଣୁ, ପ୍ରତିବାଦ ସ୍ୱରୂପ, ଆମେ ଇଂରାଜୀ ଦୈନିକ ଟ୍ରିବ୍ୟୁନକୁ ମଧ୍ୟ ଫେରାଇ ଦେଉଛୁ। ଏହି ଅଭିଯୋଗଗୁଡ଼ିକ କାରଣରୁ ଆମେ 1930 ମସିହା ଜାନୁଆରୀ 29 ତାରିଖରେ ଅଦାଲତକୁ ବୟକଟ୍ କରିବାକୁ ନିଷ୍ପତ୍ତି ନେଇଥିଲୁ। ଏହି ଅସୁବିଧାଗୁଡ଼ିକ ଦୂର ହେବା ପରେ ଆମେ ପୁନର୍ବାର କାର୍ଯ୍ୟାନୁଷ୍ଠାନରେ ଯୋଗ ଦେବୁ।

ଆପଣଙ୍କର ଇତ୍ୟାଦି। ଇତ୍ୟାଦି।

16

ଲାହୋର ହାଇକୋର୍ଟ ବେଞ୍ଚ ସମ୍ମୁଖରେ ବିବୃତି

"ଏହି ଉଜ୍ଜ୍ୱଳ ବିବୃତ୍ତି ମାଧ୍ୟମରେ ଭଗତ୍ ସିଂ ସେସନ୍ କୋର୍ଟଙ୍କ ରାୟର ଆଧାରକୁ ଧ୍ୱଂସ କରିଦେଇଥିଲେ ଏବଂ ଅଭିପ୍ରେରଣାର ଗୁରୁତ୍ୱ ଉପରେ ଗୁରୁତ୍ୱାରୋପ କରିଥିଲେ। ଜଣେ ଅଭିଯୁକ୍ତର ଅପରାଧ ବିଚାର କରିବା ସମୟରେ କାର୍ଯ୍ୟାନୁଷ୍ଠାନର ଉଦ୍ଦେଶ୍ୟ ମୁଖ୍ୟ ବିଚାର ହେବା ଉଚିତ ବୋଲି ସେ ଯୁକ୍ତି କରିଥିଲେ।

* *

ମୋର ପ୍ରଭୁଗଣ,

ଆମେ ନା ଓକିଲ, ନା ଇଂରାଜୀ ଭାଷାର ମାଷ୍ଟର, ନା ଡିଗ୍ରୀଧାରୀ। ତେଣୁ, ଦୟାକରି ଆମଠାରୁ କୌଣସି ବାଚନିକ ଭାଷଣ ଆଶା କରନ୍ତୁ ନାହିଁ। ତେଣୁ ଆମେ ପ୍ରାର୍ଥନା କରୁଛୁ ଯେ ଆମର ଉକ୍ତିର ଭାଷା ଭୁଲ ଭିତରକୁ ଯିବା ପରିବର୍ତ୍ତେ ଆପଣଙ୍କ ପ୍ରଭୁପାଦମାନେ ଏହାର ପ୍ରକୃତ ଅର୍ଥ ବୁଝିବାକୁ ଚେଷ୍ଟା କରିବେ।

ଅନ୍ୟ ପଏଣ୍ଟଗୁଡିକ ଆମର ଓକିଲମାନଙ୍କ ଉପରେ ଛାଡି, ମୁଁ ନିଜକୁ କେବଳ ଗୋଟିଏ ପଏଣ୍ଟରେ ସୀମିତ ରଖିବି। ଏହି ମାମଲାରେ ଏହି ପ୍ରସଙ୍ଗଟି ଅତ୍ୟନ୍ତ ଗୁରୁତ୍ୱପୂର୍ଣ୍ଣ। କଥାଟି ହେଉଛି ଆମର ଉଦ୍ଦେଶ୍ୟ କ "ଣ ଥିଲା ଏବଂ ଆମେ କେତେ ମାତ୍ରାରେ ଦୋଷୀ। ଏହା ଏକ ଅତ୍ୟନ୍ତ ଜଟିଳ ପ୍ରଶ୍ନ ଏବଂ ଆପଣଙ୍କ ସମ୍ମୁଖରେ କେହି ସେହି ଉଚ୍ଚତାକୁ ମାନସିକ ଉନ୍ନତିକୁ ପ୍ରକାଶ କରିବାକୁ ସକ୍ଷମ ହେବେ ନାହିଁ ଯାହା ଆମକୁ ଏକ ନିର୍ଦ୍ଦିଷ୍ଟ ଢଙ୍ଗରେ ଚିନ୍ତା କରିବାକୁ ଏବଂ କାର୍ଯ୍ୟ କରିବାକୁ ପ୍ରେରଣା ଦେଇଥିଲା। ଆମେ ଚାହୁଁ ଯେ ଆମର ଉଦ୍ଦେଶ୍ୟକୁ ମୂଲ୍ୟାଙ୍କନ କରିବା ସମୟରେ ଏହାକୁ ଧ୍ୟାନରେ ରଖିବା ଉଚିତ୍ ଅପରାଧ। ପ୍ରସିଦ୍ଧ ଆଇନଜ୍ଞ ସୋଲୋମନଙ୍କ ଅନୁଯାୟୀ, ଯଦି ତାଙ୍କର ଉଦ୍ଦେଶ୍ୟ ଆଇନ ବିରୁଦ୍ଧରେ ନଥାଏ, ତେବେ ତାଙ୍କୁ ତାଙ୍କ ଅପରାଧିକ ଅପରାଧ ପାଇଁ ଦଣ୍ଡିତ କରାଯିବା ଉଚିତ୍ ନୁହେଁ।

ଆମେ ସେସନ୍ସ କୋର୍ଟରେ ଏକ ଲିଖିତ ବିବୃତ୍ତି ଦାଖଲ କରିଥିଲୁ। ସେହି ବିବୃତ୍ତି ଆମର ଲକ୍ଷ୍ୟକୁ ବ୍ୟାଖ୍ୟା କରେ ଏବଂ ଏହିପରି, ଆମର ଉଦ୍ଦେଶ୍ୟ ମଧ୍ୟ ବ୍ୟାଖ୍ୟା କରେ | କିନ୍ତୁ ବିଦ୍ୱାନ ବିଚାରପତି ଏହାକୁ ଗୋଟିଏ କଲମରେ ଖାରଜ କରି କହିଥିଲେ ଯେ "ସାଧାରଣତଃ ଜଣେ କିପରି କିମ୍ବା କାହିଁକି ଅପରାଧ କରିଛି ତାହା ଦ୍ୱାରା ଆଇନର କାର୍ଯ୍ୟକାରିତା ପ୍ରଭାବିତ ହୁଏ ନାହିଁ। ଏହି ଦେଶରେ ଅପରାଧର ଉଦ୍ଦେଶ୍ୟ ଆଇନଗତ ମନ୍ତବ୍ୟରେ କ୍ୱଚିତ୍ ଉଲ୍ଲେଖ କରାଯାଇଛି।

ମୋର ପ୍ରଭୁ, ଆମର ଯୁକ୍ତି ହେଉଛି ଯେ ପରିସ୍ଥିତିରେ ବିଦ୍ୱାନ ବିଚାରପତି ଆମର କାର୍ଯ୍ୟର ଫଳାଫଳ କିମ୍ବା ଆମର ବିବୃତ୍ତିର ମନସ୍ତାତ୍ତ୍ୱିକ ଅଂଶ ଆଧାରରେ ଆମକୁ ବିଚାର କରିବା ଉଚିତ୍ | କିନ୍ତୁ ସେ ଏହି କାରଣଗୁଡ଼ିକ ମଧ୍ୟରୁ କୌଣସିଟିକୁ ଧ୍ୟାନରେ ରଖିନଥିଲେ। ବିଚାର କରିବାର ବିଷୟ ହେଉଛି ଯେ ଆମେ ବିଧାନସଭାରେ ଫିଙ୍ଗୁଥିବା ଦୁଇଟି ବୋମା କାହାରି ଶାରୀରିକ କିମ୍ବା ଅର୍ଥନୈତିକ କ୍ଷତି କରିନଥିଲା। ତେଣୁ

ଆମକୁ ଦିଆଯାଇଥିବା ଦଣ୍ଡ କେବଳ ଅତ୍ୟନ୍ତ କଠୋର ନୁହେଁ ବରଂ ପ୍ରତିଶୋଧାତ୍ମକ ମଧ୍ୟ। ଅଧିକନ୍ତୁ, ତାଙ୍କ ମନୋବିଜ୍ଞାନକୁ ଜାଣିବାର ଉଦ୍ଦେଶ୍ୟ। ଏବଂ ତାଙ୍କ ଉଦ୍ଦେଶ୍ୟକୁ ବିଚାରକୁ ନ ନେଇ କେହି କାହାକୁ ନ୍ୟାୟ କରିପାରିବେ ନାହିଁ। ଯଦି ଆମେ ଉଦ୍ଦେଶ୍ୟକୁ ଅଣଦେଖା କରିବା, ତେବେ ଶଙ୍କର ସବୁଠାରୁ ବଡ଼ ସାଧାରଣ ସାଧାରଣ ହତ୍ୟାକାରୀଙ୍କ ପରି ଦେଖାଯିବ; ରାଜସ୍ୱ ଅଧିକାରୀମାନେ ଚୋର ଏବଂ ଠକ ପରି ଦେଖାଯିବେ | ଏପରିକି ବିଚାରପତିମାନେ ମଧ୍ୟ ହତ୍ୟା ଅଭିଯୋଗରେ ଅଭିଯୁକ୍ତ ହେବେ। ଏହାଦ୍ୱାରା ସମଗ୍ର ସାମାଜିକ ବ୍ୟବସ୍ଥା ଏବଂ ସଭ୍ୟତା ହତ୍ୟା, ଚୋରି ଏବଂ ଠକେଇରେ ପରିଣତ ହେବ। ଯଦି ଆମେ ଉଦ୍ଦେଶ୍ୟକୁ ଅଣଦେଖା କରିବା, ତେବେ ସରକାରଙ୍କର ନିଜ ଲୋକ ଏବଂ ଅଧିକାରୀମାନଙ୍କଠାରୁ ବଳିଦାନ ଆଶା କରିବାର କୌଣସି ଅଧିକାର ରହିବ ନାହିଁ। ଉଦ୍ଦେଶ୍ୟକୁ ଅଣଦେଖା କରନ୍ତୁ ଏବଂ ପ୍ରତ୍ୟେକ ଧାର୍ମିକ ପ୍ରଚାରକଙ୍କୁ ମିଥ୍ୟାର ପ୍ରଚାରକ ବୋଲି କୁହାଯିବ, ଏବଂ ପ୍ରତ୍ୟେକ ଭବିଷ୍ୟଦ୍ବକ୍ତା କୋଟି କୋଟି ସରଳ ଏବଂ ଅଜ୍ଞ ଲୋକଙ୍କୁ ପଥଭ୍ରଷ୍ଟ କରିଥିବା ଅଭିଯୋଗ କରାଯିବ।

ଯଦି ଆମେ ଉଦ୍ଦେଶ୍ୟକୁ ଅଲଗା କରିଦେବା, ତେବେ ଯୀଶୁ ଖ୍ରୀଷ୍ଟ ବିଶୃଙ୍ଖଳା ସୃଷ୍ଟି କରିବା, ଶାନ୍ତି ଭଙ୍ଗ କରିବା ଏବଂ ବିଦ୍ରୋହ ପ୍ରଚାର କରିବା ପାଇଁ ଦାୟୀ ବ୍ୟକ୍ତି ଭାବରେ ଦେଖାଯିବେ, ଏବଂ ଆଇନର ଭାଷାରେ ଜଣେ "ବିପଜ୍ଜନକ ବ୍ୟକ୍ତିତ୍ୱ" ଭାବରେ ବିବେଚିତ ହେବେ | କିନ୍ତୁ ଆମେ ତାଙ୍କୁ ପୂଜା କରୁ। ସେ ଆମ ହୃଦୟରେ ବହୁତ ସମ୍ମାନର ଆଦେଶ ଦିଅନ୍ତି ଏବଂ ତାଙ୍କ ପ୍ରତିଛବି ଆମ ମଧ୍ୟରେ ଆଧ୍ୟାତ୍ମିକତାର କମ୍ପନ ସୃଷ୍ଟି କରେ | କାହିଁକି? କାରଣ ତାଙ୍କ କାର୍ଯ୍ୟ ପଛରେ ପ୍ରେରଣା ଥିଲା ଏକ ଉଚ୍ଚ ଆଦର୍ଶରେ। ସେହି ଯୁଗର ଶାସକମାନେ ସେହି ଉଚ୍ଚ ଆଦର୍ଶବାଦକୁ ଚିହ୍ନି ପାରିଲେ ନାହିଁ। ସେମାନେ କେବଳ ତାଙ୍କର ବାହ୍ୟ କାର୍ଯ୍ୟକଳାପ ଦେଖୁଥିଲେ। ସେବେଠାରୁ ଉଣେଇଶି ଶତାବ୍ଦୀ ବିତିଗଲାଣି। ଏହି ସମୟ ମଧ୍ୟରେ ଆମେ ଅଗ୍ରଗତି କରିନାହୁଁ କି? ଆମେ ପୁଣି ସେହି ଭୁଲର ପୁନରାବୃତ୍ତି କରିବା କି? ଯଦି ଏପରି ହୁଏ, ତେବେ ଆମକୁ ସ୍ୱୀକାର କରିବାକୁ ପଡ଼ିବ ଯେ ମାନବଜାତିର ସମସ୍ତ ବଳିଦାନ ଏବଂ ମହାନ ସହିଦଙ୍କ ସମସ୍ତ ପ୍ରୟାସ ବ୍ୟର୍ଥ ଥିଲା ଏବଂ ଏହା ଜଣାପଡ଼ିବ ଯେ ଆମେ କୋଡ଼ିଏ ଶତାବ୍ଦୀ ପୂର୍ବରୁ ଯେଉଁଠାରେ ଛିଡ଼ା ହୋଇଥିଲୁ ସେହି ସ୍ଥାନରେ ଆଜି ମଧ୍ୟ ଅଛୁ।

ଆଇନଗତ ଦୃଷ୍ଟିକୋଣରୁ ମଧ୍ୟ, ଅଭିପ୍ରେରଣାର ପ୍ରଶ୍ନ ବିଶେଷ ଗୁରୁତ୍ୱ ବହନ କରେ | ଜେନେରାଲ ଡାୟାରଙ୍କ ଉଦାହରଣ ନିଅନ୍ତୁ। ସେ ଗୁଳି ଚଳାଇଥିଲେ ଏବଂ ଶହ ଶହ ନିର୍ଦ୍ଦୋଷ ଏବଂ ନିରସ୍ତ୍ର ଲୋକଙ୍କୁ ହତ୍ୟା କରିଥିଲେ। କିନ୍ତୁ ସାମରିକ ଅଦାଲତ ତାଙ୍କୁ ଗୁଳି କରିବା ପାଇଁ ନିର୍ଦ୍ଦେଶ ଦେଇନଥିଲେ। ଏହା ତାଙ୍କୁ ପୁରସ୍କାର ସ୍ୱରୂପ ଲକ୍ଷ ଲକ୍ଷ ଟଙ୍କା ଦେଇଥିଲା। ଆଉ ଏକ ଉଦାହରଣ ନିଅନ୍ତୁ। ଶ୍ରୀ ଖରଗ ବାହାଦୂର ସିଂହ, ଜଣେ ଯୁବକ ଗୋର୍ଖା, କଲିକତାରେ ଜଣେ ମାରୱାଡ଼ିଙ୍କୁ ହତ୍ୟା କରିଥିଲେ। ଯଦି ଉଦ୍ଦେଶ୍ୟକୁ ଏଡ଼ାଇ ଦିଆଯାଇଥାଏ, ତେବେ ଖରଗ ବାହାଦୂର ସିଂହଙ୍କୁ ଫାଶୀ ଦିଆଯିବା ଉଚିତ ଥିଲା। କିନ୍ତୁ ତାଙ୍କୁ ମାତ୍ର କିଛି ବର୍ଷ ପାଇଁ ସାମାନ୍ୟ ଦଣ୍ଡାଦେଶ ଦିଆଯାଇଥିଲା। ଏପରିକି ତାଙ୍କ ଦଣ୍ଡାଦେଶ ଶେଷ ହେବାର ବହୁ ପୂର୍ବରୁ ତାଙ୍କୁ ମୁକ୍ତ କରାଯାଇଥିଲା। ଆଇନରେ କୌଣସି ତ୍ରୁଟି ଥିଲା କି ଯେ ସେ ମୃତ୍ୟୁଦଣ୍ଡରୁ ରକ୍ଷା ପାଇଲେ? କିମ୍ବା ତାଙ୍କ ବିରୋଧରେ ହତ୍ୟା ଅଭିଯୋଗ ପ୍ରମାଣିତ ହୋଇନଥିଲା କି? ଆମ ପରି, ସେ ମଧ୍ୟ ତାଙ୍କ କାର୍ଯ୍ୟର ସମ୍ପୂର୍ଣ୍ଣ ଦାୟିତ୍ୱ ଗ୍ରହଣ କରିଥିଲେ, କିନ୍ତୁ ସେ ମୃତ୍ୟୁରୁ ରକ୍ଷା ପାଇଥିଲେ। ଆଜି ସେ ମୁକ୍ତ। ମୁଁ ଆପଣଙ୍କ ପ୍ରଭୁଙ୍କୁ ପଚାରୁଛି, ତାଙ୍କୁ କାହିଁକି ମୃତ୍ୟୁଦଣ୍ଡ ଦିଆଗଲା ନାହିଁ? ତାଙ୍କର କାର୍ଯ୍ୟ ଅତ୍ୟନ୍ତ ସୁଚିନ୍ତିତ ଏବଂ ସୁଚିନ୍ତିତ ଥିଲା। ଉଦ୍ଦେଶ୍ୟ ଦୃଷ୍ଟିରୁ, ତାଙ୍କର କାର୍ଯ୍ୟ ଆମର କାର୍ଯ୍ୟ ଅପେକ୍ଷା ଅଧିକ ଗମ୍ଭୀର ଏବଂ ମାରାତ୍ମକ ଥିଲା। ତାଙ୍କର

ଉଦ୍ଦେଶ୍ୟ ଭଲ ଥିବାରୁ ତାଙ୍କୁ ସାମାନ୍ୟ ଦଣ୍ଡ ଦିଆଯାଇଥିଲା। ଏତେ ସଂଖ୍ୟକ ସୁନ୍ଦରୀ ଯୁବତୀଙ୍କର ଜୀବନ-ରକ୍ତକୁ ଶୋଷି ନେଇଥିବା ଏକ ଅପରିଷ୍କାର ଲିଚ୍ ଠାରୁ ସେ ସମାଜକୁ ରକ୍ଷା କରିଥିଲେ। କେବଳ ଆଇନର ଆନୁଷ୍ଠାନିକତାକୁ ବଜାୟ ରଖିବା ପାଇଁ ଖରଗ ସିଂହଙ୍କୁ ସାମାନ୍ୟ ଦଣ୍ଡ ଦିଆଯାଇଥିଲା।

ଏହି ନୀତି (ଯେ ଆଇନ ଉଦ୍ଦେଶ୍ୟକୁ ବିଚାରକୁ ନିଏ ନାହିଁ। ଏହା ଅତ୍ୟନ୍ତ ଅଯୌକ୍ତିକ। ଏହା ଆଇନର ମୌଳିକ ନୀତି ବିରୁଦ୍ଧରେ ଯାହା ଘୋଷଣା କରେ ଯେ "ଆଇନ ମଣିଷ ପାଇଁ ଏବଂ ମଣିଷ ଆଇନ ପାଇଁ ନୁହେଁ"। ତେଣୁ, ସେହି ସମାନ ନିୟମ ଆମ ପାଇଁ ମଧ୍ୟ ଲାଗୁ ହେଉନାହିଁ କାହିଁକି? ଏହା ସ୍ପଷ୍ଟ ଯେ ଖରଗ ସିଂହଙ୍କୁ ଦୋଷୀ ସାବ୍ୟସ୍ତ କରିବା ସମୟରେ ତାଙ୍କ ଉଦ୍ଦେଶ୍ୟକୁ ଧ୍ୟାନରେ ରଖାଯାଇଥିଲା, ନଚେତ୍ ଜଣେ ହତ୍ୟାକାରୀ ଫାଶୀଦଣ୍ଡରୁ କଦାପି ରକ୍ଷା ପାଇପାରିବ ନାହିଁ। ଆମେ ଆଇନର ସାଧାରଣ ସୁବିଧାରୁ ବଞ୍ଚିତ ହେଉଛୁ କାରଣ ଆମର ଅପରାଧ ସରକାର ବିରୁଦ୍ଧରେ, କିମ୍ବା ଆମର କାର୍ଯ୍ୟର ଏକ ରାଜନୈତିକ ଗୁରୁତ୍ୱ ଅଛି?

ମୋର ପ୍ରଭୁ, ଏହି ପରିସ୍ଥିତିରେ, ଦୟାକରି ଆମକୁ ଏହା ଦାବି କରିବାକୁ ଅନୁମତି ଦିଅନ୍ତୁ ଯେ ଏପରି ଅର୍ଥହୀନ ପଦ୍ଧତି ପଛରେ ଆଶ୍ରୟ ନେଉଥିବା ସରକାରଙ୍କ ଅସ୍ତିତ୍ୱର କୌଣସି ଅଧିକାର ନାହିଁ। ଯଦି ଏହା ବିଦ୍ୟମାନ ଅଛି, ତେବେ ଏହା କେବଳ ବର୍ତ୍ତମାନ ପାଇଁ, ଏବଂ ତାହା ମଧ୍ୟ ଏହାର ମୁଣ୍ଡରେ ହଜାର ହଜାର ଲୋକଙ୍କ ରକ୍ତ ସହିତ | ଯଦି ଆଇନ ଉଦ୍ଦେଶ୍ୟ ଦେଖୁନାହିଁ, ତେବେ ନ୍ୟାୟ ହୋଇପାରିବ ନାହିଁ, କିମ୍ବା ସ୍ଥିର ଶାନ୍ତି ହୋଇପାରିବ ନାହିଁ।

ମଇଦାରେ ଆର୍ସେନିକ (ବିଷ) ମିଶାଇବା ଏକ ଅପରାଧ ବୋଲି ବିବେଚନା କରାଯିବ ନାହିଁ, ଯଦି ଏହାର ଉଦ୍ଦେଶ୍ୟ ହେଉଛି ମୂଷାଙ୍କୁ ମାରିବା | କିନ୍ତୁ ଯଦି ଉଦ୍ଦେଶ୍ୟ ଜଣେ ବ୍ୟକ୍ତିଙ୍କୁ ହତ୍ୟା କରିବା, ତେବେ ଏହା ଏକ ହତ୍ୟା ଅପରାଧରେ ପରିଣତ ହୁଏ। ତେଣୁ ଯେଉଁ ଆଇନ ଯୁକ୍ତିର ପରୀକ୍ଷାରେ ତିଷ୍ଠି ନଥାଏ ଏବଂ ନ୍ୟାୟର ନୀତି ବିରୁଦ୍ଧରେ ଥାଏ, ସେଗୁଡ଼ିକୁ ଉଚ୍ଛେଦ କରାଯିବା ଉଚିତ। ଏଭଳି ଅନ୍ୟାୟ ଆଇନ କାରଣରୁ ଅନେକ ମହାନ ବୁଦ୍ଧିଜୀବୀଙ୍କୁ ବିଦ୍ରୋହର ମାର୍ଗ ଗ୍ରହଣ କରିବାକୁ ପଡ଼ିଥିଲା।

ଆମ ମାମଲାର ତଥ୍ୟ ଅତି ସରଳ। 1929 ମସିହା ଏପ୍ରିଲ 8 ତାରିଖରେ ଆମେ ବିଧାନସଭାରେ ଦୁଇଟି ବୋମା ଫିଙ୍ଗିଲୁ। ବିସ୍ଫୋରଣର ପରିଣାମ ସ୍ୱରୂପ, କିଛି ଲୋକ ସାମାନ୍ୟ କ୍ଷତବିକ୍ଷତ ହୋଇଥିଲେ। ଚାମ୍ବରରେ ଗଣ୍ଡଗୋଳ ହୋଇଥିଲା, ଶହ ଶହ ପରିଦର୍ଶକ ଏବଂ ବିଧାନସଭାର ସଦସ୍ୟମାନେ ଦୌଡ଼ି ପଳାଇଥିଲେ। କେବଳ ମୋର ବନ୍ଧୁ B.K. ଦତ୍ତ ଏବଂ ମୁଁ ପରିଦର୍ଶକ ଗ୍ୟାଲେରୀରେ ବସି ରହିଥିଲେ ଏବଂ ଗିରଫ ପାଇଁ ନିଜକୁ ପ୍ରସ୍ତୁତ କରିଥିଲେ। ଆମକୁ ହତ୍ୟା ଉଦ୍ୟମ ପାଇଁ ବିଚାର କରାଯାଇଥିଲା, ଏବଂ ଆଜୀବନ ଦୋଷୀ ସାବ୍ୟସ୍ତ କରାଯାଇଥିଲା। ଯେପରି ଉପରେ ଉଲ୍ଲେଖ କରାଯାଇଛି, ବୋମାର ପରିଣାମ ସ୍ୱରୂପ ବିସ୍ଫୋରଣରେ କେବଳ ଚାରି କିମ୍ବା ପାଞ୍ଚ ଜଣ ବ୍ୟକ୍ତି ସାମାନ୍ୟ ଆହତ ହୋଇଥିଲେ ଏବଂ ଗୋଟିଏ ବେଞ୍ଚ କ୍ଷତିଗ୍ରସ୍ତ ହୋଇଥିଲା। ଆମେ ବିନା କୌଣସି ପ୍ରତିରୋଧରେ ଗିରଫ ପାଇଁ ନିଜକୁ ପ୍ରସ୍ତୁତ କଲୁ। ସେସନ୍ ଜଜ୍ ସ୍ୱୀକାର କରିଥିଲେ ଯେ ଯଦି ଆମର ଏପରି କୌଣସି ଉଦ୍ଦେଶ୍ୟ ଥାଆନ୍ତା, ତେବେ ଆମେ ଅତି ସହଜରେ ଖସି ପଳାଇ ପାରିଥାନ୍ତୁ। ଆମେ ଆମର ଅପରାଧ ସ୍ୱୀକାର କରିଛୁ ଏବଂ ଆମର ସ୍ଥିତି ସ୍ପଷ୍ଟ କରି ଏକ ବିବୃତ୍ତି ଦେଇଛୁ। ଆମେ ଦଣ୍ଡକୁ ଭୟ କରୁନାହୁଁ। କିନ୍ତୁ ଆମେ ଚାହୁଁନାହୁଁ ଯେ ଆମକୁ ଭୁଲ ଭାବରେ ବୁଝିବା ଉଚିତ୍। ବିଚାରପତି ଆମ ବିବୃତ୍ତିରୁ କିଛି ଅନୁଚ୍ଛେଦ ହଟାଇ ଦେଇଛନ୍ତି। ଏହା ଆମେ ଆମର ପ୍ରକୃତ ସ୍ଥିତି ପାଇଁ କ୍ଷତିକାରକ ବୋଲି ବିବେଚନା କରୁ।

ଆମର ବିବୃତ୍ତିର ସମ୍ପୂର୍ଣ୍ଣ ପାଠକୁ ସଠିକ୍ ଭାବରେ ଅଧ୍ୟୟନ କରିବା ଦ୍ୱାରା ଏହା ସ୍ପଷ୍ଟ ହୋଇଯିବ ଯେ, ଆମ ମତରେ, ଆମ ଦେଶ ଏକ ସମ୍ବେଦନଶୀଳ ପର୍ଯ୍ୟାୟ ଦେଇ ଗତି କରୁଛି। ଆମେ ଆଗାମୀ ବିପର୍ଯ୍ୟୟକୁ ଦେଖିଲୁ ଏବଂ ଉଚ୍ଚ ସ୍ୱରରେ ଏକ ସମୟୋଚିତ ଚେତାବନୀ ଦେବା ଉଚିତ ବୋଲି ଭାବିଲୁ, ଏବଂ ଆମେ ସଠିକ୍ ଉପାୟରେ ଚେତାବନୀ ଦେଇଥିଲୁ। ଆମେ ହୁଏତ ଭୁଲରେ ଥିଲୁ। ଆମର ଚିନ୍ତାଧାରା ଏବଂ ବିଦ୍ୱାନ ବିଚାରପତିଙ୍କ ଚିନ୍ତାଧାରା ଭିନ୍ନ ହୋଇପାରେ, କିନ୍ତୁ ଏହାର ଅର୍ଥ ନୁହେଁ ଯେ ଆମେ ଆମର ବିଚାର ବ୍ୟକ୍ତ କରିବାର ଅନୁମତିରେ ବଞ୍ଚିତ ହେଉ, ଏବଂ ଆମ ନାମରେ ଭୁଲ ଜିନିଷ ପ୍ରଚାର କରାଯାଉ।

ଆମର ବିବୃତ୍ତିରେ ଆମେ ବିସ୍ତୃତ ଭାବେ ବର୍ଣ୍ଣନା କରିଛୁ ଯେ "ବିପ୍ଳବ ଦୀର୍ଘଜୀବୀ ହୁଅ" ଏବଂ "ସାମ୍ରାଜ୍ୟବାଦର ପତନ" ର ଅର୍ଥ କ "ଣ। ଏହା ହିଁ ଆମ ବିଚାରର ମୂଳ ଆଧାର ଥିଲା। ସେହି ଅଂଶକୁ ଆମ ବିବୃତ୍ତିରୁ ହଟାଇ ଦିଆଯାଇଥିଲା। ସାଧାରଣତଃ ବିପ୍ଳବ ଶବ୍ଦର ଏକ ଭୁଲ ଅର୍ଥକୁ ଦାୟୀ କରାଯାଏ। ଏହା ଆମର ବୁଝାମଣା ନୁହେଁ। ବୋମା ଏବଂ ପିସ୍ତଲ୍ ବିପ୍ଳବ ସୃଷ୍ଟି କରେ ନାହିଁ। ଏହା ଆମର ବୁଝାମଣା ନୁହେଁ। ବୋମା ଏବଂ ପିସ୍ତଲ୍ ବିପ୍ଳବ ସୃଷ୍ଟି କରେ ନାହିଁ। ବିପ୍ଳବର ଖଣ୍ଡା ବିଚାରର ମୂଳକ ପଥର ଉପରେ ତୀକ୍ଷ୍ଣ ହୋଇଥାଏ। ଏହା ଉପରେ ଆମେ ଗୁରୁତ୍ୱ ଦେବାକୁ ଚାହୁଁଛୁ। ବିପ୍ଳବ ଅର୍ଥ ହେଉଛି ପୁଞ୍ଜିବାଦୀ ଯୁଦ୍ଧର ଦୁର୍ଦ୍ଦଶାର ଅନ୍ତ। ଆମର ଲକ୍ଷ୍ୟ ଏବଂ ଉଦ୍ଦେଶ୍ୟ ଏବଂ ସେଗୁଡ଼ିକୁ ହାସଲ କରିବାର ପ୍ରକ୍ରିୟାକୁ ନ ବୁଝି ବିଚାର କରିବା ଠିକ୍ ନଥିଲା। ଭୁଲ ବିଚାରକୁ ଆମ ନାମ ସହିତ ଯୋଡ଼ିବା ଅନ୍ୟାୟ।

ସମୟୋଚିତ ଚେତାବନୀ ଦେବା ଅତ୍ୟନ୍ତ ଆବଶ୍ୟକ ଥିଲା ଯେ ଲୋକଙ୍କ ଅଶାନ୍ତି ବୃଦ୍ଧି ପାଉଛି ଏବଂ ଯଦି ଠିକ୍ ସମୟରେ ଚିକିତ୍ସା ନହୁଏ ତେବେ ଏହି ରୋଗ ଗୁରୁତର ରୂପ ନେଇପାରେ। ଯଦି ଆମର ଚେତାବନୀ ପ୍ରତି ଧ୍ୟାନ ନ ଦିଆଯାଏ, ତେବେ କୌଣସି ମାନବ ଶକ୍ତି ଏହାକୁ ରୋକିପାରିବ ନାହିଁ। ଝଡ଼କୁ ଉପଯୁକ୍ତ ଦିଗ ଦେବା ପାଇଁ ଆମେ ଏହି ପଦକ୍ଷେପ ନେଇଛୁ। ଆମେମାନେ ଇତିହାସର ଗମ୍ଭୀର ଛାତ୍ର। ଆମେ ବିଶ୍ୱାସ କରୁ ଯେ, ଯଦି ଶାସକ ଶକ୍ତିମାନେ ଉପଯୁକ୍ତ ସମୟରେ ସଠିକ୍ କାର୍ଯ୍ୟ କରିଥାନ୍ତେ, ତେବେ ଫ୍ରାନ୍ସ ଏବଂ ରୁଷରେ କୌଣସି ରକ୍ତାକ୍ତ ବିପ୍ଳବ ହୋଇନଥାନ୍ତା। ବିଶ୍ୱର ଅନେକ ବଡ଼ ଶକ୍ତି ବିଚାରର ଝଡ଼କୁ ରୋକିବା ପାଇଁ ଚେଷ୍ଟା କରିଥିଲେ ଏବଂ ରକ୍ତପାତର ବାତାବରଣରେ ବୁଡ଼ିଯାଇଥିଲେ। ଶାସକମାନେ ସ୍ରୋତର ପ୍ରବାହକୁ ବଦଳାଇ ପାରିବେ ନାହିଁ। ଆମେ ପ୍ରଥମ ଚେତାବନୀ ଦେବାକୁ ଚାହୁଁଥିଲୁ। ଯଦି ଆମେ କିଛି ଗୁରୁତ୍ୱପୂର୍ଣ୍ଣ ବ୍ୟକ୍ତିତ୍ୱଙ୍କୁ ହତ୍ୟା କରିବାକୁ ଲକ୍ଷ୍ୟ ରଖିଥାନ୍ତୁ, ତେବେ ଆମେ ଆମର ଲକ୍ଷ୍ୟ ହାସଲ କରିବାରେ ବିଫଳ ହୋଇଥାନ୍ତୁ।

ମୋର ପ୍ରଭୁ, ଏହା ଆମର କାର୍ଯ୍ୟ ପଛରେ ଲକ୍ଷ୍ୟ ଏବଂ ଆତ୍ମା ଥିଲା, ଏବଂ କାର୍ଯ୍ୟର ଫଳାଫଳ ଆମର ବିବୃତ୍ତିକୁ ସମର୍ଥନ କରେ | ଆଉ ଏକ ବିଷୟ ଅଛି ଯାହା ସ୍ପଷ୍ଟ ହେବା ଆବଶ୍ୟକ, ଏବଂ ତାହା ହେଉଛି ବୋମାର ଶକ୍ତି ବିଷୟରେ। ଯଦି ଆମେ ବୋମାଗୁଡ଼ିକର ଶକ୍ତି ବିଷୟରେ ଜାଣି ନଥାନ୍ତୁ, ତେବେ ପଣ୍ଡିତ ମୋତିଲାଲ ନେହେରୁ, ଶ୍ରୀ କେଲକର, ଶ୍ରୀ ଜୟକର ଏବଂ ଶ୍ରୀ ଜିନ୍ନାଙ୍କ ପରି ଆମର ସମ୍ମାନିତ ଜାତୀୟ ନେତାଙ୍କ ସମ୍ମୁଖରେ ଆମେ ସେଗୁଡ଼ିକୁ ଫିଙ୍ଗିବାର ପ୍ରଶ୍ନ ଉଠିନଥାନ୍ତା। ଆମେ ଆମର ନେତାମାନଙ୍କ ଜୀବନକୁ କିପରି ବିପଦରେ ପକାଇ ପାରିଥାନ୍ତୁ? ସର୍ବୋପରି, ଆମେ ପାଗଳ ନୁହଁ ଏବଂ ଯଦି ଆମେ ଏପରି କରିଥାନ୍ତୁ, ତେବେ ଆମକୁ ଜେଲ୍ ଯିବା ପରିବର୍ତ୍ତେ ନିଶ୍ଚିତ ଭାବରେ ପାଗଳ ଆଶ୍ରୟକୁ ପଠାଯାଇଥାନ୍ତା। ବୋମାର ଶକ୍ତି ବିଷୟରେ ଆମର ସମ୍ପୂର୍ଣ୍ଣ ଜ୍ଞାନ ଥିଲା ଏବଂ ସେଥିପାଇଁ ଆମେ ଏତେ ଆତ୍ମବିଶ୍ୱାସର ସହ କାର୍ଯ୍ୟ କଲୁ। ଅଧିକୃତ ବେଞ୍ଚରେ ବୋମା ଫିଙ୍ଗିବା ବହୁତ ସହଜ ଥିଲା, କିନ୍ତୁ ସେଗୁଡ଼ିକୁ ଖାଲି ସିଟରେ ଫିଙ୍ଗିବା କଷ୍ଟକର ଥିଲା। ଯଦି ଆମେ ବୁଦ୍ଧିମାନ ନ ହୋଇଥାଆନ୍ତେ କିମ୍ବା ଆମେ ମାନସିକ ଭାବେ ଅସନ୍ତୁଳିତ ହୋଇଥାଆନ୍ତେ,

ତେବେ ବୋମାଗୁଡ଼ିକ ଖାଲି ସ୍ଥାନରେ ନୁହେଁ ବରଂ ଅଧିକୃତ ବେଞ୍ଚରେ ପଡ଼ିଥାଆନ୍ତା। ତେଣୁ ମୁଁ କହିବି ଯେ ଖାଲି ସ୍ଥାନଗୁଡ଼ିକୁ ଯତ୍ନର ସହିତ ଚୟନ କରିବାରେ ଆମେ ଯେଉଁ ସାହସ ଦେଖାଇଲୁ ସେଥିପାଇଁ ଆମକୁ ପୁରସ୍କୃତ କରାଯିବା ଉଚିତ୍। ଏହି ପରିସ୍ଥିତିରେ, ମୋର ପ୍ରଭୁ, ଆମେ ଭାବୁଛୁ ଯେ ଆମେ ହୋଇନାହୁଁ ବୁଝିଲା, ମୋର ପ୍ରଭୁ, ଆମେ ଭାବୁଛୁ ଯେ ଆମକୁ ଠିକ୍ ଭାବରେ ବୁଝାଯାଇନାହିଁ। ଆମ୍ଭେମାନେ ଆମ୍ଭମାନଙ୍କ ଦଣ୍ଡାଦେଶ ହ୍ରାସ କରିବା ପାଇଁ ଆପଣଙ୍କ ସମ୍ମୁଖରେ ଆସିନାହୁଁ। ଆମେ ଆମର ସ୍ଥିତି ସ୍ପଷ୍ଟ କରିବାକୁ ଏଠାକୁ ଆସିଛୁ। ଆମେ ଚାହୁଁ ଯେ ଆମକୁ କୌଣସି ଅନ୍ୟାୟ ବ୍ୟବହାର କରାଯିବା ଉଚିତ୍ ନୁହେଁ, କିମ୍ବା ଆମ ବିଷୟରେ କୌଣସି ଅନ୍ୟାୟ ମତ ପ୍ରକାଶ କରାଯିବା ଉଚିତ୍ ନୁହେଁ। ଦଣ୍ଡର ପ୍ରଶ୍ନ ଆମ ସମ୍ମୁଖରେ ଗୌଣ ଗୁରୁତ୍ୱ ବହନ କରେ।

17

ଲାହୋର ଷଡ଼ଯନ୍ତ୍ର ମାମଲା ଅଧ୍ୟାଦେଶ ସମ୍ବନ୍ଧରେ

"ଲାହୋର ଷଡ଼ଯନ୍ତ୍ର ମାମଲାର କଏଦୀମାନଙ୍କର ରଣନୀତି ଥିଲା ଏହି ମାମଲାକୁ ଲମ୍ବା କରିବା ଏବଂ ଅଦାଲତକୁ ବିପ୍ଳବୀ ଦଳର ଉଦ୍ଦେଶ୍ୟ ପ୍ରଚାର ପାଇଁ ଏକ ମଞ୍ଚ ଭାବରେ ବ୍ୟବହାର କରିବା। ସରକାର ସେମାନଙ୍କର ଉଦ୍ଦେଶ୍ୟ ବୁଝିଥିଲେ ଏବଂ କାର୍ଯ୍ୟାନୁଷ୍ଠାନକୁ ତ୍ୱରାନ୍ୱିତ କରିଥିଲେ। ସରକାର ଏହି ମାମଲାକୁ ନିମ୍ନ ଅଦାଲତରୁ ପ୍ରତ୍ୟାହାର କରିନେଇଥିଲେ ଏବଂ ଏଲ. ସି. ସି. ଅଧ୍ୟାଦେଶ ନଂ. 1930 ମସିହାର 3। ଅଧ୍ୟାଦେଶ ଦ୍ୱାରା ସଜ୍ଜିତ ହୋଇ, ଏହା ଉଚ୍ଚ ନ୍ୟାୟାଳୟର ତିନି ଜଣ ବିଚାରପତିଙ୍କୁ ନେଇ ଏକ ସ୍ୱତନ୍ତ୍ର ଟ୍ରିବ୍ୟୁନାଲ ନିଯୁକ୍ତ କରିଥିଲା, ଏହି ମାମଲାକୁ ଏହାକୁ ହସ୍ତାନ୍ତର କରିଥିଲା ଏବଂ ଅଭିଯୁକ୍ତଙ୍କ ଅନୁପସ୍ଥିତିରେ ମଧ୍ୟ ସାକ୍ଷୀମାନଙ୍କୁ ହସ୍ତାନ୍ତର କରିବା ଏବଂ ମାମଲା ଆଗକୁ ବଢ଼ାଇବା ପାଇଁ ଏହାକୁ କ୍ଷମତା ପ୍ରଦାନ କରିଥିଲା। ଗଭର୍ଣ୍ଣର ଜେନେରାଲ ଏହି ପଦକ୍ଷେପକୁ ଯଥାର୍ଥ ସାବ୍ୟସ୍ତ କରି କହିଛନ୍ତି ଯେ ଅଭିଯୁକ୍ତମାନେ ବାରମ୍ବାର ଅନଶନରେ ବସିଛନ୍ତି ଏବଂ ଅଦାଲତକୁ ଆଗକୁ ବଢ଼ିବା ଅସମ୍ଭବ କରିଦେଇଛନ୍ତି। ଏହି ପରିପ୍ରେକ୍ଷୀରେ ଭଗତ୍ ସିଂ ତାଙ୍କ ଯୁକ୍ତିକୁ ଭାଙ୍ଗିବା ପାଇଁ ଗଭର୍ଣ୍ଣର୍-ଜେନେରାଲ୍ଙ୍କୁ ଏହି ଚିଠି ଲେଖିଥିଲେ।

* *

ମହାମହିମଙ୍କୁ ମେ 2,1930

ଭାରତର ଗଭର୍ଣ୍ଣର ଜେନେରାଲ,

ସିମଲା

ସାର୍,

ଆମ ବିଚାରକୁ ତ୍ୱରାନ୍ୱିତ କରିବା ପାଇଁ ସ୍ୱତନ୍ତ୍ର ଅଧ୍ୟାଦେଶର ସମ୍ପୂର୍ଣ୍ଣ ପାଠ୍ୟ ଆମ ସମ୍ମୁଖରେ ପାଠ କରାଯାଇଛି। ଟ୍ରିବ୍ୟୁନାଲକୁ ମଧ୍ୟ ନିଯୁକ୍ତ କରାଯାଇଛି। ପଞ୍ଜାବ ଉଚ୍ଚ ନ୍ୟାୟାଳୟର ମୁଖ୍ୟ ବିଚାରପତି। ଏହି ଖବରକୁ ଆମେ ସ୍ୱାଗତ କରୁଛୁ। ଆମେ ନୀରବ ରହି ପାରିଥାନ୍ତୁ, ଯଦି ଆପଣ ଏହି ମାମଲାରେ ଏପର୍ଯ୍ୟନ୍ତ ଗ୍ରହଣ କରାଯାଇଥିବା ଆମର ମନୋଭାବ ବିଷୟରେ ଉଲ୍ଲେଖ କରିନଥାନ୍ତେ, ଏବଂ ଏହିପରି ଏକମାତ୍ର ଦାୟିତ୍ୱ ଆମ କାନ୍ଧରେ ପକାଇବାକୁ ଚେଷ୍ଟା କରିନଥାନ୍ତେ। ବର୍ତ୍ତମାନର ପରିସ୍ଥିତିରେ, ଆମେ ଆମର ସ୍ଥିତି ସ୍ପଷ୍ଟ କରିବା ପାଇଁ ଏକ ବିବୃତ୍ତି ଦେବା ଆବଶ୍ୟକ ବୋଲି ଅନୁଭବ କରୁଛୁ।

ଆମେ ଆରମ୍ଭରୁ ହିଁ ସରକାରଙ୍କୁ ଚିହ୍ନିତ କରିଆସୁଛୁ। କର୍ତ୍ତୃପକ୍ଷମାନେ ସବୁବେଳେ ଜାଣିଶୁଣି ଆମକୁ ଭୁଲ ଭାବେ ଉପସ୍ଥାପନ କରିବାକୁ ଚେଷ୍ଟା କରିଆସୁଛନ୍ତି। ପରିଶେଷରେ, ଏହା ଏକ ଲଢ଼େଇ, ଏବଂ ଭୁଲ

ଉପସ୍ଥାପନା ସର୍ବଦା ସରକାରଙ୍କ ହାତରେ ସର୍ବୋତ୍ତମ ଉପକରଣ ହୋଇ ରହିଛି। ନିଜର ଶତ୍ରୁମାନଙ୍କୁ ଭେଟିବା ପାଇଁ ଏହି କ୍ଷୁଦ୍ର କୌଶଳ ବିରୋଧରେ ଆମର କୌଣସି ଘୃଣା ନାହିଁ। ତଥାପି, କିଛି ଜିନିଷ ଅଛି ଯାହାର ବିଚାର ଆମକୁ ନିମ୍ନଲିଖିତ କାଉଣ୍ଟର କରିବାକୁ ବାଧ୍ୟ କରୁଛି |

ଆପଣ ଜାରି କରାଯାଇଥିବା ଆପଣଙ୍କ ବିବୃତ୍ତି ସହିତ ଉଲ୍ଲେଖ କରିଛନ୍ତି ଲାହୋର ଷଡ଼ଯନ୍ତ୍ର ଅଧ୍ୟାଦେଶ, ଆମର ଅନଶନ। ଯେମିତି ଆପଣଙ୍କ ପାଖରେ ଅଛି। ଆପଣ ନିଜେ ସ୍ୱୀକାର କରିଛନ୍ତି, ଆମେ ଦୁଇଜଣ ଅନଶନ ସପ୍ତାହ ଆରମ୍ଭ କରିଥିଲୁ। ଏହି ମାମଲାରେ ତଦନ୍ତ ଆରମ୍ଭ ହେବା ପୂର୍ବରୁ କୋର୍ଟ ଅଫ୍. ଶ୍ରୀ କ୍ରିଷନ, ସ୍ୱତନ୍ତ୍ର ମାଜିଷ୍ଟ୍ରେଟ୍। ତେଣୁ କୌଣସି ପୁରୁଷ

ସର୍ବନିମ୍ନ ସାଧାରଣ ଜ୍ଞାନ ସହିତ ବୁଝିପାରିବେ ଯେ କ୍ଷୁଧା ବିଚାର ସହିତ ଧର୍ମଘଟର କୌଣସି ସମ୍ପର୍କ ନଥିଲା। ସରକାରଙ୍କର। ସ୍ୱୀକାର କରିବାକୁ ପଡ଼ିଲା।

ଏହି ଅଭିଯୋଗଗୁଡ଼ିକର ଉପସ୍ଥିତି। ଯେତେବେଳେ ସରକାର। କିଛି ତିଆରି କଲେ ର ସମାଧାନ ପାଇଁ ନିର୍ଦ୍ଦିଷ୍ଟ ବ୍ୟବସ୍ଥା କରିବା ପରି ଅଙ୍ଗଭଙ୍ଗୀ ଏହି ପ୍ରଶ୍ନ, ଏବଂ ପ୍ରାଦେଶିକ ଜେଲ୍ ଅନୁସନ୍ଧାନ କମିଟିଗୁଡ଼ିକ ଥିଲା ସମାନ ଉଦ୍ଦେଶ୍ୟରେ ନିଯୁକ୍ତ ହୋଇ ଆମେ ଅନଶନ ଛାଡ଼ି ଦେଇଛୁ। କିନ୍ତୁ ପ୍ରଥମେ ଆମକୁ ସୂଚନା ଦିଆଯାଇଥିଲା ଯେ ପ୍ରଶ୍ନ ଶେଷରେ ହେବ ନଭେମ୍ବର ମାସରେ ସ୍ଥିରୀକୃତ। ପରେ ଏହାକୁ ଡିସେମ୍ବର ପର୍ଯ୍ୟନ୍ତ ସ୍ଥଗିତ ରଖାଯାଇଥିଲା। କିନ୍ତୁ, ଜାନୁଆରୀ ମଧ୍ୟ ବିତିଗଲା ଏବଂ ଏହା ସୂଚାଇବା ପାଇଁ କମ୍ ନଥିଲା ତାହା ସରକାରଙ୍କର। ଏହି ସମ୍ବନ୍ଧରେ କିଛି କରିବାକୁ ଯାଉଥିଲା ଆଦୌ ହେଉ କି ନ ହେଉ। ଆମେ ଭୟ କରିଥିଲୁ ଯେ ମାମଲାଟି ବନ୍ଦ ହୋଇଯାଇଛି। ତେଣୁ ଏହି ସମ୍ପୂର୍ଣ୍ଣ ଏକ ସପ୍ତାହ ପରେ, 4 ଫେବୃଆରୀ, 1930ରେ ଦ୍ୱିତୀୟ ଅନଶନ ନୋଟିସ କରନ୍ତୁ। ସେତେବେଳେ ହିଁ ସରକାର... ଏହି ପ୍ରଶ୍ନର ସମାଧାନ କରିବାକୁ ଚେଷ୍ଟା କଲେ। ଶେଷରେ। ଏକ କମ୍ୟୁନିକ୍ ପ୍ରକାଶିତ ହେଲା ଏବଂ ଆମେ ପୁଣି ହାର ମାନିଲୁ। ଅନଶନ କରିଥିଲେ ଏବଂ ଏହି ସମ୍ବନ୍ଧରେ ଚୂଡ଼ାନ୍ତ ନିଷ୍ପତ୍ତି କାର୍ଯ୍ୟକାରୀ ହେବା ପର୍ଯ୍ୟନ୍ତ ଅପେକ୍ଷା ମଧ୍ୟ କରିନଥିଲେ। ଆଜି ହିଁ ଆମେ ଅନୁଭବ କରୁଛୁ ଯେ ବ୍ରିଟିଶ୍ ସରକାର। ଏଭଳି ସାଧାରଣ ପ୍ରସଙ୍ଗରେ ମଧ୍ୟ ମିଛ କହିବାର ନୀତି ଏପର୍ଯ୍ୟନ୍ତ ଆପଣଙ୍କୁ ଦେଇନାହିଁ। ଏହି କମ୍ୟୁନିକ୍ ନିର୍ଦ୍ଦିଷ୍ଟ ଶବ୍ଦରେ, କିନ୍ତୁ ଆମେ ଅଭ୍ୟାସରେ କିଛି ବିପରୀତ ପାଇଥାଉ | ଯାହା ହେଉନା କାହିଁକି, ସେହି ପ୍ରଶ୍ନ ଉପରେ ଆଲୋଚନା କରିବା ପାଇଁ ଏହା ଉପଯୁକ୍ତ ସ୍ଥାନ ନୁହେଁ; ଯଦି ସୁଯୋଗ ଆସେ, ତେବେ ଆମକୁ ପରବର୍ତ୍ତୀ ସମୟରେ ଏହାର ମୁକାବିଲା କରିବାକୁ ପଡ଼ିପାରେ। କିନ୍ତୁ ଆମେ ଏଠାରେ ଯାହା ଉପରେ ଗୁରୁତ୍ୱ ଦେବାକୁ ଚାହୁଁଛୁ ତାହା ହେଉଛି ଅଦାଲତର କାର୍ଯ୍ୟାନୁଷ୍ଠାନ ବିରୁଦ୍ଧରେ ଅନଶନ କଦାପି ନିର୍ଦ୍ଦେଶିତ ହୋଇନଥିଲା। ଏତେ ବଡ଼ କଷ୍ଟକୁ ଆମନ୍ତ୍ରଣ କରାଯାଇପାରିବ ନାହିଁ ଏବଂ ସେହି ସାଧାରଣ ଉଦ୍ଦେଶ୍ୟ ସହିତ ଏତେ ବଡ଼ ବଳିଦାନ କରାଯାଇପାରିବ ନାହିଁ। ଏପରି ଏକ ତୁଚ୍ଛ କାରଣ ପାଇଁ ଦାସ ନିଜ ଜୀବନ ଉତ୍ସର୍ଗ କରିନଥିଲେ। ରାଜଗୁରୁ ଏବଂ ଅନ୍ୟମାନେ କେବଳ ବିଚାରକୁ ବିଳମ୍ବ କରିବା ପାଇଁ ନିଜ ଜୀବନକୁ ବିପଦରେ ପକାଇନଥିଲେ।

ଆପଣମାନେ ଭଲ ଭାବେ ଜାଣନ୍ତି, ଏବଂ ସମ୍ପୃକ୍ତ ସମସ୍ତେ ଏହା ଜାଣନ୍ତି, ଯେ ଏହା ଅନଶନ ନୁହେଁ ଯାହା ଆପଣଙ୍କୁ ଏହି ଅଧ୍ୟାଦେଶ ଜାରି କରିବାକୁ ବାଧ୍ୟ କରିଛି। ଏହା ବ୍ୟତୀତ ଆଉ କିଛି ବିଷୟ ରହିଛି ଯାହା ଆପଣଙ୍କ ସରକାରର ମୁଖ୍ୟମାନଙ୍କୁ ଦ୍ୱନ୍ଦ୍ୱରେ ପକାଇଛି-ନା ମାମଲାର ଅଗ୍ରଗତି ନା ଅନ୍ୟ କୌଣସି ଜରୁରୀକାଳୀନ ପରିସ୍ଥିତି ଯାହା ଆପଣଙ୍କୁ ଏହି ଆଇନ ବିରୋଧୀ ଆଇନରେ ଦସ୍ତଖତ କରିବାକୁ ବାଧ୍ୟ କରୁଛି। ଏହା ନିଶ୍ଚିତ ଭାବେ ଏକ ଭିନ୍ନ କଥା।

କିନ୍ତୁ ଆସନ୍ତୁ ଆମେ ଥରେ ଏବଂ ସବୁଦିନ ପାଇଁ ଘୋଷଣା କରିବା ଯେ ଆମର ଆତ୍ମା ନିୟମ ଦ୍ୱାରା ଭୟଭୀତ ହୋଇପାରିବ ନାହିଁ। ଆପଣ କେତେକ ବ୍ୟକ୍ତିବିଶେଷଙ୍କୁ ଧ୍ୱଂସ କରିପାରନ୍ତି, କିନ୍ତୁ ଆପଣ ଏହି ଦେଶକୁ ଧ୍ୱଂସ କରିପାରିବେ ନାହିଁ। ଏହି ଅଧ୍ୟାଦେଶକୁ ଆମେ ଆମର ବିଜୟ ବୋଲି ବିବେଚନା କରୁଛୁ। ଆମେ ଆରମ୍ଭରୁ ହିଁ ସୂଚାଇ ଆସୁଥିଲୁ ଯେ ଏହି ବିଦ୍ୟମାନ ଆଇନ କେବଳ ଏକ ବିଶ୍ୱାସ। ଏହା ନ୍ୟାୟ ପ୍ରଦାନ କରିପାରିଲା ନାହିଁ। କିନ୍ତୁ ଯେଉଁ ସୁବିଧାଗୁଡ଼ିକ ଅଭିଯୁକ୍ତମାନେ ବୈଧାନିକ ଏବଂ ଆଇନଗତ ଭାବରେ ହକ୍ଦାର ଥିଲେ ଏବଂ ଯାହା ସାଧାରଣ ଅଭିଯୁକ୍ତମାନଙ୍କୁ ଦିଆଯାଇଛି, ସେଗୁଡ଼ିକ ବୈଧାନିକ ଏବଂ ଆଇନଗତ ଭାବରେ ହକ୍ଦାର ଥିଲେ ଏବଂ ଯାହା ସାଧାରଣ ଅଭିଯୁକ୍ତମାନଙ୍କୁ ଦିଆଯାଇଛି, ରାଜନୈତିକ ମାମଲାରେ ଅଭିଯୁକ୍ତମାନଙ୍କୁ ଦିଆଯାଇ ପାରିଲା ନାହିଁ। ଆମେ ସରକାର ଗଠନ କରିବାକୁ ଚାହୁଁଥିଲୁ। ଏହାର ପର୍ଦ୍ଦା ଫିଙ୍ଗି ଦିଅନ୍ତୁ ଏବଂ ରାଜନୈତିକ ଅଭିଯୁକ୍ତକୁ ପ୍ରତିରକ୍ଷା ପାଇଁ ଉଚିତ ସୁଯୋଗ ଦିଆଯାଇପାରିବ ନାହିଁ ବୋଲି ସ୍ୱୀକାର କରିବାକୁ ଯଥେଷ୍ଟ ସ୍ପଷ୍ଟ ହୁଅନ୍ତୁ | ଏଠାରେ ଆମେ ଖୋଲାଖୋଲି ସ୍ୱୀକୃତି ପାଇଛୁ ସରକାରଙ୍କର। ଆମେ ଆପଣଙ୍କୁ ଏବଂ ଆପଣଙ୍କ ସରକାରଙ୍କୁ ଅଭିନନ୍ଦନ ଜଣାଉଛୁ। ଏହି ସ୍ପଷ୍ଟୋକ୍ତି ପାଇଁ ଏବଂ ଅଧ୍ୟାଦେଶକୁ ସ୍ୱାଗତ କରନ୍ତୁ। ଆପଣଙ୍କ ଏଜେଣ୍ଟ, ସ୍ୱତନ୍ତ୍ର ମାଜିଷ୍ଟ୍ରେଟ୍ ଏବଂ ପ୍ରସିକ୍ୟୁସନ୍ କାଉନ୍ସେଲ୍ମାନଙ୍କ ଖୋଲାଖୋଲି ସ୍ୱୀକାର କରିବା ପରେ, ଆମର ଆଭିମୁଖ୍ୟର ଯୁକ୍ତିଯୁକ୍ତତା ବିଷୟରେ, ଆପଣ ଆମ ମାମଲାର ଅସ୍ତିତ୍ୱ ବିଷୟରେ ଚିନ୍ତା କରି ଦ୍ୱନ୍ଦରେ ପଡ଼ିଥିଲେ। ଏହି ଲଢ଼େଇରେ ଆମର ସଫଳତାକୁ ସୁନିଶ୍ଚିତ କରିବା ପାଇଁ ଆଉ କ "ଣ ଦରକାର।

18

ଜଷ୍ଟିସ୍ ହିଲଟନ୍ ମଧ୍ୟ ନିଶ୍ଚୟ ଚାଲିଯିବେ

"ମେ 12,1930 ରେ, ସ୍ୱତନ୍ତ୍ର ଟ୍ରିବ୍ୟୁନାଲର ପ୍ରିଜାଇଡିଂ ଜଜ୍ ଏକ ଗୀତର ପ୍ରଶ୍ନ ଉପରେ ନିଜର ଧୈର୍ଯ୍ୟ ହରାଇଥିଲେ। ଅଭିଯୁକ୍ତମାନଙ୍କୁ ହାତକଡ଼ି ବାନ୍ଧିବା ପାଇଁ ସେ ନିର୍ଦ୍ଦେଶ ଦେଇଥିଲେ। ଅଭିଯୁକ୍ତମାନଙ୍କୁ ଅଦାଲତରୁ ବଳପୂର୍ବକ ହଟାଇ ଦିଆଯାଇଥିଲା ଏବଂ ଜେଲ୍କୁ ପଠାଇ ଦିଆଯାଇଥିଲା। ଅଭିଯୁକ୍ତ ଜଣଙ୍କେ ପରଦିନଠାରୁ ଅଦାଲତକୁ ବୟକଟ୍ କରିଥିଲେ ଏବଂ ପ୍ରିଜାଇଡିଂ ଜଜ୍ କ୍ଷମା ମାଗିବା ଉଚିତ ବୋଲି ଦାବି କରିଥିଲେ, କାରଣ ତାଙ୍କୁ ହଟାଇ ଦିଆଯିବା ଉଚିତ।

ଜୁନ୍ 21 ରେ ପ୍ରିଜାଇଡିଂ ଜଜ୍ଙ୍କୁ ହଟାଇ ଦିଆଯାଇଥିଲା ଏବଂ ଜୁନ୍ 23 ରେ ଅଭିଯୁକ୍ତ ଟ୍ରିବ୍ୟୁନାଲର ଅଧ୍ୟକ୍ଷତା କରୁଥିବା ବିଚାରପତି ହିଲ୍ଟନ୍ଙ୍କୁ ଖୋଜିବା ପାଇଁ କୋର୍ଟକୁ ଯାଇଥିଲେ। ଅଭିଯୁକ୍ତ ଏହାକୁ ବିରୋଧ କରିଥିଲେ ଏବଂ ଦାବି କରିଥିଲେ ଯେ ଜଷ୍ଟିସ୍ ହିଲ୍ଟନ୍ ଏହି ଆଦେଶରୁ ନିଜକୁ ଅଲଗା କରିବା ଉଚିତ୍ କିମ୍ବା ସେ କ୍ଷମା ମାଗିବା ଉଚିତ୍, ଯାହା ବିଫଳ ହେଲେ ତାଙ୍କୁ ଟ୍ରିବ୍ୟୁନାଲରୁ ମଧ୍ୟ ହଟାଇ ଦିଆଯିବା ଉଚିତ୍। ଏହି ପରିପ୍ରେକ୍ଷୀରେ ଭଗତ ସିଂହ ଏହି ଚିଠି ଲେଖିଥିଲେ।

* *

ପାଇଁ।

କମିଶନର, ସ୍ୱତନ୍ତ୍ର ଟ୍ରିବ୍ୟୁନାଲ,

ଲାହୋର ଷଡ଼ଯନ୍ତ୍ର ମାମଲା,

ଲାହୋର।

ସାର୍,

ଯେହେତୁ ଟ୍ରିବ୍ୟୁନାଲର ଦୁଇ ଜଣ ବିଚାରପତି ପ୍ରତ୍ୟାହାର କରିନେଇଛନ୍ତି କିମ୍ବା ଟ୍ରିବ୍ୟୁନାଲରୁ ନିଜକୁ ପ୍ରତ୍ୟାହାର କରିନେଇଛନ୍ତି ଏବଂ ସେମାନଙ୍କ ସ୍ଥାନରେ ଦୁଇ ଜଣ ନୂତନ ବିଚାରପତି ନିଯୁକ୍ତ ହୋଇଛନ୍ତି, ଆମେ ଅନୁଭବ କରୁଛୁ ଯେ ଆମର ସ୍ଥିତି ସ୍ପଷ୍ଟ ଭାବରେ ବ୍ୟାଖ୍ୟା କରିବା ପାଇଁ ଆମ ତରଫରୁ ବିବୃତ୍ତି ଅତ୍ୟନ୍ତ ଆବଶ୍ୟକ ଯାହା ଦ୍ୱାରା କୌଣସି ଭୁଲ ବୁଝାମଣା ସମ୍ଭବ ହୋଇପାରିବ ନାହିଁ | 1930 ମସିହା ମେ 12 ତାରିଖରେ ତତ୍କାଳୀନ ରାଷ୍ଟ୍ରପତି ମିଷ୍ଟର ଜଷ୍ଟିସ୍ କୋଲ୍ଡଷ୍ଟ୍ରିମଙ୍କ ଦ୍ୱାରା ଏକ ଆଦେଶ ପାରିତ ହୋଇଥିଲା ଯେ ଆମକୁ ହାତକଡ଼ି ବାନ୍ଧି କୋର୍ଟଙ୍କୁ ଏହି ହଠାତ୍ ଏବଂ ଅସାଧାରଣ ଆଦେଶର କାରଣ ବିଷୟରେ ଜଣାଇବାକୁ କହିବା ବିଚାରଯୋଗ୍ୟ ନୁହେଁ। ପୋଲିସ ଆମକୁ ବଳପୂର୍ବକ ହାତକଡ଼ି ବାନ୍ଧି ପୁଣି ଜେଲ୍କୁ ନେଇଯାଇଥିଲା।

ତିନିଜଣ ବିଚାରପତିଙ୍କ ମଧ୍ୟରୁ ଜଣେ, ଶ୍ରୀ ଆଗା ହରିଦର, ପରଦିନ ରାଷ୍ଟ୍ରପତିଙ୍କ ସେହି ଆଦେଶ ସହିତ ନିଜକୁ ଅଲଗା କରିଥିଲେ। ସେହି ଦିନଠାରୁ ଆମେ କୋର୍ଟରେ ହାଜର ହେଉ ନାହୁଁ।

ଆମ ସର୍ତ୍ତ ଯାହା ଉପରେ ଆମେ ଅଦାଲତରେ ହାଜର ହେବାକୁ ପ୍ରସ୍ତୁତ ଥିଲୁ, ତା 'ପରଦିନ ଟ୍ରିବ୍ୟୁନାଲ ସମ୍ମୁଖରେ ରଖାଗଲା, ଅର୍ଥାତ୍ ରାଷ୍ଟ୍ରପତି କ୍ଷମା ମାଗନ୍ତୁ କିମ୍ବା ତାଙ୍କୁ ବଦଳାଯିବା ଉଚିତ; ଏହା ଦ୍ୱାରା ଆମେ କଦାପି କହିନାହୁଁ ଯେ ସେହି ଆଦେଶରେ ପକ୍ଷ ଥିବା ଜଣେ ବିଚାରପତି ରାଷ୍ଟ୍ରପତିଙ୍କ ସ୍ଥାନ ନେବା ଉଚିତ୍।

ପାଞ୍ଚ ସପ୍ତାହରୁ ଅଧିକ ସମୟ ଧରି ଅଭିଯୁକ୍ତମାନଙ୍କ ଅଭିଯୋଗ ପ୍ରତି କୌଣସି ଧ୍ୟାନ ଦିଆଯାଉନଥିଲା। ଟ୍ରିବ୍ୟୁନାଲର ବର୍ତ୍ତମାନର ଗଠନ ଅନୁଯାୟୀ, ରାଷ୍ଟ୍ରପତିଙ୍କ ଆଦେଶରୁ ନିଜକୁ ଅଲଗା କରିଥିବା ଉଭୟ ରାଷ୍ଟ୍ରପତି ଏବଂ ଅନ୍ୟ ବିଚାରପତିଙ୍କୁ ଦୁଇ ଜଣ ନୂତନ ବିଚାରପତିଙ୍କ ଦ୍ୱାରା ବଦଳାଯାଇଛି। ତେଣୁ ସେହି ଆଦେଶର ପକ୍ଷ ଥିବା ବିଚାରପତି-ଯେହେତୁ ରାଷ୍ଟ୍ରପତି ସଂଖ୍ୟାଗରିଷ୍ଠଙ୍କ ତରଫରୁ ଆଦେଶ ଦେଇଥିଲେ-ବର୍ତ୍ତମାନ ଟ୍ରିବ୍ୟୁନାଲର ସଭାପତି ନିଯୁକ୍ତ ହୋଇଛନ୍ତି। ଏଭଳି ପରିସ୍ଥିତିରେ ଆମେ ଗୋଟିଏ କଥା ଉପରେ ଗୁରୁତ୍ୱ ଦେବାକୁ ଚାହୁଁଛୁ ଯେ ମିଷ୍ଟର ଜଷ୍ଟିସ୍ କୋଲ୍ଡଷ୍ଟ୍ରିମ୍ଙ୍କ ବ୍ୟକ୍ତିତ୍ୱ ପ୍ରତି ଆମର କୌଣସି ଘୃଣା ନଥିଲା। ସଂଖ୍ୟାଗରିଷ୍ଠଙ୍କ ତରଫରୁ ରାଷ୍ଟ୍ରପତିଙ୍କ ଦ୍ୱାରା ପାରିତ ଆଦେଶ ଏବଂ ପରବର୍ତ୍ତୀ ସମୟରେ ଆମ ପ୍ରତି ହୋଇଥିବା ଦୁର୍ବ୍ୟବହାର ବିରୋଧରେ ଆମେ ବିରୋଧ କରିଥିଲୁ। ମିଷ୍ଟର ଜଷ୍ଟିସ୍ କୋଲ୍ଡଷ୍ଟ୍ରିମ ଏବଂ ମିଷ୍ଟର ଜଷ୍ଟିସ୍ ହିଲଟନ୍ଙ୍କ ପ୍ରତି ଆମର ପୂର୍ଣ୍ଣ ସମ୍ମାନ ରହିଛି, ଯାହା ପ୍ରତ୍ୟେକ ବ୍ୟକ୍ତିଙ୍କଠାରୁ ଆଶା କରାଯିବା ଉଚିତ। ଏବଂ ଯେହେତୁ ଆମର ବିରୋଧ ଏକ ନିର୍ଦ୍ଦିଷ୍ଟ ଆଦେଶ ବିରୁଦ୍ଧରେ ଥିଲା, ଆମେ ଚାହୁଁଥିଲୁ ଯେ ରାଷ୍ଟ୍ରପତି କ୍ଷମା ମାଗନ୍ତୁ, ଯାହାର ଅର୍ଥ ହେଉଛି ସେହି ଆଦେଶ ପାଇଁ ଦାୟୀ ଟ୍ରିବ୍ୟୁନାଲ ତରଫରୁ ରାଷ୍ଟ୍ରପତି କ୍ଷମା ମାଗନ୍ତୁ। ଉଚ୍ଛେଦ ଦ୍ୱାରା ରାଷ୍ଟ୍ରପତିଙ୍କ ପଦବୀରେ ପରିବର୍ତ୍ତନ କରାଯାଇନାହିଁ କାରଣ ଶ୍ରୀଯୁକ୍ତ ଜଷ୍ଟିସ୍ ହିଲ୍ଟନ୍, ଯିଏ ଏହି ଆଦେଶର ଏକ ପକ୍ଷ ଥିଲେ, ସ୍ଥାନ ପଦବୀରେ ଅଧ୍ୟକ୍ଷତା କରୁଛନ୍ତି, ଆଘାତରେ ଏକ ଅପମାନ ଯୋଡିଛନ୍ତି |

ଆପଣଙ୍କର ଇତ୍ୟାଦି।
25 ଜୁନ, 1930
ଭଗତ୍ ସିଂ, ଦତ୍ତ

19

ଆତ୍ମହତ୍ୟା ନେଇ ସୁଖଦେବଙ୍କୁ ଚିଠି

"ସେମାନଙ୍କ ମାମଲାର ରାୟକୁ ଅପେକ୍ଷା କରିବା ସମୟରେ, ପ୍ରାଥମିକ ପ୍ରଶ୍ନ। ଯାହା ଅଭିଯୁକ୍ତମାନଙ୍କ ମନକୁ ବିଚଳିତ କରିଥିଲା, "ସେମାନଙ୍କର କ" ଣ ହେବ? " ସୁଖଦେବ, ବିଶେଷ କରି ଆଜୀବନ କାରାଦଣ୍ଡର ବିଚାର ଦ୍ୱାରା ଅତ୍ୟନ୍ତ ନିରାଶ ହୋଇଥିଲେ। ସେ ହୁଏତ ମୁକ୍ତ ହେବେ କିମ୍ବା ମୃତ୍ୟୁକୁ ବାଛିବେ। ସେ ଭଗତ ସିଂହଙ୍କୁ ଲେଖିଥିଲେ ଯେ ଯଦି ସେ ଆଜୀବନ ଦୋଷୀ ସାବ୍ୟସ୍ତ ହୁଅନ୍ତି, ତେବେ ସେ ଆତ୍ମହତ୍ୟା କରିବେ। ସୁଖଦେବଙ୍କ ଚିଠିକୁ ନେଇ ଭଗତ ସିଂହଙ୍କ ପ୍ରତିକ୍ରିୟା ଅତ୍ୟନ୍ତ ତୀବ୍ର ଥିଲା। ସେ କହିଥିଲେ, "କଷ୍ଟରୁ ପଳାୟନ କରିବା ହେଉଛି କାପୁରୁଷତା।" ଏହି ଚିଠିଟି ଗୁରୁତ୍ୱପୂର୍ଣ୍ଣ ରହିଛି କାରଣ ଏହା ସିଂହଙ୍କ ମନରେ ଝାଳ ବୁହାଇବାକୁ ଆଉ ଏକ ଦ୍ୱାର ଖୋଲିଥାଏ।

* *

ପ୍ରିୟ ଭାଇ,

ମୁଁ ଆପଣଙ୍କ ଚିଠିକୁ ଧ୍ୟାନର ସହ ଏବଂ ଅନେକ ଥର ଦେଖିଛି। ମୁଁ ଅନୁଭବ କରୁଛି ଯେ ପରିବର୍ତ୍ତିତ ପରିସ୍ଥିତି ଆମକୁ ଭିନ୍ନ ଭାବେ ପ୍ରଭାବିତ କରିଛି। ଯେଉଁ ଜିନିଷଗୁଡ଼ିକୁ ଆପଣ ବାହାରେ ଘୃଣା କରୁଥିଲେ, ସେଗୁଡ଼ିକ ଏବେ ଆପଣଙ୍କ ପାଇଁ ଅପରିହାର୍ଯ୍ୟ ହୋଇଯାଇଛି। ସେହିଭଳି, ଯେଉଁ ଜିନିଷଗୁଡ଼ିକୁ ମୁଁ ଦୃଢ଼ ଭାବେ ସମର୍ଥନ କରୁଥିଲି, ସେଗୁଡ଼ିକର ମୋ ପାଇଁ ଆଉ କୌଣସି ଗୁରୁତ୍ୱ ନାହିଁ। ଉଦାହରଣ ସ୍ୱରୂପ, ମୁଁ ବ୍ୟକ୍ତିଗତ ପ୍ରେମରେ ବିଶ୍ୱାସ କରୁଥିଲି, କିନ୍ତୁ ବର୍ତ୍ତମାନ ଏହି ଭାବନା ମୋ ହୃଦୟ ଏବଂ ମନରେ କୌଣସି ନିର୍ଦ୍ଦିଷ୍ଟ ସ୍ଥାନ ଅଧିକାର କରିବା ବନ୍ଦ କରିଦେଇଛି। ବାହାରେ ଥିଲାବେଳେ ଆପଣମାନେ ଏହାକୁ ଦୃଢ଼ ଭାବେ ବିରୋଧ କରୁଥିଲେ, କିନ୍ତୁ ଏବେ ଆପଣଙ୍କ ବିଚାରରେ ଏକ ବ୍ୟାପକ ପରିବର୍ତ୍ତନ ଏବଂ ଉଗ୍ରବାଦ ସ୍ପଷ୍ଟ ଭାବେ ଦୃଶ୍ୟମାନ ହେଉଛି। ଆପଣ ଏହାକୁ ମାନବ ଅସ୍ତିତ୍ୱର ଏକ ଅତ୍ୟନ୍ତ ଅତ୍ୟାବଶ୍ୟକ ଅଂଶ ଭାବରେ ଅନୁଭବ କରନ୍ତି ଏବଂ ଆପଣ ଅଭିଜ୍ଞତାରେ ଏକ ନିର୍ଦ୍ଦିଷ୍ଟ ପ୍ରକାରର ସୁଖ ପାଇଛନ୍ତି |

ଆପଣମାନଙ୍କର ଏବେ ବି ମନେ ଥିବ ଯେ ଦିନେ ମୁଁ ଆପଣଙ୍କ ସହିତ ଆତ୍ମହତ୍ୟା ବିଷୟରେ ଆଲୋଚନା କରିଥିଲି। ସେହି ସମୟରେ ମୁଁ ଆପଣଙ୍କୁ କହିଥିଲି ଯେ କେତେକ ପରିସ୍ଥିତିରେ ଆତ୍ମହତ୍ୟା ଯଥାର୍ଥ ହୋଇପାରେ, କିନ୍ତୁ ଆପଣ ମୋର ମତକୁ ବିରୋଧ କରିଥିଲେ। ଆମର ବାର୍ତ୍ତାଳାପର ସମୟ ଏବଂ ସ୍ଥାନ ମୋର ସ୍ପଷ୍ଟ ଭାବେ ମନେ ଅଛି। ଗୋଟିଏ ସନ୍ଧ୍ୟାରେ ଶାହାନଶାହୀ କୁଟିଆରେ ଆମେ ଏ ବିଷୟରେ ଆଲୋଚନା କରିଥିଲୁ। ଆପଣ ପରିହାସରେ କହିଥିଲେ ଯେ ଏଭଳି କାପୁରୁଷତାପୂର୍ଣ୍ଣ କାର୍ଯ୍ୟକୁ କଦାପି ନ୍ୟାୟସଙ୍ଗତ କରାଯାଇପାରିବ ନାହିଁ। ଆପଣ କହିଥିଲେ ଯେ ଏହି ପ୍ରକାରର କାର୍ଯ୍ୟ ଭୟଙ୍କର ଏବଂ ଘୃଣ୍ୟ

ଥିଲା, କିନ୍ତୁ ମୁଁ ଦେଖୁଛି ଯେ ଆପଣ ବର୍ତ୍ତମାନ ଏହି ପ୍ରସଙ୍ଗରେ ଏକ ମୋଡ଼ ନେଇଛନ୍ତି। ବର୍ତ୍ତମାନ ଆପଣ ଏହାକୁ କେବଳ ନିର୍ଦ୍ଦିଷ୍ଟ ପରିସ୍ଥିତିରେ ଉପଯୁକ୍ତ ନୁହେଁ ବରଂ ଆବଶ୍ୟକ, ଏପରିକି ଅତ୍ୟାବଶ୍ୟକ ମଧ୍ୟ ପାଆନ୍ତି | ମୋର ମତ ହେଉଛି ଯାହା ଆପଣ ପୂର୍ବରୁ କହିଥିଲେ, ଯେ ଆତ୍ମହତ୍ୟା ଏକ ଘୃଣ୍ୟ ଅପରାଧ। ଏହା ସମ୍ପୂର୍ଣ୍ଣ କାପୁରୁଷତାପୂର୍ଣ୍ଣ କାର୍ଯ୍ୟ। ବିପ୍ଳବୀମାନଙ୍କୁ ଛାଡ଼ନ୍ତୁ, କୌଣସି ବ୍ୟକ୍ତି କେବେବି ଏପରି କାର୍ଯ୍ୟକୁ ଯଥାର୍ଥ ସାବ୍ୟସ୍ତ କରିପାରିବେ ନାହିଁ।

ଆପଣ କହୁଛନ୍ତି ଯେ ଆପଣ ବୁଝିବାରେ ବିଫଳ ହୋଇଛନ୍ତି ଯେ କେବଳ ଯନ୍ତ୍ରଣା ହିଁ କିପରି ଦେଶର ସେବା କରିପାରିବ। ଆପଣଙ୍କ ଭଳି ଜଣେ ବ୍ୟକ୍ତିଙ୍କ ଏଭଳି ପ୍ରଶ୍ନ ବାସ୍ତବରେ ଦ୍ୱନ୍ଦ୍ୱପୂର୍ଣ୍ଣ, କାରଣ ନୌଜୱାନ ଭାରତ ସଭାର ଲକ୍ଷ୍ୟ-"ସେବା ମାଧ୍ୟମରେ ଯନ୍ତ୍ରଣା ଭୋଗ କରିବା ଏବଂ ବଳିଦାନ ଦେବା"-କୁ ଆମେ କେତେ ଭାବିଚିନ୍ତି ଭଲ ପାଉଥିଲୁ। ମୁଁ ବିଶ୍ୱାସ କରେ ଯେ ଆପଣ ଯଥାସମ୍ଭବ ସେବା କରିଥିଲେ। ଏବେ ସେହି ସମୟ ଆସିଛି ଯେତେବେଳେ ଆପଣ ଯାହା କରିଛନ୍ତି ସେଥିପାଇଁ ଆପଣଙ୍କୁ ଯନ୍ତ୍ରଣା ଭୋଗିବାକୁ ପଡ଼ିବ। ଆଉ ଏକ କଥା ହେଉଛି ଯେ ଏହା ହେଉଛି ଠିକ୍ ସେହି ମୁହୂର୍ତ୍ତ ଯେତେବେଳେ ଆପଣଙ୍କୁ ସମଗ୍ର ଲୋକଙ୍କୁ ନେତୃତ୍ୱ ନେବାକୁ ପଡିବ। ମଣିଷ କେବଳ ସେତେବେଳେ କାର୍ଯ୍ୟ କରେ ଯେତେବେଳେ ସେ ତାଙ୍କ କାର୍ଯ୍ୟର ଯଥାର୍ଥତା ବିଷୟରେ ନିଶ୍ଚିତ, ଯେହେତୁ ଆମେ ବିଧାନସଭାରେ ବୋମା ଫିଙ୍ଗିଛୁ। କାର୍ଯ୍ୟାନୁଷ୍ଠାନ ପରେ, ସେହି କାର୍ଯ୍ୟର ପରିଣାମ ଭୋଗିବାର ସମୟ ଆସିଛି। ଆପଣ କ "ଣ ଭାବୁଛନ୍ତି ଯେ ଯଦି ଆମେ ଦୟା ପାଇଁ ନିବେଦନ କରି ଦଣ୍ଡ ଏଡ଼ାଇବାକୁ ଚେଷ୍ଟା କରିଥାନ୍ତୁ, ତେବେ ଆମେ ଅଧିକ ନ୍ୟାୟସଙ୍ଗତ ହୋଇଥାନ୍ତୁ? ନା, ଏହା ଜନସାଧାରଣଙ୍କ ଉପରେ ପ୍ରତିକୂଳ ପ୍ରଭାବ ପକାଇବ। ଏବେ ଆମେ ନିଜ ପ୍ରୟାସରେ ବେଶ୍ ସଫଳ ହୋଇଛୁ।

ଆମ କାରାବାସ ସମୟରେ ଆମ ଦଳର ରାଜନୈତିକ ବନ୍ଦୀମାନଙ୍କ ଅବସ୍ଥା ଅତ୍ୟନ୍ତ ଶୋଚନୀୟ ଥିଲା। ଆମେ ଏହାକୁ ସୁଧାରିବାକୁ ଚେଷ୍ଟା କରିଥିଲୁ। ମୁଁ ଆପଣଙ୍କୁ ଗମ୍ଭୀରତାର ସହ କହୁଛି ଯେ ଆମେ ବିଶ୍ୱାସ କରୁଥିଲୁ ଯେ ଆମେ ଖୁବ୍ ଶୀଘ୍ର ମରିବୁ। ବଳପୂର୍ବକ ଖାଦ୍ୟ ଖୁଆଇବାର କୌଶଳ ବିଷୟରେ ଆମେ ଜାଣି ନଥିଲୁ କିମ୍ବା ଏହା ବିଷୟରେ କେବେ ଚିନ୍ତା କରିନାହୁଁ। ଆମେ ମରିବାକୁ ପ୍ରସ୍ତୁତ ଥିଲୁ। ଆପଣ କହିବାକୁ ଚାହୁଁଛନ୍ତି କି ଯେ ଆମେ ପ୍ରତିଶ୍ରୁତି ଦେବାକୁ ଚାହୁଁଥିଲୁ? ଆତ୍ମହତ୍ୟା? ନା। ଏକ ଉନ୍ନତ ଆଦର୍ଶ ପାଇଁ ଚେଷ୍ଟା କରିବା ଏବଂ ନିଜ ଜୀବନକୁ ତ୍ୟାଗ କରିବା କଦାପି ଆତ୍ମହତ୍ୟା କୁହାଯାଇପାରିବ ନାହିଁ। ଆମର କମରେଡ ଯତୀନ୍ଦ୍ର ନାଥ ଦାସଙ୍କ ମୃତ୍ୟୁକୁ ନେଇ ଆମେ ଈର୍ଷାପରାୟଣ। ଆପଣ ଏହାକୁ ଆତ୍ମହତ୍ୟା ବୋଲି କହିବେ କି? ପରିଶେଷରେ, ଆମର ଦୁଃଖକଷ୍ଟ ଫଳପ୍ରଦ ହେଲା। ସମଗ୍ର ଦେଶରେ ଏକ ବଡ଼ ଆନ୍ଦୋଳନ ଆରମ୍ଭ ହେଲା। ଆମେ ନିଜ ଲକ୍ଷ୍ୟରେ ସଫଳ ହୋଇଛୁ। ଏହି ପ୍ରକାରର ସଂଘର୍ଷରେ ମୃତ୍ୟୁ ଏକ ଆଦର୍ଶ ମୃତ୍ୟୁ। ଏହା ବ୍ୟତୀତ, ଆମମାନଙ୍କ ମଧ୍ୟରେ ଥିବା ସାଥୀମାନେ, ଯେଉଁମାନେ ବିଶ୍ୱାସ କରନ୍ତି ଯେ ସେମାନଙ୍କୁ ମୃତ୍ୟୁଦଣ୍ଡ ଦିଆଯିବ, ସେହି ଦିନକୁ ଧୈର୍ଯ୍ୟର ସହ ଅପେକ୍ଷା କରିବା ଉଚିତ୍ ଯେତେବେଳେ ଦଣ୍ଡାଦେଶ ଘୋଷଣା କରାଯିବ ଏବଂ ସେମାନଙ୍କୁ ଫାଶୀ ଦିଆଯିବ। ଏହି ମୃତ୍ୟୁ ମଧ୍ୟ ସୁନ୍ଦର ହେବ, କିନ୍ତୁ କିଛି ଯନ୍ତ୍ରଣା ଏଡ଼ାଇବା ପାଇଁ ଜୀବନକୁ ଛୋଟ କରିବା ପାଇଁ ଆତ୍ମହତ୍ୟା କରିବା-ଏକ କାପୁରୁଷତା। ମୁଁ ଆପଣଙ୍କୁ କହିବାକୁ ଚାହେଁ ଯେ ବାଧାଗୁଡ଼ିକ ମଣିଷକୁ ସିଦ୍ଧ କରିଥାଏ। ଆପଣ କିମ୍ବା ମୁଁ, ବରଂ ଆମ ଭିତରୁ କେହି ଏପର୍ଯ୍ୟନ୍ତ କୌଣସି ଯନ୍ତ୍ରଣା ଭୋଗ କରିନାହାଁନ୍ତି। ଆମ ଜୀବନର ସେହି ଅଂଶ ଏବେ ହିଁ ଆରମ୍ଭ ହୋଇଛି। ଆପଣ ମନେ ପକାଇବେ ଯେ ଆମେ ରୁଷୀୟ ସାହିତ୍ୟରେ ବାସ୍ତବବାଦ ବିଷୟରେ ଅନେକ ଥର ଆଲୋଚନା କରିଛୁ, ଯାହା ଆମ ନିଜ ଭାଷାରେ କେଉଁଠି ବି ଦୃଶ୍ୟମାନ ହୁଏ ନାହିଁ। ସେମାନଙ୍କ କାହାଣୀରେ ଥିବା ଯନ୍ତ୍ରଣାଦାୟକ

ପରିସ୍ଥିତିକୁ ଆମେ ଅତ୍ୟନ୍ତ ପ୍ରଶଂସା କରୁ, କିନ୍ତୁ ଆମେ ନିଜ ଭିତରେ ସେହି ଯନ୍ତ୍ରଣାଦାୟକ ଭାବନାକୁ ଅନୁଭବ କରୁନାହୁଁ। ଆମେ ସେମାନଙ୍କର ଆବେଗ ଏବଂ ସେମାନଙ୍କ ଚରିତ୍ରର ଅସାଧାରଣ ଉଚ୍ଚତାକୁ ମଧ୍ୟ ପ୍ରଶଂସା କରୁ, କିନ୍ତୁ ଆମେ ଏହାର କାରଣ ଖୋଜିବା ପାଇଁ କେବେ ବି ବ୍ୟସ୍ତ ହେଉ ନାହୁଁ। ମୁଁ କହିବି ଯେ କେବଳ ଯନ୍ତ୍ରଣା ସହିବା ପାଇଁ ସେମାନଙ୍କର ସଂକଳ୍ପର ସନ୍ଦର୍ଭ ତୀବ୍ରତା, ଯନ୍ତ୍ରଣାର ଯନ୍ତ୍ରଣା ସୃଷ୍ଟି କରିଛି, ଏବଂ ଏହା ସେମାନଙ୍କ ଚରିତ୍ର ଏବଂ ସାହିତ୍ୟକୁ ବହୁତ ଗଭୀରତା ଏବଂ ଉଚ୍ଚତା ଦେଇଛି। ଯେତେବେଳେ ଆମେ କୌଣସି ପ୍ରାକୃତିକ କିମ୍ବା ଗୁରୁତ୍ୱପୂର୍ଣ୍ଣ ଆଧାର ବିନା ଆମ ଜୀବନରେ ଏକ ଅଯୌକ୍ତିକ ରହସ୍ୟବାଦ ଗ୍ରହଣ କରୁ, ସେତେବେଳେ ଆମେ ଦୟନୀୟ ଏବଂ ହାସ୍ୟାସ୍ପଦ ହୋଇଯାଉ। ଆମ ଭଳି ଲୋକମାନେ, ଯେଉଁମାନେ ପ୍ରତ୍ୟେକ ଦୃଷ୍ଟିରୁ ବିପ୍ଳବୀ ହୋଇଥିବାରୁ ଗର୍ବିତ, ସେମାନେ ଆମ ଦ୍ୱାରା ଆରମ୍ଭ କରାଯାଇଥିବା ସଂଘର୍ଷ ଦ୍ୱାରା ଆମ ଉପରେ ଆସୁଥିବା ସମସ୍ତ ଅସୁବିଧା, ଉଦ୍‌ବେଗ, ଯନ୍ତ୍ରଣା ଏବଂ ଯନ୍ତ୍ରଣା ସହ୍ୟ କରିବା ପାଇଁ ସର୍ବଦା ପ୍ରସ୍ତୁତ ରହିବା ଉଚିତ, ଯେଉଁଥିପାଇଁ ଆମେ ନିଜକୁ ବିପ୍ଳବୀ ବୋଲି କହିଥାଉ।

ମୁଁ ଆପଣଙ୍କୁ କହିବାକୁ ଚାହେଁ ଯେ କେବଳ କାରାଗାରରେ, ଏବଂ କେବଳ କାରାଗାରରେ, ଜଣେ ବ୍ୟକ୍ତି ଅପରାଧ ଏବଂ ପାପର ମହାନ ସାମାଜିକ ବିଷୟଗୁଡ଼ିକୁ ଅଭିଜ୍ଞତାଗତ ଭାବରେ ଅଧ୍ୟୟନ କରିବାର ସୁଯୋଗ ପାଇପାରିବ କି? ମୁଁ ଏହା ଉପରେ କିଛି ସାହିତ୍ୟ ପଢ଼ିଛି ଏବଂ ଏହି ସମସ୍ତ ବିଷୟ ଉପରେ ଆତ୍ମ-ଅଧ୍ୟୟନ ପାଇଁ କେବଳ ଜେଲ୍ ଉପଯୁକ୍ତ ସ୍ଥାନ | ଦି. ଜଣେ ବ୍ୟକ୍ତିଙ୍କ ପାଇଁ ଆତ୍ମ-ଅଧ୍ୟୟନର ସର୍ବୋତ୍ତମ ଅଂଶ ହେଉଛି ନିଜେ ଯନ୍ତ୍ରଣା ଭୋଗିବା |

ଆପଣ ଜାଣନ୍ତି ଯେ ଦେଶରେ ରାଜନୈତିକ ବନ୍ଦୀମାନଙ୍କ ଯନ୍ତ୍ରଣା ରୁଷର କାରାଗାରଗୁଡ଼ିକ, ମୁଖ୍ୟତଃ, କାରାଗାରରେ ବିପ୍ଳବ ସୃଷ୍ଟି କଲା - ଜାରଡୋମକୁ ଗାଦିଚ୍ୟୁତ କରାଯିବା ପରେ ପ୍ରଶାସନ ଭାରତ ଏଥିରେ ନାହିଁ କି? ଏଭଳି ବ୍ୟକ୍ତିବିଶେଷଙ୍କ ଆବଶ୍ୟକତା, ଯେଉଁମାନେ ଏହି ସମସ୍ୟା ବିଷୟରେ ସମ୍ପୂର୍ଣ୍ଣ ଭାବେ ଅବଗତ ଏବଂ ଏସବୁ ବିଷୟରେ ଆପଣଙ୍କର ବ୍ୟକ୍ତିଗତ ଅଭିଜ୍ଞତା ଅଛି କି? ଯଥେଷ୍ଟ ହେବ ନାହିଁ କୁହନ୍ତୁ ଯେ ଅନ୍ୟ କେହି ଏହା କରିବେ, କିମ୍ବା ଅନ୍ୟ ଅନେକ ଲୋକ ଏହା କରିବା ପାଇଁ ଅଛନ୍ତି। ତେଣୁ, ଯେଉଁ ପୁରୁଷମାନେ ଏହାକୁ ଅତ୍ୟନ୍ତ ଅସମ୍ମାନଜନକ ମନେ କରନ୍ତି ଏବଂ ଅନ୍ୟମାନଙ୍କ ଉପରେ ବୈପ୍ଳବିକ ଦାୟିତ୍ୱ ଛାଡିବା ଘୃଣ୍ୟ | ବିଦ୍ୟମାନ ବ୍ୟବସ୍ଥା ବିରୁଦ୍ଧରେ ସେମାନଙ୍କର ସଂଘର୍ଷ ମୋଟ ସହିତ ଆରମ୍ଭ କରିବା ଉଚିତ୍ ଭକ୍ତି। ସେମାନେ ଏହି ନିୟମଗୁଡ଼ିକୁ ଉଲ୍ଲଙ୍ଘନ କରିବା ଉଚିତ କିନ୍ତୁ ସେମାନେ ମଧ୍ୟ କରିବା ଉଚିତ। ଯଥାର୍ଥତାକୁ ଧ୍ୟାନରେ ରଖନ୍ତୁ, କାରଣ ଅନାବଶ୍ୟକ ଏବଂ ଅନୁପଯୁକ୍ତ ପ୍ରୟାସକୁ କଦାପି ନ୍ୟାୟସଙ୍ଗତ ବୋଲି ବିବେଚନା କରାଯାଇପାରିବ ନାହିଁ। ଏଭଳି ଆନ୍ଦୋଳନ ହେବ। ବିପ୍ଳବର ପ୍ରକ୍ରିୟାକୁ ସଂକ୍ଷିପ୍ତ କରନ୍ତୁ। ସମସ୍ତ ଯୁକ୍ତି ଯାହା ଆପଣ ଏପରି ସମସ୍ତ ଆନ୍ଦୋଳନରୁ ନିଜକୁ ଦୂରେଇ ରଖିବା ପାଇଁ ଦେଲେ, ସେମାନେ ମୋ ପାଇଁ ଅବିସ୍ମରଣୀୟ। ଆମର କିଛି ବନ୍ଧୁ ମଧ୍ୟ ଅଛନ୍ତି। ମୂର୍ଖ କିମ୍ବା ଅଜ୍ଞାନୀ। ସେମାନେ ଆପଣଙ୍କ ଆଚରଣକୁ ଅତ୍ୟନ୍ତ ଅଦ୍ଭୁତ ମନେ କରନ୍ତି। ଏବଂ ବୋଧଗମ୍ୟ ନୁହେଁ। (ସେମାନେ ନିଜେ କହନ୍ତି ସେମାନେ ପାରିବେ ନାହିଁ ଏହାକୁ ବୁଝନ୍ତୁ କାରଣ ଆପଣ ସେମାନଙ୍କ ଠାରୁ ବହୁତ ଦୂରରେ ଅଛନ୍ତି।ବୁଝିବା)।

ବାସ୍ତବରେ, ଯଦି ଆପଣ ଅନୁଭବ କରନ୍ତି ଯେ ଜେଲ୍ ଜୀବନ ପ୍ରକୃତରେ ଅପମାନଜନକ, ତେବେ ଆପଣ ଆନ୍ଦୋଳନ କରି ଏହାକୁ ଉନ୍ନତ କରିବାକୁ ଚେଷ୍ଟା କରୁନାହାନ୍ତି କାହିଁକି? ବୋଧହୁଏ, ଆପଣ କହିବେ ଯେ ଏହି ସଂଘର୍ଷ ନିରର୍ଥକ ହେବ, କିନ୍ତୁ ଏହା ହେଉଛି ସଠିକ୍ ଯୁକ୍ତି ଯାହା ସାଧାରଣତଃ ପ୍ରତ୍ୟେକ ଆନ୍ଦୋଳନରେ ଅଂଶଗ୍ରହଣ ଏଡ଼ାଇବା ପାଇଁ ଦୁର୍ବଳ ଲୋକମାନେ ଏକ ଆଚ୍ଛାଦନ ଭାବରେ ବ୍ୟବହାର କରନ୍ତି | ଏହା ହେଉଛି ସେହି ଉତ୍ତର ଯାହା ଆମେ ଜେଲ ବାହାରେ ସେହି ଲୋକମାନଙ୍କ ଠାରୁ ଶୁଣି ଆସୁଥିଲୁ

ଯେଉଁମାନେ ବିପ୍ଳବୀ ଆନ୍ଦୋଳନରେ ଫଶି ଯିବାରୁ ରକ୍ଷା ପାଇବା ପାଇଁ ଉତ୍କଣ୍ଠିତ ଥିଲେ। ମୁଁ ଏବେ ଆପଣମାନଙ୍କଠାରୁ ସମାନ ଯୁକ୍ତି ଶୁଣିବି କି? ଏହାର ଲକ୍ଷ୍ୟ ଏବଂ ଆଦର୍ଶର ବିଶାଳତା ତୁଳନାରେ ମୁଠାଏ ଲୋକଙ୍କ ଆମ ଦଳ କ "ଣ କରିପାରିବ? ଆମେ କ "ଣ ଏଥିରୁ ଅନୁମାନ କରିପାରିବା ଯେ ଆମର କାମ ସମ୍ପୂର୍ଣ୍ଣ ଭାବେ ଆରମ୍ଭ କରିବାରେ ଆମେ ଗୁରୁତର ଭୁଲ୍ କରିଛୁ? ନା, ଏହି ପ୍ରକାରର ଅନୁମାନ ଅନୁପଯୁକ୍ତ ହେବ। ଏହା କେବଳ ଏଭଳି ଚିନ୍ତା କରୁଥିବା ବ୍ୟକ୍ତିର ଆଭ୍ୟନ୍ତରୀଣ ଦୁର୍ବଳତାକୁ ଦର୍ଶାଏ।

ଆପଣ ଆହୁରି ଲେଖିଛନ୍ତି ଯେ ଜଣେ ବ୍ୟକ୍ତିଙ୍କଠାରୁ ଏହା ଆଶା କରାଯାଇପାରିବ ନାହିଁ ଯେ ସେ 14 ବର୍ଷ ଧରି ଜେଲରେ ଯନ୍ତ୍ରଣା ଭୋଗିବା ପରେ ସମାନ ଚିନ୍ତାଧାରା ରଖିବେ, ଯାହା ପୂର୍ବରୁ ସେ ଭୋଗିଥିଲେ, କାରଣ ଜେଲ୍ ଜୀବନ ତାଙ୍କ ସମସ୍ତ ଚିନ୍ତାଧାରାକୁ ଭାଙ୍ଗି ଦେବ। ମୁଁ ଆପଣଙ୍କୁ ପଚାରି ପାରିବି କି ଜେଲ ବାହାରେ ପରିସ୍ଥିତି ଆମ ବିଚାର ପାଇଁ ଟିକିଏ ଅଧିକ ଅନୁକୂଳ ଥିଲା କି? ତଥାପି, ଆମେ ଆମର ବିଫଳତା ହେତୁ ଏହାକୁ ଛାଡି ପାରିଥାନ୍ତୁ କି? ଆପଣ ଏହା କହିବାକୁ ଚାହୁଁଛନ୍ତି କି ଯେ ଆମେ ଯଦି ଏହି କ୍ଷେତ୍ରରେ ପ୍ରବେଶ କରିନଥାନ୍ତେ, ତେବେ କୌଣସି ବିପ୍ଳବୀ କାର୍ଯ୍ୟ ଆଦୌ ହୋଇନଥାନ୍ତା? ଯଦି ଏହା ଆପଣଙ୍କର ଯୁକ୍ତି, ତେବେ ଆପଣ ଭୁଲ କରୁଛନ୍ତି, ଯଦିଓ ଏହା ଠିକ୍ ଯେ ଆମେ ମଧ୍ୟ ପରିବେଶ ପରିବର୍ତ୍ତନ କରିବାରେ କିଛି ମାତ୍ରାରେ ସହାୟକ ପ୍ରମାଣିତ ହୋଇଛୁ। କିନ୍ତୁ, ତା 'ପରେ, ଆମେ କେବଳ ଆମ ସମୟର ଆବଶ୍ୟକତା ର ଏକ ଉତ୍ପାଦ।

ମୁଁ ଏହା ମଧ୍ୟ କହିବି ଯେ ମାର୍କସ୍-କମ୍ୟୁନିଜିମ୍ ର ପିତା-ପ୍ରକୃତରେ ଏହି ଧାରଣା ସୃଷ୍ଟି କରିନଥିଲେ | ୟୁରୋପର ଶିଳ୍ପ ବିପ୍ଳବ ନିଜେ ଏହି ପ୍ରକାରର ପୁରୁଷ ସୃଷ୍ଟି କରିଥିଲା। ସେମାନଙ୍କ ମଧ୍ୟରୁ ମାର୍କ୍ସ ଅନ୍ୟତମ ଥିଲେ। ଅବଶ୍ୟ, ତାଙ୍କ ସମୟର ଚକ୍ରଗୁଡ଼ିକୁ ଏକ ନିର୍ଦ୍ଦିଷ୍ଟ ଉପାୟରେ ପ୍ରସ୍ତୁତ କରିବାରେ ମାର୍କସ୍ ମଧ୍ୟ କିଛି ମାତ୍ରାରେ ସହାୟକ ହୋଇଥିଲେ।

ମୁଁ (ଏବଂ ଆପଣ ମଧ୍ୟ) ଏହି ଦେଶରେ ସମାଜବାଦ ଏବଂ ସାମ୍ୟବାଦର ବିଚାରକୁ ଜନ୍ମ ଦେଇନାହୁଁ; ଏହା ଆମ ସମୟ ଏବଂ ପରିସ୍ଥିତିର ପ୍ରଭାବ ଆମ ନିଜ ଉପରେ ପଡ଼ିବାର ପରିଣାମ। ଅବଶ୍ୟ, ଆମେ ଏହି ଚିନ୍ତାଧାରାକୁ ପ୍ରଚାର କରିବା ପାଇଁ କିଛି କରିଛୁ, ଏବଂ ସେଥିପାଇଁ ମୁଁ କହୁଛି ଯେ ଯେହେତୁ ଆମେ ନିଜ ଉପରେ ଏକ କଠିନ କାର୍ଯ୍ୟ ନେଇ ସାରିଛୁ, ଆମେ ଏହାକୁ ଆଗକୁ ବଢ଼ାଇବା ଜାରି ରଖିବା ଉଚିତ୍। ଅସୁବିଧାରୁ ରକ୍ଷା ପାଇବା ପାଇଁ ଆମେ କରୁଥିବା ଆତ୍ମହତ୍ୟା ଦ୍ୱାରା ଲୋକମାନେ ପରିଚାଳିତ ହେବେ ନାହିଁ; ଅପରପକ୍ଷେ, ଏହା ଏକ ପ୍ରତିକ୍ରିୟାଶୀଳ ପଦକ୍ଷେପ ହେବ।

ଜେଲ୍ ନିୟମ ଦ୍ୱାରା ନିର୍ଦ୍ଧାରିତ ନିରାଶା, ଚାପ ଏବଂ ହିଂସାର ପରୀକ୍ଷାମୂଳକ ପରିବେଶ ସତ୍ତ୍ୱେ ଆମେ ଆମର କାର୍ଯ୍ୟ ଜାରି ରଖିଛୁ। ଆମେ କାମ କରୁଥିବା ସମୟରେ, ଆମକୁ ଅନେକ ପ୍ରକାରର ସମସ୍ୟାର ସମ୍ମୁଖୀନ ହେବାକୁ ପଡୁଥିଲା। ଏପରିକି ଯେଉଁମାନେ ନିଜକୁ ମହାନ ବିପ୍ଳବୀ ବୋଲି ଘୋଷଣା କରି ଗର୍ବିତ ଥିଲେ, ସେମାନେ ମଧ୍ୟ ଆମକୁ ପରିତ୍ୟାଗ କରିଥିଲେ। କ "ଣ ଏହି ସ୍ଥିତିର ଚରମ ପରୀକ୍ଷା ହେଉନଥିଲା? ତେବେ ଆମର ଆନ୍ଦୋଳନ ଏବଂ ପ୍ରୟାସ ଜାରି ରଖିବାର କାରଣ ଏବଂ ଯୁକ୍ତି କ "ଣ ଥିଲା

ଏହି ସରଳ ଯୁକ୍ତି କ "ଣ ଆମ ବିଚାରକୁ ଅତିରିକ୍ତ ଶକ୍ତି ପ୍ରଦାନ କରେ ନାହିଁ? ଏବଂ, ଆମ ପାଖରେ କ "ଣ ଆମର ବିପ୍ଳବୀ ସାଥୀମାନଙ୍କ ଉଦାହରଣ ନାହିଁ, ଯେଉଁମାନେ ଜେଲ୍ରେ ଦୋଷୀ ସାବ୍ୟସ୍ତ ହେବା କାରଣରୁ ଯନ୍ତ୍ରଣା ଭୋଗିଛନ୍ତି ଏବଂ ଏବେବି ଜେଲୁ ଫେରିବା ପରେ ମଧ୍ୟ କାମ କରୁଛନ୍ତି? ଯଦି ବକୁନିନ୍ ଆପଣଙ୍କ ଭଳି ଯୁକ୍ତି କରୁଥିଲେ, ତେବେ ସେ ଆରମ୍ଭରେ ହିଁ ଆତ୍ମହତ୍ୟା କରିଥାନ୍ତେ। ଆଜି, ଆପଣ ରୁଷୀୟ ରାଷ୍ଟ୍ରରେ ଦାୟିତ୍ୱବାନ ପଦବୀରେ ଅଧିଷ୍ଠିତ ଅନେକ ବିପ୍ଳବୀଙ୍କୁ ଦେଖୁଛନ୍ତି, ଯେଉଁମାନେ ନିଜ ଜୀବନର ଅଧିକାଂଶ

ସମୟ କାରାଗାରରେ ବିତାଇ ନିଜ ଦଣ୍ଡାଦେଶ ପୂରଣ କରିଛନ୍ତି। ମଣିଷ ନିଜ ବିଶ୍ୱାସରେ ଅଟଳ ରହିବା ପାଇଁ କଠିନ ପରିଶ୍ରମ କରିବା ଆବଶ୍ୟକ। ଭବିଷ୍ୟତରେ କ "ଣ ହେବ କେହି କହିପାରିବେ ନାହିଁ।

ତୁମର ମନେ ଅଛି କି ଯେତେବେଳେ ଆମେ ଆଲୋଚନା କରୁଥିଲୁ ଯେ ଆମର ବୋମା କାରଖାନାରେ କିଛି ଘନୀଭୂତ ଏବଂ ପ୍ରଭାବଶାଳୀ ବିଷ ମଧ୍ୟ ରଖିବା ଉଚିତ୍, ଆପଣ ଏହାକୁ ତୀବ୍ର ବିରୋଧ କରିଥିଲେ। ସେହି ଚିନ୍ତାଧାରା ହିଁ ଆପଣଙ୍କ ପାଇଁ ଘୃଣ୍ୟ ଥିଲା। ଆପଣଙ୍କର ସେଥିରେ ବିଶ୍ୱାସ ନଥିଲା। ତେବେ, ଏବେ କ "ଣ ହେଲା? ଏଠାରେ, କଠିନ ଏବଂ ଜଟିଳ ପରିସ୍ଥିତି ମଧ୍ୟ ପ୍ରାପ୍ତ ହୁଏ ନାହିଁ | ଏହି ପ୍ରଶ୍ନ ଉପରେ ଆଲୋଚନା କରିବା ସମୟରେ ମଧ୍ୟ ମୁଁ ଅସନ୍ତୋଷ ଅନୁଭବ କରେ। ଆପଣ ମନର ସେହି ମନୋବୃତ୍ତିକୁ ମଧ୍ୟ ଘୃଣା କରୁଥିଲେ ଯାହା ଆତ୍ମହତ୍ୟା ପାଇଁ ଅନୁମତି ଦେଇଥାଏ। ଆପଣ ଦୟାକରି ମୋତେ ଏହା କହିବା ପାଇଁ କ୍ଷମା କରିଦେବେ ଯେ ଯଦି ଆପଣ ଜେଲ ଯିବା ସମୟରେ ଏହି ବିଶ୍ୱାସ ଅନୁଯାୟୀ କାର୍ଯ୍ୟ କରିଥାନ୍ତେ (ଅର୍ଥାତ୍, ଆପଣ ବିଷ ଖାଇ ଆତ୍ମହତ୍ୟା କରିଥିଲେ) ତେବେ ଆପଣ ବୈପ୍ଳବିକ କାର୍ଯ୍ୟ ସମ୍ପାଦନ କରିଥାନ୍ତେ, କିନ୍ତୁ ଏହି ସମୟରେ, ଏପରି କାର୍ଯ୍ୟର ଚିନ୍ତା ମଧ୍ୟ ଆମ ଉଦ୍ଦେଶ୍ୟରେ କ୍ଷତିକାରକ |

କେବଳ ଆଉ ଗୋଟିଏ କଥା ଅଛି ଯାହା ପ୍ରତି ମୁଁ ଆପଣଙ୍କ ଦୃଷ୍ଟି ଆକର୍ଷଣ କରିବାକୁ ଚାହୁଁଛି। ଆମେ ଭଗବାନ, ନର୍କ ଏବଂ ସ୍ୱର୍ଗ, ଦଣ୍ଡ ଏବଂ ପୁରସ୍କାରରେ ବିଶ୍ୱାସ କରୁନାହୁଁ, ଯାହା ମାନବ ଜୀବନର କୌଣସି ଈଶ୍ୱରୀୟ ଆକାଉଣ୍ଟିଂରେ ଅଛି | ତେଣୁ, ଆମେ ଜୀବନ ଏବଂ ମୃତ୍ୟୁ ବିଷୟରେ ଭୌତିକବାଦୀ ଆଧାରରେ ଚିନ୍ତା କରିବା ଆବଶ୍ୟକ। ଯେତେବେଳେ ମୋତେ ଚିହ୍ନଟ ଉଦ୍ଦେଶ୍ୟରେ ଦିଲ୍ଲୀରୁ ଏଠାକୁ ଅଣାଯାଇଥିଲା, କିଛି ଗୁଇନ୍ଦା ଅଧିକାରୀ ମୋ ବାପାଙ୍କ ଉପସ୍ଥିତିରେ ଏହି ପ୍ରସଙ୍ଗରେ ମୋ ସହ କଥା ହୋଇଥିଲେ। ସେମାନେ କହିଥିଲେ ଯେ ଯେହେତୁ ମୁଁ ଗୋପନୀୟତା ପ୍ରକାଶ କରି ମୋ ଜୀବନ ବଞ୍ଚାଇବାକୁ ଚେଷ୍ଟା କରିନଥିଲି, ଏହା ମୋ ଜୀବନରେ ଏକ ତୀବ୍ର ଯନ୍ତ୍ରଣାଦାୟକ ଉପସ୍ଥିତିକୁ ପ୍ରମାଣିତ କରିଥିଲା। ସେମାନେ ଯୁକ୍ତି କରିଥିଲେ ଯେ ଏହି ପ୍ରକାରର ମୃତ୍ୟୁ ଆତ୍ମହତ୍ୟା ଭଳି କିଛି ହେବ। କିନ୍ତୁ ମୁଁ ଉତ୍ତର ଦେଇଥିଲି ଯେ ମୋ ଭଳି ବିଶ୍ୱାସ ଏବଂ ଆଦର୍ଶ ଥିବା ବ୍ୟକ୍ତି କେବେ ବି ଚିନ୍ତା କରିପାରିବେ ନାହିଁ। ଅନାବଶ୍ୟକ ଭାବେ ମୃତ୍ୟୁ ବରଣ କରୁଛନ୍ତି। ଆମେ ଆମ ଜୀବନର ସର୍ବାଧିକ ମୂଲ୍ୟ ପାଇବାକୁ ଚାହୁଁଛୁ। ଆମେ ଯେତେ ସମ୍ଭବ ମାନବତାର ସେବା କରିବାକୁ ଚାହୁଁଛୁ। ବିଶେଷ କରି ମୋ ଭଳି ଜଣେ ବ୍ୟକ୍ତି, ଯାହାଙ୍କ ଜୀବନ କେଉଁଠି ବି ଦୁଃଖଦାୟକ କିମ୍ବା ଚିନ୍ତାଜନକ ନୁହେଁ, ସେ କେବେ ବି ଆତ୍ମହତ୍ୟା ବିଷୟରେ ଚିନ୍ତା କରିପାରିବେ ନାହିଁ। ସେହି ଏକା କଥା ମୁଁ ଏବେ ଆପଣଙ୍କୁ କହିବାକୁ ଚାହୁଁଛି।

ମୁଁ ଯାହା ଭାବୁଛି ତାହା ଆପଣଙ୍କୁ କହିବାକୁ ଆପଣ ମୋତେ ଅନୁମତି ଦେବେ ବୋଲି ମୁଁ ଆଶା କରୁଛି। ମୁଁ ନିଜେ। ମୁଁ ନିଶ୍ଚିତ ଯେ ମୋ ପାଇଁ ମୃତ୍ୟୁଦଣ୍ଡ ମିଳିବ। ମୁଁ ଆଶା କରୁନାହିଁ ଏପରିକି ସାମାନ୍ୟ ସଂଯମତା କିମ୍ବା କ୍ଷମା ପ୍ରାର୍ଥନା। କ୍ଷମା ମିଳିଲେ ମଧ୍ୟ, ଏହା ସମସ୍ତଙ୍କ ପାଇଁ ହେବ ନାହିଁ, ଏବଂ ଏପରିକି ସେହି କ୍ଷମା ଅନ୍ୟ ପାଇଁ ହେବ | କେବଳ, ଆମ ପାଇଁ ନୁହେଁ; ଏହା ଅତ୍ୟନ୍ତ ସୀମିତ ଏବଂ ଭାରାକ୍ରାନ୍ତ ହେବ ବିଭିନ୍ନ ପରିସ୍ଥିତି। କାରଣ, ଆମକୁ କୌଣସି କ୍ଷମା କିମ୍ବା କ୍ଷମା ମିଳିପାରିବ ନାହିଁ। ଏହା କେବେ ବି ଘଟିବ। ତଥାପି, ମୁଁ ଚାହୁଁଛି ଯେ ମୁକ୍ତି ଆମ ପାଇଁ ଆହ୍ୱାନ କରେ | ଏହାକୁ ବିଶ୍ୱସ୍ତରୀୟ କରାଯିବା ଉଚିତ। ଏହା ସହିତ, ମୁଁ ମଧ୍ୟ ଚାହୁଁଛି ଯେ ଯେତେବେଳେ ଆନ୍ଦୋଳନ ଚରମ ସୀମାରେ ପହଞ୍ଚିଛି, ଆମକୁ ଫାଶୀ ଦିଆଯିବା ଉଚିତ। ଏହା ମୋର। ଇଚ୍ଛା ଯେ ଯଦି କୌଣସି ସମୟରେ କୌଣସି ସମ୍ମାନଜନକ ଏବଂ ନିରପେକ୍ଷ ଆପୋଷ ବୁଝାମଣା ସମ୍ଭବତଃ, ଆମ ମାମଲା ଭଳି ପ୍ରସଙ୍ଗ ଏହାକୁ କଦାପି ବାଧା ଦେଇନପାରେ। ଭାଗ୍ୟ ଯେତେବେଳେ ଦେଶର ନିଷ୍ପତ୍ତି ନିଆଯାଉଛି, ବ୍ୟକ୍ତିମାନଙ୍କର ଭାଗ୍ୟ ହେବା ଉଚିତ ଭୁଲିଗଲେ। ବିପ୍ଳବୀ ଭାବରେ, ଆମେ ବିଶ୍ୱାସ

କରୁନାହୁଁ ଯେ ଏହା ହୋଇପାରେ ଆମ ଶାସକମାନଙ୍କ ମନୋବୃତ୍ତିରେ କୌଣସି ଆକସ୍ମିକ ପରିବର୍ତ୍ତନ, ବିଶେଷ କରି ବ୍ରିଟିଶ ଜାତି। ଏପରି ଏକ ଆଶ୍ଚର୍ଯ୍ୟଜନକ ପରିବର୍ତ୍ତନ ବିନା ଅସମ୍ଭବ | ନିରନ୍ତର ପ୍ରୟାସ, ଯନ୍ତ୍ରଣା ଏବଂ ବଳିଦାନ ମାଧ୍ୟମରେ। ଏବଂ ଏହା ହେବ। ହାସଲ ହେବ। ଯେତେଦୂର ମୋ ମନୋବୃତ୍ତି ସମ୍ବନ୍ଧରେ, ମୁଁ ସ୍ୱାଗତ କରିପାରିବି। ସମସ୍ତଙ୍କ ପାଇଁ ସୁବିଧା ଏବଂ କ୍ଷମା କେବଳ ଯେତେବେଳେ ଏହାର ପ୍ରଭାବ ସ୍ଥାୟୀ ହୋଇଥାଏ ଏବଂ ହୃଦୟରେ କିଛି ଅବିସ୍ମରଣୀୟ ଛାପ ସୃଷ୍ଟି ହୁଏ ଆମ ଫାଶୀ ମାଧ୍ୟମରେ ଦେଶର ଲୋକମାନେ। କେବଳ ଏତେ ଏବଂ ଆଉ କିଛି ନୁହେଁ।

20

ବାପାଙ୍କୁ ଚିଠି

"ଯେତେବେଳେ ମାମଲା ଶେଷ ପର୍ଯ୍ୟାୟରେ ଥିଲା, ଭଗତ ସିଂଙ୍କ ପିତା ସର୍ଦ୍ଦାର କିଶନ ସିଂ ଟ୍ରିବ୍ୟୁନାଲକୁ ଏକ ଲିଖିତ ଅନୁରୋଧ କରି କହିଥିଲେ ଯେ ତାଙ୍କ ପୁଅ ନିର୍ଦ୍ଦୋଷ ବୋଲି ପ୍ରମାଣ କରିବାକୁ ଅନେକ ତଥ୍ୟ ଅଛି। ସେ ମଧ୍ୟ ଅନୁରୋଧ କରିଥିଲେ ଯେ ତାଙ୍କ ପୁଅକୁ ତାଙ୍କର ନିର୍ଦ୍ଦୋଷତା ପ୍ରମାଣ କରିବାକୁ ଅନୁମତି ଦିଆଯାଉ। ଯେତେବେଳେ ଭଗତ୍ ସିଂ ଏହା ଜାଣିବାକୁ ପାଇଲେ, ସେ କ୍ରୋଧିତ ହୋଇଥିଲେ ଏବଂ ତାଙ୍କ ପଦକ୍ଷେପକୁ ବିରୋଧ କରି ତାଙ୍କ ପିତାଙ୍କୁ ଏହି ବିଶ୍ୱାସଯୋଗ୍ୟ ଚିଠି ଲେଖିଥିଲେ।

* *

ଅକ୍ଟୋବର 4,1930

ପ୍ରିୟ ପିତା,

ମୁଁ ଏହା ଜାଣି ଆଶ୍ଚର୍ଯ୍ୟ ହେଲି ଯେ ଆପଣ ମୋର ପ୍ରତିରକ୍ଷା ସମ୍ବନ୍ଧରେ ସ୍ୱତନ୍ତ୍ର ଟ୍ରିବ୍ୟୁନାଲର ସଦସ୍ୟମାନଙ୍କୁ ଏକ ପିଟିସନ୍ ଦାଖଲ କରିଛନ୍ତି। ଏହି ବୁଦ୍ଧି ଏତେ ଗୁରୁତର ବୋଲି ପ୍ରମାଣିତ ହେଲା ଯେ ଏହାକୁ ସମଭାବରେ ସହ୍ୟ କରାଯାଇପାରିଲା ନାହିଁ। ଏହା ମୋ ମନର ସମ୍ପୂର୍ଣ୍ଣ ସନ୍ତୁଳନକୁ ବିଚଳିତ କରିଦେଇଛି। ମୁଁ ବୁଝିପାରୁନାହିଁ ଯେ ଏହି ପର୍ଯ୍ୟାୟରେ ଏବଂ ଏହି ପରିସ୍ଥିତିରେ ଏପରି ଏକ ଆବେଦନ ଦାଖଲ କରିବା କିପରି ଉଚିତ ବୋଲି ଆପଣ ଭାବିପାରିବେ। ଜଣେ ବାପାଙ୍କ ସମସ୍ତ ଭାବନା ଏବଂ ଭାବନା ସତ୍ତ୍ୱେ, ମୁଁ ଭାବୁନାହିଁ ଯେ ମୋ ପରାମର୍ଶ ବିନା ମୋ ତରଫରୁ ଏପରି ପଦକ୍ଷେପ ନେବାର ଆପଣଙ୍କର ଆଦୌ ଅଧିକାର ଥିଲା। ଆପଣମାନେ ଜାଣନ୍ତି ଯେ ରାଜନୈତିକ କ୍ଷେତ୍ରରେ ମୋର ମତ ସବୁବେଳେ ଆପଣଙ୍କ ମତ ଠାରୁ ଭିନ୍ନ ରହିଛି। ମୁଁ ସର୍ବଦା ସ୍ୱାଧୀନ ଭାବରେ କାର୍ଯ୍ୟ କରିଆସୁଛି ଆପଣଙ୍କ ଅନୁମୋଦନ କିମ୍ବା ଅସ୍ୱୀକାର ପାଇଁ ଯତ୍ନ ନେଲେ। ମୁଁ ଆଶା କରୁଛି ଯେ ଆପଣ ନିଜ ମନରେ ମନେ ପକାଇ ପାରିବେ ଯେ ଆରମ୍ଭରୁ ହିଁ ଆପଣ ମୋତେ ମୋ ମାମଲାକୁ ଗମ୍ଭୀରତାର ସହ ଲଢ଼ିବା ପାଇଁ ଏବଂ ନିଜକୁ ସଠିକ୍ ଭାବରେ ରକ୍ଷା କରିବା ପାଇଁ ବୁଝାଇବାକୁ ଚେଷ୍ଟା କରୁଛନ୍ତି। କିନ୍ତୁ ଆପଣମାନେ ଏହା ମଧ୍ୟ ଜାଣନ୍ତି ଯେ ମୁଁ ସବୁବେଳେ ଏହାର ବିରୋଧ କରୁଥିଲି। ମୋର ନିଜକୁ ରକ୍ଷା କରିବାର କୌଣସି ଇଚ୍ଛା ନଥିଲା ଏବଂ ମୁଁ ଏହା ବିଷୟରେ କେବେ ଗମ୍ଭୀରତାର ସହ ଚିନ୍ତା କରି ନାହିଁ। ଏହା କେବଳ ଏକ ଅସ୍ପଷ୍ଟ ବିଚାରଧାରା ଥିଲା ନା ମୋର ସ୍ଥିତିକୁ ଯଥାର୍ଥ ସାବ୍ୟସ୍ତ କରିବା ପାଇଁ ମୋର କିଛି ଯୁକ୍ତି ଥିଲା, ଏହା ଏକ ଭିନ୍ନ ପ୍ରଶ୍ନ ଏବଂ ଏହା ଏଠାରେ ଆଲୋଚନା କରାଯାଇପାରିବ ନାହିଁ।

ଆପଣ ଜାଣନ୍ତି ଯେ ଏହି ବିଚାରରେ ଆମେ ଏକ ନିର୍ଦ୍ଦିଷ୍ଟ ନୀତି ଅନୁସରଣ କରିଆସୁଛୁ। ମୋର ପ୍ରତ୍ୟେକ କାର୍ଯ୍ୟ ସେହି ନୀତି, ମୋର ନୀତି ଏବଂ ମୋର କାର୍ଯ୍ୟକ୍ରମ ସହିତ ସୁସଂଗତ ହେବା ଉଚିତ୍।

ବର୍ତ୍ତମାନ, ପରିସ୍ଥିତି ସମ୍ପୂର୍ଣ୍ଣ ଭିନ୍ନ, କିନ୍ତୁ ଯଦି ପରିସ୍ଥିତି ଭିନ୍ନ ହୋଇଥାଆନ୍ତା, ତେବେ ମଧ୍ୟ ମୁଁ ପ୍ରତିରକ୍ଷା ପ୍ରଦାନ କରିବାରେ ଶେଷ ବ୍ୟକ୍ତି ହୋଇଥା "ନ୍ତି। ବିଚାର ସମୟରେ ମୋ ସମ୍ମୁଖରେ କେବଳ ଗୋଟିଏ ଧାରଣା ଥିଲା, i.e. ଆମ ବିରୋଧରେ ଗୁରୁତର ଅଭିଯୋଗ ସତ୍ତ୍ୱେ ବିଚାର ପ୍ରତି ସମ୍ପୂର୍ଣ୍ଣ ଉଦାସୀନତା ପ୍ରଦର୍ଶନ କରିବା। ମୋର ସର୍ବଦା ମତ ରହିଛି ଯେ ସମସ୍ତ ରାଜନୈତିକ କର୍ମୀ ଉଦାସୀନ ହେବା ଉଚିତ ଏବଂ ଆଇନ ଅଦାଲତରେ ଆଇନଗତ ଲଢ଼େଇ ବିଷୟରେ କଦାପି ଚିନ୍ତା କରିବା ଉଚିତ୍ ନୁହେଁ ଏବଂ ସେମାନଙ୍କ ଉପରେ ଦିଆଯାଇଥିବା ସବୁଠାରୁ ଭାରୀ ଦଣ୍ଡକୁ ସାହସର ସହିତ ସହିବା ଉଚିତ୍। ସେମାନେ ନିଜକୁ ରକ୍ଷା କରିପାରନ୍ତି କିନ୍ତୁ ସର୍ବଦା କେବଳ ରାଜନୈତିକ ବିଚାରରୁ ଏବଂ ବ୍ୟକ୍ତିଗତ ଦୃଷ୍ଟିକୋଣରୁ ନୁହେଁ। ଏହି ବିଚାରରେ ଆମର ନୀତି ସର୍ବଦା ଏହି ନୀତି ସହିତ ସୁସଂଗତ ରହିଛି; ଆମେ ସେଥିରେ ସଫଳ ହୋଇଛୁ କି ନାହିଁ ତାହା ବିଚାର କରିବା ମୋ ପାଇଁ ନୁହେଁ। ଆମେ ସବୁବେଳେ ଆମର କର୍ତ୍ତବ୍ୟ ଅତ୍ୟନ୍ତ ନିଃସ୍ୱାର୍ଥପରତାର ସହ କରିଆସୁଛୁ।

ଲାହୋର ଷଡ଼ଯନ୍ତ୍ର ମାମଲା ଅଧ୍ୟାଦେଶର ପାଠ୍ୟ ସହିତ ବିବୃତ୍ତିରେ ଭାଇସରୟ କହିଥିଲେ ଯେ ଏହି ମାମଲାରେ ଅଭିଯୁକ୍ତମାନେ ଉଭୟ ଆଇନ ଏବଂ ନ୍ୟାୟକୁ ଅବମାନନା କରିବାକୁ ଚେଷ୍ଟା କରୁଛନ୍ତି। ଏହି ପରିସ୍ଥିତି ଆମକୁ ଜନସାଧାରଣଙ୍କୁ ଦେଖାଇବା ପାଇଁ ଏକ ସୁଯୋଗ ପ୍ରଦାନ କରିଥିଲା ଯେ ଆମେ ଆଇନକୁ ଅବମାନନା କରିବାକୁ ଚେଷ୍ଟା କରୁଛୁ ନା ଅନ୍ୟମାନେ ଏହା କରୁଛନ୍ତି। ଏହି ପ୍ରସଙ୍ଗରେ ଲୋକମାନେ ଆମ ସହ ଅସହମତି ପ୍ରକାଶ କରିପାରନ୍ତି। ଆପଣ ମଧ୍ୟ ସେମାନଙ୍କ ମଧ୍ୟରୁ ଜଣେ ହୋଇପାରନ୍ତି। କିନ୍ତୁ ଏହାର ଅର୍ଥ କଦାପି ନୁହେଁ ଯେ ଏହିପରି ମୋ ସମ୍ମତି କିମ୍ବା ଏପରିକି ମୋ ଅଜାଣତରେ ମୋ ତରଫରୁ ପଦକ୍ଷେପ ନିଆଯିବା ଉଚିତ୍। ମୋ ଜୀବନ ଏତେ ମୂଲ୍ୟବାନ ନୁହେଁ, ଅନ୍ତତଃ ମୋ ପାଇଁ, ଯେତେ ଆପଣ ଭାବୁଥିବେ। ମୋ ନୀତିଗୁଡ଼ିକର ମୂଲ୍ୟରେ ଏହାକୁ କିଣିବା ଆଦୌ ମୂଲ୍ୟବାନ ନୁହେଁ। ମୋର ଅନ୍ୟ ସାଥୀମାନେ ମଧ୍ୟ ଅଛନ୍ତି, ଯେଉଁମାନଙ୍କ ମାମଲା ମୋ ମାମଲା ଭଳି ଗମ୍ଭୀର। ଆମେ ଏକ ସମାନ ନୀତି ଗ୍ରହଣ କରିଥିଲୁ ଏବଂ ଆମେ ଶେଷ ପର୍ଯ୍ୟନ୍ତ ଠିଆ ହେବୁ, ଏହା ପାଇଁ ଆମକୁ ବ୍ୟକ୍ତିଗତ ଭାବରେ କେତେ ମୂଲ୍ୟ ଦେବାକୁ ପଡିବ।

ବାପା, ମୁଁ ବେଶ୍ ଦ୍ୱନ୍ଦ୍ୱରେ ଅଛି। ମୁଁ ଭୟ କରୁଛି ଯେ ମୁଁ ଶିଷ୍ଟାଚାରର ସାଧାରଣ ନୀତିକୁ ଅଣଦେଖା କରିପାରେ ଏବଂ ଆପଣଙ୍କ ତରଫରୁ ଏହି ପଦକ୍ଷେପକୁ ସମାଲୋଚନା କରିବା କିମ୍ବା ସେନ୍ସର କରିବା ସମୟରେ ମୋର ଭାଷା ଟିକିଏ କଠୋର ହୋଇପାରେ | ମୋତେ ସଚ୍ଚୋଟ ହେବାକୁ ଦିଅ। ମୋତେ ଲାଗୁଛି ଯେମିତି ମୋ ପିଠିରେ ଛୁରାମାଡ଼ ହୋଇଛି। ଯଦି ଅନ୍ୟ କେହି ଏପରି କରିଥାନ୍ତେ, ତେବେ ମୁଁ ଏହାକୁ ବିଶ୍ୱାସଘାତକତା ଠାରୁ କମ୍ ନୁହେଁ ବୋଲି ବିବେଚନା କରିଥା "ନ୍ତି। କିନ୍ତୁ ଆପଣଙ୍କ କ୍ଷେତ୍ରରେ, ମୁଁ କହିବାକୁ ଚାହେଁ ଯେ ଏହା ଏକ ଦୁର୍ବଳତା-ସବୁଠାରୁ ଖରାପ ପ୍ରକାରର ଦୁର୍ବଳତା।

ଏହା ଏପରି ଏକ ସମୟ ଥିଲା, ଯେତେବେଳେ ସମସ୍ତଙ୍କ ସାମର୍ଥ୍ୟର ପରୀକ୍ଷା ହେଉଥିଲା। ମୁଁ କହୁଛି, ବାପା, ଆପଣ ବିଫଳ ହୋଇଛନ୍ତି। ମୁଁ ଜାଣେ, ଆପଣ ଜଣେ ନିଷ୍ପାପର ଦେଶପ୍ରେମୀ, ଯେତେ ସମ୍ଭବ। ମୁଁ ଜାଣେ ଯେ ଆପଣ ଭାରତୀୟ ସ୍ୱାଧୀନତା ପାଇଁ ନିଜ ଜୀବନକୁ ଉତ୍ସର୍ଗ କରିଛନ୍ତି, କିନ୍ତୁ, ଏହି ସମୟରେ, ଆପଣ କାହିଁକି ଏପରି ଦୁର୍ବଳତା ପ୍ରଦର୍ଶନ କଲେ? ମୁଁ ବୁଝିପାରୁନି।

ଶେଷରେ, ମୁଁ ଆପଣଙ୍କୁ ଏବଂ ମୋର ଅନ୍ୟ ବନ୍ଧୁମାନଙ୍କୁ ଏବଂ ମୋ ମାମଲାରେ ଆଗ୍ରହୀ ଥିବା ସମସ୍ତ ଲୋକଙ୍କୁ ଜଣାଇବାକୁ ଚାହୁଁଛି, ଯେ ମୁଁ ଆପଣଙ୍କ ପଦକ୍ଷେପକୁ ଅନୁମୋଦନ କରିନାହିଁ। ମୁଁ ଏପର୍ଯ୍ୟନ୍ତ କୌଣସି ପ୍ରତିରକ୍ଷା ପ୍ରଦାନ କରିବା ସପକ୍ଷରେ ନାହିଁ। ଏପରିକି ଯଦି ଅଦାଲତ ପ୍ରତିରକ୍ଷା ଇତ୍ୟାଦି ସମ୍ବନ୍ଧରେ ମୋର କିଛି ସହ-ଅଭିଯୁକ୍ତଙ୍କ ଦ୍ୱାରା

ଦାଖଲ ହୋଇଥିବା ଆବେଦନକୁ ଗ୍ରହଣ କରିଥାନ୍ତେ, ତେବେ ମୁଁ ନିଜକୁ ରକ୍ଷା କରିନଥାନ୍ତି। ଅନଶନ ସମୟରେ ମୋର ସାକ୍ଷାତକାର ସମ୍ବନ୍ଧରେ ଟ୍ରିବ୍ୟୁନାଲରେ ଦାଖଲ ହୋଇଥିବା ମୋର ଆବେଦନଗୁଡ଼ିକର ଭୁଲ ବ୍ୟାଖ୍ୟା କରାଯାଇଥିଲା ଏବଂ ଗଣମାଧ୍ୟମରେ ପ୍ରକାଶିତ ହୋଇଥିଲା ଯେ ମୁଁ ପ୍ରତିରକ୍ଷା ପ୍ରଦାନ କରିବାକୁ ଯାଉଛି, ଯଦିଓ ବାସ୍ତବରେ ମୁଁ କୌଣସି ପ୍ରତିରକ୍ଷା ପ୍ରଦାନ କରିବାକୁ କେବେ ପ୍ରସ୍ତୁତ ନଥିଲି। ମୁଁ ଏବେ ବି ପୂର୍ବ ଭଳି ସମାନ ମତ ପୋଷଣ କରୁଛି। ବୋର୍ଷ୍ଟାଲ୍ ଜେଲ୍ରେ ଥିବା ମୋର ବନ୍ଧୁମାନେ ଏହାକୁ ବିଶ୍ୱାସଘାତକତା ଏବଂ ବିଶ୍ୱାସଘାତକତା ଭାବେ ଗ୍ରହଣ କରିବେ। ମୋ ଭାଗ। ସେମାନଙ୍କ ସମ୍ମୁଖରେ ମୋର ସ୍ଥିତି ସ୍ପଷ୍ଟ କରିବାର ସୁଯୋଗ ମଧ୍ୟ ମୋତେ ମିଳିବ ନାହିଁ।

ମୁଁ ଚାହୁଁଛି ଯେ ଜନସାଧାରଣ ଏହି ଜଟିଳତା ବିଷୟରେ ସମସ୍ତ ବିବରଣୀ ଜାଣିବା ଉଚିତ୍, ଏବଂ ତେଣୁ, ମୁଁ ଆପଣଙ୍କୁ ଏହି ଚିଠି ପ୍ରକାଶ କରିବାକୁ ଅନୁରୋଧ କରୁଛି।

ଆପଣଙ୍କର ସ୍ନେହୀ ପୁତ୍ର।

ଭଗତ୍ ସିଂ

ଭାଗବତ ସିଂଙ୍କ ପିତା କିଶେନ ସିଂ।

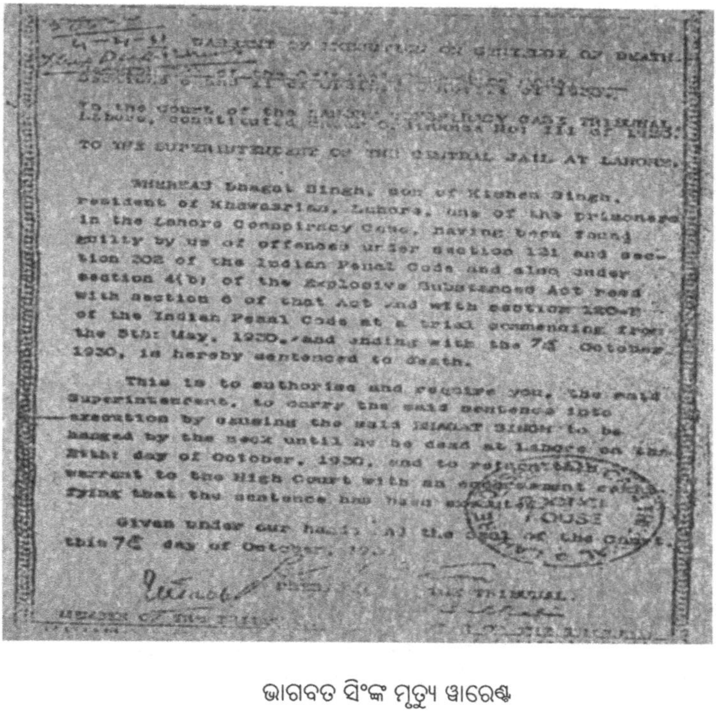

WARRANT OF [illegible] OF DEATH.

[illegible]

To the Court of the [illegible] CASE TRIBUNAL, Lahore, constituted [illegible] Ordinance No. III of 1930.

TO THE SUPERINTENDENT OF THE CENTRAL JAIL AT LAHORE.

WHEREAS Bhagat Singh, son of Kishen Singh, resident of Khawasrian, Lahore, one of the prisoners in the Lahore Conspiracy Case, having been found guilty by us of offences under section 121 and section 302 of the Indian Penal Code and also under section 4(b) of the Explosive Substances Act read with section 6 of that Act and with section 120-B of the Indian Penal Code at a trial commencing from the 5th May, 1930, and ending with the 7th October 1930, is hereby sentenced to death.

This is to authorise and require you, the said Superintendent, to carry the said sentence into execution by causing the said BHAGAT SINGH to be hanged by the neck until he be dead at Lahore on the 27th day of October, 1930, and to return this warrant to the High Court with an endorsement certifying that the sentence has been executed.

Given under our hands and the seal of the Court this 7th day of October, 1930.

[illegible] THE TRIBUNAL.

MEMBER OF THE TRIBUNAL

ଭାଗବତ ସିଂଙ୍କ ମୃତ୍ୟୁ ୱାରେଣ୍ଟ

21

ଙ୍କୁ ଚିଠି ଦତ୍ତ

"ଏହି ଚିଠିଟି ଭଗତ୍ ସିଂହଙ୍କର ତାଙ୍କ ସାଥୀମାନଙ୍କଠାରୁ ଥିବା ଆଶାର ଏକ ଝଲକ ପ୍ରଦାନ କରେ, ଯେଉଁମାନେ ମୃତ୍ୟୁଦଣ୍ଡରୁ ରକ୍ଷା ପାଇବେ।"

* *

କେନ୍ଦ୍ରୀୟ କାରାଗାର, ଲାହୋର

ନଭେମ୍ବର, 1930

ପ୍ରିୟ ଭାଇ,

ରାୟ ପ୍ରକାଶ ପାଇଛି। ମୁଁ ମୃତ୍ୟୁଦଣ୍ଡରେ ଦଣ୍ଡିତ। ଏହି କୋଠରୀଗୁଡ଼ିକରେ, ମୋ ବ୍ୟତୀତ, ଆହୁରି ଅନେକ କଏଦୀ ଅଛନ୍ତି ଯେଉଁମାନେ ଫାଶୀ ପାଇଁ ଅପେକ୍ଷା କରିଛନ୍ତି। ଏହି ଲୋକମାନଙ୍କ ଏକମାତ୍ର ପ୍ରାର୍ଥନା ହେଉଛି ଯେ ସେମାନେ କୌଣସି ନା କୌଣସି ପ୍ରକାରେ ମୃତ୍ୟୁରୁ ରକ୍ଷା ପାଇବେ। ବୋଧହୁଏ ମୁଁ ସେମାନଙ୍କ ମଧ୍ୟରେ ଏକମାତ୍ର ବ୍ୟକ୍ତି ଯିଏ ଉତ୍କଣ୍ଠାର ସହ ସେହି ଦିନକୁ ଅପେକ୍ଷା କରିଛି ଯେତେବେଳେ ମୁଁ ମୋର ଆଦର୍ଶ ପାଇଁ ଫାଶୀକୁ ଆଲିଙ୍ଗନ କରିବାକୁ ଯଥେଷ୍ଟ ଭାଗ୍ୟବାନ ହେବି।

ମୁଁ ଖୁସିରେ ଫାଶୀ ଉପରେ ଚଢ଼ିବି ଏବଂ ବିଶ୍ୱକୁ ଦେଖାଇବି ଯେ ବିପ୍ଳବୀମାନେ କେତେ ସାହସର ସହିତ ଏହି ଉଦ୍ଦେଶ୍ୟରେ ନିଜକୁ ବଳିଦାନ କରିପାରିବେ।

ମୋତେ ମୃତ୍ୟୁଦଣ୍ଡ ଦିଆଯିବ, କିନ୍ତୁ ଆପଣଙ୍କୁ ଆଜୀବନ ପରିବହନ ଦଣ୍ଡରେ ଦଣ୍ଡିତ କରାଯିବ। ଆପଣମାନେ ବଞ୍ଚିବେ ଏବଂ ବଞ୍ଚିଥିବା ସମୟରେ ଆପଣଙ୍କୁ ବିଶ୍ୱକୁ ଦେଖାଇବାକୁ ପଡ଼ିବ ଯେ ବିପ୍ଳବୀମାନେ କେବଳ ନିଜ ଆଦର୍ଶ ପାଇଁ ମୃତ୍ୟୁବରଣ କରନ୍ତି ନାହିଁ, ବରଂ ପ୍ରତ୍ୟେକ ବିପତ୍ତିର ସମ୍ମୁଖୀନ ହୋଇପାରନ୍ତି। ମୃତ୍ୟୁ. ସାଂସାରିକ ସମସ୍ୟାରୁ ମୁକ୍ତି ପାଇବାର ମାଧ୍ୟମ ହେବା ଉଚିତ ନୁହେଁ। ସେହି ବିପ୍ଳବୀମାନେ ଯେଉଁମାନେ ଆକସ୍ମିକ ଭାବରେ ଆଦର୍ଶ ପାଇଁ ଫାଶୀରୁ ରକ୍ଷା ପାଇଛନ୍ତି କିନ୍ତୁ ଅନ୍ଧାର ଧୂସର କାରାଗାର କୋଠରୀରେ ସବୁଠାରୁ ଖରାପ ପ୍ରକାରର ନିର୍ଯ୍ୟାତନା ମଧ୍ୟ ସହିଛନ୍ତି |

ଆପଣଙ୍କର ଭଗତ୍ ସିଂ

22

ଜୟଦେବ ଗୁପ୍ତାଙ୍କୁ ଚିଠି

"ଭଗତ ସିଂହ ଏହି ଚିଠି ତାଙ୍କ ସ୍କୁଲ ଦିନର ଘନିଷ୍ଠ ବନ୍ଧୁ ଜୟଦେବ ଗୁପ୍ତାଙ୍କୁ କିଛି ପୁସ୍ତକ ପାଇଁ ଲେଖିଥିଲେ। ଏହା ଜେଲ୍ରେ ସେ କେଉଁ ପ୍ରକାରର ପୁସ୍ତକ ପଢୁଥିଲେ ତାହାର ଏକ ଧାରଣା ଦେଇଥାଏ। ଏହା ମଧ୍ୟ ଦର୍ଶାଏ ଯେ ସେ ତାଙ୍କ ସାଥୀମାନଙ୍କ ବୌଦ୍ଧିକ ବିକାଶ ପାଇଁ କେତେ ଆଗ୍ରହୀ ଥିଲେ।

* *

ଲାହୋର କେନ୍ଦ୍ରୀୟ କାରାଗାର

24.7.30

ମୋର ପ୍ରିୟ ଜୟଦେବ,

ଦୟାକରି ଦ୍ୱାରକାଦାସ ଲାଇବ୍ରେରୀରୁ ମୋ ନାମରେ ନିମ୍ନଲିଖିତ ପୁସ୍ତକଗୁଡିକ ନିଅନ୍ତୁ ଏବଂ ରବିବାର ଦିନ କୁଲବୀର ମାଧ୍ୟମରେ ପଠାନ୍ତୁଃ

ସାମରିକବାଦ (କାରି ଲିବ୍ନେଚ୍ଟ) ପୁରୁଷମାନେ କାହିଁକି ଲଢ଼ନ୍ତି (B. Russel)

କାର୍ଯ୍ୟସ୍ଥଳରେ ସୋଭିଏତମାନେ ଦ୍ୱିତୀୟ ଆନ୍ତର୍ଜାତୀୟର ପତନ

ବାମପନ୍ଥୀ କମ୍ୟୁନିଜିମ୍ ପାରସ୍ପରିକ ସହାୟତା (Prince Kropotkin)

କ୍ଷେତ୍ର, କାରଖାନା ଏବଂ କର୍ମଶାଳା ଫ୍ରାନ୍ସରେ ଗୃହଯୁଦ୍ଧ (Marx)

ରୁଷରେ ଭୂମି ବିପ୍ଳବ ଗୁପ୍ତଚର (Upton Sinclair)

ଦୟାକରି ପଞ୍ଜାବ ପବ୍ଲିକ ଲାଇବ୍ରେରୀରୁ ଆଉ ଏକ ପୁସ୍ତକ ପଠାନ୍ତୁଃ ଐତିହାସିକ ବସ୍ତୁବାଦ (Bukharin).

ଆହୁରି ମଧ୍ୟ, କିଛି ପୁସ୍ତକ ବୋର୍ଷ୍ଟାଲ୍ ଜେଲ୍କୁ ପଠାଯାଇଛି କି ନାହିଁ ଦୟାକରି ଲାଇବ୍ରେରିଆନ୍ଙ୍କ ଠାରୁ ଜାଣିବାକୁ ଚେଷ୍ଟା କରନ୍ତୁ। ସେମାନେ ପୁସ୍ତକର ଭୟଙ୍କର ଦୁର୍ଭିକ୍ଷର ସମ୍ମୁଖୀନ ହେଉଛନ୍ତି। ସେମାନେ ସୁଖଦେବଙ୍କ ଭାଇ ଜୟଦେବଙ୍କ ମାଧ୍ୟମରେ ପୁସ୍ତକର ଏକ ତାଲିକା ପଠାଇଥିଲେ। ଏ ପର୍ଯ୍ୟନ୍ତ ସେମାନଙ୍କୁ କୌଣସି ପୁସ୍ତକ ମିଳିନାହିଁ। ଯଦି ସେମାନଙ୍କ ପାଖରେ କୌଣସି ତାଲିକା ନାହିଁ, ତେବେ ଦୟାକରି ଲାଲା ଫିରୋଜ ଚାନ୍ଦଙ୍କୁ ତାଙ୍କ ପସନ୍ଦର କିଛି ଆକର୍ଷଣୀୟ ପୁସ୍ତକ ପଠାଇବାକୁ କୁହନ୍ତୁ। ଏହି ରବିବାର ଦିନ ମୁଁ ସେଠାକୁ ଯିବା ପୂର୍ବରୁ ପୁସ୍ତକଗୁଡ଼ିକ ସେମାନଙ୍କ ପାଖରେ ପହଞ୍ଚିବା ଆବଶ୍ୟକ। ଏହି କାମ ନିହାତି ଆବଶ୍ୟକ। ଦୟାକରି ଏହାକୁ ଧ୍ୟାନରେ ରଖନ୍ତୁ।

ଆହୁରି ମଧ୍ୟ ପଞ୍ଜାବ ପିଜେଣ୍ଟସ୍ ଇନ୍ ପ୍ରୋସ୍ପେରିଟି ଆଣ୍ଡ ଡେଟ୍ ବାଇ ଡାର୍ଲିଂ ଏବଂ ଡ. ଆଲାମଙ୍କ ପାଇଁ ଏହି ପ୍ରକାରର 2 କିମ୍ବା 3ଟି ପୁସ୍ତକ ପଠାନ୍ତୁ। ଆଶା କରୁଛି, ଏହି ଅସୁବିଧା ପାଇଁ ଆପଣ ମୋତେ କ୍ଷମା କରିଦେବେ। ମୁଁ ପ୍ରତିଜ୍ଞା କରୁଛି ଭବିଷ୍ୟତରେ ମୁଁ ଆପଣଙ୍କୁ ହଇରାଣ କରିବି ନାହିଁ। ଦୟାକରି ମୋର ସମସ୍ତ ବନ୍ଧୁଙ୍କୁ ମୋତେ ମନେ ପକାନ୍ତୁ ଏବଂ ଲଜ୍ଜାବତୀଙ୍କୁ ମୋର ସମ୍ମାନ ଜଣାନ୍ତୁ। ମୁଁ ନିଶ୍ଚିତ ଯେ ଯଦି ଦତ୍ତଙ୍କ ଭଉଣୀ ଆସନ୍ତି, ତେବେ ସେ ମୋତେ ଦେଖିବାକୁ ଭୁଲିବେ ନାହିଁ।

ଭଗତ୍ ସିଂଙ୍କ ସମ୍ପର୍କରେ

23

ଡ୍ରିମଲାଣ୍ଡର ପରିଚୟ

1915 ମସିହାରେ ପ୍ରଥମ ଲାହୋର ଷଡ଼ଯନ୍ତ୍ର ମାମଲାରେ ଲାଲା ରାମ ସରନ ଦାସଙ୍କୁ ଆଜୀବନ କାରାଦଣ୍ଡରେ ଦଣ୍ଡିତ କରାଯାଇଥିଲା। ମାଡ୍ରାସ ପ୍ରେସିଡେନ୍ସିର ସାଲେମ କେନ୍ଦ୍ରୀୟ କାରାଗାରରେ ଥିବା ସମୟରେ ସେ 'ଡ୍ରିମ ଲ୍ୟାଣ୍ଡ "ନାମରେ ଏକ ପୁସ୍ତକ ଲେଖିଥିଲେ। ପରିଚୟ ପାଇଁ ସେ ତାଙ୍କ ପାଣ୍ଡୁଲିପି ଭଗତ ସିଂହଙ୍କୁ ପ୍ରଦାନ କରିଥିଲେ। ଏହି ନିବନ୍ଧରେ ଭଗତ୍ ସିଂ ରାମ ସରନ ଦାସଙ୍କ କାର୍ଯ୍ୟ ପଛରେ ଥିବା ଭାବନାକୁ ପ୍ରଶଂସା କରିବା ସହିତ ବିପ୍ଳବର ସମସ୍ୟା ପ୍ରତି ତାଙ୍କର ଆଦର୍ଶବାଦୀ ଆଭିମୁଖ୍ୟକୁ ସମାଲୋଚନା କରିଥିଲେ। ସେ ଭଗବାନ, ଧର୍ମ, ହିଂସା ଏବଂ ଅହିଂସା, ଆଧ୍ୟାତ୍ମିକତା, ସାହିତ୍ୟ, କବିତା ଇତ୍ୟାଦି ବିଷୟ ଉପରେ ମଧ୍ୟ ନିଜର ମତ ବ୍ୟକ୍ତ କରିଛନ୍ତି।

* *

ମୋର ମହାନ ବନ୍ଧୁ ରାମ ସରନ ଦାସ ମୋତେ ତାଙ୍କ କାବ୍ୟ ରଚନା 'ଦି ଡ୍ରିମଲାଣ୍ଡ "ର ଏକ ଭୂମିକା ଲେଖିବା ପାଇଁ କହିଛନ୍ତି। ମୁଁ କବି ନୁହେଁ କି ସାହିତ୍ୟ ନୁହେଁ, ମୁଁ ସାମ୍ବାଦିକ ନୁହେଁ କି ସମାଲୋଚକ ନୁହେଁ। ତେଣୁ, କୌଣସି କଳ୍ପନା ଦ୍ୱାରା ମୁଁ ଦାବିର ଯଥାର୍ଥତା ପାଇପାରିବି ନାହିଁ। କିନ୍ତୁ ଯେଉଁ ପରିସ୍ଥିତିରେ ମୁଁ ଠିଆ ହୋଇଛି, ସେଥିରେ ଲେଖକଙ୍କ ସହିତ ପ୍ରଶ୍ନ ଉପରେ ଆଲୋଚନା କରିବାର କୌଣସି ସୁଯୋଗ ନାହିଁ, ଏବଂ। ତେଣୁ ମୋ ବନ୍ଧୁଙ୍କ ଇଚ୍ଛାକୁ ପାଳନ କରିବା ବ୍ୟତୀତ ମୋ ପାଇଁ ଅନ୍ୟ କୌଣସି ବିକଳ୍ପ ଛାଡ଼ନ୍ତୁ ନାହିଁ।

ଯେହେତୁ ମୁଁ ଜଣେ କବି ନୁହେଁ, ମୁଁ ସେହି ଦୃଷ୍ଟିକୋଣରୁ ଏହା ଉପରେ ଆଲୋଚନା କରିବି ନାହିଁ। ମିଟର ବିଷୟରେ ମୋର ଆଦୌ କୌଣସି ଜ୍ଞାନ ନାହିଁ, ଏବଂ ଏହା ମଧ୍ୟ ଜାଣେ ନାହିଁ ଯେ ମେଟ୍ରିକ୍ ଷ୍ଟାଣ୍ଡାର୍ଡରୁ ବିଚାର କଲେ ଏହା ସଠିକ୍ ପ୍ରମାଣିତ ହେବ କି ନାହିଁ | ସାହିତ୍ୟ ନୁହେଁ, ମୁଁ ଆଲୋଚନା କରିବି ନାହିଁ। ଜାତୀୟ ସାହିତ୍ୟରେ ଏହାକୁ ଏହାର ସଠିକ୍ ସ୍ଥାନ ପ୍ରଦାନ କରିବା ଉଦ୍ଦେଶ୍ୟରେ।

ମୁଁ, ଜଣେ ରାଜନୈତିକ କର୍ମୀ ଭାବେ, କେବଳ ସେହି ଦୃଷ୍ଟିକୋଣରୁ ହିଁ ଏ ବିଷୟରେ ଆଲୋଚନା କରିପାରିବି। କିନ୍ତୁ ଏଠାରେ ମଧ୍ୟ ଗୋଟିଏ କାରଣ ହେଉଛି ମୋର କାର୍ଯ୍ୟକୁ ବ୍ୟବହାରିକ ଭାବେ ଅସମ୍ଭବ କିମ୍ବା ଅତି କମ୍ରେ ଅତି କଷ୍ଟକର କରିଦେଇଛି। ଏକ ନିୟମ ଭାବରେ, ଭୂମିକା ସର୍ବଦା ଜଣେ ବ୍ୟକ୍ତିଙ୍କ ଦ୍ୱାରା ଲେଖାଯାଏ ଯିଏ କାର୍ଯ୍ୟର ବିଷୟବସ୍ତୁ ଉପରେ ଲେଖକଙ୍କ ସହ ଅଛନ୍ତି | କିନ୍ତୁ ଏଠାରେ ମାମଲା ପୂରାପୂରି ଅଲଗା। ମୁଁ ସମସ୍ତ ପ୍ରସଙ୍ଗରେ ମୋ ବନ୍ଧୁଙ୍କ ସହ ଆଖି ମିଳାଇ ଦେଖେ ନାହିଁ। ସେ ଜାଣିଥିଲେ ଯେ ଅନେକ ଗୁରୁତ୍ୱପୂର୍ଣ୍ଣ ପ୍ରସଙ୍ଗରେ ମୁଁ ତାଙ୍କଠାରୁ ଭିନ୍ନ। ତେଣୁ, ମୋ ଲେଖା ଆଦୌ ଏକ ପରିଚୟ ହେବ ନାହିଁ। ଏହା ଏକ ସମାଲୋଚନାର ସର୍ବାଧିକ ପରିମାଣ ହୋଇପାରେ, ଏବଂ ଏହାର ସ୍ଥାନ ପୁସ୍ତକର ଆରମ୍ଭରେ ନୁହେଁ, ଶେଷରେ ହେବ |

ରାଜନୈତିକ କ୍ଷେତ୍ରରେ 'ଦ ଡ୍ରିମଲାଣ୍ଡ "ଏକ ଗୁରୁତ୍ୱପୂର୍ଣ୍ଣ ସ୍ଥାନ ଅଧିକାର କରିଛି। ବର୍ତ୍ତମାନର ପରିସ୍ଥିତିରେ, ଏହା ଆନ୍ଦୋଳନରେ ଏକ ଗୁରୁତ୍ୱପୂର୍ଣ୍ଣ ଶୂନ୍ୟସ୍ଥାନ ପୂରଣ କରୁଛି। ବାସ୍ତବରେ, ଆମ ଦେଶର ସମସ୍ତ ରାଜନୈତିକ ଆନ୍ଦୋଳନ ଯାହା ଏପର୍ଯ୍ୟନ୍ତ ଆମ ଆଧୁନିକ ଇତିହାସରେ କୌଣସି ଗୁରୁତ୍ୱପୂର୍ଣ୍ଣ ଭୂମିକା ଗ୍ରହଣ କରିଛି, ସେମାନେ ଯେଉଁ ଲକ୍ଷ୍ୟ ହାସଲ କରିଥିଲେ ସେଥିରେ ଆଦର୍ଶର ଅଭାବ ରହିଥିଲା। ବିପ୍ଳବୀ ଆନ୍ଦୋଳନ କୌଣସି ବ୍ୟତିକ୍ରମ ନୁହେଁ। ମୋର ସମସ୍ତ ପ୍ରୟାସ ସତ୍ତ୍ୱେ, ମୁଁ କୌଣସି ବିପ୍ଳବୀ ଦଳକୁ ପାଇପାରିଲି ନାହିଁ ଯାହାର ସ୍ପଷ୍ଟ ଧାରଣା ଥିଲା ଯେ ସେମାନେ କ "ଣ ପାଇଁ ଲଢୁଛନ୍ତି, କେବଳ ଗଦର ପାର୍ଟି ବ୍ୟତୀତ, ଯିଏ ଆମେରିକାର ସରକାର ଦ୍ୱାରା ଅନୁପ୍ରାଣିତ ହୋଇ ସ୍ପଷ୍ଟ ଭାବେ କହିଥିଲା ଯେ ସେମାନେ ବର୍ତ୍ତମାନର ସରକାରଙ୍କୁ ଏକ ରିପବ୍ଲିକାନ୍ ସରକାର ଦ୍ୱାରା ବଦଳାଇବାକୁ ଚାହୁଁଛନ୍ତି। ଅନ୍ୟ ସମସ୍ତ ଦଳ ପୁରୁଷମାନଙ୍କୁ ନେଇ ଗଠିତ ଯାହାଙ୍କର କେବଳ ଗୋଟିଏ ଧାରଣା ଥିଲା, i.e., ବିଦେଶୀ ଶାସକମାନଙ୍କ ବିରୁଦ୍ଧରେ ଲଢ଼ିବା ପାଇଁ। ସେହି ବିଚାର ଅତ୍ୟନ୍ତ ପ୍ରଶଂସନୀୟ କିନ୍ତୁ ଏହାକୁ ଏକ ବୈପ୍ଳବିକ ବିଚାର କୁହାଯାଇପାରିବ ନାହିଁ। ଆମକୁ ଏହା ସ୍ପଷ୍ଟ କରିବାକୁ ହେବ ଯେ ବିପ୍ଳବର ଅର୍ଥ କେବଳ ଏକ ଉତ୍ଥାନ କିମ୍ବା ରକ୍ତାକ୍ତ ସଂଘର୍ଷ ନୁହେଁ। ବିପ୍ଳବ ନିଶ୍ଚିତ ଭାବରେ ବର୍ତ୍ତମାନର ପରିସ୍ଥିତିକୁ ସମ୍ପୂର୍ଣ୍ଣ ନଷ୍ଟ କରିବା ପରେ, ନୂତନ ଏବଂ ଉନ୍ନତ ଅନୁକୂଳ ଆଧାରରେ ସମାଜର ବ୍ୟବସ୍ଥିତ ପୁନଃନିର୍ମାଣର କାର୍ଯ୍ୟକ୍ରମକୁ ସୂଚିତ କରେ

ରାଜନୈତିକ କ୍ଷେତ୍ରରେ ଉଦାରବାଦୀମାନେ ବର୍ତ୍ତମାନର ସରକାରଙ୍କ ଅଧୀନରେ କିଛି ସଂସ୍କାର ଚାହୁଁଥିଲେ, ଯେତେବେଳେ ଉଗ୍ରବାଦୀମାନେ ଟିକିଏ ଅଧିକ ଦାବି କରିଥିଲେ ଏବଂ ସମାନ ଉଦ୍ଦେଶ୍ୟରେ ଉଗ୍ରବାଦୀ ଉପାୟ ନିୟୋଜିତ କରିବାକୁ ପ୍ରସ୍ତୁତ ଥିଲେ | ବିପ୍ଳବୀମାନଙ୍କ ମଧ୍ୟରେ, ସେମାନେ ସର୍ବଦା ଏକ ଧାରଣା ସହିତ ଚରମ ପଦ୍ଧତି ସପକ୍ଷରେ ଥିଲେ, i.e., ବିଦେଶୀ ଆଧିପତ୍ୟକୁ ଉଚ୍ଛେଦ କରିବା। ଏଥିରେ କୌଣସି ସନ୍ଦେହ ନାହିଁ, କିଛି ଲୋକ ଥିଲେ ଯେଉଁମାନେ ସେହି ଉପାୟ ମାଧ୍ୟମରେ କିଛି ସଂସ୍କାର ଆଦାୟ କରିବା ସପକ୍ଷରେ ଥିଲେ। ଏହି ସମସ୍ତ ଆନ୍ଦୋଳନକୁ ବୈପ୍ଳବିକ ଆନ୍ଦୋଳନ ଭାବେ ଯଥାର୍ଥ ଭାବେ ଅଭିହିତ କରାଯାଇପାରିବ ନାହିଁ।

କିନ୍ତୁ ଏଲ୍. ରାମ ସରନ ଦାସ ହେଉଛନ୍ତି ପ୍ରଥମ ବିପ୍ଳବୀ ଯିଏକି 1908 ମସିହାରେ ଜଣେ ବଙ୍ଗାଳୀ ପଳାତକଙ୍କ ଦ୍ୱାରା ପଞ୍ଜାବରେ ଆନୁଷ୍ଠାନିକ ଭାବେ ନିଯୁକ୍ତି ପାଇଥିଲେ। ସେବେଠାରୁ ସେ ବିପ୍ଳବୀ ଆନ୍ଦୋଳନ ସହିତ ଯୋଗାଯୋଗରେ ଥିଲେ ଏବଂ ଶେଷରେ ଗଦର ପାର୍ଟିରେ ଯୋଗ ଦେଇଥିଲେ, କିନ୍ତୁ ତାଙ୍କ ପୁରୁଣା ବିଚାରକୁ ବଜାୟ ରଖିଥିଲେ ଯାହା ଲୋକମାନେ ସେମାନଙ୍କ ଆନ୍ଦୋଳନର ଆଦର୍ଶ ବିଷୟରେ ରଖିଥିଲେ। ଏହାର ସୌନ୍ଦର୍ଯ୍ୟ ଏବଂ ମୂଲ୍ୟକୁ ଯୋଡିବା ପାଇଁ ଏହାର ଆଉ ଏକ ଆକର୍ଷଣୀୟ ତଥ୍ୟ ଅଛି | 1915 ମସିହାରେ ଏଲ୍. ରାମ ସରନ ଦାସଙ୍କୁ ମୃତ୍ୟୁଦଣ୍ଡ ଦିଆଯାଇଥିଲା ଏବଂ ପରେ ଏହି ଦଣ୍ଡାଦେଶକୁ ଆଜୀବନ କାରାଦଣ୍ଡରେ ପରିବର୍ତ୍ତନ କରାଯାଇଥିଲା। ଆଜି, ନିଜେ ଦଣ୍ଡପ୍ରାପ୍ତ କୋଠରୀରେ ବସି, ମୁଁ ପାଠକମାନଙ୍କୁ ପ୍ରାମାଣିକ ଭାବରେ କହିପାରିବି ଯେ ମୃତ୍ୟୁ ଅପେକ୍ଷା ଆଜୀବନ କାରାଦଣ୍ଡ ତୁଳନାତ୍ମକ ଭାବରେ ବହୁତ କଷ୍ଟକର | ଏଲ୍. ରାମ ସରନ ଦାସଙ୍କୁ ବାସ୍ତବରେ ଚଉଦ ବର୍ଷ କାରାବାସ ଭୋଗିବାକୁ ପଡ଼ିଥିଲା। ଦକ୍ଷିଣର କୌଣସି ଏକ କାରାଗାରରେ ସେ ଏହି କବିତାଟି ଲେଖିଥିଲେ। ଲେଖକଙ୍କ ତତ୍କାଳୀନ ମନୋବିଜ୍ଞାନ ଏବଂ ମାନସିକ ସଂଘର୍ଷ କବିତା ଉପରେ ଏହାର ଛାପ ପକାଇଛି ଏବଂ ଏହାକୁ ଅଧିକ ସୁନ୍ଦର ଏବଂ ଆକର୍ଷଣୀୟ କରିଛି | ସେ ଲେଖିବା ପାଇଁ ନିଷ୍ପତ୍ତି ନେବା ପୂର୍ବରୁ କିଛି ନିରାଶାଜନକ ମନୋବୃତ୍ତି ବିରୁଦ୍ଧରେ କଠିନ ସଂଘର୍ଷ କରୁଥିଲେ। ସେହି ସମୟରେ ଯେତେବେଳେ ତାଙ୍କର ଅନେକ ସାଥୀଙ୍କୁ ଉପକ୍ରମରୁ ମୁକ୍ତ କରାଯାଇଥିଲା ଏବଂ ସମସ୍ତଙ୍କ ପାଇଁ ଏବଂ ତାଙ୍କ ପାଇଁ ମଧ୍ୟ ପ୍ରଲୋଭନ ବହୁତ ଶକ୍ତିଶାଳୀ ଥିଲା, ଏବଂ ଯେତେବେଳେ ପତ୍ନୀ ଏବଂ ପିଲାମାନଙ୍କ ମଧୁର ଏବଂ ଯନ୍ତ୍ରଣାଦାୟକ ସ୍ମୃତି କାର୍ଯ୍ୟରେ ଅଧିକ ଯୋଡିଥିଲା | ତେଣୁ, ଆମେ ପ୍ରାରମ୍ଭିକ ଅନୁଚ୍ଛେଦରେ ହଠାତ୍ ବିସ୍ଫୋରଣ ପାଇଥାଉଃ

"ମୋ ଚାରିପାଖରେ ଥିବା ପତ୍ନୀ, ପିଲାମାନେ,

ସାଙ୍ଗମାନେ ଚାରିଆଡେ ବିଷାକ୍ତ ସାପ ଥିଲେ। "

ସେ ପ୍ରାରମ୍ଭରେ ଦର୍ଶନଶାସ୍ତ୍ର ବିଷୟରେ ଆଲୋଚନା କରନ୍ତି। ଏହି ଦର୍ଶନ ବଙ୍ଗଳା ତଥା ପଞ୍ଜାବର ସମସ୍ତ ବିପ୍ଳବୀ ଆନ୍ଦୋଳନର ମେରୁଦଣ୍ଡ। ଏହି ପ୍ରସଙ୍ଗରେ ମୁଁ ତାଙ୍କ ଠାରୁ ବହୁତ ଭିନ୍ନ। ବ୍ରହ୍ମାଣ୍ଡ ବିଷୟରେ ତାଙ୍କର ବ୍ୟାଖ୍ୟା ହେଉଛି ଟେଲିଓଲୋଜିକାଲ୍ ଏବଂ ମେଟାଫିଜିକାଲ୍, ଯାହା ମୁଁ ଜଣେ ଭୌତିକବାଦୀ ଏବଂ ଘଟଣା ବିଷୟରେ ମୋର ବ୍ୟାଖ୍ୟା କାରଣାତ୍ମକ ହେବ | ତଥାପି, ଏହା କୌଣସି ପ୍ରକାରେ ସ୍ଥାନହୀନ କିମ୍ବା ପୁରୁଣା ନୁହେଁ | ଆମ ଦେଶରେ ପ୍ରଚଳିତ ସାଧାରଣ ଆଦର୍ଶ ତାଙ୍କ ଦ୍ୱାରା ପ୍ରକାଶିତ ଆଦର୍ଶ ସହିତ ଅଧିକ ଅନୁରୂପ | ସେହି ହତାଶାଜନକ ମାନସିକତାର ମୁକାବିଲା କରିବା ପାଇଁ ସେ ପ୍ରାର୍ଥନାର ଆଶ୍ରୟ ନେଇଥିଲେ, ଯାହା ସ୍ପଷ୍ଟ ଯେ ପୁସ୍ତକର ସମଗ୍ର ଆରମ୍ଭ ଭଗବାନ, ତାଙ୍କର ପ୍ରଶଂସା, ତାଙ୍କର ସଂଜ୍ଞା ପ୍ରତି ସମର୍ପିତ। ଭଗବାନଙ୍କ ଉପରେ ବିଶ୍ୱାସ ହେଉଛି ରହସ୍ୟବାଦର ପରିଣାମ ଯାହା ଅବସାଦର ସ୍ୱାଭାବିକ ପରିଣାମ। ଏହି ଦୁନିଆ 'ମାୟା' କିମ୍ବା 'ମିଥ୍ୟ', ଏକ ସ୍ୱପ୍ନ କିମ୍ବା ଏକ କଳ୍ପନା, ଏହା ସ୍ପଷ୍ଟ ରହସ୍ୟବାଦ ଯାହା ଶଙ୍କରାଚାର୍ଯ୍ୟ ଏବଂ ଅନ୍ୟମାନଙ୍କ ପରି ପୁରାତନ ଯୁଗର ହିନ୍ଦୁ ଋଷିଙ୍କ ଦ୍ୱାରା ଉତ୍ପନ୍ନ ଏବଂ ବିକଶିତ ହୋଇଛି। କିନ୍ତୁ ଭୌତିକବାଦୀ ଦର୍ଶନରେ, ଏହି ଚିନ୍ତାଧାରାର କୌଣସି ସ୍ଥାନ ନାହିଁ। କିନ୍ତୁ ଚିନ୍ତାଧାରାର ଏହି ରହସ୍ୟବାଦର କୌଣସି ସ୍ଥାନ ନାହିଁ। କିନ୍ତୁ ଲେଖକଙ୍କର ଏହି ରହସ୍ୟବାଦ କୌଣସି ପ୍ରକାରେ ନିନ୍ଦନୀୟ କିମ୍ବା ନିନ୍ଦନୀୟ ନୁହେଁ। ଏହାର ନିଜସ୍ୱ ରହିଛି, ସେମାନେ ବହୁତ ଫଳପ୍ରଦ ଶ୍ରମ କରୁଛନ୍ତି। ସମାଜବାଦୀ ସମାଜ ଏକମାତ୍ର ପାର୍ଥକ୍ୟ ଯାହା ଆଶା କରେ ତାହା ହେଉଛି ମାନସିକ ଶ୍ରମିକମାନଙ୍କୁ ଆଉ ଶାରୀରିକ ଶ୍ରମିକଙ୍କ ଅପେକ୍ଷା ଶ୍ରେଷ୍ଠ ବୋଲି ବିବେଚନା କରାଯିବ ନାହିଁ ହସ୍ତଚାଳିତ ଶ୍ରମିକ।

ମାଗଣା ଶିକ୍ଷା ବିଷୟରେ ଏଲ୍. ରାମ ସରନ ଦାସଙ୍କ ବିଚାର ବାସ୍ତବରେ ବିଚାରଯୋଗ୍ୟ, ଏବଂ ସମାଜବାଦୀ ସରକାର ରୁଷରେ କିଛି ମାତ୍ରାରେ ସମାନ ମାର୍ଗ ଗ୍ରହଣ କରିଛନ୍ତି।

ଅପରାଧ ବିଷୟରେ ତାଙ୍କର ଆଲୋଚନା ପ୍ରକୃତରେ ସବୁଠାରୁ ଉନ୍ନତ ଚିନ୍ତାଧାରା | ଅପରାଧ ହେଉଛି ସବୁଠାରୁ ଗମ୍ଭୀର ସାମାଜିକ ସମସ୍ୟା ଯାହାର ଅତ୍ୟନ୍ତ କୌଶଳପୂର୍ଣ୍ଣ ଚିକିତ୍ସା ଆବଶ୍ୟକ। ସେ ତାଙ୍କ ଜୀବନର ଅଧିକାଂଶ ସମୟ ପାଇଁ ଜେଲରେ ରହିଛନ୍ତି। ତାଙ୍କର ବ୍ୟବହାରିକ ଅଭିଜ୍ଞତା ରହିଛି। ଗୋଟିଏ ସ୍ଥାନରେ ସେ ସାଧାରଣ ଜେଲ୍ ଦଣ୍ଡ, 'ହାଲୁକା ଶ୍ରମ, ମଧ୍ୟମ ଶ୍ରମ ଏବଂ କଠିନ ଶ୍ରମ' ଇତ୍ୟାଦି ନିୟୋଜିତ କରନ୍ତି | ଅନ୍ୟ ସମସ୍ତଙ୍କ ଭଳି ସେ ପରାମର୍ଶ ଦେଇଛନ୍ତି ଯେ, ପ୍ରତିଶୋଧ ପରିବର୍ତ୍ତେ, i.e., ପ୍ରତିଶୋଧ ସଂସ୍କାରବାଦୀ ସିଦ୍ଧାନ୍ତ ଦଣ୍ଡର ଆଧାର ଗଠନ କରିବା ଉଚିତ୍। ଦଣ୍ଡ ଦେବା ନୁହେଁ ବରଂ ପ୍ରତ୍ୟାଖ୍ୟାନ କରିବା ନ୍ୟାୟ ପ୍ରଶାସନର ମାର୍ଗଦର୍ଶକ ନୀତି ହେବା ଉଚିତ୍। କାରାଗାରଗୁଡ଼ିକ ସଂସ୍କାରକାରୀ ହେବା ଉଚିତ, ପ୍ରକୃତ ନରକ ନୁହେଁ। ଏହି ପରିପ୍ରେକ୍ଷୀରେ ପାଠକମାନେ ରୁଷୀୟ କାରାଗାର ବ୍ୟବସ୍ଥାକୁ ଅଧ୍ୟୟନ କରିବା ଉଚିତ।

ସୈନ୍ୟବାହିନୀ ସହିତ କାରବାର କରିବା ସମୟରେ ସେ ଯୁଦ୍ଧ ବିଷୟରେ ମଧ୍ୟ ଆଲୋଚନା କରନ୍ତି। ମୋ ମତରେ, ସେତେବେଳେ ଏକ ସଂସ୍ଥା ଭାବେ ଯୁଦ୍ଧ କେବଳ ଏନସାଇକ୍ଲୋପିଡ଼ିଆର କିଛି ପୃଷ୍ଠା ଦଖଲ କରିବ, ଏବଂ ଯୁଦ୍ଧ ସାମଗ୍ରୀ ଯୁଦ୍ଧ ସୃଷ୍ଟି କରୁଥିବା କୌଣସି ପରସ୍ପର ବିରୋଧୀ କିମ୍ବା ବିବିଧ ସ୍ୱାର୍ଥକୁ ଶୋଭିତ କରିବ ନାହିଁ।

ସର୍ବାଧିକ ଆମେ କହିପାରିବା ଯେ ଯୁଦ୍ଧକୁ ପରିବର୍ତ୍ତନ କାଳ ପାଇଁ ଏକ ଅନୁଷ୍ଠାନ ଭାବେ ବଜାୟ ରଖିବାକୁ ପଡ଼ିବ। ଯଦି ଆମେ ବର୍ତ୍ତମାନର ରୁଷିଆର ଉଦାହରଣ ନେବା ତେବେ ଆମେ ସହଜରେ ବୁଝିପାରିବା। ବର୍ତ୍ତମାନ ଶ୍ରମିକଶ୍ରେଣୀର ଏକଛତ୍ରବାଦ ରହିଛି। ସେମାନେ ଏକ ସମାଜବାଦୀ ସମାଜ ପ୍ରତିଷ୍ଠା କରିବାକୁ ଚାହୁଁଛନ୍ତି। ଏହି ସମୟରେ, ସେମାନଙ୍କୁ ପୁଞ୍ଜିବାଦୀ ସମାଜରୁ ନିଜକୁ ରକ୍ଷା କରିବା ପାଇଁ ଏକ ସେନା ରଖିବାକୁ ପଡ଼ିବ। କିନ୍ତୁ ଯୁଦ୍ଧର ଉଦ୍ଦେଶ୍ୟ ଭିନ୍ନ ହେବ। ସାମ୍ରାଜ୍ୟବାଦୀ ଯୋଜନାଗୁଡ଼ିକ ଆମ ସ୍ୱପ୍ନର ଦେଶର

ଲୋକମାନଙ୍କୁ ଆଉ ଯୁଦ୍ଧ କରିବା ପାଇଁ ପ୍ରେରିତ କରିବ ନାହିଁ। ଆଉ କୌଣସି ଯୁଦ୍ଧ ଟ୍ରଫି ରହିବ ନାହିଁ। ବିପ୍ଳବୀ ସୈନ୍ୟମାନେ ନିଜ ସିଂହାସନରୁ ଶାସକମାନଙ୍କ ନିକଟକୁ ନ ଯାଇ ଅନ୍ୟ ଦେଶକୁ ଯାତ୍ରା କରିବେ ଏବଂ ସେମାନଙ୍କର ରକ୍ତ ଶୋଷକ ଶୋଷଣ ବନ୍ଦ କରିବେ ଏବଂ ଏହିପରି ପରିଶ୍ରମୀ ଜନସାଧାରଣଙ୍କୁ ମୁକ୍ତ କରିବେ। କିନ୍ତୁ, ଆମ ଲୋକମାନଙ୍କୁ ଲଢ଼ିବା ପାଇଁ ପ୍ରବର୍ତ୍ତାଇବା ଭଳି ଆଦିମ ଜାତୀୟ କିମ୍ବା ଜାତିଗତ ଘୃଣା ରହିବ ନାହିଁ।

ବିଶ୍ୱ-ଫେଡେରେସନ୍ ହେଉଛି ସମସ୍ତ ମୁକ୍ତ ଚିନ୍ତାଧାରାର ଲୋକଙ୍କ ମଧ୍ୟରେ ସବୁଠାରୁ ଲୋକପ୍ରିୟ ଏବଂ ତତକ୍ଷଣାତ୍ ଉଦ୍ଦେଶ୍ୟ, ଏବଂ ଲେଖକ ଏହି ବିଷୟ ଉପରେ ଭଲ ଭାବରେ ବିସ୍ତାର କରିଛନ୍ତି, ଏବଂ ତଥାକଥିତ ଲିଗ୍ ଅଫ୍ ନେସନ୍ସ ଉପରେ ତାଙ୍କର ସମାଲୋଚନା ସୁନ୍ଦର | 571 (572) ପଦ ତଳେ ଏକ ପାଦ ଟିପ୍ପଣିରେ ଲେଖକ ପଦ୍ଧତିର ପ୍ରଶ୍ନକୁ ସଂକ୍ଷେପରେ ସ୍ପର୍ଶ କରିଛନ୍ତି। ସେ କୁହନ୍ତିଃ "ଏପରି ଏକ ରାଜ୍ୟ ଶାରୀରିକ ହିଂସାତ୍ମକ ବିପ୍ଳବ ଦ୍ୱାରା ଅଣାଯାଇପାରିବ ନାହିଁ। ଏହା ବିନା ସମାଜରେ ବାଧ୍ୟ କରାଯାଇ ପାରିବ ନାହିଁ। ଏହା ଭିତରୁ ବଢ଼ିବା ଦରକାର...। ଏହା ଦ୍ୱାରା ସମ୍ଭବ ବିବର୍ତ୍ତନର କ୍ରମିକ ପ୍ରକ୍ରିୟା, ଉପରୋକ୍ତ ଆଧାରରେ ଜନସାଧାରଣଙ୍କୁ ଶିକ୍ଷିତ କରି, "ଇତ୍ୟାଦି। ଏହି ବିବୃତ୍ତିରେ କୌଣସି ଅସଙ୍ଗତି ନାହିଁ। ଏହା ସମ୍ପୂର୍ଣ୍ଣ ଠିକ୍, କିନ୍ତୁ ସମ୍ପୂର୍ଣ୍ଣ ଭାବେ ବ୍ୟାଖ୍ୟା କରାଯାଇନଥିଲେ, କିଛି ଭୁଲ ବୁଝାମଣା ସୃଷ୍ଟି କରିପାରେ, କିମ୍ବା ଆହୁରି ଖରାପ, ଏକ ଦ୍ୱନ୍ଦ୍ୱ ସୃଷ୍ଟି କରିପାରେ। ଏହାର ଅର୍ଥ କ "ଣ ଏହା ଯେ ଏଲ୍. ରାମ ସରନ ଦାସ ବଳ ପ୍ରୟୋଗର ନିରର୍ଥକତାକୁ ହୃଦୟଙ୍ଗମ କରିଛନ୍ତି? ସେ ଅହିଂସାରେ ଜଣେ ରକ୍ଷଣଶୀଳ ବିଶ୍ୱାସୀ ହୋଇଯାଇଛନ୍ତି କି? ନା, ଏହାର ଅର୍ଥ ନୁହେଁ।

ଉପରୋକ୍ତ ଉଦ୍ଧୃତ ବିବୃତ୍ତିର ଅର୍ଥ କ "ଣ ତାହା ମୁଁ ବର୍ଣ୍ଣନା କରିବି। ଅନ୍ୟ କାହା ଅପେକ୍ଷା ବିପ୍ଳବୀମାନେ ଭଲ ଭାବେ ଜାଣନ୍ତି ଯେ ସମାଜବାଦୀ ସମାଜ ହିଂସାତ୍ମକ ଉପାୟରେ ଆସିପାରିବ ନାହିଁ, ବରଂ ଏହା ଭିତରରୁ ବିକଶିତ ହେବା ଉଚିତ। ଲେଖକ ପରାମର୍ଶ ଦେଇଛନ୍ତି ଯେ ଶିକ୍ଷାକୁ ଏକମାତ୍ର ଅସ୍ତ୍ର ଭାବେ ବ୍ୟବହାର କରାଯାଇପାରିବ। କିନ୍ତୁ, ସମସ୍ତେ ସହଜରେ ଅନୁଭବ କରିପାରିବେ ଯେ ବର୍ତ୍ତମାନର ସରକାର, କିମ୍ବା ବାସ୍ତବରେ, ସମସ୍ତ ପୁଞ୍ଜିବାଦୀ ସରକାର କେବଳ ଏପରି କୌଣସି ପ୍ରୟାସକୁ ସାହାଯ୍ୟ କରିବାକୁ ଯାଉ ନାହାଁନ୍ତି, ବରଂ ଏହାର ବିପରୀତରେ, ଏହାକୁ ନିର୍ଦ୍ଦୟ ଭାବରେ ଦମନ କରୁଛନ୍ତି। ତେବେ, ତାଙ୍କର 'ବିବର୍ତ୍ତନ "କ" ଣ ହାସଲ କରିବ? ଆମେ ବିପ୍ଳବୀମାନେ ଆମ ହାତରେ କ୍ଷମତା ଦଖଲ କରିବା ପାଇଁ ଏବଂ ଏକ ବିପ୍ଳବୀ ସରକାର ଗଠନ କରିବା ପାଇଁ ପ୍ରୟାସ କରୁଛୁ ଯାହା ଆଜି ରଷରେ କରାଯାଉଥିବା ପରି ଗଣ ଶିକ୍ଷା ପାଇଁ ଏହାର ସମସ୍ତ ସମ୍ବଳକୁ ନିୟୋଜିତ କରିବା ଉଚିତ୍। କ୍ଷମତା ଦଖଲ କରିବା ପରେ, ଗଠନମୂଳକ କାର୍ଯ୍ୟ ପାଇଁ ଶାନ୍ତିପୂର୍ଣ୍ଣ ଉପାୟ ଅବଲମ୍ବନ କରାଯିବ, ବାଧାଗୁଡ଼ିକୁ ଦମନ କରିବା ପାଇଁ ବଳ ପ୍ରୟୋଗ କରାଯିବ। ଯଦି ଲେଖକଙ୍କର ଏହା ହିଁ ଅର୍ଥ, ତେବେ ଆମେ ଗୋଟିଏ ସ୍ଥାନରେ ଅଛୁ। ଏବଂ ମୁଁ ବିଶ୍ୱାସ କରେ ଯେ ସେ ଠିକ୍ ଏହା ହିଁ ବୁଝାଇଛନ୍ତି।

ମୁଁ ଏହି ପୁସ୍ତକ ବିଷୟରେ ଦୀର୍ଘ ସମୟ ଧରି ଆଲୋଚନା କରିଛି। ବରଂ ମୁଁ ଏହାକୁ ସମାଲୋଚନା କରିଛି। କିନ୍ତୁ, ମୁଁ ଏଥିରେ କୌଣସି ପରିବର୍ତ୍ତନ କରିବାକୁ ଚାହୁଁନାହିଁ, କାରଣ ଏହାର ଐତିହାସିକ ମୂଲ୍ୟ ରହିଛି। ଏହା ଥିଲା 1914-15 ମସିହାର ବିପ୍ଳବୀମାନଙ୍କ ଚିନ୍ତାଧାରା।

ମୁଁ ଏହି ପୁସ୍ତକକୁ ବିଶେଷ କରି ଯୁବକମାନଙ୍କୁ ସୁପାରିଶ କରୁଛି, କିନ୍ତୁ ଏକ ଚେତାବନୀ ସହିତ। ଅନ୍ଧ ଭାବରେ ଅନୁସରଣ କରିବାକୁ ଏବଂ ଏଥିରେ ଯାହା ଲେଖାଯାଇଛି ତାହା ହାଲୁକା ଭାବରେ ଗ୍ରହଣ କରିବାକୁ ଦୟାକରି ଏହାକୁ ପଢ଼ନ୍ତୁ ନାହିଁ | ଏହାକୁ ପଢ଼ନ୍ତୁ, ସମାଲୋଚନା କରନ୍ତୁ, ଏହା ଉପରେ ଚିନ୍ତା କରନ୍ତୁ, ଏହାର ସହାୟତାରେ ନିଜର ବିଚାର ପ୍ରସ୍ତୁତ କରିବାକୁ ଚେଷ୍ଟା କରନ୍ତୁ।

24

ହରି କିଶନଙ୍କ ମାମଲାରେ ଲାଇନ୍ ଅଫ୍ ଡିଫେନ୍ସ ବିଷୟରେ

"ଡିସେମ୍ବର 23,1930 ରେ, ଯେତେବେଳେ ପଞ୍ଜାବର ରାଜ୍ୟପାଳ ଲାହୋରର ବିଶ୍ୱବିଦ୍ୟାଳୟ ହଲରୁ ବାହାରି ଆସୁଥିଲେ, ତାଙ୍କର ସମାବର୍ତ୍ତନ ଅଭିଭାଷଣ ଦେବା ପରେ, ହରି କିଶନ ତାଙ୍କ ଉପରକୁ ଗୁଳି ଚଳାଇଥିଲେ। ଜଣେ ବ୍ୟକ୍ତିଙ୍କର ମୃତ୍ୟୁ ହୋଇଥିଲା ଏବଂ ରାଜ୍ୟପାଳ ସାମାନ୍ୟ ଆହତ ହୋଇଥିଲେ। ବିଚାର ସମୟରେ। ହରି କିଶନଙ୍କ ପ୍ରତିରକ୍ଷା ଓକିଲ କହିଥିଲେ ଯେ ହରି କିଶନଙ୍କର ରାଜ୍ୟପାଳଙ୍କୁ ହତ୍ୟା କରିବାର କୌଣସି ଉଦ୍ଦେଶ୍ୟ ନଥିଲା ଏବଂ ସେ କେବଳ ଚେତାବନୀ ଦେବାକୁ ଚାହୁଁଥିଲେ। ଭଗତ ସିଂହ ଏହି ପ୍ରତିରକ୍ଷା ଧାରାକୁ ବିରୋଧ କରିଥିଲେ। ସେ ବାହାରେ ଥିବା ତାଙ୍କର ଜଣେ ବନ୍ଧୁଙ୍କୁ କିପରି ବୈପ୍ଳବିକ ମାମଲା ପରିଚାଳନା କରାଯିବା ଉଚିତ ସେ ବିଷୟରେ ଲେଖିଥିଲେ। ଏହି ଚିଠି ଜୁନ୍ 1931 ରେ ଦି ପିପୁଲ୍ରେ ପ୍ରକାଶିତ ହୋଇଥିଲା।

* *

ମୁଁ ଅତ୍ୟନ୍ତ ଦୁଃଖିତ ଯେ ଏହି ସମ୍ବନ୍ଧରେ ମୋର ଶେଷ ଚିଠି ସଠିକ୍ ସମୟରେ ଏହାର ଗନ୍ତବ୍ୟ ସ୍ଥଳରେ ପହଞ୍ଚି ନଥିଲା ଏବଂ ତେଣୁ ଏହାର କୌଣସି ଲାଭ ହୋଇନପାରେ, କିମ୍ବା ଉଦ୍ଦେଶ୍ୟ ପୂରଣ କରିବାରେ ବିଫଳ ହୋଇପାରେ କିମ୍ବା ଯାହା ଏହା ଲେଖାଯାଇଥିଲା। ତେଣୁ, ସାଧାରଣ ଭାବେ ରାଜନୈତିକ ମାମଲାରେ ପ୍ରତିରକ୍ଷା ଏବଂ ବିଶେଷ କରି ବୈପ୍ଳବିକ ମାମଲାରେ ମୋର ମତ ଆପଣଙ୍କୁ ଜଣାଇବା ପାଇଁ ମୁଁ ଏହି ଚିଠି ଲେଖୁଛି। ସେହି ଚିଠିରେ ପୂର୍ବରୁ ଆଲୋଚନା କରାଯାଇଥିବା କିଛି ପଏଣ୍ଟ ବ୍ୟତୀତ, ଏହା ଅନ୍ୟ ଏକ ଉଦ୍ଦେଶ୍ୟ ମଧ୍ୟ ପୂରଣ କରିବ, i.e. ଏହା ଏକ ଡକ୍ୟୁମେଣ୍ଟାରୀ ପ୍ରମାଣ ହେବ ଯେ ଘଟଣା ପରେ ମୁଁ ଜ୍ଞାନୀ ହେବି ନାହିଁ।

ଯାହା ହେଉ, ମୁଁ ସେହି ଚିଠିରେ ଲେଖିଥିଲି ଯେ ଓକିଲଙ୍କୁ ପ୍ରତିରକ୍ଷା ପ୍ରଦାନ କରିବାକୁ ପରାମର୍ଶ ଦିଆଯାଇଥିବା ଆବେଦନକୁ ଗ୍ରହଣ କରାଯିବା ଉଚିତ୍ ନୁହେଁ। କିନ୍ତୁ ଆପଣଙ୍କର ଏବଂ ମୋର ବିରୋଧ ସତ୍ତ୍ୱେ ଏହା କରାଯାଇଛି। ତଥାପି, ଆମେ ବର୍ତ୍ତମାନ ଏହି ପ୍ରସଙ୍ଗରେ ଏକ ଭଲ ଆଲୋକରେ ଆଲୋଚନା କରିପାରିବୁ ଏବଂ ପ୍ରତିରକ୍ଷା ସମ୍ବନ୍ଧୀୟ ଭବିଷ୍ୟତ ନୀତି ବିଷୟରେ ନିର୍ଦ୍ଦିଷ୍ଟ ଧାରଣା ପ୍ରସ୍ତୁତ କରିପାରିବୁ।

ଆପଣମାନେ ଜାଣନ୍ତି ଯେ ମୁଁ କେବେ ବି ସମସ୍ତ ରାଜନୈତିକ ଅଭିଯୁକ୍ତମାନଙ୍କୁ ରକ୍ଷା କରିବା ସପକ୍ଷରେ ନାହିଁ। କିନ୍ତୁ ଏହାର ଅର୍ଥ ନୁହେଁ ଯେ ପ୍ରକୃତ ସଂଘର୍ଷର ସୌନ୍ଦର୍ଯ୍ୟ ସମ୍ପୂର୍ଣ୍ଣ ନଷ୍ଟ ହେବା ଉଚିତ୍। ଯେତେବେଳେ ମୁଁ କହୁଛି ଯେ ସମସ୍ତ ରାଜନେତା ସର୍ବଦା ନିଜକୁ ରକ୍ଷା କରିବା ଉଚିତ୍, ମୁଁ ଏହାକୁ କିଛି ନିର୍ଦ୍ଦିଷ୍ଟ ଆପତ୍ତି ସହିତ କହୁଛି। କେବଳ ଗୋଟିଏ ବ୍ୟାଖ୍ୟା ଦ୍ୱାରା ଏହାକୁ ସ୍ପଷ୍ଟ କରାଯାଇପାରିବ। ଜଣେ ବ୍ୟକ୍ତି ଏକ ନିର୍ଦ୍ଦିଷ୍ଟ ଲକ୍ଷ୍ୟକୁ ଦୃଷ୍ଟିରେ ରଖି ଏକ କାର୍ଯ୍ୟ କରିଥାଏ। ତାଙ୍କ ଗିରଫ ପରେ, କାର୍ଯ୍ୟାନୁଷ୍ଠାନର ରାଜନୈତିକ ଗୁରୁତ୍ୱ ହ୍ରାସ କରାଯିବା ଉଚିତ୍ ନୁହେଁ |

ଅପରାଧୀ କାର୍ଯ୍ୟ ଅପେକ୍ଷା ଅଧିକ ଗୁରୁତ୍ୱପୂର୍ଣ୍ଣ ହେବା ଉଚିତ୍ ନୁହେଁ | ଚିତ୍ର ସାହାଯ୍ୟରେ ଆମେ ଏହାକୁ ଆହୁରି ସ୍ପଷ୍ଟ କରିବା। ଶ୍ରୀଯୁକ୍ତ ହରି କିଶନ ରାଜ୍ୟପାଳଙ୍କୁ ଗୁଳି କରିବାକୁ ଆସିଥିଲେ। ମୁଁ କେବଳ କାର୍ଯ୍ୟର ନୈତିକ ଦିଗ ବିଷୟରେ ଆଲୋଚନା କରିବାକୁ ଚାହେଁ ନାହିଁ। ମୁଁ କେବଳ ମାମଲାର ରାଜନୈତିକ ପକ୍ଷ ବିଷୟରେ ଆଲୋଚନା କରିବାକୁ ଚାହୁଁଛି। ଉକ୍ତ ବ୍ୟକ୍ତିଙ୍କୁ ଗିରଫ କରାଯାଇଥିଲା। ଦୁର୍ଭାଗ୍ୟବଶତଃ, ଏହି କାର୍ଯ୍ୟାନୁଷ୍ଠାନରେ କିଛି ପୋଲିସ ଅଧିକାରୀଙ୍କ ମୃତ୍ୟୁ ଘଟିଥିଲା। ବର୍ତ୍ତମାନ ପ୍ରତିରକ୍ଷା ପ୍ରଶ୍ନ ଆସେ; ଭଲ, ଯେତେବେଳେ ସୌଭାଗ୍ୟବଶତଃ ରାଜ୍ୟପାଳ ପଳାୟନ କରିଥିଲେ ତାଙ୍କ ମାମଲାରେ ଏକ ବହୁତ ସୁନ୍ଦର ବିବୃତ୍ତି ହୋଇପାରେ, i.e., ନିମ୍ନ ଅଦାଲତରେ କରାଯାଇଥିବା ପ୍ରକୃତ ତଥ୍ୟର ବିବୃତ୍ତି | ଏବଂ ଏହା ଆଇନଗତ ଉଦ୍ଦେଶ୍ୟ ମଧ୍ୟ ପୂରଣ କରିଥାଆନ୍ତା। ସବ୍-ଇନ୍ସପେକ୍ଟରଙ୍କ ମୃତ୍ୟୁର କାରଣ ବିଷୟରେ ତାଙ୍କର ବ୍ୟାଖ୍ୟା ଉପରେ ଓକିଲଙ୍କ ଜ୍ଞାନ ଏବଂ ଦକ୍ଷତା ନିର୍ଭର କରୁଥିଲା। ସେ ରାଜ୍ୟପାଳଙ୍କୁ ହତ୍ୟା କରିବାକୁ ଚାହୁଁନଥିଲେ ଏବଂ କେବଳ ତାଙ୍କୁ ଚେତାବନୀ ଦେବାକୁ ଚାହୁଁଥିଲେ, ଏବଂ ଏହିପରି ସମସ୍ତ ଜିନିଷ କହି ତାଙ୍କୁ କ 'ଣ ଲାଭ ହେଲା? କୌଣସି ବୁଦ୍ଧିମାନ ବ୍ୟକ୍ତି କ "ଣ ଗୋଟିଏ ମୁହୂର୍ତ୍ତ ପାଇଁ ମଧ୍ୟ ଏଭଳି ଯୋଜନା କରିବାର ସମ୍ଭାବନାକୁ କଳ୍ପନା କରିପାରିବେ? ଏହାର କୌଣସି ଆଇନଗତ ମୂଲ୍ୟ ଥିଲା କି? ନିଶ୍ଚିତ ଭାବେ କିଛି ନୁହେଁ। ତେବେ, କେବଳ ନିର୍ଦ୍ଦିଷ୍ଟ କାର୍ଯ୍ୟ ନୁହେଁ ବରଂ ସାଧାରଣ ଆନ୍ଦୋଳନର ସୌନ୍ଦର୍ଯ୍ୟକୁ ନଷ୍ଟ କରିବାରେ କ "ଣ ଲାଭ ଥିଲା? ଚେତାବନୀ ଏବଂ ନିରର୍ଥକ ବିକ୍ଷୋଭ ସବୁଦିନ ପାଇଁ ଚାଲିପାରିବ ନାହିଁ। ଏହି ଚେତାବନୀ ବହୁ ପୂର୍ବରୁ ଦିଆଯାଇଛି। ବିପ୍ଳବୀ ସଂଗ୍ରାମ ସଠିକ୍ ଆନ୍ତରିକତାରେ ଆରମ୍ଭ ହୋଇଥିଲା, ଯେତେଦୂର ପର୍ଯ୍ୟନ୍ତ ଏହାର ଶକ୍ତି ଥିଲା। ବିପ୍ଳବୀ ଦଳ ଅନୁମତି ଦେଲା। ଭାଇସରୟଙ୍କ ଟ୍ରେନ କାର୍ଯ୍ୟାନୁଷ୍ଠାନ କୌଣସି ପରୀକ୍ଷା କିମ୍ବା ଚେତାବନୀ ନଥିଲା।

ସେହିପରି ଶ୍ରୀଯୁକ୍ତ ହରି କିଶନଙ୍କ କାର୍ଯ୍ୟାନୁଷ୍ଠାନ ଏକ ଚେତାବନୀ ନୁହେଁ, ବରଂ ସଂଗ୍ରାମର ଏକ ଅଂଶବିଶେଷ ଥିଲା। କାର୍ଯ୍ୟାନୁଷ୍ଠାନର ବିଫଳତା ପରେ, ଅଭିଯୁକ୍ତ ଏହାକୁ ସମ୍ପୂର୍ଣ୍ଣ କ୍ରୀଡ଼ାବିତ୍ ଭଳି ଭାବନାରେ ନେଇପାରିବ। ଉଦ୍ଦେଶ୍ୟ ପୂରଣ ହେବା ପରେ ରାଜ୍ୟପାଳଙ୍କ ସୌଭାଗ୍ୟବଶତଃ ପଳାୟନରେ ସେ ଖୁସି ହେବା ଉଚିତ୍ ଥିଲା। କୌଣସି ବ୍ୟକ୍ତିକୁ ହତ୍ୟା କରିବାର କୌଣସି ଲାଭ ନାହିଁ। ଏହି କାର୍ଯ୍ୟଗୁଡ଼ିକର ରାଜନୈତିକ ଗୁରୁତ୍ୱ ସେତିକି ରହିଛି ଯେତିକି ସେମାନେ ଏକ ମାନସିକତା ଏବଂ ଏକ ପରିବେଶ ସୃଷ୍ଟି କରିବାରେ ସାହାଯ୍ୟ କରନ୍ତି ଯାହା ଅନ୍ତିମ ସଂଘର୍ଷ ପାଇଁ ଅତ୍ୟନ୍ତ ଆବଶ୍ୟକ | ବାସ୍ ଏତିକି। ବ୍ୟକ୍ତିଗତ କାର୍ଯ୍ୟ ହେଉଛି ଲୋକଙ୍କ ନୈତିକ ସମର୍ଥନ ଜିତିବା। ଆମେ ବେଳେବେଳେ ସେମାନଙ୍କୁ 'କାର୍ଯ୍ୟ ମାଧ୍ୟମରେ ପ୍ରଚାର' ଭାବରେ ନାମିତ କରୁ।

ବର୍ତ୍ତମାନ, ଲୋକମାନଙ୍କୁ ରକ୍ଷା କରାଯିବା ଉଚିତ କିନ୍ତୁ ଉପରୋକ୍ତ ବିଚାରର ବିଷୟ ହେବା ଉଚିତ। ଏହା ଏକ ସାଧାରଣ ନୀତି ଯେ ସମସ୍ତ ପ୍ରତିଦ୍ୱନ୍ଦ୍ୱୀ ଦଳ ସର୍ବଦା ଅଧିକ ଲାଭ ଏବଂ କମ୍ କ୍ଷତି କରିବାକୁ ଚେଷ୍ଟା କରନ୍ତି। କୌଣସି ଜେନେରାଲ କେବେ ବି ଏପରି ନୀତି ଗ୍ରହଣ କରିପାରିବେ ନାହିଁ ଯେଉଁଥିରେ ତାଙ୍କୁ ଆଶା କରାଯାଉଥିବା ଲାଭଠାରୁ ଅଧିକ ବଳିଦାନ କରିବାକୁ ପଡ଼ିପାରେ। ଶ୍ରୀଯୁକ୍ତ ହରି କିଶନଙ୍କ ମୂଲ୍ୟବାନ ଜୀବନ ବଞ୍ଚାଇବା ପାଇଁ ମୋ ଠାରୁ ଅଧିକ କେହି ଚିନ୍ତିତ ହେବେ ନାହିଁ। କିନ୍ତୁ ମୁଁ ଆପଣଙ୍କୁ ଜଣାଇବାକୁ ଚାହୁଁଛି ଯେ ଯେଉଁ ଜିନିଷ ତାଙ୍କ ଜୀବନକୁ ମୂଲ୍ୟବାନ କରେ, ତାହାକୁ କଦାପି ଅଣଦେଖା କରାଯିବା ଉଚିତ୍ ନୁହେଁ। କୌଣସି ମୂଲ୍ୟରେ ଜୀବନ ବଞ୍ଚାଇବା ଆମର ନୀତି ନୁହେଁ। ଏହା ସରଳ-ଚେୟାର ରାଜନେତାଙ୍କ ନୀତି ହୋଇପାରେ, କିନ୍ତୁ ଏହା ଆମର ନୁହେଁ।

ଅଧିକାଂଶ ପ୍ରତିରକ୍ଷା ନୀତି ଅଭିଯୁକ୍ତର ମାନସିକତା ଉପରେ ନିର୍ଭର କରେ। କିନ୍ତୁ ଯଦି ଅଭିଯୁକ୍ତ ନିଜେ କେବଳ ସଙ୍କୁଚିତ ହେବାକୁ ଭୟ କରେ ନାହିଁ, ବରଂ ପୂର୍ବ ପରି ଉତ୍ସାହୀ ହୁଏ, ତେବେ ତାଙ୍କ କାର୍ଯ୍ୟ ଯାହା ପାଇଁ ସେ ନିଜ ଜୀବନକୁ ବିପଦରେ ପକାଇଥିଲେ ତାହା ପ୍ରଥମେ ବିଚାର କରାଯିବା ଉଚିତ୍, ପରେ ତାଙ୍କର

ବ୍ୟକ୍ତିଗତ ପ୍ରଶ୍ନ। ପୁଣି, କିଛି ପ୍ରକାରର ଦ୍ୱନ୍ଦ ହୋଇପାରେ। ଏପରି କିଛି ମାମଲା ଥାଇପାରେ ଯେଉଁଠାରେ ଏହାର ଅତ୍ୟଧିକ ସ୍ଥାନୀୟ ମୂଲ୍ୟ ସତ୍ତ୍ୱେ କାର୍ଯ୍ୟର କୌଣସି ସାଧାରଣ ଗୁରୁତ୍ୱ ନାହିଁ | ସେଠାରେ ଅଭିଯୁକ୍ତ ନିଜର ଦାୟିତ୍ୱ ସ୍ୱୀକାର କରିବା ପାଇଁ ଭାବପ୍ରବଣ ହେବା ଉଚିତ ନୁହେଁ। ନିର୍ମଳ କାନ୍ତ ରାୟଙ୍କ ପ୍ରସିଦ୍ଧ ବିଚାର ସର୍ବୋତ୍ତମ ଚିତ୍ରଣ ହେବ |

କିନ୍ତୁ ଏଭଳି କ୍ଷେତ୍ରରେ, ଯେଉଁଠି ଏହାର ରାଜନୈତିକ ଗୁରୁତ୍ୱ ରହିଛି, ସେଠାରେ ରାଜନୈତିକ ଦିଗ ଅପେକ୍ଷା ବ୍ୟକ୍ତିଗତ ଦିଗକୁ ଅଧିକ ଗୁରୁତ୍ୱ ଦିଆଯିବା ଉଚିତ ନୁହେଁ। ଯଦି ଆପଣ ମୋର ଖୋଲାଖୋଲି ମତ ଜାଣିବାକୁ ଚାହୁଁଛନ୍ତି। ତାଙ୍କ ମାମଲା ବିଷୟରେ, ମୁଁ ଆପଣଙ୍କୁ ଖୋଲାଖୋଲି ଭାବରେ କହିବାକୁ ଚାହେଁ ଯେ ଏହା ବୃତ୍ତିଗତ (ଲେଗଲ୍) ଅହଂକାରର ବେଦିରେ ଐତିହାସିକ ଗୁରୁତ୍ୱପୂର୍ଣ୍ଣ ଘଟଣାର ରାଜନୈତିକ ହତ୍ୟା ଠାରୁ କିଛି କମ୍ ନୁହେଁ।

ଏଠାରେ ମୁଁ ଆଉ ଗୋଟିଏ କଥା ଉଲ୍ଲେଖ କରିବାକୁ ଚାହୁଁଛି ଯେ ଏହି ମାମଲାର ଏହି ଗଳା ଚିପି ହତ୍ୟା ପାଇଁ ଦାୟୀ ବ୍ୟକ୍ତିମାନେ, ସେମାନଙ୍କର ଭୁଲ ବୁଝିବା ପରେ ଏବଂ ଘଟଣା ପରେ ସେମାନଙ୍କର ଦାୟିତ୍ୱ ବହନ କରିବାକୁ ସାହସ ନକରି ବୁଦ୍ଧିମାନ ହୋଇ ଆମର ଯୁବ ସାଥୀଙ୍କ ଚମତ୍କାର ଚରିତ୍ରର ସୌନ୍ଦର୍ଯ୍ୟକୁ ହ୍ରାସ କରିବାକୁ ଚେଷ୍ଟା କରୁଛନ୍ତି। ମୁଁ ସେମାନଙ୍କୁ କହିବାର ଶୁଣିଛି ଯେ ଶ୍ରୀଯୁକ୍ତ ହରି କିଶନ ସାହସର ସହିତ ଏହାର ସାମ୍ନା କରିବାକୁ ପଛଘୁଞ୍ଚା ଦେଇଥିଲେ। ଏହା ସବୁଠାରୁ ଲଜ୍ଜାଜନକ ମିଛ। ମୁଁ ଦେଖିଥିବା ନେତୃତ୍ୱରେ ସେ ହେଉଛନ୍ତି ସବୁଠାରୁ ସାହସୀ ବ୍ୟକ୍ତି।

ଲୋକମାନେ ଆମ ପ୍ରତି ଦୟା ଦେଖାଇବା ଉଚିତ। ନିରୁତ୍ସାହିତ ଏବଂ ଅପମାନିତ କିନ୍ତୁ ଭଲ ଯତ୍ନ ନେବା ଅପେକ୍ଷା ଅଣଦେଖା କରିବା ଭଲ।

ଓକିଲମାନେ ଏତେ ଅସାଧୁ ହେବା ଉଚିତ ନୁହେଁ ଯେ ପୀଡିତ ମାନବତାର ମୁକ୍ତି ଭଳି ଏକ ମହାନ କାର୍ଯ୍ୟ ପାଇଁ ନିଜକୁ ବଳିଦାନ କରିବାକୁ ଆସୁଥିବା ଯୁବକମାନଙ୍କ ଜୀବନ ଏବଂ ଏପରିକି ମୃତ୍ୟୁକୁ ଶୋଷଣ କରିବା ଉଚିତ୍ ନୁହେଁ। ମୁଁ ସତରେ। ଅନ୍ୟଥା, ଜଣେ ଓକିଲ କାହିଁକି ଏପରି ଅବିଶ୍ୱସନୀୟ ଦେୟ ଦାବି କରିବେ ଯାହା ଉପରୋକ୍ତ ମାମଲାରେ ପ୍ରଦାନ କରାଯାଇଛି? ଦେଶଦ୍ରୋହ ମାମଲାରେ, ମୁଁ ଆପଣଙ୍କୁ କହିପାରିବି ଯେ ଆମେ କେଉଁ ସୀମାକୁ ପ୍ରତିରକ୍ଷା ଅନୁମତି ଦେଇପାରିବା। ଗତ ବର୍ଷ ଯେତେବେଳେ ଜଣେ କମରେଡ ଏକ ସମାଜବାଦୀ ଭାଷଣ ଦେଇଥିବାରୁ ତାଙ୍କ ବିରୋଧରେ ମାମଲା ରୁଜୁ କରାଯାଇଥିଲା ଏବଂ ଯେତେବେଳେ ସେ ସେହି ଅଭିଯୋଗରେ ଦୋଷୀ ନୁହେଁ ବୋଲି ସ୍ୱୀକାର କରିଥିଲେ, ଆମେ କେବଳ ଆଶ୍ଚର୍ଯ୍ୟ ହୋଇଗଲୁ। ଏଭଳି ସ୍ଥିତିରେ ଆମେ ବାକ୍ ସ୍ୱାଧୀନତାର ଅଧିକାର ଦାବି କରିବା ଉଚିତ। କିନ୍ତୁ ଯେଉଁଠି ଏଭଳି କଥା କାହାରି ଉପରେ ଆରୋପ କରାଯାଏ, ଯାହା ସେ କହିନାହାନ୍ତି, ଏବଂ ଯାହା ଆନ୍ଦୋଳନର ସ୍ୱାର୍ଥ ବିରୋଧୀ, ତାହାକୁ ଅସ୍ୱୀକାର କରନ୍ତୁ। ବର୍ତ୍ତମାନର ଆନ୍ଦୋଳନରେ, କଂଗ୍ରେସ ଏହାର ସଦସ୍ୟମାନଙ୍କୁ ନିଜକୁ ରକ୍ଷା ନକରି ଜେଲ୍ ଯିବାକୁ ଅନୁମତି ଦେଇଥିବାରୁ କ୍ଷତି ସହିଛି, ମୋ ମତରେ ଏହା ଏକ ଭୁଲ ଥିଲା।

ତଥାପି, ମୁଁ ଭାବୁଛି ଯଦି ଆପଣ ମୋର ପୂର୍ବ ଚିଠି ସହିତ ଏହି ଚିଠିକୁ ପଢ଼ିବେ, ତେବେ ଆପଣ ରାଜନୈତିକ ମାମଲାରେ ପ୍ରତିରକ୍ଷା ବିଷୟରେ ମୋର ଧାରଣା ସ୍ପଷ୍ଟ ଭାବରେ ଜାଣିବାକୁ ପାଇବେ | ଶ୍ରୀଯୁକ୍ତ ହରି କିଶନଙ୍କ ମାମଲାରେ, ମୋ ମତରେ, ତାଙ୍କର ଆବେଦନ ହାଇକୋର୍ଟରେ ବିଫଳ ନହୋଇ ଦାଖଲ କରାଯିବା ଉଚିତ ଏବଂ ତାଙ୍କୁ ବଞ୍ଚାଇବା ପାଇଁ ସମସ୍ତ ପ୍ରୟାସ କରାଯିବା ଉଚିତ। ମୁଁ ଆଶା କରୁଛି ଯେ ଏହି ଦୁଇଟି ଚିଠି ଏହି ପ୍ରସଙ୍ଗରେ ମୁଁ ଯାହା କହିବାକୁ ଚାହୁଁଛି ତାହା ସୂଚିତ କରେ।

25

ଯୁବ ରାଜନୈତିକ କର୍ମୀଙ୍କ ପାଇଁ

"ଫେବୃଆରୀ 2,1931 ରେ ଲିଖିତ, ଏହି ଡକ୍ୟୁମେଣ୍ଟ ଭାରତର ଯୁବ ରାଜନୈତିକ କର୍ମୀଙ୍କ ପାଇଁ ଏକ ପ୍ରକାର ନିର୍ଦ୍ଦେଶ | ସେହି ସମୟରେ କଂଗ୍ରେସ ଏବଂ ବ୍ରିଟିଶ ସରକାରଙ୍କ ମଧ୍ୟରେ କୌଣସି ପ୍ରକାରର ଆପୋଷ ବୁଝାମଣା ବିଷୟରେ ଆଲୋଚନା ହେଉଥିଲା। ଏହି ଦସ୍ତାବିଜ ମାଧ୍ୟମରେ ଭଗତ୍ ସିଂ ବ୍ୟାଖ୍ୟା କରିଥିଲେ ଯେ କେବେ ଆପୋଷ ବୁଝାମଣା ଅନୁମୋଦିତ ଏବଂ କେତେବେଳେ ନୁହେଁ। ସେ ଏହା ମଧ୍ୟ ପ୍ରକାଶ କରିଥିଲେ ଯେ କଂଗ୍ରେସ ଯେଉଁଭଳି ଭାବେ ଏହି ଆନ୍ଦୋଳନ କରୁଛି, ତାହା କୌଣସି ପ୍ରକାର ଆପୋଷ ବୁଝାମଣାରେ ଶେଷ ହେବା ନିଶ୍ଚିତ। ବର୍ତ୍ତମାନର ପରିସ୍ଥିତିକୁ ବିଶ୍ଳେଷଣ କରିବା ପରେ, ସେ ଶେଷରେ ଯୁବକମାନଙ୍କୁ ମାର୍କ୍ସବାଦକୁ ଆଦର୍ଶ ଭାବରେ ଗ୍ରହଣ କରିବାକୁ, ଲୋକଙ୍କ ମଧ୍ୟରେ କାର୍ଯ୍ୟ କରିବାକୁ, ଶ୍ରମିକ ଏବଂ କୃଷକମାନଙ୍କୁ ସଂଗଠିତ କରିବାକୁ ଏବଂ କମ୍ୟୁନିଷ୍ଟ ପାର୍ଟି ଗଠନ କରିବାକୁ ପରାମର୍ଶ ଦେଇଥିଲେ।

ଭଗତ ସିଂହଙ୍କୁ ଫାଶୀ ଦିଆଯିବା ପରେ, ଏହି ଦସ୍ତାବିଜଟି ବିକୃତ ରୂପରେ ପ୍ରକାଶିତ ହୋଇଥିଲା। ସୋଭିଏତ ୟୁନିଅନ, ମାର୍କ୍ସ, ଲେନିନ୍ ଏବଂ କମ୍ୟୁନିଷ୍ଟ ପାର୍ଟି ବିଷୟରେ ସମସ୍ତ ଉଲ୍ଲେଖକୁ ଯତ୍ନର ସହିତ ହଟାଇ ଦିଆଯାଇଥିଲା। ପରବର୍ତ୍ତୀ ସମୟରେ, ଭାରତ ସରକାର ଏହାକୁ 1936 ରେ ଏହାର ଏକ ଗୁପ୍ତ ରିପୋର୍ଟରେ ପ୍ରକାଶ କରିଥିଲେ। ସମ୍ପୂର୍ଣ୍ଣ ରିପୋର୍ଟର ଏକ ଫଟୋଷ୍ଟାଟ କପି ଲକ୍ଷ୍ନୌର ସହିଦ ସ୍ମାରକୀ ଏବଂ ସ୍ୱାଧୀନତା ସଂଗ୍ରାମ ଗବେଷଣା କେନ୍ଦ୍ରର ଲାଇବ୍ରେରୀରେ ସଂରକ୍ଷିତ ଅଛି।

* *

ଯୁବ ରାଜନୈତିକ କର୍ମୀମାନଙ୍କୁ।

ପ୍ରିୟ କମରେଡମାନେ।

ଆମର ଆନ୍ଦୋଳନ ବର୍ତ୍ତମାନ ଏକ ଗୁରୁତ୍ୱପୂର୍ଣ୍ଣ ପର୍ଯ୍ୟାୟ ଦେଇ ଗତି କରୁଛି। ଏକ ବର୍ଷର ତୀବ୍ର ସଂଘର୍ଷ ପରେ ସାମ୍ବିଧାନିକ ସଂସ୍କାର ସମ୍ବନ୍ଧରେ କେତେକ ନିର୍ଦ୍ଦିଷ୍ଟ ପ୍ରସ୍ତାବ ଦିଆଯାଇଛି। ଗୋଲଟେବୁଲ୍ ସମ୍ମିଳନୀ ଦ୍ୱାରା ପ୍ରସ୍ତୁତ ଏବଂ କଂଗ୍ରେସ ନେତାମାନଙ୍କୁ ଏହା ଦେବାକୁ ନିମନ୍ତ୍ରଣ କରାଯାଇଛି... ବର୍ତ୍ତମାନର ପରିସ୍ଥିତିରେ ସେମାନଙ୍କର ଆନ୍ଦୋଳନ ବନ୍ଦ କରିବା ବାଞ୍ଛନୀୟ ବୋଲି ଭାବନ୍ତୁ | ସେମାନେ ସପକ୍ଷରେ କିମ୍ବା ବିପକ୍ଷରେ ନିଷ୍ପତ୍ତି ନିଅନ୍ତି କି ନାହିଁ ତାହା ଆମ ପାଇଁ ଗୁରୁତ୍ୱପୂର୍ଣ୍ଣ ନୁହେଁ। ବର୍ତ୍ତମାନର ଆନ୍ଦୋଳନ କୌଣସି ପ୍ରକାର ଆପୋଷ ବୁଝାମଣାରେ ଶେଷ ହେବା ନିଶ୍ଚିତ। ଏହି ଆପୋଷ ବୁଝାମଣା ଶୀଘ୍ର କିମ୍ବା ପରେ କାର୍ଯ୍ୟକାରୀ ହୋଇପାରେ। ଏବଂ ଆପୋଷ ବୁଝାମଣା ଏପରି ଅସମ୍ମାନଜନକ ଏବଂ ନିନ୍ଦନୀୟ ବିଷୟ ନୁହେଁ ଯାହା ଆମେ ସାଧାରଣତଃ ଭାବୁ। ବରଂ ରାଜନୈତିକ ରଣକୌଶଳରେ ଏହା ଏକ ଅପରିହାର୍ଯ୍ୟ କାରକ। ଉତ୍ପୀଡ଼କଙ୍କ

ବିରୋଧରେ ଲଢୁଥିବା ଯେକୌଣସି ରାଷ୍ଟ୍ର ପ୍ରାରମ୍ଭରେ ବିଫଳ ହେବ ଏବଂ ମଧ୍ୟଯୁଗୀୟ ସଂଘର୍ଷ ସମୟରେ ଆପୋଷ ବୁଝାମଣା ମାଧ୍ୟମରେ ଆଂଶିକ ସଂସ୍କାର ହାସଲ କରିବ। ଏବଂ ଏହା କେବଳ ଶେଷ ପର୍ଯ୍ୟାୟରେ-ରାଷ୍ଟ୍ରର ସମସ୍ତ ଶକ୍ତି ଏବଂ ସମ୍ବଳକୁ ସମ୍ପୂର୍ଣ୍ଣ ସଂଗଠିତ କରି ଏହା ସମ୍ଭବତଃ ଅନ୍ତିମ ଆଘାତ କରିପାରେ ଯେଉଁଥିରେ ଏହା ଶାସକଙ୍କ ସରକାରଙ୍କୁ ଭାଙ୍ଗିବାରେ ସଫଳ ହୋଇପାରେ | କିନ୍ତୁ ତଥାପି ଏହା ବିଫଳ ହୋଇପାରେ, ଯାହା କୌଣସି ପ୍ରକାରର ଆପୋଷ ବୁଝାମଣାକୁ ଅନିବାର୍ଯ୍ୟ କରିଦେଇଥାଏ। ରୁଷୀୟ ଉଦାହରଣ ଦ୍ୱାରା ଏହା ସର୍ବୋତ୍ତମ ଭାବରେ ଚିତ୍ରିତ ହୋଇପାରିବ |

1905 ମସିହାରେ ରୁଷରେ ଏକ ବିପ୍ଳବୀ ଆନ୍ଦୋଳନ ଆରମ୍ଭ ହୋଇଥିଲା। ସମସ୍ତ ନେତା ଅତ୍ୟନ୍ତ ଆଶାବାଦୀ ଥିଲେ। ଲେନିନ୍ ଯେଉଁ ବିଦେଶରେ ଆଶ୍ରୟ ନେଇଥିଲେ, ସେଠାରୁ ଫେରିଥିଲେ। ସେ ଏହି ସଂଗ୍ରାମର ପରିଚାଳନା କରୁଥିଲେ। ଲୋକମାନେ ତାଙ୍କୁ କହିବାକୁ ଆସିଥିଲେ ଯେ ଏକ ଡଜନ ଜମି ମାଲିକଙ୍କୁ ହତ୍ୟା କରାଯାଇଥିଲା ଏବଂ ସେମାନଙ୍କ ଅନେକ ମହଲାରେ ନିଆଁ ଲାଗିଯାଇଥିଲା। ଏହାର ଜବାବରେ ଲେନିନ୍ ସେମାନଙ୍କୁ ପ୍ରତ୍ୟାବର୍ତ୍ତନ କରିବାକୁ ଏବଂ ବାର ଶହ ଜମିଦାରଙ୍କୁ ହତ୍ୟା କରିବାକୁ ଏବଂ ସେମାନଙ୍କ ପ୍ରାସାଦଗୁଡ଼ିକୁ ଜାଳିଦେବାକୁ କହିଥିଲେ। ତାଙ୍କ ମତରେ ବିପ୍ଳବ ବିଫଳ ହେଲେ ଏହାର କିଛି ଅର୍ଥ ରହିଥାନ୍ତା। ଡୁମା ପ୍ରବର୍ତ୍ତନ କରାଯାଇଥିଲା। ସେହି ସମାନ ଲେନିନ୍ ଡୁମାରେ ଅଂଶଗ୍ରହଣ କରିବାର ଦୃଷ୍ଟିକୋଣକୁ ସମର୍ଥନ କରିଥିଲେ। ଏହା ହିଁ ଘଟିଥିଲା 1907 ମସିହାରେ। 1906 ରେ ସେ ଏହି ପ୍ରଥମ ଡୁମାରେ ଅଂଶଗ୍ରହଣକୁ ବିରୋଧ କରିଥିଲେ ଯାହା ଏହି ଦ୍ୱିତୀୟ କାର୍ଯ୍ୟ ଅପେକ୍ଷା ଅଧିକ ସୁଯୋଗ ପ୍ରଦାନ କରିଥିଲା ଯାହାର ଅଧିକାର ହ୍ରାସ କରାଯାଇଥିଲା | ପରିବର୍ତ୍ତିତ ପରିସ୍ଥିତି କାରଣରୁ ଏହା ଘଟିଥିଲା। ପ୍ରତିକ୍ରିୟା ଅଧିକରୁ ଅଧିକ ବୃଦ୍ଧି ପାଉଥିଲା ଏବଂ ଲେନିନ୍ ଡୁମାର ମଞ୍ଚକୁ ସମାଜବାଦୀ ବିଚାର ଉପରେ ଆଲୋଚନା କରିବା ପାଇଁ ଏକ ମଞ୍ଚ ଭାବେ ବ୍ୟବହାର କରିବାକୁ ଚାହୁଁଥିଲେ।

ପୁଣି 1917 ବିପ୍ଳବ ପରେ, ଯେତେବେଳେ ବଲ୍ସେଭିକ୍ମାନେ ବ୍ରେଷ୍ଟ ଲିଟୋଭ୍ସ୍କ ଚୁକ୍ତିରେ ସ୍ୱାକ୍ଷର କରିବାକୁ ବାଧ୍ୟ ହୋଇଥିଲେ, ଲେନିନ୍ଙ୍କ ବ୍ୟତୀତ ସମସ୍ତେ ଏହାକୁ ବିରୋଧ କରିଥିଲେ। କିନ୍ତୁ ଲେନିନ୍ କହିଲେଃ "ଶାନ୍ତି"। "ଶାନ୍ତି ଏବଂ ପୁନର୍ବାର ଶାନ୍ତିଃ ଯେକୌଣସି ମୂଲ୍ୟରେ ଶାନ୍ତି-ଏପରିକି ଋଷର ଅନେକ ପ୍ରଦେଶର ମୂଲ୍ୟରେ ଜର୍ମାନ ଯୁଦ୍ଧ ପ୍ରଭୁଙ୍କୁ ସମର୍ପଣ କରିବାକୁ |" ଯେତେବେଳେ କିଛି ବଲ୍ସେଭିକ୍ ବିରୋଧୀ ଲୋକ ଏହି ଚୁକ୍ତି ପାଇଁ ଲେନିନ୍ଙ୍କୁ ନିନ୍ଦା କଲେ, ସେ ଖୋଲାଖୋଲି ଭାବରେ ଘୋଷଣା କଲେ ଯେ ବଲ୍ସେଭିକ୍ମାନେ ଜର୍ମାନ ଆକ୍ରମଣର ସମ୍ମୁଖୀନ ହେବା ସ୍ଥିତିରେ ନାହାଁନ୍ତି ଏବଂ ସେମାନେ ବଲ୍ସେଭିକ୍ ସରକାରଙ୍କ ସମ୍ପୂର୍ଣ୍ଣ ବିନାଶ ଅପେକ୍ଷା ଏହି ଚୁକ୍ତିକୁ ପସନ୍ଦ କରିଥିଲେ।

ମୁଁ ଯାହା ସୂଚାଇବାକୁ ଚାହୁଁଥିଲି ତାହା ହେଉଛି ଆପୋଷ ବୁଝାମଣା ହେଉଛି ଏକ ଅତ୍ୟାବଶ୍ୟକ ଅସ୍ତ୍ର ଯାହାକୁ ସଂଘର୍ଷର ବିକାଶ ସହିତ ବାରମ୍ବାର ବ୍ୟବହାର କରିବାକୁ ପଡିବ। କିନ୍ତୁ ଯେଉଁ ଜିନିଷକୁ ଆମେ ସବୁବେଳେ ଆମ ସମ୍ମୁଖରେ ରଖିବା ଉଚିତ ତାହା ହେଉଛି ଆନ୍ଦୋଳନର ଧାରଣା। ଆମେ କେଉଁ ଲକ୍ଷ୍ୟ ହାସଲ ପାଇଁ ଲଢୁଛୁ, ସେ ବିଷୟରେ ଆମେ ସର୍ବଦା ଏକ ସ୍ପଷ୍ଟ ଧାରଣା ବଜାୟ ରଖିବା ଆବଶ୍ୟକ। ଏହା ଆମକୁ ଆମର ଆନ୍ଦୋଳନର ସଫଳତା ଏବଂ ବିଫଳତାକୁ ଯାଞ୍ଚ କରିବାରେ ସାହାଯ୍ୟ କରେ ଏବଂ ଆମେ ସହଜରେ ଭବିଷ୍ୟତ କାର୍ଯ୍ୟକ୍ରମ ପ୍ରସ୍ତୁତ କରିପାରିବୁ। ତିଲକଙ୍କ ନୀତି, ଆଦର୍ଶ ଅର୍ଥାତ୍ i.e ଠାରୁ ସମ୍ପୂର୍ଣ୍ଣ ଅଲଗା। ତାଙ୍କର ରଣନୀତି ସର୍ବୋତ୍ତମ ଥିଲା। ଆପଣ ନିଜ ଶତ୍ରୁଙ୍କଠାରୁ ଷୋହଳ ଆନା ପାଇବା ପାଇଁ ଲଢୁଛନ୍ତି, ଆପଣଙ୍କୁ କେବଳ ଗୋଟିଏ ଆନା ମିଳିବ। ଏହାକୁ ପକେଟରେ ରଖନ୍ତୁ ଏବଂ ବାକି ପାଇଁ ଲଢ଼ନ୍ତୁ।

ମିତବ୍ୟୟୀମାନଙ୍କ ମଧ୍ୟରେ ଆମେ ଯାହା ଲକ୍ଷ୍ୟ କରୁ, ତାହା ସେମାନଙ୍କର ଆଦର୍ଶ। ସେମାନେ ଆନା ଉପରେ ହାସଲ କରିବା ଆରମ୍ଭ କରନ୍ତି ଏବଂ ସେମାନେ ଏହାକୁ ପାଇପାରନ୍ତି ନାହିଁ। ବିପ୍ଳବୀମାନେ ସର୍ବଦା

ମନେ ରଖିବା ଉଚିତ ଯେ ସେମାନେ ଏକ ସମ୍ପୂର୍ଣ୍ଣ ବିପ୍ଳବ ପାଇଁ ପ୍ରୟାସ କରୁଛନ୍ତି। ସେମାନଙ୍କ ହାତରେ କ୍ଷମତାର ସମ୍ପୂର୍ଣ୍ଣ ପ୍ରଭୁତ୍ୱ। ଆପୋଷ ବୁଝାମଣା ଭୟଙ୍କର କାରଣ ରକ୍ଷଣଶୀଳମାନେ ଏଭଳି ବିପଦରୁ ଆପୋଷ ବୁଝାମଣା ପରେ ବିପ୍ଳବୀ ଶକ୍ତିକୁ ଭାଙ୍ଗିବାକୁ ଚେଷ୍ଟା କରନ୍ତି। ପ୍ରକୃତ ପ୍ରସଙ୍ଗ, ବିଶେଷ କରି ଲକ୍ଷ୍ୟ ବିଷୟରେ କୌଣସି ପ୍ରକାରର ଦ୍ୱନ୍ଦ୍ୱ ଏଡ଼ାଇବା ପାଇଁ ଆମକୁ ଏଭଳି ସମୟରେ ଅତ୍ୟନ୍ତ ସତର୍କ ରହିବାକୁ ପଡ଼ିବ।

ବ୍ରିଟିଶ ଶ୍ରମିକ ନେତାମାନେ ସେମାନଙ୍କର ପ୍ରକୃତ ସଂଘର୍ଷକୁ ବିଶ୍ୱାସଘାତକତା କରିଥିଲେ ଏବଂ କେବଳ କପଟୀ ସାମ୍ରାଜ୍ୟବାଦୀମାନଙ୍କ ମଧ୍ୟରେ ସୀମିତ ହୋଇଯାଇଥିଲେ। ମୋ ମତରେ, ଏହି ଚମତ୍କାର ସାମ୍ରାଜ୍ୟବାଦୀ ଶ୍ରମିକ ନେତାମାନଙ୍କ ତୁଳନାରେ କଠୋର ରକ୍ଷଣଶୀଳମାନେ ଆମ ପାଇଁ ଭଲ। ରଣନୀତି ଏବଂ ରଣନୀତି ବିଷୟରେ ଜଣେ ଲେନିନ୍ଙ୍କ ଜୀବନ-କାର୍ଯ୍ୟ ଅଧ୍ୟୟନ କରିବା ଉଚିତ୍ | ଆପୋଷ ବୁଝାମଣା ପ୍ରସଙ୍ଗରେ ତାଙ୍କର ନିର୍ଦ୍ଦିଷ୍ଟ ମତ "ବାମପନ୍ଥୀ" ସାମ୍ୟବାଦରେ ଦେଖିବାକୁ ମିଳିବ।

ମୁଁ କହିଥିଲି ଯେ ବର୍ତ୍ତମାନ ଆନ୍ଦୋଳନ, ବର୍ତ୍ତମାନର ସଂଘର୍ଷ, କୌଣସି ପ୍ରକାର ଆପୋଷ ବୁଝାମଣା କିମ୍ବା ସମ୍ପୂର୍ଣ୍ଣ ବିଫଳତାରେ ଶେଷ ହେବା ନିଶ୍ଚିତ।

ମୁଁ ତାହା କହିଲି, କାରଣ ମୋ ମତରେ, ଏଥର ପ୍ରକୃତ ବିପ୍ଳବୀ ଶକ୍ତିକୁ ମଞ୍ଚକୁ ନିମନ୍ତ୍ରଣ କରାଯାଇନାହିଁ। ଏହା ମଧ୍ୟମ ବର୍ଗର ଦୋକାନୀ ଏବଂ କିଛି ପୁଞ୍ଜିପତିଙ୍କ ଉପରେ ନିର୍ଭରଶୀଳ ଏକ ସଂଘର୍ଷ। ଉଭୟ, ଏବଂ ବିଶେଷ କରି ପରବର୍ତ୍ତୀ ବ୍ୟକ୍ତି, କୌଣସି ସଂଘର୍ଷରେ ନିଜର ସମ୍ପତ୍ତି କିମ୍ବା ସମ୍ପତ୍ତିକୁ ବିପଦରେ ପକାଇବାକୁ ସାହସ କରିପାରିବେ ନାହିଁ। ପ୍ରକୃତ ବିପ୍ଳବୀ ସେନା ଗ୍ରାମରେ ଏବଂ କାରଖାନାରେ, କୃଷକ ଏବଂ ଶ୍ରମିକମାନେ ଅଛନ୍ତି। କିନ୍ତୁ ଆମର ବୁର୍ଜୁଆ ନେତାମାନେ ସେମାନଙ୍କୁ ମୁକାବିଲା କରିବାକୁ ସାହସ କରନ୍ତି ନାହିଁ ଏବଂ କରିପାରିବେ ନାହିଁ। ଶୋଇଥିବା ସିଂହ ଥରେ ନିଦ୍ରାରୁ ଜାଗ୍ରତ ହେଲେ, ଆମର ନେତାମାନଙ୍କର ଲକ୍ଷ୍ୟ ହାସଲ କରିବା ପରେ ମଧ୍ୟ ଅପ୍ରତିରୋଧ୍ୟ ହୋଇଯିବ। 1920 ମସିହାରେ ଅହମ୍ମଦାବାଦର ଶ୍ରମିକମାନଙ୍କ ସହିତ ତାଙ୍କର ପ୍ରଥମ ଅଭିଜ୍ଞତା ପରେ ମହାତ୍ମା ଗାନ୍ଧୀ ଘୋଷଣା କରିଥିଲେଃ "ଆମେ ଶ୍ରମିକମାନଙ୍କ ସହିତ ଛଳନା କରିବା ଉଚିତ ନୁହେଁ। କାରଖାନାର ଶ୍ରମିକଶ୍ରେଣୀକୁ ରାଜନୈତିକ ବ୍ୟବହାର କରିବା ବିପଜ୍ଜନକ "। 1921). ସେବେଠାରୁ ସେମାନେ କେବେ ବି ସେମାନଙ୍କ ପାଖକୁ ଯିବାକୁ ସାହସ କରିନଥିଲେ। ସେଠାରେ କୃଷକମାନେ ରହିଯାଇଛନ୍ତି। 1922ର ବାରଡୋଲି ସଂକଳ୍ପ ସ୍ପଷ୍ଟ ଭାବେ ସେହି ଭୟାବହତାକୁ ଅସ୍ୱୀକାର କରେ, ଯାହା ନେତାମାନେ ସେତେବେଳେ ଅନୁଭବ କରିଥିଲେ, ଯେତେବେଳେ ସେମାନେ ଦେଖିଲେ ଯେ ବିଶାଳ କୃଷକ ଶ୍ରେଣୀ କେବଳ ଏକ ବିଦେଶୀ ରାଷ୍ଟ୍ରର ଆଧିପତ୍ୟକୁ ନୁହେଁ, ବରଂ ଜମିଦାରଙ୍କ ଜୁଆରକୁ ମଧ୍ୟ ହଟାଇବା ପାଇଁ ଉଠିଛି।

ସେଠାରେ ଆମର ନେତାମାନେ କୃଷକମାନଙ୍କ ଅପେକ୍ଷା ବ୍ରିଟିଶମାନଙ୍କ ନିକଟରେ ଆତ୍ମସମର୍ପଣ କରିବାକୁ ପସନ୍ଦ କରନ୍ତି। ଏକୁଟିଆ ଛାଡ଼ିଦିଅନ୍ତୁ ପଣ୍ଡିତ। ଜବାହାର ଲାଲ। କୃଷକ କିମ୍ବା ଶ୍ରମିକମାନଙ୍କୁ ସଂଗଠିତ କରିବାର କୌଣସି ପ୍ରୟାସ ବିଷୟରେ ଆପଣ ସୂଚାଇ ପାରିବେ କି? ନା, ସେମାନେ ବିପଦରେ ପଡ଼ିବେ ନାହିଁ। ସେଠାରେ ସେମାନଙ୍କର ଅଭାବ ରହିଛି। ସେଥିପାଇଁ ମୁଁ କହୁଛି ସେମାନେ କେବେ ବି ଏକ ସମ୍ପୂର୍ଣ୍ଣ ବିପ୍ଳବ ଚାହୁଁନଥିଲେ। ଆର୍ଥିକ ଏବଂ ପ୍ରଶାସନିକ ଚାପ ମାଧ୍ୟମରେ ସେମାନେ ଭାରତୀୟ ପୁଞ୍ଜିପତିମାନଙ୍କ ପାଇଁ ଆଉ କିଛି ସଂସ୍କାର, ଆଉ କିଛି ରିହାତି ପାଇବାର ଆଶା ରଖିଥିଲେ। ସେଥିପାଇଁ ମୁଁ କହୁଛି ଯେ ଏହି ଆନ୍ଦୋଳନର ମୃତ୍ୟୁ ନିଶ୍ଚିତ, ଏହା କୌଣସି ପ୍ରକାର ଆପୋଷ ବୁଝାମଣା ପରେ ହୋଇପାରେ କିମ୍ବା ବିନା କାରଣରେ ମଧ୍ୟ ହୋଇପାରେ। ଏହି ଯୁବ ଶ୍ରମିକମାନେ, ଯେଉଁମାନେ ସମ୍ପୂର୍ଣ୍ଣ ସଚ୍ଚୋଟତାର ସହ "ବିପ୍ଳବ ଦୀର୍ଘଜୀବୀ ହୁଅ" ସ୍ଲୋଗାନ ଉଠାଉଛନ୍ତି, ସେମାନେ ସୁସଂଗଠିତ ନୁହନ୍ତି ଏବଂ ଆନ୍ଦୋଳନକୁ ଆଗେଇ ନେବା ପାଇଁ ଯଥେଷ୍ଟ ଶକ୍ତିଶାଳୀ ନୁହନ୍ତି। ନିଜେ ନିଜେ। ବାସ୍ତବରେ, ଏପରିକି ଆମର ମହାନ ନେତାମାନେ,

ବୋଧହୁଏ ପଣ୍ଡିତଙ୍କ ବ୍ୟତୀତ। ମୋତିଲାଲ ନେହେରୁ, ନିଜ କାନ୍ଧରେ କୌଣସି ଦାୟିତ୍ୱ ନେବାକୁ ସାହସ କରନ୍ତୁ ନାହିଁ, ସେଥିପାଇଁ ସେମାନେ ବାରମ୍ବାର ଗାନ୍ଧୀଙ୍କ ସମ୍ମୁଖରେ ବିନା ସର୍ତ୍ତରେ ଆତ୍ମସମର୍ପଣ କରନ୍ତି। ସେମାନଙ୍କର ମତଭେଦ ସତ୍ତ୍ୱେ, ସେମାନେ ତାଙ୍କୁ ଗମ୍ଭୀରତାର ସହ ବିରୋଧ କରନ୍ତି ନାହିଁ ଏବଂ ମହାତ୍ମାଙ୍କ ପାଇଁ ସଂକଳ୍ପଗୁଡିକ କାର୍ଯ୍ୟକାରୀ କରିବାକୁ ପଡିବ |

ଏହି ପରିସ୍ଥିତିରେ, ମୁଁ ଆନ୍ତରିକ ଯୁବ ଶ୍ରମିକମାନଙ୍କୁ ଚେତାବନୀ ଦେଉଛି, ଯେଉଁମାନେ ଗମ୍ଭୀରତାର ସହ ଏକ ବିପ୍ଳବ ଚାହୁଁଛନ୍ତି, ଯେ କଠିନ ସମୟ ଆସୁଛି। ସେମାନଙ୍କୁ ସତର୍କ ରହିବାକୁ ଦିଅନ୍ତୁ, ନଚେତ୍ ସେମାନେ ଦ୍ୱନ୍ଦରେ ପଡ଼ିବେ କିମ୍ବା ନିରାଶ ହେବେ। ମହାନ ଗାନ୍ଧୀଙ୍କ ଦୁଇଟି ସଂଘର୍ଷ ମାଧ୍ୟମରେ ହୋଇଥିବା ଅଭିଜ୍ଞତା ପରେ, ଆମେ ଆମର ବର୍ତ୍ତମାନର ସ୍ଥିତି ଏବଂ ଭବିଷ୍ୟତ କାର୍ଯ୍ୟକ୍ରମ ବିଷୟରେ ଏକ ସ୍ୱଷ୍ଟ ଧାରଣା ଗଠନ କରିବାକୁ ଏକ ଭଲ ସ୍ଥିତିରେ ଅଛୁ।

ଏବେ ମୋତେ ଏହି ମାମଲାକୁ ସବୁଠାରୁ ସରଳ ଭାବେ କହିବାକୁ ଦିଅନ୍ତୁ। ଆପଣ ଚିତ୍କାର କରୁଛନ୍ତି "ବିପ୍ଳବ ଦୀର୍ଘଜୀବୀ ହୁଅନ୍ତୁ"। ମୁଁ ଅନୁମାନ କରିବି ଯେ ଆପଣ ପ୍ରକୃତରେ ଏହା ବୁଝାଇଛନ୍ତି। ବିଧାନସଭା ବୋମା ମାମଲାରେ ଆମର ବିବୃତ୍ତିରେ କୁହାଯାଇଛି ଯେ ଏହି ଶବ୍ଦର ସଂଜ୍ଞା ଅନୁଯାୟୀ, ବିପ୍ଳବର ଅର୍ଥ ହେଉଛି ବିଦ୍ୟମାନ ସାମାଜିକ ବ୍ୟବସ୍ଥାର ସମ୍ପୂର୍ଣ୍ଣ ଉଚ୍ଛେଦ ଏବଂ ସମାଜବାଦୀ ବ୍ୟବସ୍ଥାରେ ଏହାର ପ୍ରତିସ୍ଥାପନ। ସେହି ଉଦ୍ଦେଶ୍ୟରେ ଆମର ତତ୍କାଳୀନ ଲକ୍ଷ୍ୟ ହେଉଛି କ୍ଷମତା ହାସଲ କରିବା। ବାସ୍ତବରେ, ରାଜ୍ୟ, ସରକାରୀ ଯନ୍ତ୍ରପାତି ଶାସକ ବର୍ଗଙ୍କ ହାତରେ ନିଜର ସ୍ୱାର୍ଥକୁ ଆଗକୁ ବଢ଼ାଇବା ଏବଂ ସୁରକ୍ଷା ଦେବା ପାଇଁ କେବଳ ଏକ ଅସ୍ତ୍ର। ଆମେ ଏହାକୁ ଛଡ଼ାଇବାକୁ ଏବଂ ପରିଚାଳନା କରିବାକୁ ଚାହୁଁଛୁ ଯାହା ଆମର ଆଦର୍ଶ, ନୂତନ, ମାର୍କ୍ସବାଦୀ ଆଧାରରେ ସାମାଜିକ ପୁନଃନିର୍ମାଣ ପାଇଁ ଏହାକୁ ବ୍ୟବହାର କରିବାକୁ ଚାହୁଁଛୁ। ଏଥିପାଇଁ ଆମେ ସରକାରୀ ବ୍ୟବସ୍ଥାକୁ ସମ୍ଭାଳିବା ପାଇଁ ସଂଘର୍ଷ କରୁଛୁ। ଆମକୁ ଜନସାଧାରଣଙ୍କୁ ଶିକ୍ଷିତ କରିବାକୁ ପଡିବ ଏବଂ ଆମର ସାମାଜିକ କାର୍ଯ୍ୟକ୍ରମ ପାଇଁ ଏକ ଅନୁକୂଳ ପରିବେଶ ସୃଷ୍ଟି କରିବାକୁ ପଡିବ। ସଂଘର୍ଷରେ ଆମେ ସର୍ବୋତ୍ତମ ତାଲିମ ଏବଂ ଶିକ୍ଷା ଦେଇପାରିବା। ସେମାନଙ୍କୁ।

ଏହି ଜିନିଷଗୁଡ଼ିକ ଆମ ସମ୍ମୁଖରେ ସ୍ୱଷ୍ଟ ହେବା ସହିତ, i.e., ଆମର ତତ୍କାଳୀନ ଏବଂ ଅନ୍ତିମ ଉଦ୍ଦେଶ୍ୟ ସ୍ୱଷ୍ଟ ଭାବରେ ରଖାଯିବା ପରେ, ଆମେ ବର୍ତ୍ତମାନ ପରିସ୍ଥିତିର ପରୀକ୍ଷା ସହିତ ଆଗକୁ ବଢିପାରିବୁ। କୌଣସି ବିଷୟକୁ ବିଶ୍ଳେଷଣ କରିବା ସମୟରେ ଆମେ ସର୍ବଦା ଅତ୍ୟନ୍ତ ସ୍ୱଷ୍ଟବାଦୀ ଏବଂ ବେଶ ବ୍ୟାବସାୟିକ ହେବା ଉଚିତ। ସ୍ଥିତି. ଆମେ ଜାଣୁ ଯେ ଯେହେତୁ ଭାରତ ସରକାରଙ୍କ ଦାୟିତ୍ୱରେ ଭାରତୀୟଙ୍କ ଅଂଶଗ୍ରହଣ ଏବଂ ଅଂଶୀଦାର ହେବା ବିଷୟରେ ଏକ ହଙ୍ଗାମା ଉଠିଥିଲା, ମିଣ୍ଟୋ-ମର୍ଲି ସଂସ୍କାର ପ୍ରବର୍ତ୍ତନ କରାଯାଇଥିଲା, ଯାହା କେବଳ ପରାମର୍ଶ ଅଧିକାର ସହିତ ଭାଇସରୟଙ୍କ ପରିଷଦ ଗଠନ କରିଥିଲା | ମହାନ ଯୁଦ୍ଧ ସମୟରେ, ଯେତେବେଳେ ଭାରତୀୟ ସହାୟତାର ସବୁଠାରୁ ଅଧିକ ଆବଶ୍ୟକତା ଥିଲା, ସ୍ୱାୟତ୍ତ ଶାସନ ବିଷୟରେ ପ୍ରତିଶ୍ରୁତି ଦିଆଯାଇଥିଲା ଏବଂ ବିଦ୍ୟମାନ ସଂସ୍କାର ପ୍ରବର୍ତ୍ତନ କରାଯାଇଥିଲା। ବିଧାନସଭାକୁ ସୀମିତ ଆଇନ ପ୍ରଣୟନ କ୍ଷମତା ପ୍ରଦାନ କରାଯାଇଛି, କିନ୍ତୁ ଏହା ଭାଇସରୟଙ୍କ ସଦ୍ଭାବନାର ବଶବର୍ତ୍ତୀ। ଏବେ ତୃତୀୟ ପର୍ଯ୍ୟାୟ।

ବର୍ତ୍ତମାନ ସଂସ୍କାର ଉପରେ ଆଲୋଚନା କରାଯାଉଛି ଏବଂ ନିକଟ ଭବିଷ୍ୟତରେ ଏହାକୁ ଲାଗୁ କରାଯିବ। ଆମର ଯୁବକମାନେ ସେମାନଙ୍କୁ କିପରି ବିଚାର କରିବେ? ଏହା ଏକ ପ୍ରଶ୍ନ; ମୁଁ ଜାଣେ ନାହିଁ କଂଗ୍ରେସ ନେତାମାନେ କେଉଁ ମାନଦଣ୍ଡରେ ସେମାନଙ୍କୁ ବିଚାର କରିବାକୁ ଯାଉଛନ୍ତି। କିନ୍ତୁ ଆମ ପାଇଁ, ବିପ୍ଳବୀମାନଙ୍କ ପାଇଁ, ଆମେ ନିମ୍ନଲିଖିତ ମାନଦଣ୍ଡ ରଖିପାରିବାଃ

1. ଭାରତୀୟମାନଙ୍କ କାନ୍ଧରେ ଦାୟିତ୍ୱର ସୀମା ସ୍ଥାନାନ୍ତରିତ ହେଲା।

2. ଯେଉଁ ସରକାରୀ ସଂସ୍ଥାଗୁଡ଼ିକ ପ୍ରଚଳନ ହେବାକୁ ଯାଉଛି ଏବଂ ଜନସାଧାରଣଙ୍କୁ ଦିଆଯାଇଥିବା ଅଂଶଗ୍ରହଣର ଅଧିକାରର ପରିମାଣ।

3. ଭବିଷ୍ୟତର ସମ୍ଭାବନା ଏବଂ ସୁରକ୍ଷା ବ୍ୟବସ୍ଥା।

ଏଗୁଡ଼ିକ ପାଇଁ ଟିକେ ଅଧିକ ବ୍ୟାଖ୍ୟା ଆବଶ୍ୟକ ହୋଇପାରେ। ପ୍ରଥମତଃ, କାର୍ଯ୍ୟପାଳିକା ଉପରେ ଆମର ପ୍ରତିନିଧିମାନଙ୍କ ନିୟନ୍ତ୍ରଣ ଦ୍ୱାରା ଆମେ ଆମ ଲୋକମାନଙ୍କୁ ଦିଆଯାଇଥିବା ଦାୟିତ୍ୱର ପରିମାଣକୁ ସହଜରେ ଆକଳନ କରିପାରିବା। ଏପର୍ଯ୍ୟନ୍ତ, କାର୍ଯ୍ୟପାଳିକା କେବେବି ବିଧାନସଭା ନିକଟରେ ଉତ୍ତରଦାୟୀ ହୋଇନଥିଲା ଏବଂ ଭାଇସରୟଙ୍କ ପାଖରେ ଭେଟୋ କ୍ଷମତା ଥିଲା, ଯାହା ନିର୍ବାଚିତ ସଦସ୍ୟଙ୍କ ସମସ୍ତ ପ୍ରୟାସକୁ ବ୍ୟର୍ଥ କରିଦେଇଥିଲା। ସ୍ୱରାଜ ପାର୍ଟିର ଉଦ୍ୟମ ଯୋଗୁଁ, ଭାଇସରୟ ସର୍ବଦା ଏହି ଅସାଧାରଣ କ୍ଷମତାକୁ ବ୍ୟବହାର କରି ଜାତୀୟ ପ୍ରତିନିଧିମାନଙ୍କ ଗମ୍ଭୀର ନିଷ୍ପତ୍ତିକୁ ଲଜ୍ଜାହୀନ ଭାବରେ ପଦଦଳିତ କରିବାକୁ ବାଧ୍ୟ ହୋଇଥିଲେ। ଅଧିକ ଆଲୋଚନାର ଆବଶ୍ୟକତା ପାଇଁ ଏହା ପୂର୍ବରୁ ବହୁତ ଜଣାଶୁଣା |

ବର୍ତ୍ତମାନ ପ୍ରଥମେ ଆମେ କାର୍ଯ୍ୟନିର୍ବାହୀ ଗଠନର ପଦ୍ଧତିକୁ ଦେଖିବା ଉଚିତଃ କାର୍ଯ୍ୟପାଳିକାଟି ଏକ ଲୋକପ୍ରିୟ ସଭାର ସଦସ୍ୟମାନଙ୍କ ଦ୍ୱାରା ନିର୍ବାଚିତ ହେବ ନା ପୂର୍ବ ଭଳି ଉପରୁ ଲାଗୁ ହେବ, ଏବଂ ଆହୁରି, ଏହା ଗୃହ ପ୍ରତି ଉତ୍ତରଦାୟୀ ହେବ ନା ଅତୀତ ଭଳି ସମ୍ପୂର୍ଣ୍ଣ ଭାବେ ଏହାର ଅପମାନ କରିବ?

ଦ୍ୱିତୀୟ ଆଇଟମ୍ ବିଷୟରେ, ଆମେ ଏହାକୁ ଫ୍ରାଞ୍ଚାଇଜ୍ର ପରିସର ମାଧ୍ୟମରେ ବିଚାର କରିପାରିବା | ଜଣେ ବ୍ୟକ୍ତିଙ୍କୁ ଭୋଟ ଦେବା ପାଇଁ ଯୋଗ୍ୟ କରୁଥିବା ସମ୍ପତ୍ତି ଯୋଗ୍ୟତାକୁ ସମ୍ପୂର୍ଣ୍ଣ ରୂପେ ଉଚ୍ଛେଦ କରାଯିବା ଉଚିତ ଏବଂ ଏହା ପରିବର୍ତ୍ତେ ସାର୍ବଜନୀନ ମତାଧିକାର ପ୍ରବର୍ତ୍ତନ କରାଯିବା ଉଚିତ। ପ୍ରତ୍ୟେକ ବୟସ୍କ, ଉଭୟ ପୁରୁଷ ଓ ମହିଳାଙ୍କର ମତଦାନ କରିବାର ଅଧିକାର ରହିବା ଉଚିତ। ବର୍ତ୍ତମାନ ଆମେ କେବଳ ଦେଖିପାରୁଛୁ ଯେ ଫ୍ରାଞ୍ଚାଇଜିକୁ କେତେ ଦୂର ବୃଦ୍ଧି କରାଯାଇଛି।

ମୁଁ ଏଠାରେ ପ୍ରାଦେଶିକ ସ୍ୱାୟତ୍ତତା ବିଷୟରେ ଉଲ୍ଲେଖ କରିପାରିବି। କିନ୍ତୁ ମୁଁ ଯାହା କିଛି ଶୁଣିଛି, ସେଥିରୁ ମୁଁ କେବଳ ଏତିକି କହିପାରିବି ଯେ ଉପରରୁ ଲାଗୁ ହୋଇଥିବା ରାଜ୍ୟପାଳ, ଅସାଧାରଣ କ୍ଷମତା ସହିତ, ଉଚ୍ଚ ଏବଂ ଆଇନ ପ୍ରଣୟନ ଠାରୁ ଉର୍ଦ୍ଧ୍ୱରେ, ଏକ ସ୍ୱୈରାଚାରୀ ଠାରୁ କୌଣସି ଗୁଣରେ କମ୍ ପ୍ରମାଣିତ ହେବେ ନାହିଁ। ଆମେ ଏହାକୁ "ସ୍ୱାୟତ୍ତତା" ପରିବର୍ତ୍ତେ "ପ୍ରାଦେଶିକ ଅତ୍ୟାଚାର" କହିବା ଭଲ। ଏହା ରାଜ୍ୟ ଅନୁଷ୍ଠାନଗୁଡ଼ିକର ଏକ ଅଦ୍ଭୁତ ପ୍ରକାରର ଗଣତାନ୍ତ୍ରିକରଣ।

ତୃତୀୟ କଥାଟି ବେଶ୍ ସ୍ପଷ୍ଟ। ଗତ ଦୁଇ ବର୍ଷ ମଧ୍ୟରେ ବ୍ରିଟିଶ ରାଜନେତାମାନେ ବ୍ରିଟିଶ ଟ୍ରେଜେରୀ ଶେଷ ନହେବା ପର୍ଯ୍ୟନ୍ତ ପ୍ରତି ଦଶ ବର୍ଷରେ ଆଉ ଏକ ସଂସ୍କାର ପାଇଁ ମଣ୍ଟାଗୁଙ୍କ ପ୍ରତିଶ୍ରୁତିକୁ ପୂର୍ବାବସ୍ଥାକୁ ଫେରାଇ ଆଣିବାକୁ ଚେଷ୍ଟା କରୁଛନ୍ତି।

ଆମେ ଦେଖିପାରୁଛୁ ସେମାନେ ଭବିଷ୍ୟତ ବିଷୟରେ କ "ଣ ନିଷ୍ପତ୍ତି ନେଇଛନ୍ତି।

ମୁଁ ଏହା ସ୍ପଷ୍ଟ କରିବାକୁ ଚାହେଁ ଯେ ଆମେ ଏହି ସଫଳତା ଉପରେ ଖୁସି ହେବା ପାଇଁ ଏହି ଜିନିଷଗୁଡ଼ିକର ବିଶ୍ଳେଷଣ କରୁନାହୁଁ, ବରଂ ଆମ ପରିସ୍ଥିତି ବିଷୟରେ ଏକ ସ୍ପଷ୍ଟ ଧାରଣା ସୃଷ୍ଟି କରିବା ପାଇଁ, ଯାହା ଦ୍ୱାରା ଆମେ ଜନସାଧାରଣଙ୍କୁ ଆଲୋକିତ କରିପାରିବା ଏବଂ ସେମାନଙ୍କୁ ପରବର୍ତ୍ତୀ ସଂଘର୍ଷ ପାଇଁ ପ୍ରସ୍ତୁତ କରିପାରିବା। ଆମ ପାଇଁ, ଆପୋଷ ବୁଝାମଣାର ଅର୍ଥ କଦାପି ଆତ୍ମସମର୍ପଣ ନୁହେଁ, ବରଂ ଗୋଟିଏ ପାଦ ଆଗକୁ ବଢ଼ିବା ଏବଂ କିଛି ବିଶ୍ରାମ ନେବା। କେବଳ ଏତିକି, ଆଉ କିଛି ନୁହେଁ।

ବର୍ତ୍ତମାନର ପରିସ୍ଥିତି ବିଷୟରେ ଆଲୋଚନା କରିବା ପରେ, ଆସନ୍ତୁ ଭବିଷ୍ୟତର କାର୍ଯ୍ୟକ୍ରମ ଏବଂ ଆମେ ଗ୍ରହଣ କରିବା ଉଚିତ୍ କାର୍ଯ୍ୟପନ୍ଥା ବିଷୟରେ ଆଲୋଚନା କରିବା। ଯେପରି ମୁଁ ପୂର୍ବରୁ କହିଥିଲି, ଯେକୌଣସି ବିପ୍ଳବୀ ଦଳ ପାଇଁ ଏକ ନିର୍ଦ୍ଦିଷ୍ଟ କାର୍ଯ୍ୟକ୍ରମ ଅତ୍ୟନ୍ତ ଆବଶ୍ୟକ। କାରଣ, ଆପଣ ନିଶ୍ଚୟ ଜାଣିଥିବେ ଯେ ବିପ୍ଳବର ଅର୍ଥ ହେଉଛି କାର୍ଯ୍ୟ। ଏହାର ଅର୍ଥ ହେଉଛି ହଠାତ୍ ଏବଂ ଅସଂଗଠିତ କିମ୍ବା ସ୍ୱତଃସ୍ଫୂର୍ତ୍ତ ପରିବର୍ତ୍ତନ କିମ୍ବା ଭାଙ୍ଗିବା ପରିବର୍ତ୍ତେ ଏକ ସଂଗଠିତ ଏବଂ ବ୍ୟବସ୍ଥିତ କାର୍ଯ୍ୟ ଦ୍ୱାରା ଜାଣିଶୁଣି ଅଣାଯାଇଥିବା ପରିବର୍ତ୍ତନ। ଏବଂ ଏକ କାର୍ଯ୍ୟକ୍ରମ ପ୍ରସ୍ତୁତ କରିବା ପାଇଁ, ଜଣେ ନିଶ୍ଚିତ ଭାବରେ ଅଧ୍ୟୟନ କରିବା ଆବଶ୍ୟକ |

1. ଲକ୍ଷ୍ୟ।
2. ଯେଉଁ ପରିସରରୁ ଆରମ୍ଭ ହେବାକୁ ଥିଲା, i.e., ବିଦ୍ୟମାନ ସର୍ତ୍ତାବଳୀ _
3. କାର୍ଯ୍ୟର ଧାରା, i.e., ମାଧ୍ୟମ ଏବଂ ପଦ୍ଧତି।

ଏହି ତିନୋଟି କାରଣ ବିଷୟରେ ସ୍ପଷ୍ଟ ଧାରଣା ନ ଥିଲେ, ପ୍ରୋଗ୍ରେମ୍ ବିଷୟରେ କେହି କିଛି ଆଲୋଚନା କରିପାରିବେ ନାହିଁ।

ଆମେ ବର୍ତ୍ତମାନର ପରିସ୍ଥିତି ଉପରେ କିଛି ମାତ୍ରାରେ ଆଲୋଚନା କରିଛୁ। ଗୋଲ୍ ମଧ୍ୟ ସାମାନ୍ୟ ଛୁଇଁଛି। ଆମେ ଏକ ସମାଜବାଦୀ ବିପ୍ଳବ ଚାହୁଁ, ଯାହାର ଅପରିହାର୍ଯ୍ୟ ପ୍ରାରମ୍ଭିକ ହେଉଛି ରାଜନୈତିକ ବିପ୍ଳବ। ତାହା ହିଁ ଆମେ ଚାହୁଁଛୁ। ରାଜନୈତିକ ବିପ୍ଳବର ଅର୍ଥ ବ୍ରିଟିଶମାନଙ୍କ ହାତରୁ ଭାରତୀୟମାନଙ୍କୁ ରାଷ୍ଟ୍ର ହସ୍ତାନ୍ତର (କିମ୍ବା ଅଧିକ ଅପରିଷ୍କାର ଭାବରେ, କ୍ଷମତା) ନୁହେଁ, ବରଂ ସେହି ଭାରତୀୟମାନଙ୍କ ପାଇଁ ଯେଉଁମାନେ ଅନ୍ତିମ ଲକ୍ଷ୍ୟ ବିଷୟରେ ଆମ ସହିତ ଅଛନ୍ତି, କିମ୍ବା ଅଧିକ ନିର୍ଦ୍ଦିଷ୍ଟ ଭାବରେ କହିବାକୁ ଗଲେ, ଜନସାଧାରଣଙ୍କ ସମର୍ଥନ ମାଧ୍ୟମରେ ବିପ୍ଳବୀ ଦଳକୁ ହସ୍ତାନ୍ତର କରାଯିବାକୁ କ୍ଷମତା | ତା 'ପରେ, ସଠିକ୍ ଆନ୍ତରିକତାର ସହ ଆଗକୁ ବଢ଼ିବା ହେଉଛି ସମାଜବାଦୀ ଭିତ୍ତିରେ ସମଗ୍ର ସମାଜର ପୁନଃନିର୍ମାଣକୁ ସଂଗଠିତ କରିବା। ଯଦି ଆପଣ ଏହି ବିପ୍ଳବର ଅର୍ଥ ବୁଝୁନାହାନ୍ତି, ତେବେ ଦୟାକରି ଦୟା କରନ୍ତୁ।

"ବିପ୍ଳବ ଦୀର୍ଘଜୀବୀ ହୁଅ" ସ୍ଲୋଗାନ ଦେବା ବନ୍ଦ କର। ବିପ୍ଳବ ଶବ୍ଦଟି ଅତି ପବିତ୍ର, ଅନ୍ତତଃ ଆମ ପାଇଁ, ଏତେ ହାଲୁକା ଭାବରେ ବ୍ୟବହାର କିମ୍ବା ଅପବ୍ୟବହାର କରାଯାଇପାରିବ ନାହିଁ। କିନ୍ତୁ ଯଦି ଆପଣ କହୁଛନ୍ତି ଯେ ଆପଣ ଜାତୀୟ ବିପ୍ଳବ ସପକ୍ଷରେ ଅଛନ୍ତି ଏବଂ ଆପଣଙ୍କ ସଂଘର୍ଷର ଲକ୍ଷ୍ୟ ହେଉଛି ସଂଯୁକ୍ତ ରାଜ୍ୟ ଆମେରିକା ଭଳି ଏକ ଭାରତୀୟ ଗଣତନ୍ତ୍ର, ତେବେ ମୁଁ ଆପଣଙ୍କୁ ଅନୁରୋଧ କରୁଛି ଯେ ଆପଣ କେଉଁ ଶକ୍ତି ଉପରେ ନିର୍ଭର କରନ୍ତି ଯାହା ଆପଣଙ୍କୁ ସେହି ବିପ୍ଳବ ଆଣିବାରେ ସାହାଯ୍ୟ କରିବ। ଜାତୀୟ ହୁଅନ୍ତୁ କିମ୍ବା ସମାଜବାଦୀ, ସେମାନେ ହେଉଛନ୍ତି କୃଷକ ଏବଂ ଶ୍ରମିକ। କଂଗ୍ରେସ ନେତା ସାହସ କରୁନାହାନ୍ତି। ସେହି ଶକ୍ତିଗୁଡ଼ିକୁ ସଂଗଠିତ କରିବା। ଆପଣମାନେ ଏହି ଆନ୍ଦୋଳନରେ ଏହା ଦେଖିଥିବେ। ସେମାନେ ଏହା ଅନ୍ୟ କାହା ଅପେକ୍ଷା ଭଲ ଭାବରେ ଜାଣନ୍ତି ଯେ ଏହି ଶକ୍ତିଗୁଡ଼ିକ ବିନା ସେମାନେ ସମ୍ପୂର୍ଣ୍ଣ ଅସହାୟ। ଯେତେବେଳେ ସେମାନେ ସମ୍ପୂର୍ଣ୍ଣ ସ୍ୱାଧୀନତାର ସଂକଳ୍ପ ପାରିତ କଲେ ଯାହାର ପ୍ରକୃତ ଅର୍ଥ ଥିଲା ଏକ ବିପ୍ଳବ, ସେମାନେ ଏହାର ଅର୍ଥ ବୁଝିନଥିଲେ। ସେମାନଙ୍କୁ ଏହା ଯୁବ ଉପାଦାନର ଚାପରେ କରିବାକୁ ପଡ଼ିଥିଲା, ଏବଂ ତା 'ପରେ ସେମାନେ ଆମ ପାଇଁ ସେମାନଙ୍କ ହୃଦୟର ଇଚ୍ଛା ଡୋମିନିୟନ ସ୍ଥିତିକୁ ହାସଲ କରିବା ପାଇଁ ଏକ ବିପଦ ଭାବରେ ଚାହୁଁଥିଲେ। କଂଗ୍ରେସର ଶେଷ ତିନୋଟି ଅଧିବେଶନର ସଂକଳ୍ପକୁ ଅଧ୍ୟୟନ କରି ଆପଣ ଏହାକୁ ସହଜରେ ଆକଳନ କରିପାରିବେ। ମୋର ଅର୍ଥ ହେଉଛି ମାଡ୍ରାସ, କଲିକତା ଏବଂ ଲାହୋର।

କଲିକତାରେ, ସେମାନେ ବାର ମାସ ମଧ୍ୟରେ ଡୋମିନିୟନ ମାନ୍ୟତା ପାଇଁ ଏକ ସଂକଳ୍ପ ପାରିତ କରିଥିଲେ, ନଚେତ୍ ସେମାନେ ସେମାନଙ୍କର ଲକ୍ଷ୍ୟ ଭାବରେ ସମ୍ପୂର୍ଣ୍ଣ ସ୍ୱାଧୀନତା ଗ୍ରହଣ କରିବାକୁ ବାଧ୍ୟ ହେବେ, ଏବଂ 1929 ମସିହା ଡିସେମ୍ବର 31 ତାରିଖ ପରେ ମଧ୍ୟରାତ୍ରି ପର୍ଯ୍ୟନ୍ତ ଏହିପରି କିଛି ଉପହାର ପାଇଁ ଅପେକ୍ଷା କରିଥିଲେ। ତା 'ପରେ ସେମାନେ ସ୍ୱାଧୀନତା ସଂକଳ୍ପକୁ ଗ୍ରହଣ କରିବା ପାଇଁ ନିଜକୁ "ସମ୍ମାନବଦ୍ଧ" ବୋଲି ଅନୁଭବ କଲେ, ନଚେତ୍ ସେମାନେ ଏହାର ଅର୍ଥ ବୁଝିନଥିଲେ। କିନ୍ତୁ ତଥାପି ମହାତ୍ମାଜୀ ଏହି ସତ୍ୟକୁ ଗୋପନ ରଖିନଥିଲେ ଯେ (ଆପୋଷ ବୁଝାମଣା ପାଇଁ)

ଦ୍ୱାର ଖୋଲା ଥିଲା। ତାହା ହିଁ ଥିଲା ପ୍ରକୃତ ଆତ୍ମା। ପ୍ରାରମ୍ଭରେ ସେମାନେ ଜାଣିଥିଲେ ଯେ ସେମାନଙ୍କର ଆନ୍ଦୋଳନ କିଛି ଆପୋଷ ବୁଝାମଣାରେ ଶେଷ ହୋଇପାରିବ ନାହିଁ। ଏହି ଅର୍ଦ୍ଧହୃଦୟକୁ ଆମେ ଘୃଣା କରୁ, ସଂଘର୍ଷର କୌଣସି ନିର୍ଦ୍ଦିଷ୍ଟ ପର୍ଯ୍ୟାୟରେ ହେଉଥିବା ଆପୋଷ ବୁଝାମଣାକୁ ନୁହେଁ। ଯାହା ହେଉ, ଆମେ ସେହି ଶକ୍ତିଗୁଡ଼ିକ ବିଷୟରେ ଆଲୋଚନା କରୁଥିଲୁ, ଯେଉଁମାନଙ୍କ ଉପରେ ଆପଣ ବିପ୍ଳବ ପାଇଁ ନିର୍ଭର କରିପାରିବେ।

କିନ୍ତୁ ଯଦି ଆପଣ କହୁଛନ୍ତି ଯେ ଆପଣ କୃଷକ ଏବଂ ଶ୍ରମିକମାନଙ୍କ ସକ୍ରିୟ ସମର୍ଥନ ପାଇଁ ସେମାନଙ୍କ ନିକଟକୁ ଯିବେ, ତେବେ ମୁଁ ଆପଣଙ୍କୁ କହିବି ଯେ ସେମାନେ କୌଣସି ଭାବପ୍ରବଣ କଥାବାର୍ତ୍ତା ଦ୍ୱାରା ବୋକା ହେବେ ନାହିଁ। ସେମାନେ ଆପଣଙ୍କୁ ଖୋଲାଖୋଲି ଭାବରେ ପଚାରୁଛନ୍ତିଃ ଆପଣଙ୍କ ବିପ୍ଳବ ଦ୍ୱାରା ସେମାନେ କ "ଣ ଲାଭବାନ ହେବେ, ଯେଉଁଥିପାଇଁ ଆପଣ ସେମାନଙ୍କ ବଳିଦାନ ଦାବି କରୁଛନ୍ତି, ଲର୍ଡ ରିଡିଂ ଭାରତ ସରକାରଙ୍କ ମୁଖ୍ୟ ହୁଅନ୍ତୁ କିମ୍ବା ସାର୍ ପୁରୁଷୋତ୍ତମଦାସ ଠାକୁରଦାସ, ଏହା ସେମାନଙ୍କ ପାଇଁ କ" ଣ ପାର୍ଥକ୍ୟ ସୃଷ୍ଟି କରିବ? ଯଦି ସାର୍ ତେଜ ବାହାଦୂର ସପ୍ରୁ ଲର୍ଡ ଇରୱିନ୍ଙ୍କ ସ୍ଥାନ ନିଅନ୍ତି, ତେବେ ଜଣେ କୃଷକ ପାଇଁ କ "ଣ ପାର୍ଥକ୍ୟ ହେବ! ତାଙ୍କ ଜାତୀୟ ଭାବନାକୁ ଆହ୍ୱାନ କରିବା ଅର୍ଥହୀନ। ଆପଣ ନିଜ ଉଦ୍ଦେଶ୍ୟ ପାଇଁ ତାଙ୍କୁ "ବ୍ୟବହାର" କରିପାରିବେ ନାହିଁ; ଆପଣଙ୍କୁ ଗମ୍ଭୀରତାର ସହ ବୁଝିବାକୁ ପଡ଼ିବ ଏବଂ ତାଙ୍କୁ ତିଆରି କରିବାକୁ ପଡ଼ିବ। ବୁଝନ୍ତୁ ଯେ ବିପ୍ଳବ ତାଙ୍କର ଏବଂ ତାଙ୍କ ଭଲ ପାଇଁ ହେବାକୁ ଯାଉଛି। ଶ୍ରମିକଶ୍ରେଣୀ ଏବଂ ଶ୍ରମିକଶ୍ରେଣୀ ପାଇଁ ବିପ୍ଳବ। ଯେତେବେଳେ ଆପଣ ଲକ୍ଷ୍ୟ ବିଷୟରେ ଏହି ସ୍ପଷ୍ଟ ଧାରଣା ପ୍ରସ୍ତୁତ କରିଛନ୍ତି, ଆପଣ ଏପରି କାର୍ଯ୍ୟ ପାଇଁ ନିଜ ବାହିନୀକୁ ସଂଗଠିତ କରିବା ପାଇଁ ସଠିକ୍ ଆନ୍ତରିକତାର ସହ ଆଗକୁ ବଢିପାରିବେ। ଏବେ ଦୁଇଟି ଭିନ୍ନ ଭିନ୍ନ ପର୍ଯ୍ୟାୟ ରହିଛି, ଯେଉଁଥିରୁ ଆପଣଙ୍କୁ ଅତିକ୍ରମ କରିବାକୁ ପଡ଼ିବ। ପ୍ରଥମ, ପ୍ରସ୍ତୁତି; ଦ୍ୱିତୀୟ, କାର୍ଯ୍ୟ।

ଏହାକୁ କୌଣସି ନିର୍ଦ୍ଧାରିତ ତାରିଖରେ ଅଣାଯାଇପାରିବ କି? ଏହା ଅଣାଯାଇଛି ଏହାକୁ ଏକ ନିର୍ଦ୍ଧାରିତ ତାରିଖରେ ଅଣାଯିବ। ଏହା ଅଣାଯାଇଛି ସ୍ୱତନ୍ତ୍ର ପରିବେଶ ଦ୍ୱାରା, ସାମାଜିକ ଏବଂ ଅର୍ଥନୈତିକ। ର କାର୍ଯ୍ୟ ଏକ ସଙ୍ଗଠିତ ଦଳ ଦ୍ବାରା ପ୍ରଦତ୍ତ ଏପରି ଏକ ସୁଯୋଗର ଉପଯୋଗ କରିବା ଏହି ପରିସ୍ଥିତିଗୁଡ଼ିକ। ଏବଂ ଜନସାଧାରଣଙ୍କୁ ପ୍ରସ୍ତୁତ କରିବା ଏବଂ ସଂଗଠିତ କରିବା ବିପ୍ଳବ ପାଇଁ ଶକ୍ତି ଏକ ଅତ୍ୟନ୍ତ କଠିନ କାର୍ଯ୍ୟ। ଏବଂ ତାହା। ବିପ୍ଳବୀ ପକ୍ଷରେ ଏକ ବହୁତ ବଡ଼ ବଳିଦାନ ଆବଶ୍ୟକ ଶ୍ରମିକମାନେ। ମୁଁ ଏହା ସ୍ପଷ୍ଟ କରିବାକୁ ଚାହେଁ ଯେ ଯଦି ଆପଣ ଜଣେ ବ୍ୟବସାୟୀ କିମ୍ବା ଜଣେ ପ୍ରତିଷ୍ଠିତ ସାଂସାରିକ କିମ୍ବା ପାରିବାରିକ ବ୍ୟକ୍ତି, ଦୟାକରି ନିଆଁ ସହିତ ଖେଳନ୍ତୁ ନାହିଁ। ଜଣେ ନେତା ଭାବେ ଆପଣମାନେ ଦଳ ପାଇଁ କିଛି ଉପଯୋଗୀ ନୁହନ୍ତି। ଆମ ପାଖରେ ବହୁତ କିଛି ଅଛି ଏପରି ଅନେକ ନେତା ଯେଉଁମାନେ ଡେଲିଭରି ପାଇଁ କିଛି ସନ୍ଧ୍ୟା ସମୟ ଦିଅନ୍ତି | ଭାଷଣ। ସେଗୁଡ଼ିକ ବ୍ୟର୍ଥ। ଆମକୁ 'ଏତେ ପ୍ରିୟ "ଶବ୍ଦଟି ବ୍ୟବହାର କରିବାକୁ ପଡ଼ିବ। ଲେନିନ୍ଙ୍କ "ବୃତ୍ତିଗତ ବିପ୍ଳବୀ"। ପୁରା ସମୟ ଶ୍ରମିକ ଯେଉଁମାନଙ୍କର ଅନ୍ୟ କୌଣସି ମହତ୍ତ୍ୱାକାଂକ୍ଷା କିମ୍ବା ଜୀବନ-

କାର୍ଯ୍ୟ ନାହିଁ ବିପ୍ଳବ। ଏଭଳି ଶ୍ରମିକଙ୍କ ସଂଖ୍ୟା ଯେତେ ଅଧିକ ସଂଗଠିତ ହେବ। କୌଣସି ପାର୍ଟିରେ, ଆପଣଙ୍କ ସଫଳତାର ସମ୍ଭାବନା ସେତେ ଅଧିକ।

ବ୍ୟବସ୍ଥିତ ଭାବରେ ଆଗକୁ ବଢ଼ିବା ପାଇଁ, ଆପଣଙ୍କୁ ସବୁଠାରୁ ଅଧିକ ଯାହା ଦରକାର ତାହା ହେଉଛି ଉପରେ ଆଲୋଚନା କରାଯାଇଥିବା ପ୍ରକାରର କର୍ମୀ ଥିବା ଏକ ଦଳ ଯାହା ସ୍ପଷ୍ଟ ଧାରଣା ଏବଂ ତୀକ୍ଷ୍ଣ ଧାରଣା ଏବଂ ପଦକ୍ଷେପ ଏବଂ ଶୀଘ୍ର ନିଷ୍ପତ୍ତି ନେବାର ଦକ୍ଷତା ସହିତ | ଦଳର ଲୌହ ଶୃଙ୍ଖଳା ରହିବ ଏବଂ ଏହା ଜରୁରୀ ନୁହେଁ | ଏକ ଗୁପ୍ତ ଦଳ ହୁଅନ୍ତୁ, ବରଂ ଏହାର ବିପରୀତ। ଭାବିଲା, ସ୍ୱେଚ୍ଛାକୃତ ଭାବେ ଜେଲ୍ ଯିବାର ନୀତିକୁ ସମ୍ପୂର୍ଣ୍ଣ ଭାବେ ପରିତ୍ୟାଗ କରାଯିବା ଉଚିତ। ଏହା ଅନେକ ସଂଖ୍ୟକ ଶ୍ରମିକ ସୃଷ୍ଟି କରିବ ଯେଉଁମାନେ ଏକ ଭୂତଳ ଜୀବନଯାପନ କରିବାକୁ ବାଧ୍ୟ ହେବେ। ସେମାନେ ସମାନ ଉତ୍ସାହ ସହିତ କାର୍ଯ୍ୟ ଜାରି ରଖିବା ଉଚିତ୍। ଏବଂ ଏହି ଶ୍ରମିକ ଗୋଷ୍ଠୀ ହିଁ ପ୍ରକୃତ ସୁଯୋଗ ପାଇଁ ଯୋଗ୍ୟ ନେତା ସୃଷ୍ଟି କରିବେ।

ଦଳ ଏପରି କର୍ମୀ ଆବଶ୍ୟକ କରେ ଯାହା କେବଳ ଯୁବ ଆନ୍ଦୋଳନ ମାଧ୍ୟମରେ ନିଯୁକ୍ତି ହୋଇପାରିବ। ତେଣୁ ଆମେ ଯୁବ ଆନ୍ଦୋଳନକାରୀଙ୍କୁ ଆମର କାର୍ଯ୍ୟକ୍ରମର ପ୍ରାରମ୍ଭିକ ବିନ୍ଦୁ ଭାବରେ ଦେଖୁ। ଯୁବ ଆନ୍ଦୋଳନ ଅଧ୍ୟୟନ ମଣ୍ଡଳ, ଶ୍ରେଣୀ ବକ୍ତୃତା ଏବଂ ଲିଫଲେଟ୍, ପମ୍ପଲେଟ୍, ପୁସ୍ତକ ଏବଂ ସାମୟିକ ପ୍ରକାଶନ ଆୟୋଜନ କରିବା ଉଚିତ୍ | ରାଜନୈତିକ କର୍ମୀମାନଙ୍କ ପାଇଁ ଏହା ହେଉଛି ସର୍ବୋତ୍ତମ ନିଯୁକ୍ତି ଏବଂ ପ୍ରଶିକ୍ଷଣ କ୍ଷେତ୍ର।

ଯେଉଁ ଯୁବକମାନେ ସେମାନଙ୍କ ଚିନ୍ତାଧାରାକୁ ପରିପକ୍ୱ କରିଥାଇପାରନ୍ତି ଏବଂ ଏହି ଉଦ୍ଦେଶ୍ୟରେ ନିଜ ଜୀବନକୁ ଉତ୍ସର୍ଗ କରିବାକୁ ନିଜକୁ ପ୍ରସ୍ତୁତ କରିପାରନ୍ତି, ସେମାନଙ୍କୁ ଦଳକୁ ସ୍ଥାନାନ୍ତର କରାଯାଇପାରେ। ଦଳର କର୍ମୀମାନେ ସର୍ବଦା ଯୁବ ଆନ୍ଦୋଳନର କାର୍ଯ୍ୟକୁ ମାର୍ଗଦର୍ଶନ ଏବଂ ନିୟନ୍ତ୍ରଣ କରିବେ। ଦଳ ଜନ ପ୍ରଚାର କାର୍ଯ୍ୟରୁ ଆରମ୍ଭ କରିବା ଉଚିତ। ଏହା ଅତ୍ୟନ୍ତ ଜରୁରୀ। ଗଦର ପାର୍ଟି (1914-15) ର ପ୍ରୟାସ ବିଫଳ ହେବାର ଏକ ମୌଳିକ କାରଣ ଥିଲା ଜନସାଧାରଣଙ୍କ ଅଜ୍ଞାନତା, ଉଦାସୀନତା ଏବଂ ବେଳେବେଳେ ସକ୍ରିୟ ବିରୋଧ। ଏବଂ ଏହା ବ୍ୟତୀତ, କୃଷକ ଏବଂ ଶ୍ରମିକମାନଙ୍କ ସକ୍ରିୟ ସହାନୁଭୂତି ହାସଲ କରିବା ଏବଂ ସଂଗଠିତ କରିବା ପାଇଁ ଏହା ଆବଶ୍ୟକ | ଦଳର ନାମ କିମ୍ବା ବରଂ, ଏକ କମ୍ୟୁନିଷ୍ଟ ପାର୍ଟି।

କଠୋର ଶୃଙ୍ଖଳା ଦ୍ୱାରା ଆବଦ୍ଧ ରାଜନୈତିକ କର୍ମୀଙ୍କ ଏହି ଦଳ ଅନ୍ୟ ସମସ୍ତ ଆନ୍ଦୋଳନକୁ ପରିଚାଳନା କରିବା ଉଚିତ୍। ଏହାକୁ କୃଷକ ଏବଂ ଶ୍ରମିକ ଦଳ, ଶ୍ରମିକ ସଂଘ ଏବଂ ସମ୍ପର୍କୀୟ ରାଜନୈତିକ ସଂସ୍ଥାଗୁଡ଼ିକୁ ସଂଗଠିତ କରିବାକୁ ପଡ଼ିବ। ଏବଂ ରାଜନୈତିକ ଚେତନା ସୃଷ୍ଟି କରିବା ପାଇଁ, କେବଳ ଜାତୀୟ ରାଜନୀତି ନୁହେଁ, ବରଂ ଶ୍ରେଣୀ ରାଜନୀତି ମଧ୍ୟ, ଦଳ ଏକ ବଡ଼ ପ୍ରକାଶନ ଅଭିଯାନ ଆୟୋଜନ କରିବା ଉଚିତ। ସମାଜବାଦୀ ସିଦ୍ଧାନ୍ତର ଜନସାଧାରଣଙ୍କୁ ଆଲୋକିତ କରୁଥିବା ସମସ୍ତ ଶ୍ରମିକଙ୍କ ଉପରେ ଥିବା ବିଷୟଗୁଡ଼ିକ ସହଜ ପହଞ୍ଚ ମଧ୍ୟରେ ରହିବ ଏବଂ ବ୍ୟାପକ ଭାବରେ ବଣ୍ଟନ ହେବ | ଲେଖାଗୁଡ଼ିକ ସରଳ ଏବଂ ସ୍ପଷ୍ଟ ହେବା ଉଚିତ।

ଶ୍ରମିକ ଆନ୍ଦୋଳନରେ କିଛି ଲୋକ ଅଛନ୍ତି ଯେଉଁମାନେ ରାଜନୈତିକ ସ୍ୱାଧୀନତା ବିନା କୃଷକ ଏବଂ ଶ୍ରମିକଙ୍କ ଆର୍ଥିକ ସ୍ୱାଧୀନତା ବିଷୟରେ କିଛି ଅଯୌକ୍ତିକ ଧାରଣା ତାଲିକାଭୁକ୍ତ କରନ୍ତି | ସେମାନେ ଡେମାଗୋଗସ୍ କିମ୍ବା ବିଶୃଙ୍ଖଳିତ ମୁଣ୍ଡ ଥିବା ଲୋକ | ଏଭଳି ବିଚାରଗୁଡ଼ିକ ଅବାସ୍ତବ ଏବଂ ଅବାସ୍ତବ।

ଆମର ଅର୍ଥ ହେଉଛି ଜନସାଧାରଣଙ୍କ ଆର୍ଥିକ ସ୍ୱାଧୀନତା, ଏବଂ ସେହି ଉଦ୍ଦେଶ୍ୟରେ ଆମେ ରାଜନୈତିକ ଶକ୍ତି ଜିତିବା ପାଇଁ ପ୍ରୟାସ କରୁଛୁ। ଏଥିରେ କୌଣସି ସନ୍ଦେହ ନାହିଁ ଯେ ପ୍ରାରମ୍ଭରେ, ଆମକୁ ଏହି ବର୍ଗମାନଙ୍କର ଛୋଟ ଛୋଟ ଆର୍ଥିକ ଦାବି ଏବଂ ସୁବିଧା ପାଇଁ ଲଢ଼ିବାକୁ ପଡ଼ିବ। କିନ୍ତୁ ରାଜନୈତିକ

କ୍ଷମତାକୁ ଜିତିବା ପାଇଁ ଏକ ଅନ୍ତିମ ସଂଘର୍ଷ ପାଇଁ ସେମାନଙ୍କୁ ଶିକ୍ଷିତ କରିବା ପାଇଁ ଏହି ସଂଘର୍ଷଗୁଡ଼ିକ ହେଉଛି ସର୍ବୋତ୍ତମ ମାଧ୍ୟମ |

ଏହା ବ୍ୟତୀତ, ଏକ ସଂଗଠିତ ସାମରିକ ବିଭାଗ ରହିବା ନିହାତି ଆବଶ୍ୟକ। ଏହା ଅତ୍ୟନ୍ତ ଗୁରୁତ୍ୱପୂର୍ଣ୍ଣ। ବେଳେବେଳେ ଏହାର ଆବଶ୍ୟକତା ଅତ୍ୟନ୍ତ ଖରାପ ଭାବରେ ଅନୁଭୂତ ହୁଏ | କିନ୍ତୁ ସେହି ସମୟରେ ଆପଣ ଫଳପ୍ରଦ ଭାବରେ କାର୍ଯ୍ୟ କରିବା ପାଇଁ ଯଥେଷ୍ଟ ଉପାୟ ସହିତ ଏହିପରି ଏକ ଗୋଷ୍ଠୀ ଆରମ୍ଭ ଏବଂ ପ୍ରସ୍ତୁତ କରିପାରିବେ ନାହିଁ | ବୋଧହୁଏ ଏହା ହେଉଛି ସେହି ବିଷୟ ଯାହା ଏକ ସତର୍କ ବ୍ୟାଖ୍ୟା ଆବଶ୍ୟକ କରେ | ଏହି ପ୍ରସଙ୍ଗରେ ମୋର ଭୁଲ୍ ବୁଝିବାର ବହୁତ ସମ୍ଭାବନା ଅଛି | ବୋଧହୁଏ ମୁଁ ଜଣେ ଆତଙ୍କବାଦୀ ଭଳି କାର୍ଯ୍ୟ କରିଛି। କିନ୍ତୁ ମୁଁ ଆତଙ୍କବାଦୀ ନୁହେଁ। ମୁଁ ଜଣେ ବିପ୍ଳବୀ ଯିଏ ଏକ ଲମ୍ବା କାର୍ଯ୍ୟକ୍ରମ ବିଷୟରେ ଏତେ ନିର୍ଦ୍ଦିଷ୍ଟ ଧାରଣା ପାଇଛି ଯାହା ଏଠାରେ ଆଲୋଚନା କରାଯାଉଛି | ରାମ ପ୍ରସାଦ ବିସ୍ମିଲଙ୍କ ପରି ମୋର "ବାହୁରେ ଥିବା ସାଥୀମାନେ" ହୁଏତ ଦୋଷୀ ସାବ୍ୟସ୍ତ କୋଠରୀରେ ଏକ ନିର୍ଦ୍ଦିଷ୍ଟ ପ୍ରକାରର ପ୍ରତିକ୍ରିୟାର ଶିକାର ହୋଇଥିବାରୁ ମୋତେ ଅଭିଯୁକ୍ତ କରିପାରନ୍ତି, ଯାହା ସତ୍ୟ ନୁହେଁ। ମୋର ସମାନ ବିଚାର ରହିଛି, ସମାନ ବିଶ୍ୱାସ ରହିଛି। ସମାନ ଦୃଢ଼ ବିଶ୍ୱାସ, ସମାନ ଉତ୍ସାହ ଏବଂ ସମାନ ଆତ୍ମା ଯାହା ମୋର ବାହାରେ ଥିଲା, ବୋଧହୁଏ ନା, ନିଶ୍ଚିତ ଭାବରେ ଭଲ | ତେଣୁ ମୁଁ ମୋର ପାଠକମାନଙ୍କୁ ଚେତାବନୀ ଦେଉଛି ଯେ ମୋର ଶବ୍ଦଗୁଡ଼ିକୁ ପଢ଼ିବା ସମୟରେ ସାବଧାନ ରୁହନ୍ତୁ। ସେମାନେ ଧାଡ଼ି ମଧ୍ୟରେ କିଛି ପଢ଼ିବାକୁ ଚେଷ୍ଟା କରିବା ଉଚିତ୍ ନୁହେଁ | ମୁଁ ମୋ ନିର୍ଦ୍ଦେଶରେ ସମସ୍ତ ଶକ୍ତି ସହିତ ଘୋଷଣା କରିବି, ଯେ ମୁଁ ଜଣେ ଆତଙ୍କବାଦୀ ନୁହେଁ ଏବଂ ବୋଧହୁଏ ମୋର ବୈପ୍ଳବିକ କ୍ୟାରିଅରର ପ୍ରାରମ୍ଭରେ ମୁଁ କଦାପି ଆଶ କରିନଥିଲି। ଏବଂ ମୁଁ ବିଶ୍ୱାସ କରେ ଯେ ଆମେ ସେହି ପଦ୍ଧତିଗୁଡ଼ିକ ମାଧ୍ୟମରେ କିଛି ହାସଲ କରିପାରିବୁ ନାହିଁ। ହିନ୍ଦୁସ୍ଥାନ ସୋଶାଲିଷ୍ଟ ରିପବ୍ଲିକାନ୍ ଆସୋସିଏସନ୍ର ଇତିହାସରୁ ଏହାକୁ ସହଜରେ ଆକଳନ କରାଯାଇପାରିବ। ଆମର ସମସ୍ତ କାର୍ଯ୍ୟକଳାପ ଏକ ଲକ୍ଷ୍ୟ ଆଡକୁ ନିର୍ଦ୍ଦେଶିତ ହୋଇଥିଲା, ନିଜକୁ ଏହାର ସାମରିକ ଶାଖା ଭାବରେ ମହାନ ଆନ୍ଦୋଳନ ସହିତ ଚିହ୍ନଟ କରିବା _ ଯଦି ଯଦି କେହି ମୋତେ ଭୁଲ୍ ବୁଝୁଛନ୍ତି, ତେବେ ସେ ନିଜ ବିଚାରକୁ ସଂଶୋଧନ କରନ୍ତୁ। ମୁଁ ଏହା କହୁନାହିଁ ଯେ ବୋମା ଏବଂ ପିସ୍ତଲଗୁଡ଼ିକ ବ୍ୟର୍ଥ, ବରଂ ଏହାର ବିପରୀତ। କିନ୍ତୁ ମୁଁ କହିବାକୁ ଚାହୁଁଛି ଯେ କେବଳ ବୋମା ଫିଙ୍ଗିବା କେବଳ ବ୍ୟର୍ଥ ନୁହେଁ, ବେଳେବେଳେ କ୍ଷତିକାରକ ମଧ୍ୟ ହୋଇଥାଏ। ଦଳର ସାମରିକ ବିଭାଗ ଯେକୌଣସି ଜରୁରୀକାଳୀନ ପରିସ୍ଥିତି ପାଇଁ ସମସ୍ତ ଯୁଦ୍ଧ ସାମଗ୍ରୀ ସର୍ବଦା ପ୍ରସ୍ତୁତ ରଖିବା ଉଚିତ୍। ଏହା ଦଳର ରାଜନୈତିକ କାର୍ଯ୍ୟକୁ ସମର୍ଥନ କରିବା ଉଚିତ। ଏହା ସ୍ୱାଧୀନ ଭାବରେ କାର୍ଯ୍ୟ କରିପାରିବ ନାହିଁ ଏବଂ କରିବା ଉଚିତ ନୁହେଁ।

ଉପରୋକ୍ତ ସୂତ୍ରରେ ଦଳ ନିଜର କାର୍ଯ୍ୟ ଜାରି ରଖିବା ଉଚିତ। ସାମୟିକ ବୈଠକ ଏବଂ ସମ୍ମିଳନୀ ମାଧ୍ୟମରେ ସେମାନେ ସମସ୍ତ ବିଷୟ ଉପରେ ସେମାନଙ୍କ କର୍ମୀମାନଙ୍କୁ ଶିକ୍ଷିତ ଏବଂ ପ୍ରବୁଦ୍ଧ କରିବା ଉଚିତ୍ | ଯଦି ଆପଣ ଏହି ଦିଗରେ କାମ ଆରମ୍ଭ କରନ୍ତି, ତେବେ ଆପଣଙ୍କୁ ବହୁତ ଶାନ୍ତ ରହିବାକୁ ପଡ଼ିବ। ଏହି କାର୍ଯ୍ୟକ୍ରମକୁ ସମ୍ପୂର୍ଣ୍ଣ କରିବା ପାଇଁ ଅତିକମ୍ରେ କୋଡ଼ିଏ ବର୍ଷ ଲାଗିଥାଏ। ଏକ ବର୍ଷରେ ସ୍ୱରାଜର ଗାନ୍ଧୀଙ୍କ ଆଦର୍ଶବାଦୀ ପ୍ରତିଶ୍ରୁତିର ଦଶ ବର୍ଷ ମଧ୍ୟରେ ଏକ ବିପ୍ଳବର ଯୁବସୁଲଭ ସ୍ୱପ୍ନକୁ ପରିତ୍ୟାଗ କରନ୍ତୁ। ଏହା ଆବେଗ କିମ୍ବା ମୃତ୍ୟୁ ନୁହେଁ, ବରଂ ନିରନ୍ତର ସଂଘର୍ଷ, ଯନ୍ତ୍ରଣା ଏବଂ ବଳିଦାନର ଜୀବନ ଆବଶ୍ୟକ କରେ | ପ୍ରଥମେ ନିଜ ବ୍ୟକ୍ତିତ୍ୱକୁ ନଷ୍ଟ କରନ୍ତୁ। ବ୍ୟକ୍ତିଗତ ଆରାମର ସ୍ୱପ୍ନକୁ ହଟାନ୍ତୁ। ତା 'ପରେ କାମ ଆରମ୍ଭ କରନ୍ତୁ। ଇଞ୍ଚ ଇଞ୍ଚ କରି ଆପଣଙ୍କୁ ଆଗକୁ ବଢ଼ିବାକୁ ପଡ଼ିବ। ଏଥିପାଇଁ ସାହସ, ଧୈର୍ଯ୍ୟ ଏବଂ ଦୃଢ଼ ସଂକଳ୍ପର ଆବଶ୍ୟକତା ରହିଛି। କୌଣସି ଅସୁବିଧା ଏବଂ କୌଣସି ଅସୁବିଧା ଆପଣଙ୍କୁ ନିରୁତ୍ସାହିତ କରିବ ନାହିଁ।

କୌଣସି ବିଫଳତା ଏବଂ ବିଶ୍ୱାସଘାତକତା ଆପଣଙ୍କୁ ନିରାଶ କରିବ ନାହିଁ। ଆପଣଙ୍କ ଉପରେ ଲାଗୁ କରାଯାଇଥିବା କୌଣସି କଷ୍ଟ ଆପଣଙ୍କ ଭିତରେ ଥିବା ବୈପ୍ଲବିକ ଇଚ୍ଛାଶକ୍ତିକୁ ହ୍ରାସ କରିବ ନାହିଁ। ଯନ୍ତ୍ରଣା ଏବଂ ବଳିଦାନର ଅଗ୍ନିପରୀକ୍ଷା ମାଧ୍ୟମରେ ଆପଣ ବିଜୟୀ ହେବେ। ଏବଂ ଏହି ବ୍ୟକ୍ତିଗତ ବିଜୟ ବିପ୍ଳବର ମୂଲ୍ୟବାନ ସମ୍ପତ୍ତି ହେବ।

ଦୀର୍ଘକାଳୀନ ବିପ୍ଳବ

2 ଫେବୃଆରୀ, 1931

26

ମୁଁ କାହିଁକି ନାସ୍ତିକ

1930-31 ମଧ୍ୟରେ ଲାହୋର କେନ୍ଦ୍ରୀୟ କାରାଗାରରେ ଥିବା ସ୍ୱାଧୀନତା ସଂଗ୍ରାମୀ ବାବା ରଣଧୀର ସିଂଙ୍କ ମନ୍ତବ୍ୟର ଉତ୍ତରରେ ଭଗତ ସିଂ ଏହି ପ୍ରବନ୍ଧ ଲେଖିଥିଲେ। ରଣଧୀର ସିଂ ଜଣେ ଈଶ୍ୱର-ଭୟ କରୁଥିବା ଧାର୍ମିକ ବ୍ୟକ୍ତି ଥିଲେ। ଭଗତ୍ ସିଂ ଜଣେ ଅବିଶ୍ୱାସୀ ବୋଲି ଜାଣିବା ତାଙ୍କୁ ଦୁଃଖ ଦେଇଥିଲା। ସେ କୌଣସି ପ୍ରକାରେ ଭଗତ ସିଂହଙ୍କୁ ଦଣ୍ଡପ୍ରାପ୍ତ କୋଠରୀରେ ଦେଖିବାକୁ ସକ୍ଷମ ହୋଇଥିଲେ ଏବଂ ଭଗବାନଙ୍କ ଅସ୍ତିତ୍ୱ ବିଷୟରେ ତାଙ୍କୁ ବୁଝାଇବାକୁ ଚେଷ୍ଟା କରିଥିଲେ, କିନ୍ତୁ ବିଫଳ ହୋଇଥିଲେ। ବାବା ରାଗିଯାଇ ପରିହାସ କରି କହିଲେଃ "ଆପଣ ଖ୍ୟାତି ଦ୍ୱାରା ଉନ୍ମତ୍ତ ହୋଇଯାଇଛନ୍ତି ଏବଂ ଆପଣ ଏକ ଅହଂକାର ବିକଶିତ କରିଛନ୍ତି ଯାହା ଆପଣଙ୍କ ଏବଂ ଭଗବାନଙ୍କ ମଧ୍ୟରେ ଏକ କଳା ପରଦା ପରି ଛିଡ଼ା ହୋଇଛି।" ଏହାର ଉତ୍ତରରେ ଭଗତ ସିଂହ ଏହି ଗୁରୁତ୍ୱପୂର୍ଣ୍ଣ ଏବଂ ଚିନ୍ତାଜନକ ପ୍ରବନ୍ଧ ଲେଖିଥିଲେ।

* *

ଏମିତି ଏକ ନୂଆ ପ୍ରଶ୍ନ ମନକୁ ଆସୁଛି। ଏହା କ "ଣ ଅହଂକାର କାରଣରୁ ଯେ ମୁଁ ଏକ ସର୍ବଶକ୍ତିମାନ, ସର୍ବବ୍ୟାପୀ ଏବଂ ସର୍ବଜ୍ଞ ଭଗବାନଙ୍କ ଅସ୍ତିତ୍ୱରେ ବିଶ୍ୱାସ କରେ ନାହିଁ? ମୁଁ କେବେ ବି କଳ୍ପନା କରି ନଥିଲି ଯେ ମୋତେ ଏପରି ଏକ ପ୍ରଶ୍ନର ସମ୍ମୁଖୀନ ହେବାକୁ ପଡିବ। କିନ୍ତୁ କିଛି ବନ୍ଧୁଙ୍କ ସହିତ କଥାବାର୍ତ୍ତା ମୋତେ ଏକ ସଙ୍କେତ ଦେଇଛି ଯେ ମୋର କେତେକ ବନ୍ଧୁ-ଯଦି ମୁଁ ସେମାନଙ୍କୁ ଏପରି ଭାବିବାରେ ଅତ୍ୟଧିକ ଦାବି କରୁନାହିଁ-ମୋ ସହିତ ସେମାନଙ୍କର ସଂକ୍ଷିପ୍ତ ଯୋଗାଯୋଗରୁ ଏହି ସିଦ୍ଧାନ୍ତରେ ପହଞ୍ଚିବାକୁ ପ୍ରବୃତ୍ତି କରନ୍ତି ଯେ ଭଗବାନଙ୍କ ଅସ୍ତିତ୍ୱକୁ ଅସ୍ୱୀକାର କରିବା ମୋ ତରଫରୁ ଅତ୍ୟଧିକ ଥିଲା ଏବଂ ଏକ ନିର୍ଦ୍ଦିଷ୍ଟ ପରିମାଣର ଅହଂକାର ଥିଲା ଯାହା ମୋର ଅବିଶ୍ୱାସକୁ ପ୍ରେରିତ କରିଥିଲା | ହଁ, ସମସ୍ୟାଟି ଗମ୍ଭୀର ଅଟେ। ମୁଁ ଏହି ମାନବୀୟ ବୈଶିଷ୍ଟ୍ୟଗୁଡ଼ିକ ଠାରୁ ଯଥେଷ୍ଟ ଉର୍ଦ୍ଧ୍ୱରେ ରହି ଗର୍ବ କରେ ନାହିଁ। ମୁଁ ଜଣେ ମଣିଷ, ଆଉ କିଛି ନୁହେଁ। କେହି ପାରିବେ ନାହିଁ ଅଧିକ ବୋଲି ଦାବି କରନ୍ତି। ମୋ ଭିତରେ ମଧ୍ୟ ଏହି ଦୁର୍ବଳତା ରହିଛି। ଭ୍ୟାନିଟି ମୋ ପ୍ରକୃତିର ଏକ ଅଂଶ। ମୋର ସାଥୀମାନଙ୍କ ମଧ୍ୟରେ ମୋତେ ଜଣେ ସ୍ବୈରାଚାରୀ କୁହାଯାଉଥିଲା। ଏପରିକି ମୋର ବନ୍ଧୁ ଶ୍ରୀଯୁକ୍ତ B.K. ଦତ୍ତ ବେଳେବେଳେ ମୋତେ ଏମିତି ଡାକୁଥିଲେ। କେତେକ ସମୟରେ ମୋତେ ଏକ ସ୍ବୈରାଚାରୀ ଭାବେ ନିନ୍ଦା କରାଯାଇଥିଲା। କିଛି ବନ୍ଧୁ ଅଭିଯୋଗ କରନ୍ତି, ଏବଂ ଅତ୍ୟନ୍ତ ଗମ୍ଭୀର ଭାବରେ ମଧ୍ୟ, ଯେ ଅନିଚ୍ଛାକୃତ ଭାବରେ ମୋର ମତାମତ ଅନ୍ୟମାନଙ୍କ ଉପରେ ପକାନ୍ତି ଏବଂ ମୋର ପ୍ରସ୍ତାବଗୁଡ଼ିକୁ ଗ୍ରହଣ କରନ୍ତି | ଏହା କିଛି ମାତ୍ରାରେ ସତ୍ୟ, ମୁଁ ଏହାକୁ ଅସ୍ୱୀକାର କରୁନାହିଁ। ଏହା ଅହଂକାରର ରୂପ ନେଇପାରେ। ମୋ ଭିତରେ ଅହଂକାର ରହିଛି, କାରଣ ଅନ୍ୟ ଲୋକପ୍ରିୟ ଧର୍ମର ବିପରୀତରେ ଆମର ଧର୍ମର କଥା ରହିଛି। କିନ୍ତୁ ତାହା ବ୍ୟକ୍ତିଗତ ନୁହେଁ। ଏହା ହୋଇପାରେ, ଏହା କେବଳ ଆମର ଧର୍ମରେ ବୈଧ ଗର୍ବ ଏବଂ ଏହା ଅହଂକାର ନୁହେଁ। ଭ୍ୟାନିଟି, କିମ୍ବା ଅଧିକ ସଠିକ୍ ଭାବରେ

କହିବାକୁ ଗଲେ "ଅହଙ୍କର" ହେଉଛି ନିଜ ଭିତରେ ଅଯଥା ଗର୍ବର ଅତ୍ୟଧିକତା | ଏହା ଏପରି ଏକ ଅଯଥା ଗର୍ବ ଯାହା ମୋତେ ନାସ୍ତିକବାଦ ଆଡ଼କୁ ନେଇ ଯାଇଛି ନା ବିଷୟଟିର ଅତି ଯତ୍ନ ସହକାରେ ଅଧ୍ୟୟନ କରିବା ପରେ ଏବଂ ବହୁତ ବିଚାର କରିବା ପରେ ମୁଁ ଭଗବାନଙ୍କୁ ଅବିଶ୍ୱାସ କରିବାକୁ ଆସିଛି, ଏହା ଏକ ପ୍ରଶ୍ନ ଯାହା ମୁଁ ଏଠାରେ ଆଲୋଚନା କରିବାକୁ ଚାହୁଁଛି। ମୁଁ ପ୍ରଥମେ ଏହା ସ୍ପଷ୍ଟ କରିବାକୁ ଚାହେଁ ଯେ ଅହଂକାର ଏବଂ ଅହଂକାର ଦୁଇଟି ଭିନ୍ନ ଜିନିଷ।

ପ୍ରଥମତଃ, ମୁଁ ଏହାକୁ ବୁଝିବାରେ ସମ୍ପୂର୍ଣ୍ଣ ବିଫଳ ହୋଇଛି କେତେ ଅଯଥା ଗର୍ବ କିମ୍ବା ଲଜ୍ଜାହୀନତା କେବେ ବି ଛିଡ଼ା ହୋଇପାରେ ଭଗବାନଙ୍କ ଉପରେ ବିଶ୍ୱାସ ରଖିବାରେ ମନୁଷ୍ୟର ଉପାୟ। ମୁଁ ଚିହ୍ନିବାକୁ ମନା କରିପାରିବି ନାହିଁ ପ୍ରକୃତରେ ଜଣେ ମହାନ ବ୍ୟକ୍ତିର ମହାନତା, ଯଦି ମୁଁ ମଧ୍ୟ ହାସଲ କରିଛି ଏକ ନିର୍ଦ୍ଦିଷ୍ଟ ପରିମାଣର ଲୋକପ୍ରିୟତା ବିନା ଯୋଗ୍ୟ କିମ୍ବା ବିନା ପ୍ରକୃତରେ ଅତ୍ୟାବଶ୍ୟକ କିମ୍ବା ଅପରିହାର୍ଯ୍ୟ ଗୁଣମାନ ଧାରଣ କରିଥିବା ସମାନ ଉଦ୍ଦେଶ୍ୟରେ। ସେତିକି ସମ୍ଭବପର। କିନ୍ତୁ କ "ଣ? ଭଗବାନଙ୍କ ଉପରେ ବିଶ୍ୱାସ କରୁଥିବା ଜଣେ ବ୍ୟକ୍ତି ତାଙ୍କ ହେତୁ ବିଶ୍ୱାସ କରିବା ବନ୍ଦ କରିପାରିବେ

ବ୍ୟକ୍ତିଗତ ଅହଂକାର? କେବଳ ଦୁଇଟି ଉପାୟ ଅଛି। ପୁରୁଷ ନିଶ୍ଚୟ ହୁଏତ ସେ ନିଜକୁ ଭଗବାନଙ୍କର ଜଣେ ପ୍ରତିଦ୍ୱନ୍ଦ୍ୱୀ ବୋଲି ଭାବିବାକୁ ଆରମ୍ଭ କରନ୍ତି କିମ୍ବା ସେ ଆରମ୍ଭ କରିପାରନ୍ତି। ନିଜକୁ ଭଗବାନ ବୋଲି ବିଶ୍ୱାସ କରିବା। କୌଣସି ପରିସ୍ଥିତିରେ ସେ ହୋଇପାରିବେ ନାହିଁ

ଜଣେ ପ୍ରକୃତ ନାସ୍ତିକ। ପ୍ରଥମ କ୍ଷେତ୍ରରେ ସେ ମଧ୍ୟ ଅସ୍ୱୀକାର କରନ୍ତି ନାହିଁ ନିଜର ପ୍ରତିଦ୍ୱନ୍ଦ୍ୱୀଙ୍କ ଅସ୍ତିତ୍ୱ। ଦ୍ୱିତୀୟ ମାମଲାରେ ମଧ୍ୟ ସେ ସ୍ୱୀକାର କରନ୍ତି ପର୍ଦ୍ଦା ପଛରେ ସମସ୍ତ ଦିଗକୁ ମାର୍ଗଦର୍ଶନ କରୁଥିବା ଏକ ସଚେତନ ବ୍ୟକ୍ତିର ଅସ୍ତିତ୍ୱ ପ୍ରକୃତିର ଗତିବିଧି। ଏହା ଆମ ପାଇଁ ଗୁରୁତ୍ୱପୂର୍ଣ୍ଣ ନୁହେଁ ଯେ ସେ ନିଜକୁ ସେହି ସର୍ବୋଚ୍ଚ ବ୍ୟକ୍ତି ବୋଲି ଭାବନ୍ତି କିମ୍ବା ସେ ଭାବନ୍ତି କି? ସର୍ବୋଚ୍ଚ ସତ୍ତା କିମ୍ବା ସେ ସର୍ବୋଚ୍ଚ ଚେତନାକୁ ତାଙ୍କଠାରୁ ଅଲଗା କେହି ବୋଲି ଭାବୁଛନ୍ତି କି ନାହିଁ, ଏହାର ଅର୍ଥ ହେଉଛି ଜଣେ ନାସ୍ତିକ। ହଁ, ମୁଁ ଏଇଠି। ମୁଁ ପ୍ରଥମ କିମ୍ବା ଦ୍ୱିତୀୟ ଶ୍ରେଣୀର ନୁହେଁ। ମୁଁ ସେହି ସର୍ବଶକ୍ତିମାନ ପରମ ସତ୍ତାର ଅସ୍ତିତ୍ୱକୁ ଅସ୍ୱୀକାର କରୁଛି। 1 କାହିଁକି ଏହାକୁ ଅସ୍ୱୀକାର କଲେ, ସେ ବିଷୟରେ ପରବର୍ତ୍ତୀ ସମୟରେ ଆଲୋଚନା କରାଯିବ। ଏଠାରେ ମୁଁ ଗୋଟିଏ କଥା ସ୍ପଷ୍ଟ କରିବାକୁ ଚାହୁଁଛି, ଯେ ଏହା ଅହଂକାର ନୁହେଁ ଯାହା ମୋତେ ନାସ୍ତିକତାର ସିଦ୍ଧାନ୍ତ ଗ୍ରହଣ କରିବାକୁ ପ୍ରେରିତ କରିଛି। ମୁଁ ନା ପ୍ରତିଦ୍ୱନ୍ଦ୍ୱୀ, ନା ଅବତାର, ନା ସ୍ୱୟଂ ପରମ ସତ୍ତା। ଗୋଟିଏ କଥା ସ୍ଥିର ହୋଇଛି, ଯେ ଏହା ଅହଂକାର ନୁହେଁ ଯାହା ମୋତେ ଏହି ଚିନ୍ତାଧାରା ଆଡ଼କୁ ନେଇ ଯାଇଛି। ଏହି ଅଭିଯୋଗକୁ ଖଣ୍ଡନ କରିବା ପାଇଁ ମୁଁ ତଥ୍ୟଗୁଡ଼ିକୁ ଯାଞ୍ଚ କରିବି। ମୋର ଏହି ବନ୍ଧୁମାନଙ୍କ କହିବା ଅନୁଯାୟୀ, ଉଭୟ ଦିଲ୍ଲୀ ବୋମା ଏବଂ ଲାହୋର ଷଡ଼ଯନ୍ତ୍ର ମାମଲା ବିଚାର ସମୟରେ ମିଳିଥିବା ଅଯଥା ଲୋକପ୍ରିୟତା କାରଣରୁ ବୋଧହୁଏ ମୁଁ କୁଖ୍ୟାତ ହୋଇଗଲିଣି। ଠିକ୍ ଅଛି, ଆସନ୍ତୁ ଦେଖିବା ସେମାନଙ୍କର ପରିସର ଠିକ୍ ଅଛି କି ନାହିଁ | ମୋର ନାସ୍ତିକତାର ଉତ୍ପତ୍ତି ଏତେ ସାମ୍ପ୍ରତିକ ନୁହେଁ। ମୁଁ ଭଗବାନଙ୍କ ଉପରେ ବିଶ୍ୱାସ କରିବା ବନ୍ଦ କରିଦେଇଥିଲି ଯେତେବେଳେ ମୁଁ ଜଣେ ଅଜ୍ଞାତ ଯୁବକ ଥିଲି, ଯାହାର ଅସ୍ତିତ୍ୱ ବିଷୟରେ ମୋର ଉପରୋକ୍ତ ବନ୍ଧୁମାନେ ମଧ୍ୟ ଅବଗତ ନଥିଲେ। ଅତିକମ୍ରେ ଜଣେ କଲେଜ ଛାତ୍ର କୌଣସି ଅଯଥା ଗର୍ବକୁ ମନେ ପକାଇ ପାରିବେ ନାହିଁ ଯାହା ତାଙ୍କୁ ନାସ୍ତିକତା ଆଡ଼କୁ ନେଇଯାଇପାରେ। କିଛି ପ୍ରଫେସରଙ୍କ ପ୍ରିୟ ବୋଲି ଭାବିଥିଲି ଏବଂ ଅନ୍ୟ କେତେକ ଏହାକୁ ନାପସନ୍ଦ କରିଥିଲେ। ମୁଁ କେବେ ବି ଜଣେ ପରିଶ୍ରମୀ କିମ୍ବା ଅଧ୍ୟବସାୟୀ ବାଳକ ନଥିଲି। ମୁଁ ଅହଂକାର ଭଳି ଭାବନାରେ ଲିପ୍ତ ହେବାର କୌଣସି ସୁଯୋଗ ପାଇପାରିଲି ନାହିଁ। ମୁଁ ବରଂ ବହୁତ ଲାଜୁଆ ସ୍ୱଭାବର ଏକ ବାଳକ ଥିଲି, ଯାହାର ଭବିଷ୍ୟତ କ୍ୟାରିୟର ବିଷୟରେ କିଛି ନିରାଶାବାଦୀ ସ୍ୱଭାବ ଥିଲା | ଏବଂ ସେହି ସମୟରେ, ମୁଁ ଜଣେ ପୂର୍ଣ୍ଣ ନାସ୍ତିକ ନ ଥିଲି। ମୋ ଜେଜେବାପା, ଯାହାଙ୍କ ପ୍ରଭାବରେ ମୁଁ ବଢ଼ିଥିଲି, ଜଣେ ରକ୍ଷଣଶୀଳ ଆର୍ଯ୍ୟ ସମାଜବାଦୀ। ଜଣେ ଆର୍ଯ୍ୟ ସମାଜବାଦୀ ଜଣେ

ନାସ୍ତିକ ବ୍ୟତୀତ ଆଉ କିଛି ନୁହେଁ। ପ୍ରାଥମିକ ଶିକ୍ଷା ସମାପ୍ତ କରିବା ପରେ ମୁଁ D.A.V. ରେ ଯୋଗ ଦେଲି। ଲାହୋର ସ୍କୁଲ ଏବଂ ଏହାର ବୋର୍ଡିଂ ହାଉସରେ ସମ୍ପୂର୍ଣ୍ଣ ଏକ ବର୍ଷ ରହିଥିଲେ। ସେଠାରେ, ସକାଳ ଏବଂ ସନ୍ଧ୍ୟା ପ୍ରାର୍ଥନା ବ୍ୟତୀତ, ମୁଁ ଘଣ୍ଟା ଘଣ୍ଟା ଧରି "ଗାୟତ୍ରୀ ମନ୍ତ୍ର" ପାଠ କରୁଥିଲି। ମୁଁ ସେହି ସମୟରେ ସମ୍ପୂର୍ଣ୍ଣ ଭକ୍ତ ଥିଲି। ପରେ ମୁଁ ମୋ ବାପାଙ୍କ ସହିତ ରହିବାକୁ ଆରମ୍ଭ କଲି। ଧର୍ମର ରକ୍ଷଣଶୀଳତା ବିଷୟରେ ସେ ଜଣେ ଉଦାରବାଦୀ। ଏହା ତାଙ୍କ ଶିକ୍ଷା ମାଧ୍ୟମରେ ଥିଲା। ଯେ ମୁଁ ମୋ ଜୀବନକୁ ସ୍ୱାଧୀନତା ପାଇଁ ଉତ୍ସର୍ଗ କରିବାକୁ ଚାହୁଁଥିଲି। କିନ୍ତୁ ସେ ସେ ନାସ୍ତିକ ନୁହନ୍ତି। ସେ ଜଣେ ଦୃଢ଼ ବିଶ୍ୱାସୀ। ସେ ଉତ୍ସାହିତ କରୁଥିଲେ ମୁଁ ପ୍ରତିଦିନ ପ୍ରାର୍ଥନା କରୁଥିବାରୁ। ଏହିପରି ଭାବେ ମୋର ଲାଳନପାଳନ ହୋଇଥିଲା। ଅସହଯୋଗ ସମୟରେ ମୁଁ ନ୍ୟାସନାଲ କଲେଜରେ ଯୋଗ ଦେଇଥିଲି। ସେଇଠି ମୁଁ ଉଦାରତାର ସହ ଚିନ୍ତା କରିବା ଏବଂ ଆଲୋଚନା କରିବା ଆରମ୍ଭ କଲି, ଏବଂ ସମସ୍ତ ଧାର୍ମିକ ସମସ୍ୟାକୁ ସମାଲୋଚନା କଲି, ଏପରିକି ଭଗବାନଙ୍କ ବିଷୟରେ ମଧ୍ୟ। ତଥାପି ମୁଁ ଜଣେ ନିଷ୍ଠାପର ବିଶ୍ୱାସୀ ଥିଲି। ସେତେବେଳକୁ ମୁଁ ଅସମ୍ପୂର୍ଣ୍ଣ ଏବଂ ଅସମ୍ପୂର୍ଣ୍ଣ ଲମ୍ବା କେଶକୁ ସଂରକ୍ଷିତ କରିବା ଆରମ୍ଭ କରିଥିଲି କିନ୍ତୁ ମୁଁ ଶିଖ ଧର୍ମ କିମ୍ବା ଅନ୍ୟ କୌଣସି ଧର୍ମର ପୌରାଣିକ କଥା ଏବଂ ସିଦ୍ଧାନ୍ତରେ ବିଶ୍ୱାସ କରିପାରିଲି ନାହିଁ। କିନ୍ତୁ ଭଗବାନଙ୍କ ଉପରେ ମୋର ପୂର୍ଣ୍ଣ ବିଶ୍ୱାସ ରହିଥିଲା।

ପରେ ମୁଁ ବିପ୍ଳବୀ ଦଳରେ ଯୋଗ ଦେଲି। ମୁଁ ଯେଉଁ ପ୍ରଥମ ନେତାଙ୍କ ସଂସ୍ପର୍ଶରେ ଆସିଥିଲି, ସେ ବିଶ୍ୱାସ କରୁନଥିଲେ ମଧ୍ୟ ଭଗବାନଙ୍କ ଅସ୍ତିତ୍ୱକୁ ଅସ୍ୱୀକାର କରିବାର ସାହସ କରିପାରିଲେ ନାହିଁ। ଭଗବାନଙ୍କ ବିଷୟରେ ମୋର ନିରନ୍ତର ଅନୁସନ୍ଧାନରେ, ସେ କହୁଥିଲେଃ "ଆପଣ ଯେତେବେଳେ ଚାହିଁବେ ପ୍ରାର୍ଥନା କରନ୍ତୁ।" ବର୍ତ୍ତମାନ ଏହା ନାସ୍ତିକବାଦ, ସେହି ଧର୍ମକୁ ଗ୍ରହଣ କରିବା ପାଇଁ କମ୍ ସାହସର ଆବଶ୍ୟକତା ରହିଛି। ମୁଁ ଯେଉଁ ଦ୍ୱିତୀୟ ନେତାଙ୍କ ସଂସ୍ପର୍ଶରେ ଆସିଥିଲି, ସେ ଜଣେ ଦୃଢ଼ ବିଶ୍ୱାସୀ ଥିଲେ। ମୁଁ ତାଙ୍କ ନାମ-ସମ୍ମାନିତ କମରେଡ ଶଚିନ୍ଦ୍ର ନାଥ ସାନ୍ୟାଲଙ୍କ କଥା ଉଲ୍ଲେଖ କରିବି, ଯିଏ କାକୋରୀ ଷଡ଼ଯନ୍ତ୍ର ମାମଲାରେ ବର୍ତ୍ତମାନ ଆଜୀବନ କାରାଦଣ୍ଡ ଭୋଗୁଛନ୍ତି। ତାଙ୍କର ପ୍ରସିଦ୍ଧ ଏବଂ ଏକମାତ୍ର ପୁସ୍ତକ ବନ୍ଦି ଜୀବନ (କିମ୍ବା ବନ୍ଦୀ ଜୀବନ) ର ପ୍ରଥମ ପୃଷ୍ଠାରୁ ଭଗବାନଙ୍କ ଗୌରବ ଜୋରରେ ଗାନ କରାଯାଏ | ସେହି ସୁନ୍ଦର ପୁସ୍ତକର ଦ୍ୱିତୀୟ ଭାଗର ଶେଷ ପୃଷ୍ଠାରେ, ତାଙ୍କର ରହସ୍ୟବାଦୀ-ବେଦାନ୍ତବାଦ ହେତୁ-ଭଗବାନଙ୍କ ଉପରେ ବର୍ଷାଯାଇଥିବା ପ୍ରଶଂସା ତାଙ୍କ ଚିନ୍ତାଧାରାର ଏକ ସ୍ପଷ୍ଟ ଅଂଶ ଗଠନ କରେ | 1925 ମସିହା ଜାନୁଆରୀ 28 ତାରିଖରେ ସମଗ୍ର ଭାରତରେ ପ୍ରସାରିତ 'ଦ ରିଭୋଲ୍ୟୁସନାରୀ "ତାଙ୍କ ବୌଦ୍ଧିକ ପରିଶ୍ରମର ପରିଣାମ ଥିଲା ବୋଲି ଅଭିଯୋଗ ପକ୍ଷର କାହାଣୀରେ କୁହାଯାଇଛି। ବର୍ତ୍ତମାନ, ଗୁପ୍ତ କାର୍ଯ୍ୟରେ ଯେପରି ଅନିବାର୍ଯ୍ୟ, ପ୍ରମୁଖ ନେତା ନିଜର ମତ ବ୍ୟକ୍ତ କରନ୍ତି ଯାହା ତାଙ୍କ ବ୍ୟକ୍ତିତ୍ୱ ପାଇଁ ଅତ୍ୟନ୍ତ ପ୍ରିୟ, ଏବଂ ଅବଶିଷ୍ଟ ଶ୍ରମିକମାନଙ୍କୁ ସେମାନଙ୍କ ମଧ୍ୟରେ ମତଭେଦ ସତ୍ତ୍ୱେ ସେଗୁଡ଼ିକୁ ସ୍ୱୀକାର କରିବାକୁ ପଡ଼ିଥାଏ। ସେହି ଲିଫଲେଟରେ ଏକ ସମ୍ପୂର୍ଣ୍ଣ ଅନୁଚ୍ଛେଦ ସର୍ବଶକ୍ତିମାନ ଏବଂ ତାଙ୍କ ଆନନ୍ଦ ଏବଂ କାର୍ଯ୍ୟକୁ ପ୍ରଶଂସା କରିବା ପାଇଁ ଉତ୍ସର୍ଗୀକୃତ ହୋଇଥିଲା | ତାହା ସବୁ ହେଉଛି ରହସ୍ୟବାଦ। ମୁଁ ଯାହା ସୂଚାଇବାକୁ ଚାହୁଁଥିଲି ତାହା ହେଉଛି ବିପ୍ଳବୀ ଦଳରେ ଅବିଶ୍ୱାସର ଧାରଣା ମଧ୍ୟ ଅଙ୍କୁରିତ ହୋଇନଥିଲା। ପ୍ରସିଦ୍ଧ କାକୋରୀ ସହିଦମାନେ-ସେମାନଙ୍କ ମଧ୍ୟରୁ ଚାରିଜଣ-ପ୍ରାର୍ଥନାରେ ସେମାନଙ୍କର ଶେଷ ଦିନଗୁଡିକ ଅତିକ୍ରମ କରିଥିଲେ | ରାମ। ପ୍ରସାଦ ବିସ୍ମିଲ ଜଣେ ରକ୍ଷଣଶୀଳ ଆର୍ଯ୍ୟ ସମାଜବାଦୀ ଥିଲେ। ତା 'ର ବ୍ୟାପକତା ସତ୍ତ୍ୱେ ସମାଜବାଦ ଏବଂ ସାମ୍ୟବାଦ କ୍ଷେତ୍ରରେ ଅଧ୍ୟୟନ କରୁଥିବା ରାଜେନ୍ ଲାହିରୀ ଉପନିଷଦ ଏବଂ ଗୀତାର ଭଜନ ପାଠ କରିବାର ଇଚ୍ଛାକୁ ଦମନ କରିପାରିଲେ ନାହିଁ। ମୁଁ ସେମାନଙ୍କ ମଧ୍ୟରେ କେବଳ ଜଣେ ବ୍ୟକ୍ତିଙ୍କୁ ଦେଖିଲି, ଯିଏ କେବେ ପ୍ରାର୍ଥନା କରିନଥିଲେ ଏବଂ କହୁଥିଲେଃ "ଦର୍ଶନ ହେଉଛି ମନୁଷ୍ୟର ଦୁର୍ବଳତା କିମ୍ବା ଜ୍ଞାନର ସୀମାବଦ୍ଧତାର ପରିଣାମ |" ସେ ଆଜୀବନ ପରିବହନ ଦଣ୍ଡ ମଧ୍ୟ ଭୋଗୁଛନ୍ତି। କିନ୍ତୁ ସେ କେବେ ବି ଭଗବାନଙ୍କ ଅସ୍ତିତ୍ୱକୁ ଅସ୍ୱୀକାର କରିବାକୁ ସାହସ କରିନଥିଲେ।

ସେହି ସମୟ ପର୍ଯ୍ୟନ୍ତ ମୁଁ କେବଳ ଜଣେ ରୋମାଣ୍ଟିକ୍ ଆଦର୍ଶବାଦୀ ବିପ୍ଳବୀ ଥିଲି। ସେତେବେଳ ପର୍ଯ୍ୟନ୍ତ ଆମକୁ ଅନୁସରଣ କରିବାକୁ ଥିଲା। ଏବେ ସମସ୍ତ ଦାୟିତ୍ୱ ତୁଲାଇବାର ସମୟ ଆସିଛି। କିଛି ସମୟ ପାଇଁ ଅନିବାର୍ଯ୍ୟ ପ୍ରତିକ୍ରିୟା ହେତୁ ଦଳର ଅସ୍ତିତ୍ୱ ଅସମ୍ଭବ ଲାଗୁଥିଲା | ଉତ୍ସାହିତ କମରେଡମାନେ, ନା, ନେତାମାନେ-ଆମକୁ ପରିହାସ କରିବା ଆରମ୍ଭ କଲେ। କିଛି ସମୟ ପାଇଁ ମୁଁ ଭୟ କରୁଥିଲି ଯେ ଦିନେ ହୁଏତ ମୁଁ ମଧ୍ୟ ଆମର ନିଜ କାର୍ଯ୍ୟକ୍ରମର ନିରର୍ଥକତା ବିଷୟରେ ନିଶ୍ଚିତ ହେବି ନାହିଁ। ଏହା ମୋ ବୈପ୍ଳବିକ କ୍ୟାରିଅରର ଏକ ଟର୍ଣ୍ଣିଂ ପଏଣ୍ଟ ଥିଲା। "ଅଧ୍ୟୟନ" ଏକ ଚିତ୍କାର ଥିଲା ଯାହା ମୋ ମନର କରିଡରରେ ପ୍ରତିଧ୍ୱନିତ ହେଉଥିଲା | ନିଜ ଧର୍ମର ସପକ୍ଷରେ ଯୁକ୍ତି ଉପସ୍ଥାପନ କରି ନିଜକୁ ସକ୍ଷମ କରିବା ପାଇଁ ଅଧ୍ୟୟନ କରନ୍ତୁ। ମୁଁ ପାଠ ପଢ଼ିବା ଆରମ୍ଭ କଲି। ମୋର ପୂର୍ବ ବିଶ୍ୱାସ ଏବଂ ବିଶ୍ୱାସ କେବଳ ସେହି ପଦ୍ଧତିଗୁଡ଼ିକ ଦେଇ ଗତି କରୁଥିଲା ଯାହା ଆମର ପୂର୍ବସୂରୀମାନଙ୍କ ମଧ୍ୟରେ ଏତେ ପ୍ରମୁଖ ଥିଲା, ଯାହା ଗମ୍ଭୀର ବିଚାର ଦ୍ୱାରା ପ୍ରତିସ୍ଥାପିତ ହୋଇଥିଲା। ଆଉ ରହସ୍ୟବାଦ ନାହିଁ, ଆଉ ଅନ୍ଧ ବିଶ୍ୱାସ ନାହିଁ। ବାସ୍ତବବାଦ ଆମର ଧର୍ମରେ ପରିଣତ ହୋଇଗଲା। ଭୟଙ୍କର ଆବଶ୍ୟକତା ଦୃଷ୍ଟିରୁ ବଳ ପ୍ରୟୋଗ କରିବା ଯଥାର୍ଥଃ ସମସ୍ତ ଜନ ଆନ୍ଦୋଳନ ପାଇଁ ନୀତି ଭାବେ ଅହିଂସା ଅପରିହାର୍ଯ୍ୟ। ପଦ୍ଧତି ବିଷୟରେ ଏତେ କିଛି। ସବୁଠାରୁ ଗୁରୁତ୍ୱପୂର୍ଣ୍ଣ ବିଷୟ ଥିଲା କେଉଁ ଆଦର୍ଶ ପାଇଁ ଆମକୁ ଲଢ଼ିବାକୁ ହେବ ତାହାର ସ୍ପଷ୍ଟ ଧାରଣା। କାର୍ଯ୍ୟ କ୍ଷେତ୍ରରେ କୌଣସି ଗୁରୁତ୍ୱପୂର୍ଣ୍ଣ କାର୍ଯ୍ୟକଳାପ ନ ଥିବାରୁ ମୁଁ ବିଶ୍ୱ ବିପ୍ଳବର ବିଭିନ୍ନ ଆଦର୍ଶ ଅଧ୍ୟୟନ କରିବାକୁ ପର୍ଯ୍ୟାପ୍ତ ସୁଯୋଗ ପାଇଲି। ମୁଁ ଅରାଜକବାଦୀ ନେତା ବକୁନିନ୍, କମ୍ୟୁନିଜିମ୍ ର ପିତା ମାର୍କସ୍, ଏବଂ ଲେନିନ୍, ଟ୍ରଟ୍ସ୍କି ଏବଂ ଅନ୍ୟମାନଙ୍କ ମଧ୍ୟରୁ ଅଧିକାଂଶ ଅଧ୍ୟୟନ କଲି-ଯେଉଁମାନେ ନିଜ ଦେଶରେ ସଫଳତାର ସହ ଏକ ବିପ୍ଳବ କରିଥିଲେ | ସେମାନେ ସମସ୍ତେ ନାସ୍ତିକ ଥିଲେ। ବକୁନିନ୍ଙ୍କ ଈଶ୍ୱର ଏବଂ ରାଜ୍ୟ, ଯଦିଓ କେବଳ ଖଣ୍ଡିତ, ଏକ ବିଷୟଟିର ଆକର୍ଷଣୀୟ ଅଧ୍ୟୟନ। ପରେ ବି ମୁଁ ଗୋଟିଏ ବହି ପାଇଲି। ନିରଲାମ୍ବା ସ୍ୱାମୀଙ୍କ ଦ୍ୱାରା 'ସାଧାରଣ ଜ୍ଞାନ' ଶୀର୍ଷକ, ଏହା କେବଳ ଏକ ପ୍ରକାର ଥିଲା ରହସ୍ୟବାଦୀ ନାସ୍ତିକବାଦ। ଏହି ପ୍ରସଙ୍ଗଟି ମୋ ପାଇଁ ଅତ୍ୟନ୍ତ ଆଗ୍ରହର ବିଷୟ ପାଲଟିଥିଲା। 1926 ମସିହା ଶେଷ ସୁଦ୍ଧା ମୁଁ ବିଶ୍ୱ ବ୍ରହ୍ମାଣ୍ଡର ସୃଷ୍ଟି, ମାର୍ଗଦର୍ଶନ ଏବଂ ନିୟନ୍ତ୍ରଣ କରିଥିବା ଜଣେ ସର୍ବଶକ୍ତିମାନ ସର୍ବୋଚ୍ଚ ବ୍ୟକ୍ତିଙ୍କ ଅସ୍ତିତ୍ୱ ସିଦ୍ଧାନ୍ତର ଭିତ୍ତିହୀନତା ବିଷୟରେ ନିଶ୍ଚିତ ହୋଇଥିଲି। ମୁଁ ମୋର ଏହି ଅବିଶ୍ୱାସକୁ ଛାଡ଼ି ଦେଇଥିଲି। ମୁଁ ମୋର ବନ୍ଧୁମାନଙ୍କ ସହିତ ଏହି ବିଷୟଗୁଡ଼ିକ ଉପରେ ଆଲୋଚନା ଆରମ୍ଭ କଲି। ମୁଁ ଜଣେ ଘୋଷିତ ନାସ୍ତିକ ହୋଇଯାଇଥିଲି। କିନ୍ତୁ ଏହାର ଅର୍ଥ କ "ଣ ତାହା ବର୍ତ୍ତମାନ ଆଲୋଚନା କରାଯିବ।

1927 ମସିହା ମେ ମାସରେ, ମୋତେ ଲାହୋରରେ ଗିରଫ କରାଯାଇଥିଲା। ଏହି ଗିରଫଦାରୀ ଆଶ୍ଚର୍ଯ୍ୟଜନକ ଥିଲା। ପୋଲିସ୍ ମୋତେ ଚାହୁଁଛି ବୋଲି ମୁଁ ଜାଣି ନଥିଲି। ହଠାତ୍, ଏକ ବଗିଚା ଦେଇ ଯିବାବେଳେ, ମୁଁ ନିଜକୁ ପୋଲିସ୍ ଦ୍ୱାରା ଘେରି ରହିଥିବା ଦେଖିଲି। ମୁଁ ନିଜେ ଆଶ୍ଚର୍ଯ୍ୟ ଯେ ମୁଁ ସେହି ସମୟରେ ବହୁତ ଶାନ୍ତ ଥିଲି। ମୁଁ କୌଣସି ସମ୍ବେଦନ ଅନୁଭବ କରିନଥିଲି, କିମ୍ବା କୌଣସି ଉତ୍ତେଜନା ଅନୁଭବ କରିନଥିଲି। ମୋତେ ପୋଲିସ୍ ହେପାଜତକୁ ନିଆଯାଇଥିଲା।

ପରଦିନ ମୋତେ ରେଲୱେ ପୋଲିସ୍ ଲକ-ଅପ୍କୁ ନିଆଯାଇଥିଲା ଯେଉଁଠାରେ ମୋତେ ସମ୍ପୂର୍ଣ୍ଣ ଏକ ମାସ ବିତାଇବାକୁ ଥିଲା। ପୋଲିସ୍ ଅଧିକାରୀଙ୍କ ସହିତ ଅନେକ ଦିନର ବାର୍ତ୍ତାଳାପ ପରେ ମୁଁ ଅନୁମାନ କଲି ଯେ କାକୋରୀ ଦଳ ସହିତ ମୋର ସମ୍ପର୍କ ଏବଂ ବିପ୍ଳବୀ ଆନ୍ଦୋଳନ ସହିତ ଜଡିତ ମୋର ଅନ୍ୟାନ୍ୟ କାର୍ଯ୍ୟକଳାପ ବିଷୟରେ ସେମାନଙ୍କ ପାଖରେ କିଛି ସୂଚନା ଅଛି। ସେମାନେ ମୋତେ କହିଲେ ଯେ ବିଚାର ଚାଲିଥିବା ସମୟରେ ମୁଁ ଲକ୍ଷ୍ନୌ ଯାଇଥିଲି, ସେମାନଙ୍କ ଉଦ୍ଧାର ପାଇଁ ମୁଁ ଏକ ନିର୍ଦ୍ଦିଷ୍ଟ ଯୋଜନା ବିଷୟରେ ଆଲୋଚନା କରିଥିଲି, ସେମାନଙ୍କର ଅନୁମୋଦନ ପାଇବା ପରେ, ଆମେ କିଛି ବୋମା ସଂଗ୍ରହ କରିଛୁ, ପରୀକ୍ଷା ମାଧ୍ୟମରେ ବୋମା ମଧ୍ୟରୁ ଗୋଟିଏ 1926 ଦଶେରା ଅବସରରେ ଭିଡ଼ରେ ଫିଙ୍ଗି

ଦିଆଯାଇଥିଲା। ମୋ ସ୍ୱାର୍ଥରେ ସେମାନେ ମୋତେ ଆହୁରି ସୂଚନା ଦେଲେ ଯେ ଯଦି ମୁଁ ବିପ୍ଳବୀ ଦଳର କାର୍ଯ୍ୟକଳାପ ଉପରେ କିଛି ଆଲୋକପାତ କରି କୌଣସି ବିବୃତ୍ତି ଦେଇପାରିବି, ତେବେ ମୋତେ ଜେଲ୍ ଯିବାକୁ ପଡ଼ିବ ନାହିଁ, ବରଂ ଅଦାଲତରେ ସରକାରୀ ସାକ୍ଷୀ ଭାବରେ ଉପସ୍ଥାପିତ ନହୋଇ ମଧ୍ୟ ମୋତେ ମୁକ୍ତ ଏବଂ ପୁରସ୍କୃତ କରାଯିବ। ଏହି ପ୍ରସ୍ତାବ ଶୁଣି ମୁଁ ହସି ପକାଇଲି। ସବୁ ଥିଲା ଛାରଖାର। ଆମ ଭଳି ବିଚାର ଧାରଣ କରୁଥିବା ଲୋକମାନେ ନିର୍ଦ୍ଦୋଷ ଲୋକଙ୍କ ଉପରେ ବୋମା ଫିଙ୍ଗନ୍ତି ନାହିଁ। ଦିନେ ସକାଳେ C.I.D. ର ତତ୍କାଳୀନ ବରିଷ୍ଠ ଅଧୀକ୍ଷକ ମିଷ୍ଟର ନିଉମ୍ୟାନ ମୋ ପାଖକୁ ଆସିଲେ। ଏବଂ ମୋ ସହିତ ଅନେକ ସହାନୁଭୂତିଶୀଳ ବାର୍ତ୍ତାଳାପ ପରେ, ତାଙ୍କୁ ଅତ୍ୟନ୍ତ ଦୁଃଖଦାୟକ ଖବର ପ୍ରଦାନ କଲେ ଯେ ଯଦି ମୁଁ କୌଣସି ବିବୃତ୍ତି ନ ଦିଏ ସେମାନଙ୍କ ଦ୍ୱାରା ଦାବି କଲେ, କାକରୀ ମାମଲାରେ ଯୁଦ୍ଧ କରିବା ପାଇଁ ଷଡ଼ଯନ୍ତ୍ର ଏବଂ ଦଶହରା ବୋମା ବିସ୍ଫୋରଣ ଘଟଣାରେ ନୃଶଂସ ହତ୍ୟା ପାଇଁ ସେମାନେ ମୋତେ ବିଚାର ପାଇଁ ପଠାଇବାକୁ ବାଧ୍ୟ ହେବେ। ଏବଂ ସେ ମୋତେ ଆହୁରି ସୂଚନା ଦେଲେ ଯେ ମୋତେ ଦୋଷୀ ସାବ୍ୟସ୍ତ କରିବା ଏବଂ ଫାଶୀ ଦେବା ପାଇଁ ସେମାନଙ୍କ ପାଖରେ ଯଥେଷ୍ଟ ପ୍ରମାଣ ଅଛି।

ସେହି ସମୟରେ ମୁଁ ବିଶ୍ୱାସ କରୁଥିଲି ଯେ ଯଦିଓ ମୁଁ ସମ୍ପୂର୍ଣ୍ଣ ନିର୍ଦ୍ଦୋଷ-ପୋଲିସ ଚାହିଁଲେ ଏହା କରିପାରିବ। ସେହି ଦିନ ହିଁ କେତେକ ପୋଲିସ୍ ଅଧିକାରୀ ଉଭୟ ସମୟରେ ନିୟମିତ ଭାବରେ ଭଗବାନଙ୍କୁ ମୋର ପ୍ରାର୍ଥନା କରିବାକୁ ମୋତେ ପ୍ରବର୍ତ୍ତାଇବାକୁ ଲାଗିଲେ। ଏବେ ମୁଁ ନାସ୍ତିକ ଥିଲି। ମୁଁ ନିଜ ପାଇଁ ସ୍ଥିର କରିବାକୁ ଚାହୁଁଥିଲି ଯେ କେବଳ ଶାନ୍ତି ଏବଂ ଉପଭୋଗର ଦିନରେ ମୁଁ ଜଣେ ନାସ୍ତିକ ବୋଲି ଗର୍ବ କରିପାରିବି କିମ୍ବା ଏପରି କଠିନ ସମୟରେ ମଧ୍ୟ ମୁଁ ମୋର ସେହି ନୀତିଗୁଡ଼ିକୁ ପାଳନ କରିପାରିବି। ବହୁତ ଚିନ୍ତା କରିବା ପରେ ମୁଁ ସ୍ଥିର କଲି ଯେ ମୁଁ ନିଜକୁ ଭଗବାନଙ୍କ ଉପରେ ବିଶ୍ୱାସ ଏବଂ ପ୍ରାର୍ଥନା କରିବାକୁ ଆଗେଇ ନେଇପାରିବି ନାହିଁ। ନା, ମୁଁ କେବେ ନୁହେଁ। ତାହା ହିଁ ଥିଲା ପ୍ରକୃତ ପରୀକ୍ଷା ଏବଂ ମୁଁ ସଫଳ ହେଲି। ମୁଁ ଗୋଟିଏ ମୁହୂର୍ତ୍ତ ପାଇଁ ମଧ୍ୟ ଅନ୍ୟ କିଛି ଜିନିଷର ମୂଲ୍ୟରେ ମୋର ବେକ ବଞ୍ଚାଇବାକୁ ଚାହୁଁ ନଥିଲି। ତେଣୁ ମୁଁ ଜଣେ ଦୃଢ଼ ଅବିଶ୍ୱାସୀ ଥିଲି; ଏବଂ ସେବେଠାରୁ ରହିଆସିଛି। ସେହି ପରୀକ୍ଷାରେ ଠିଆ ହେବା ସହଜ କାମ ନଥିଲା "।ବିଶ୍ୱାସ ଅସୁବିଧାଗୁଡ଼ିକୁ ନରମ କରିଥାଏ, ଏପରିକି ସେମାନଙ୍କୁ ସୁଖଦ ମଧ୍ୟ କରିପାରେ। ଭଗବାନଙ୍କଠାରେ, ମଣିଷ ବହୁତ ଶକ୍ତିଶାଳୀ ସାନ୍ତ୍ୱନା ଏବଂ ସମର୍ଥନ ପାଇପାରିବ। ତାଙ୍କ ବିନା, ମଣିଷକୁ ନିଜ ଉପରେ ନିର୍ଭର କରିବାକୁ ପଡ଼ିବ। ଝଡ଼ ଏବଂ ଘୂର୍ଣ୍ଣିବାତ୍ୟା ମଧ୍ୟରେ ନିଜ ଗୋଡ଼ରେ ଠିଆ ହେବା କୌଣସି ପିଲାଙ୍କ ଖେଳ ନୁହେଁ। ଏପରି ପରୀକ୍ଷାର ମୁହୂର୍ତ୍ତରେ, ଅହଂକାର-ଯଦି-ଯେକୌଣସି-ବାଷ୍ପୀଭୂତ ହୁଏ ଏବଂ ମଣିଷ ସାଧାରଣ ବିଶ୍ୱାସକୁ ଅସ୍ୱୀକାର କରିବାକୁ ସାହସ କରିପାରିବ ନାହିଁ | ଯଦି ସେ ଏପରି କରନ୍ତି, ତେବେ ଆମକୁ ଏହି ସିଦ୍ଧାନ୍ତରେ ପହଞ୍ଚିବାକୁ ପଡ଼ିବ ଯେ ସେ କେବଳ ଅହଂକାର ବ୍ୟତୀତ ଅନ୍ୟ କିଛି ଶକ୍ତି ପାଇଛନ୍ତି। ବର୍ତ୍ତମାନ ସ୍ଥିତିରେ ଠିକ୍ ଏହା ହିଁ ହୋଇଛି। ବିଚାର ପୂର୍ବରୁ ବହୁତ ଜଣାଶୁଣା | ଏକ ସପ୍ତାହ ମଧ୍ୟରେ ଏହା ଘୋଷଣା କରାଯିବ। ମୁଁ ଏକ କାରଣ ପାଇଁ ମୋ ଜୀବନ ଉତ୍ସର୍ଗ କରିବାକୁ ଯାଉଛି ବୋଲି ଧାରଣା ବ୍ୟତୀତ ସାନ୍ତ୍ୱନା କ 'ଣ? ଜଣେ ଈଶ୍ୱର-ବିଶ୍ୱାସୀ ହିନ୍ଦୁ ହୁଏତ ଜଣେ ରାଜା ଭାବରେ ପୁନର୍ଜନ୍ମ ଆଶା କରୁଥାଇପାରନ୍ତି, ଜଣେ ମୁସଲମାନ କିମ୍ବା ଜଣେ ଖ୍ରୀଷ୍ଟିଆନ ସ୍ୱର୍ଗରେ ଉପଭୋଗ କରିବାକୁ ବିଳାସ ଏବଂ ତାଙ୍କ ଯନ୍ତ୍ରଣା ଏବଂ ବଳିଦାନ ପାଇଁ ପାଇଥିବା ପୁରସ୍କାର ବିଷୟରେ ସ୍ୱପ୍ନ ଦେଖିପାରନ୍ତି | କିନ୍ତୁ ମୁଁ କ "ଣ କରିବି? ଆଶା? ମୁଁ ଜାଣେ ମୋ ପାଦ ତଳେ ଥିବା ମୁହୂର୍ତ୍ତ, ତାହା ଶେଷ ହେବ। ମୁହୂର୍ତ୍ତ-ତାହା ଶେଷ ମୁହୂର୍ତ୍ତ ହେବ। ମୁଁ, କିମ୍ବା ଅଧିକ ନିର୍ଦ୍ଦିଷ୍ଟ ଭାବରେ କହିବାକୁ, ଅଧିବିଦ୍ୟାତ୍ମକ ପରିଭାଷାରେ ବ୍ୟାଖ୍ୟା କରାଯାଇଥିବା ପରି ମୋର ଆତ୍ମା ସବୁକିଛି କରିବ ସେଠାରେ ଶେଷ କରନ୍ତୁ। ଆଉ କିଛି ନାହିଁ। ବିନା ସଂଘର୍ଷରେ ଏକ ସ୍ୱଚ୍ଛ ଜୀବନ ଏପରି ଚମତ୍କାର ସମାପ୍ତି, ନିଜେ ପୁରସ୍କାର ହେବ, ଯଦି ମୋର ଅଛି ଏହାକୁ ସେହି ଆଲୋକରେ ନେବା ପାଇଁ ସାହସ କରନ୍ତୁ। ବାସ୍ ଏତିକି। କୌଣସି ସ୍ୱାର୍ଥପର ଉଦ୍ଦେଶ୍ୟ ବିନା କିମ୍ବା ଏଠାରେ କିମ୍ବା ଭବିଷ୍ୟତରେ ପୁରସ୍କୃତ

ହେବାର ଇଚ୍ଛା, ଅତ୍ୟନ୍ତ ନିଃସ୍ୱାର୍ଥପର ଭାବରେ, ମୁଁ ମୋର ଜୀବନକୁ ସ୍ୱାଧୀନତା ପାଇଁ ଉତ୍ସର୍ଗ କରିଛି, କାରଣ ମୁଁ ଅନ୍ୟଥା କରିପାରିଲେ ନାହିଁ। ଯେଉଁଦିନ ଆମେ ବହୁ ସଂଖ୍ୟକ ପୁରୁଷ ପାଇବୁ ଏବଂ ଏହି ମନୋବିଜ୍ଞାନ ଥିବା ମହିଳାମାନେ, ଯେଉଁମାନେ ନିଜକୁ ଉତ୍ସର୍ଗ କରିପାରିବେ ନାହିଁ ମାନବଜାତିର ସେବା ଏବଂ ମୁକ୍ତି ବ୍ୟତୀତ ଅନ୍ୟ କିଛି ପାଇଁ ପୀଡ଼ିତ ମାନବତାର, ସେହି ଦିନ ଯୁଗର ଉଦଘାଟନ କରିବ ସ୍ୱାଧୀନତା। ରାଜା ହେବା ପାଇଁ ନୁହେଁ, କିମ୍ବା ଅନ୍ୟ କୌଣସି ପୁରସ୍କାର ପାଇବା ପାଇଁ ନୁହେଁ। ଏଠାରେ, କିମ୍ବା ପରବର୍ତ୍ତୀ ଜନ୍ମରେ କିମ୍ବା ସ୍ୱର୍ଗରେ ମୃତ୍ୟୁ ପରେ, ସେମାନେ ଉତ୍ପୀଡ଼କ, ଶୋଷଣକାରୀ ଏବଂ ଅତ୍ୟାଚାରୀମାନଙ୍କୁ ଆହ୍ୱାନ କରିବାକୁ ପ୍ରେରିତ ହୁଅନ୍ତୁ, କିନ୍ତୁ ମାନବଜାତିର ଗଳାରୁ ଦାସତ୍ୱର ଯୋଡ଼ିକୁ କାଢ଼ିବା ପାଇଁ ଏବଂ ସ୍ୱାଧୀନତା ଏବଂ ଶାନ୍ତି ପ୍ରତିଷ୍ଠା କରିବା ପାଇଁ ସେମାନେ ଏହାକୁ ସେମାନଙ୍କ ପାଖରେ ପହଞ୍ଚାଇବେ। ବ୍ୟକ୍ତି ନିଜେ ବିପଦପୂର୍ଣ୍ଣ ଏବଂ ସେମାନଙ୍କ ସମ୍ଭ୍ରାନ୍ତ ନିଜ ପାଇଁ ଏକମାତ୍ର ଗୌରବମୟ କାଳ୍ପନିକ-ପଥ। ସେମାନଙ୍କର ମହତ୍ତ୍ୱପୂର୍ଣ୍ଣ କାରଣ ପାଇଁ ଗର୍ବ ହେଉଛି କି? ଭାନିଟି ଭାବରେ ଭୁଲ ବ୍ୟାଖ୍ୟା କରାଯାଇଛି କି? ଏଭଳି ଘୃଣ୍ୟ କଥା କହିବାକୁ କିଏ ସାହସ କରେ? ବିଶେଷଣ? ତାଙ୍କୁ ମୁଁ କହୁଛି, ସେ ମୂର୍ଖ ହୁଅନ୍ତୁ କିମ୍ବା ନିର୍ବୋଧ ହୁଅନ୍ତୁ। ଆମ୍ଭେମାନେ କ୍ଷମା କରିବା କାରଣ ସେ ଗଭୀରତା, ଆବେଗ, ଭାବନାକୁ ଅନୁଭବ କରିପାରିବ ନାହିଁ। ଏବଂ ସେହି ହୃଦୟରେ ଉଦ୍ବେଳିତ ହେଉଥିବା ମହାନ ଭାବନାଗୁଡ଼ିକ। ତା 'ର ହୃଦୟ ମରିଯାଇଛି।କେବଳ ମାଂସର ଏକ ପିଣ୍ଡ ପରି, ତାଙ୍କର ଆଖି ଦୁର୍ବଳ, ଅନ୍ୟର ଦୁଷ୍ଟତା _ ସେମାନଙ୍କ ଉପରେ ସ୍ୱାର୍ଥ ନ୍ୟସ୍ତ କରାଯାଇଛି। ଆତ୍ମନିର୍ଭରଶୀଳତା ସର୍ବଦା ଅହଂକାର ଭାବରେ ବ୍ୟାଖ୍ୟା କରାଯିବାର ସମ୍ଭାବନା | ଏହା ଦୁଃଖଦାୟକ ଏବଂ ଦୁଃଖର ବିଷୟ, କିନ୍ତୁ କିଛି ସାହାଯ୍ୟ ନାହିଁ।

ଆପଣ ଯାଆନ୍ତୁ ଏବଂ ପ୍ରଚଳିତ ବିଶ୍ୱାସକୁ ବିରୋଧ କରନ୍ତୁ, ଆପଣ ଯାଆନ୍ତୁ ଏବଂ ଜଣେ ନାୟକଙ୍କୁ ସମାଲୋଚନା କରନ୍ତୁ, ଜଣେ ମହାନ ବ୍ୟକ୍ତି ଯିଏ ସାଧାରଣତଃ ସମାଲୋଚନାର ଊର୍ଦ୍ଧ୍ୱରେ ବୋଲି ବିଶ୍ୱାସ କରାଯାଏ କାରଣ ସେ ତାଙ୍କର ଚିନ୍ତାଧାରାକୁ ତ୍ରୁଟିହୀନ ବୋଲି ବିବେଚନା କରନ୍ତି, ଆପଣଙ୍କ ଯୁକ୍ତିର ଶକ୍ତି ଜନତାଙ୍କୁ ଆପଣଙ୍କୁ ନିନ୍ଦନୀୟ ଭାବରେ ନିନ୍ଦା କରିବାକୁ ବାଧ୍ୟ କରିବ | ଏହା ମାନସିକ ସ୍ଥାଣୁତା କାରଣରୁ ହୋଇଥାଏ। ସମାଲୋଚନା। ଏବଂ ସ୍ୱାଧୀନ ଚିନ୍ତାଧାରା ହେଉଛି ଜଣେ ବିପ୍ଳବୀଙ୍କର ଦୁଇଟି ଅପରିହାର୍ଯ୍ୟ ଗୁଣ। କାରଣ ମହାତ୍ମା ଜୀ ମହାନ, ତେଣୁ କେହି ସମାଲୋଚନା କରିବା ଉଚିତ ନୁହେଁ। ତାଙ୍କୁ। କାରଣ ସେ ଉପରକୁ ଉଠିଛନ୍ତି, ତେଣୁ ସେ ଯାହା କିଛି କହନ୍ତି - ରାଜନୀତି କିମ୍ବା ଧର୍ମ, ଅର୍ଥନୀତି କିମ୍ବା ନୈତିକତା କ୍ଷେତ୍ରରେ ହୋଇପାରେ-ଠିକ୍। ଆପଣ ନିଶ୍ଚିତ ହୁଅନ୍ତୁ କି ନ ହୁଅନ୍ତୁ, ଆପଣଙ୍କୁ ନିଶ୍ଚୟ କହିବାକୁ ପଡ଼ିବଃ "ହଁ, ଏହା ସତ୍ୟ।" ଏହି ମାନସିକତା ପ୍ରଗତି ଆଡ଼କୁ ନେଇଯାଏ ନାହିଁ। ଏହା ସ୍ପଷ୍ଟତଃ ଅତ୍ୟଧିକ ପ୍ରତିକ୍ରିୟାଶୀଳ।

କାରଣ ଆମର ପୂର୍ବପୁରୁଷ ସର୍ବଶକ୍ତିମାନ ଈଶ୍ୱରଙ୍କ ଉପରେ ବିଶ୍ୱାସ ସ୍ଥାପନ କରିଥିଲେ-ତେଣୁ, ଯେକୌଣସି ବ୍ୟକ୍ତି ଯିଏ ସେହି ବିଶ୍ୱାସର ବୈଧତାକୁ କିମ୍ବା ସେହି ସର୍ବୋଚ୍ଚ ସତ୍ତାର ଅସ୍ତିତ୍ୱକୁ ଚ୍ୟାଲେଞ୍ଜ କରିବାକୁ ସାହସ କରେ, ତାଙ୍କୁ ଧର୍ମଭ୍ରଷ୍ଟ, ବିଦ୍ରୋହୀ ବୋଲି କହିବାକୁ ପଡିବ। ଯଦି ତାଙ୍କ ଯୁକ୍ତି ଏତେ ଦୃଢ଼ ଯେ ପ୍ରତି-ଯୁକ୍ତି ଦ୍ୱାରା ଖଣ୍ଡନ କରାଯାଇପାରିବ ନାହିଁ ଏବଂ ସର୍ବଶକ୍ତିମାନଙ୍କ କ୍ରୋଧ ଦ୍ୱାରା ତାଙ୍କ ଉପରେ ପଡୁଥିବା ଦୁର୍ଭାଗ୍ୟର ଧମକ ଦ୍ୱାରା ଭୟଭୀତ ହେବା ପାଇଁ ଏତେ ଶକ୍ତିଶାଳୀ ଆତ୍ମା, ତେବେ ତାଙ୍କୁ ନିନ୍ଦନୀୟ ବୋଲି ଅଭିହିତ କରାଯିବ, ତାଙ୍କର ଆତ୍ମାକୁ ଅହଂକାର ଭାବରେ ଚିହ୍ନିତ କରାଯିବ | ତେବେ, ଏହି ନିରର୍ଥକ ଆଲୋଚନାରେ ସମୟ ନଷ୍ଟ କାହିଁକି? କାହିଁକି ସମଗ୍ର ବିଷୟକୁ ନେଇ ତର୍କ କରିବାକୁ ଚେଷ୍ଟା କରୁଛନ୍ତି? ଏହି ପ୍ରଶ୍ନ ପ୍ରଥମ ଥର ପାଇଁ ଜନସାଧାରଣଙ୍କ ସମ୍ମୁଖରେ ଆସୁଛି, ଏବଂ ପ୍ରଥମ ଥର ପାଇଁ ଏହି ତଥ୍ୟ ପ୍ରସଙ୍ଗରେ ପରିଚାଳନା କରାଯାଉଛି, ତେଣୁ ଏହି ଦୀର୍ଘ ଆଲୋଚନା

ପ୍ରଥମ ପ୍ରଶ୍ନ ବିଷୟରେ, ମୁଁ ଭାବୁଛି ମୁଁ ସ୍ପଷ୍ଟ କରି ଦେଇଛି ଯେ ଏହା ଅହଂକାର ନୁହେଁ ଯାହା ମୋତେ ନାସ୍ତିକତା ଆଡ଼କୁ ନେଇଯାଇଛି। ମୋର ଯୁକ୍ତି ବିଶ୍ୱାସଯୋଗ୍ୟ କି ନୁହେଁ ବୋଲି ପ୍ରମାଣିତ ହୋଇଛି, ତାହା

ମୋର ପାଠକମାନଙ୍କ ଦ୍ୱାରା ବିଚାର କରାଯିବ, ମୋ ଦ୍ୱାରା ନୁହେଁ। ମୁଁ ଜାଣେ ବର୍ତ୍ତମାନର ପରିସ୍ଥିତିରେ ଭଗବାନଙ୍କ ଉପରେ ମୋର ବିଶ୍ୱାସ ମୋ ଜୀବନକୁ ସହଜ କରିଦେଇଥାନ୍ତା, ମୋର ବୋଝ ହାଲୁକା କରିଦେଇଥାନ୍ତା, ଏବଂ ତାଙ୍କ ଉପରେ ମୋର ଅବିଶ୍ୱାସ ସମସ୍ତ ପରିସ୍ଥିତିକୁ ଅତ୍ୟନ୍ତ ଶୁଷ୍କ କରିଦେଇଛି, ଏବଂ ପରିସ୍ଥିତି ଅତ୍ୟଧିକ କଠୋର ଆକାର ନେଇପାରେ | ଟିକିଏ ରହସ୍ୟବାଦ ଏହାକୁ କାବ୍ୟାତ୍ମକ କରିପାରେ | କିନ୍ତୁ ମୁଁ ଚାହେଁ ନାହିଁ ଯେ କୌଣସି ନିଶାର ସାହାଯ୍ୟ ମୋ ଭାଗ୍ୟକୁ ଭେଟିବା ମୁଁ ଜଣେ ବାସ୍ତବବାଦୀ। ମୁଁ ଯୁକ୍ତି ସାହାଯ୍ୟରେ ମୋ ଭିତରେ ଥିବା ପ୍ରବୃତ୍ତିକୁ ପରାସ୍ତ କରିବାକୁ ଚେଷ୍ଟା କରୁଛି। ମୁଁ ସବୁବେଳେ ଏହି ଲକ୍ଷ୍ୟ ହାସଲ କରିବାରେ ସଫଳ ହୋଇନାହିଁ। କିନ୍ତୁ ମଣିଷର କର୍ତ୍ତବ୍ୟ ହେଉଛି ଚେଷ୍ଟା କରିବା ଏବଂ ପ୍ରୟାସ କରିବା, ସଫଳତା ସୁଯୋଗ ଏବଂ ପରିବେଶ ଉପରେ ନିର୍ଭର କରେ।

ଦ୍ୱିତୀୟ ପ୍ରଶ୍ନଟି ହେଉଛି ଯେ ଯଦି ଏହା ଅହଂକାର ନୁହେଁ, ତେବେ ଭଗବାନଙ୍କ ଅସ୍ତିତ୍ୱର ପୁରୁଣା ଏବଂ ତଥାପି ପ୍ରଚଳିତ ବିଶ୍ୱାସକୁ ଅବିଶ୍ୱାସ କରିବାର କିଛି କାରଣ ରହିବା ଉଚିତ୍। ହଁ, ମୁଁ ବର୍ତ୍ତମାନ ସେହି ବିଷୟକୁ ଆସୁଛି। ଏହାର କାରଣ ରହିଛି। ମୋ ମତରେ, ଯେକୌଣସି ବ୍ୟକ୍ତି ଯିଏ ପାଇଛି ତାଙ୍କ ନିର୍ଦ୍ଦେଶରେ କିଛି ଯୁକ୍ତି ଶକ୍ତି ସର୍ବଦା ତାଙ୍କ ପରିବେଶକୁ ଯୁକ୍ତି କରିବାକୁ ଚେଷ୍ଟା କରେ | ଯେଉଁଠାରେ ପ୍ରତ୍ୟକ୍ଷ ପ୍ରମାଣର ଅଭାବ ଥାଏ, ସେଠାରେ ଦର୍ଶନ ଗୁରୁତ୍ୱପୂର୍ଣ୍ଣ ସ୍ଥାନ ଅଧିକାର କରିଥାଏ। ଯେପରି ମୁଁ ପୂର୍ବରୁ କହିଥିଲି, ଜଣେ ବିପ୍ଳବୀ ବନ୍ଧୁ କହୁଥିଲେ ଯେ ଦର୍ଶନ ହେଉଛି ମନୁଷ୍ୟର ଦୁର୍ବଳତା।

ଯେତେବେଳେ ଆମ ପୂର୍ବପୁରୁଷମାନେ ଏହି ଦୁନିଆର ରହସ୍ୟ, ଏହାର ଅତୀତ, ବର୍ତ୍ତମାନ ଏବଂ ଭବିଷ୍ୟତ, ଏହାର କାରଣ ଏବଂ କେଉଁଠି ସମାଧାନ କରିବାକୁ ଚେଷ୍ଟା କରିବାକୁ ଯଥେଷ୍ଟ ଅବସର ପାଇଥିଲେ, ସେମାନେ ସିଧାସଳଖ ପ୍ରମାଣର ଅଭାବ ହେତୁ ସମସ୍ତେ ନିଜ ନିଜ ଉପାୟରେ ସମସ୍ୟାର ସମାଧାନ କରିବାକୁ ଚେଷ୍ଟା କରିଥିଲେ। ତେଣୁ ଆମେ ବିଭିନ୍ନ ଧାର୍ମିକ ମତବାଦର ମୌଳିକତା ମଧ୍ୟରେ ବ୍ୟାପକ ପାର୍ଥକ୍ୟ ଦେଖୁ, ଯାହା ବେଳେବେଳେ ଅତ୍ୟନ୍ତ ବିରୋଧୀ ଏବଂ ପରସ୍ପର ବିରୋଧୀ ଆକାର ଧାରଣ କରିଥାଏ। କେବଳ ପ୍ରାଚ୍ୟ ଏବଂ ପାଶ୍ଚାତ୍ୟ ଦର୍ଶନ ଭିନ୍ନ ନୁହେଁ, ପ୍ରତ୍ୟେକ ଗୋଲାର୍ଦ୍ଧରେ ବିଭିନ୍ନ ଚିନ୍ତାଧାରା ମଧ୍ୟରେ ମଧ୍ୟ ପାର୍ଥକ୍ୟ ଅଛି |

ପ୍ରାଚ୍ୟ ଧର୍ମଗୁଡ଼ିକ ମଧ୍ୟରେ, ମୁସଲମାନ ଧର୍ମ ହିନ୍ଦୁ ଧର୍ମ ସହିତ ଆଦୌ ସୁସଙ୍ଗତ ନୁହେଁ। କେବଳ ଭାରତରେ ବୌଦ୍ଧ ଧର୍ମ ଏବଂ ଜୈନ ଧର୍ମ ବେଳେବେଳେ ବ୍ରାହ୍ମଣବାଦ ଠାରୁ ସମ୍ପୂର୍ଣ୍ଣ ଅଲଗା, ଯେଉଁଥିରେ ଆର୍ଯ୍ୟ ସମାଜ ଏବଂ ସନାତନ ଧର୍ମ ପରି ପରସ୍ପର ବିରୋଧୀ ବିଶ୍ୱାସ ରହିଛି। ଅତୀତ ଯୁଗର ଆଉ ଜଣେ ସ୍ୱାଧୀନ ଚିନ୍ତାନାୟକ ହେଉଛନ୍ତି ଚାରୱାକ। ସେ ପୁରୁଣା ସମୟରେ ଭଗବାନଙ୍କ କର୍ତ୍ତୃତ୍ୱକୁ ଆହ୍ୱାନ କରିଥିଲେ। ମୌଳିକ ପ୍ରଶ୍ନ ଉପରେ ଏହି ସମସ୍ତ ଧର୍ମ ପରସ୍ପରଠାରୁ ଭିନ୍ନ; ଏବଂ ସମସ୍ତେ ନିଜକୁ ସଠିକ୍ ବୋଲି ବିବେଚନା କରନ୍ତି | ସେଇଠି ରହିଛି ଦୁର୍ଭାଗ୍ୟ। ପ୍ରାଚୀନ ସାଓନ୍ତ ଏବଂ ଚିନ୍ତାନାୟକମାନଙ୍କ ପରୀକ୍ଷଣ ଏବଂ ଅଭିବ୍ୟକ୍ତିଗୁଡ଼ିକୁ ଅଜ୍ଞାନତା ବିରୁଦ୍ଧରେ ଆମର ଭବିଷ୍ୟତ ସଂଗ୍ରାମର ଆଧାର ଭାବରେ ବ୍ୟବହାର କରିବା ପରିବର୍ତ୍ତେ ଏବଂ ଏହି ରହସ୍ୟମୟ ସମସ୍ୟାର ସମାଧାନ ଖୋଜିବାକୁ ଚେଷ୍ଟା କରିବା ପରିବର୍ତ୍ତେ, ଆମେ ଯେପରି ପ୍ରମାଣିତ କରିଛୁ, ବିଶ୍ୱାସର ରଙ୍ଗ ଏବଂ ଚିତ୍କାରକୁ ଉଠାଇବୁ, ସେମାନଙ୍କ ସଂସ୍କରଣରେ ଅଚଳ ଏବଂ ଅତୁଟ ବିଶ୍ୱାସ ଏବଂ ଏହିପରି ମାନବ ପ୍ରଗତିରେ ସ୍ଥାଣୁତା ପାଇଁ ଦୋଷୀ |

ଯେକୌଣସି ବ୍ୟକ୍ତି ଯିଏ ପ୍ରଗତି ପାଇଁ ଛିଡ଼ା ହୁଅନ୍ତି, ତାଙ୍କୁ ପୁରୁଣା ବିଶ୍ୱାସର ପ୍ରତ୍ୟେକ ବିଷୟକୁ ସମାଲୋଚନା, ଅବିଶ୍ୱାସ ଏବଂ ଆହ୍ୱାନ କରିବାକୁ ପଡିବ। ବସ୍ତୁ ଅନୁସାରେ ତାଙ୍କୁ ପ୍ରଚଳିତ ବିଶ୍ୱାସର ପ୍ରତ୍ୟେକ କୋଣ ଏବଂ କୋଣକୁ ଯୁକ୍ତି କରିବାକୁ ପଡିବ | ଯଦି ଯଥେଷ୍ଟ ଯୁକ୍ତି ପରେ ଜଣେ କୌଣସି ସିଦ୍ଧାନ୍ତ କିମ୍ବା ଦର୍ଶନରେ ବିଶ୍ୱାସ କରିବାକୁ ପ୍ରେରିତ ହୁଏ, ତେବେ ତାଙ୍କ ବିଶ୍ୱାସକୁ ସ୍ୱାଗତ କରାଯାଏ | ତାଙ୍କର ଯୁକ୍ତି

ହୋଇପାରେ ଭୁଲ, ଭୁଲ, ବିଭ୍ରାନ୍ତ, ଏବଂ ବେଳେବେଳେ ଭୁଲ। କିନ୍ତୁ ସେ ସଂଶୋଧନ ପାଇଁ ଦାୟୀ କାରଣ ଯୁକ୍ତି ହେଉଛି ତାଙ୍କ ଜୀବନର ମାର୍ଗଦର୍ଶକ ତାରା | କିନ୍ତୁ କେବଳ ବିଶ୍ୱାସ ଏବଂ ଅନ୍ଧ ବିଶ୍ୱାସ ବିପଜ୍ଜନକଃ ଏହା ମସ୍ତିଷ୍କକୁ ନିସ୍ତେଜ କରିଦେଇଥାଏ ଏବଂ ମଣିଷକୁ ପ୍ରତିକ୍ରିୟାଶୀଳ କରିଥାଏ। ଜଣେ ବ୍ୟକ୍ତି ଯିଏ ନିଜକୁ ବାସ୍ତବବାଦୀ ବୋଲି ଦାବି କରେ, ତାଙ୍କୁ ସମଗ୍ର ପ୍ରାଚୀନ ବିଶ୍ୱାସକୁ ଚ୍ୟାଲେଞ୍ଜ କରିବାକୁ ପଡିବ। ଯଦି ଏହା ଯୁକ୍ତିର ଆକ୍ରମଣକୁ ସହ୍ୟ ନ କରେ, ତେବେ ଏହା ଭୁଶୁଡ଼ି ପଡ଼ିବ। ତା 'ପରେ ତାଙ୍କ ପାଇଁ ପ୍ରଥମ କଥା ହେଉଛି ସମଗ୍ରକୁ ଭାଙ୍ଗିଦେବା ଏବଂ ଏକ ନୂତନ ଦର୍ଶନର ନିର୍ମାଣ ପାଇଁ ଏକ ସ୍ଥାନ ସଫା କରିବା | ଏହା ହେଉଛି ନକାରାତ୍ମକ ଦିଗ।

ଏହା ଆରମ୍ଭ ହେବା ପରେ ସକରାତ୍ମକ କାର୍ଯ୍ୟ ଆରମ୍ଭ ହୋଇଥାଏ, ଯେଉଁଥିରେ ବେଳେବେଳେ ପୁରୁଣା ବିଶ୍ୱାସର କିଛି ସାମଗ୍ରୀକୁ ପୁନଃନିର୍ମାଣ ଉଦ୍ଦେଶ୍ୟରେ ବ୍ୟବହାର କରାଯାଇପାରେ। ଯେତେଦୂର ମୁଁ ଚିନ୍ତିତ, ମୁଁ ଆରମ୍ଭରେ ହିଁ ସ୍ୱୀକାର କରିବାକୁ ଚାହେଁ ଯେ ମୁଁ ଏହି ପ୍ରସଙ୍ଗରେ ଅଧିକ ଅଧ୍ୟୟନ କରିପାରିଲି ନାହିଁ। ପ୍ରାଚ୍ୟ ଦର୍ଶନଶାସ୍ତ୍ର ଅଧ୍ୟୟନ କରିବା ପାଇଁ ମୋର ବହୁତ ଇଚ୍ଛା ଥିଲା କିନ୍ତୁ ମୁଁ ତାହା କରିବାକୁ କୌଣସି ସୁଯୋଗ କିମ୍ବା ସୁଯୋଗ ପାଇଲି ନାହିଁ। କିନ୍ତୁ ଯେତେଦୂର ପର୍ଯ୍ୟନ୍ତ ନକାରାତ୍ମକ ଅଧ୍ୟୟନ ଆଲୋଚନାଧୀନ ଅଛି, ମୁଁ ଭାବୁଛି ଯେ ପୁରୁଣା ବିଶ୍ୱାସର ସୁସ୍ଥତା ଉପରେ ପ୍ରଶ୍ନ ଉଠାଇବା ପର୍ଯ୍ୟନ୍ତ ମୁଁ ନିଶ୍ଚିତ। ପ୍ରକୃତିର ଗତିବିଧିକୁ ମାର୍ଗଦର୍ଶନ ଏବଂ ନିର୍ଦ୍ଦେଶନା ଦେଉଥିବା ଜଣେ ସଚେତନ ସର୍ବୋଚ୍ଚ ବ୍ୟକ୍ତିର ଅସ୍ତିତ୍ୱ ନାହିଁ ବୋଲି ମୁଁ ନିଶ୍ଚିତ ହୋଇଛି। ଆମେ ପ୍ରକୃତି ଉପରେ ବିଶ୍ୱାସ କରୁ ଏବଂ ସମଗ୍ର ପ୍ରଗତିଶୀଳ ଆନ୍ଦୋଳନର ଲକ୍ଷ୍ୟ ହେଉଛି ନିଜର ସେବା ପାଇଁ ପ୍ରକୃତି ଉପରେ ମନୁଷ୍ୟର ଆଧିପତ୍ୟ। ଏହା ପଛରେ ନିର୍ଦ୍ଦେଶ ଦେବା ପାଇଁ କୌଣସି ସଚେତନ ଶକ୍ତି ନାହିଁ। ଏହା ହେଉଛି ଆମର ଦର୍ଶନ।

ନକାରାତ୍ମକ ପକ୍ଷ ବିଷୟରେ, ଆମେ 'ବିଶ୍ୱାସୀ' ମାନଙ୍କ ଠାରୁ କିଛି ପ୍ରଶ୍ନ ପଚାରୁ।

(1) ଯଦି ଆପଣ ବିଶ୍ୱାସ କରନ୍ତି ଯେ ଜଣେ ସର୍ବଶକ୍ତିମାନ, ସର୍ବବ୍ୟାପୀ, ସର୍ବଜ୍ଞ ଏବଂ ସର୍ବଶକ୍ତିମାନ ଭଗବାନ ଅଛନ୍ତି, ଯିଏ ପୃଥିବୀ କିମ୍ବା ବିଶ୍ୱ ସୃଷ୍ଟି କରିଛନ୍ତି, ଦୟାକରି ମୋତେ ଜଣାନ୍ତୁ ଯେ ସେ କାହିଁକି ଏହାକୁ ସୃଷ୍ଟି କରିଥିଲେ? ଦୁଃଖର ଏବଂ ଦୁଃଖର ଏହି ଦୁନିଆ, ଅସଂଖ୍ୟ ଟ୍ରାଜେଡିର ଏକ ପ୍ରକୃତ, ଚିରନ୍ତନ ମିଶ୍ରଣଃ ଗୋଟିଏ ବି ଆତ୍ମା ସମ୍ପୂର୍ଣ୍ଣ ସନ୍ତୁଷ୍ଟ ହେଉନାହିଁ।

ପ୍ରାର୍ଥନା କରନ୍ତୁ, ଏହା ତାଙ୍କର ନିୟମ ବୋଲି କୁହନ୍ତୁ ନାହିଁ। ଯଦି ସେ କୌଣସି ଆଇନ ଦ୍ୱାରା ଆବଦ୍ଧ, ତେବେ ସେ ସର୍ବଶକ୍ତିମାନ ନୁହଁନ୍ତି। ସେ ଆମ ଭଳି ଆଉ ଜଣେ କ୍ରୀତଦାସ। ଦୟାକରି କୁହନ୍ତୁ ନାହିଁ ଯେ ଏହା ତାଙ୍କର ଆନନ୍ଦ। ନିରୋ ଗୋଟିଏ ରୋମ୍କୁ ଜାଳି ଦେଇଥିଲେ। ସେ ବହୁତ ସୀମିତ ସଂଖ୍ୟକ ଲୋକଙ୍କୁ ହତ୍ୟା କରିଥିଲେ। ସେ ବହୁତ କମ୍ ଦୁଃଖଦ ଘଟଣା ସୃଷ୍ଟି କରିଥିଲେ, ସବୁକିଛି ତାଙ୍କର ପୂର୍ଣ୍ଣ ଆନନ୍ଦ ପାଇଁ। ଏବଂ, ଇତିହାସରେ ତାଙ୍କର ସ୍ଥାନ କ "ଣ? କେଉଁ ନାମରେ ଐତିହାସିକମାନେ ତାଙ୍କୁ ଉଲ୍ଲେଖ କରନ୍ତି? ସମସ୍ତ ବିଷାକ୍ତ ତାଙ୍କ ଉପରେ ବିଶେଷଣର ବର୍ଷା କରାଯାଇଥାଏ। ପୃଷ୍ଠାଗୁଡ଼ିକୁ କଳା କରିଦିଆଯାଏ ନୀରୋକୁ ନିନ୍ଦା କରୁଥିବା ଉତ୍ତେଜକ ଡାୟାଟ୍ରାଇବ୍, ଅତ୍ୟାଚାରୀ, ହୃଦୟହୀନ, ଦୁଷ୍ଟମାନେ। ଜଣେ ଚଙ୍ଗେଜ୍ଖାନ୍ କିଛି ହଜାର ଜୀବନ ଉତ୍ସର୍ଗ କରିଥିଲେ ଏଥିରେ ଆନନ୍ଦ ଖୋଜୁ ଏବଂ ଆମେ ସେହି ନାମକୁ ଘୃଣା କରୁ। ତେବେ, ଆପଣମାନେ କେମିତି ଅଛନ୍ତି? ତୁମର ସର୍ବଶକ୍ତିମାନ, ଚିରନ୍ତନ ନିରୋଙ୍କୁ ଯଥାର୍ଥ ସାବ୍ୟସ୍ତ କରିବାକୁ ଯାଉଛି, ଯିଏ ଅଛନ୍ତି, ଏବଂ ଏବେ ମଧ୍ୟ ପ୍ରତିଦିନ, ପ୍ରତି ଘଣ୍ଟାରେ ଅସଂଖ୍ୟ ଦୁଃଖଦ ଘଟଣା ଘଟୁଛି ଏବଂ ପ୍ରତି ମିନିଟ୍ରେ? ଆପଣ ତାଙ୍କ କୁକର୍ମକୁ କିପରି ସମର୍ଥନ କରିବେ ବୋଲି ଭାବୁଛନ୍ତି ଯାହା ପ୍ରତି ମୁହୂର୍ତ୍ତରେ ଚେଙ୍ଗ୍ସ ଠାରୁ ଅଧିକ? ମୁଁ କହିଲି କାହିଁକି? ସେ ଏହି ଜଗତକୁ ଏକ ପ୍ରକୃତ ନରକ, ଏକ ନିରନ୍ତର ଏବଂ ନିରନ୍ତର ସ୍ଥାନ ସୃଷ୍ଟି କରନ୍ତି। ତିକ୍ତ ଅସ୍ଥିରତା? ସର୍ବଶକ୍ତିମାନ କାହିଁକି ମଣିଷ ସୃଷ୍ଟି କଲେ ଯେତେବେଳେ ସେ କରିବାର ଶକ୍ତି ନାହିଁ? ଏ ସବୁର

ଯଥାର୍ଥତା କ "ଣ? କରନ୍ତୁ। ଆପଣ କହୁଛନ୍ତି, ଭବିଷ୍ୟତରେ ନିର୍ଦ୍ଦୋଷ ପୀଡ଼ିତମାନଙ୍କୁ ପୁରସ୍କାର ଦେବା ଏବଂ ଦଣ୍ଡ ଦେବା ପାଇଁ ଅପରାଧୀମାନେ ମଧ୍ୟ? ଠିକ୍ ଅଛି; ଆପଣ କେତେ ଦୂର ଏକ ଯଥାର୍ଥତା ଦେବେ ଜଣେ ବ୍ୟକ୍ତି ଯିଏ ପ୍ରୟୋଗ କରିବା ପାଇଁ ଆପଣଙ୍କ ଶରୀରରେ କ୍ଷତ ସୃଷ୍ଟି କରିବାକୁ ସାହସ କରିପାରନ୍ତି ପରେ ଏହା ଉପରେ ଏକ ଅତି ନରମ ଏବଂ ଆରାମଦାୟକ ମଲମ? କେତେ ଦୂର? ଗ୍ଲାଡିଏଟର୍ ଅନୁଷ୍ଠାନର ସମର୍ଥକ ଏବଂ ଆୟୋଜକମାନେ ଥିଲେ ଅଧା ଭୋକିଲା କ୍ରୋଧିତ ସିଂହମାନଙ୍କ ସମ୍ମୁଖରେ ପୁରୁଷମାନଙ୍କୁ ଫିଙ୍ଗିବାରେ ନ୍ୟାୟସଙ୍ଗତ ଯଦି ସେମାନେ ବଞ୍ଚିପାରିବେ ଏବଂ ଭଲ ଭାବରେ ବନ୍ଦ ହେବା ପରେ ଯତ୍ନ ନେବାକୁ ?

ବନ୍ୟ ପଶୁମାନଙ୍କ ମୃତ୍ୟୁରୁ ରକ୍ଷା ପାଇ ପାରିଥାଆନ୍ତେ କି? ସେଥିପାଇଁ... ମୁଁ ପଚାରୁଛିଃ ଚେତନ ପରମ ସତ୍ତା କାହିଁକି ଏହି ଜଗତ ସୃଷ୍ଟି କଲେ? ଏବଂ ତା 'ଭିତରେ ଥିବା ମଣିଷ? ସୁଖ ଖୋଜିବା ପାଇଁ? ତେବେ, ପାର୍ଥକ୍ୟ କେଉଁଠି? ତାଙ୍କ ଏବଂ ନିରୋଙ୍କ ମଧ୍ୟରେ? ଆପଣମାନେ ମୁସଲମାନ ଏବଂ ଖ୍ରୀଷ୍ଟିୟାନମାନେଃ ହିନ୍ଦୁ ଦର୍ଶନ ଅନ୍ୟ ଏକ ଯୁକ୍ତି ଉପସ୍ଥାପନ କରିବା ପାଇଁ ତଥାପି ଜାରି ରହିବ | ମୁଁ ଆପଣଙ୍କୁ ପଚାରୁଛି, ଉପରୋକ୍ତ ପ୍ରଶ୍ନର ଉତ୍ତର କ "ଣ? ଆପଣ ପୂର୍ବ ଜନ୍ମରେ ବିଶ୍ୱାସ କରନ୍ତି ନାହିଁ। ହିନ୍ଦୁମାନଙ୍କ ପରି, ଆପଣ ସ୍ପଷ୍ଟତଃ ଅତ୍ୟନ୍ତ ନିର୍ଦ୍ଦୋଷ ପୀଡ଼ିତଙ୍କ ପୂର୍ବ ଭୁଲ୍ କାର୍ଯ୍ୟର ଯୁକ୍ତିକୁ ଆଗକୁ ବଢ଼ାଇପାରିବେ ନାହିଁ | ମୁଁ ଆପଣଙ୍କୁ ପଚାରୁଛି, ଶବ୍ଦ ମାଧ୍ୟମରେ ଏବଂ ପ୍ରତ୍ୟେକ ଦିନ ସବୁକିଛି ଠିକ୍ ଅଛି ବୋଲି କହିବା ପାଇଁ ବିଶ୍ୱ ସୃଷ୍ଟି କରିବାକୁ ଛଅ ଦିନ ଧରି ସର୍ବଶକ୍ତିମାନ କାହିଁକି ପରିଶ୍ରମ କଲେ? ଆଜି ତାଙ୍କୁ ଫୋନ କରନ୍ତୁ। ତାଙ୍କୁ ଅତୀତ ଇତିହାସ ଦେଖାଅ। ତାଙ୍କୁ ବର୍ତ୍ତମାନର ପରିସ୍ଥିତିକୁ ଅଧ୍ୟୟନ କରିବାକୁ କୁହନ୍ତୁ। ଆସନ୍ତୁ ଦେଖିବା ସେ କହିବାକୁ ସାହସ କରନ୍ତି କି ନାହିଁଃ "ସବୁକିଛି ଠିକ୍ ଅଛି"।

କାରାଗାରର ଗୁମ୍ଫା ଠାରୁ ଆରମ୍ଭ କରି, ବସ୍ତି ଏବଂ ଝୁମ୍ପୁଡ଼ିରେ ଲକ୍ଷ ଲକ୍ଷ ଲୋକଙ୍କୁ ଗ୍ରାସ କରୁଥିବା ଅନାହାର ଭଣ୍ଡାରରୁ ଆରମ୍ଭ କରି, ଶୋଷିତ ଶ୍ରମିକମାନଙ୍କ ଠାରୁ ଆରମ୍ଭ କରି, ଧୈର୍ଯ୍ୟର ସହ କିମ୍ବା ପୁଞ୍ଜିବାଦୀ ରକ୍ତପିପାସୁଙ୍କ ଦ୍ୱାରା ସେମାନଙ୍କର ରକ୍ତ ଚୋଷିବାର ପ୍ରକ୍ରିୟା, ଏବଂ ମାନବ ଶକ୍ତିର ଅପଚୟ ଯାହା ଜଣେ ସର୍ବନିମ୍ନ ସାଧାରଣ ଜ୍ଞାନ ଥିବା ବ୍ୟକ୍ତିଙ୍କୁ ଭୟଙ୍କର ଭାବରେ କମ୍ପିତ କରିବ, ଏବଂ ଅଭାବୀ ଉତ୍ପାଦକଙ୍କ ମଧ୍ୟରେ ବାଣ୍ଟିବା ପରିବର୍ତ୍ତେ ସମୁଦ୍ରରେ ବଳକା ଉତ୍ପାଦନ ଫିଙ୍ଗିବାକୁ ପସନ୍ଦ କରିବା ଠାରୁ ଆରମ୍ଭ କରି- ମାନବ ହାଡ ଦ୍ୱାରା ସ୍ଥାପିତ ମୂଳଦୁଆ ଉପରେ ନିର୍ମିତ ରାଜାମାନଙ୍କ ପ୍ରାସାଦ ପର୍ଯ୍ୟନ୍ତ... ସେ ଏସବୁ ଦେଖିବା ଏବଂ ତାଙ୍କୁ କହିବାକୁ ଦିଅନ୍ତୁଃ "ସବୁକିଛି ଠିକ୍ ଅଛି"। କାହିଁକି ଏବଂ କେଉଁଠି? ସେଇଟା ମୋର ପ୍ରଶ୍ନ। ଆପଣ ନୀରବ ରୁହନ୍ତୁ। ଠିକ୍ ଅଛି, ମୁଁ ଯିବି।

ଠିକ୍ ଅଛି, ଆପଣ ହିନ୍ଦୁମାନେ, ଆପଣ କହୁଛନ୍ତି ଯେ ବର୍ତ୍ତମାନର ସମସ୍ତ ପୀଡ଼ିତମାନେ ପୂର୍ବ ଜନ୍ମର ପାପୀ ଶ୍ରେଣୀର ଅଟନ୍ତି। ଭଲ ହୋଇଛି। ଆପଣ କହୁଛନ୍ତି ଯେ ବର୍ତ୍ତମାନର ଉତ୍ପୀଡ଼କମାନେ ସେମାନଙ୍କର ପୂର୍ବ ଜନ୍ମରେ ସାଧୁ ଲୋକ ଥିଲେ, ତେଣୁ ସେମାନେ କ୍ଷମତା ଉପଭୋଗ କରନ୍ତି | ମୁଁ ସ୍ୱୀକାର କରିବାକୁ ଚାହେଁ ଯେ ଆପଣଙ୍କ ପୂର୍ବପୁରୁଷମାନେ ଅତ୍ୟନ୍ତ ଚତୁର ବ୍ୟକ୍ତି ଥିଲେ, ସେମାନେ ଯୁକ୍ତି ଏବଂ ଅବିଶ୍ୱାସର ସମସ୍ତ ପ୍ରୟାସକୁ ଦମନ କରିବା ପାଇଁ ଯଥେଷ୍ଟ ଶକ୍ତିଶାଳୀ ସିଦ୍ଧାନ୍ତ ଖୋଜିବାକୁ ଚେଷ୍ଟା କରିଥିଲେ। କିନ୍ତୁ ଆସନ୍ତୁ ବିଶ୍ଳେଷଣ କରିବା ଯେ ଏହି ଯୁକ୍ତି ପ୍ରକୃତରେ କିପରି ତିଷ୍ଠି ରହିପାରିବ।

ସବୁଠାରୁ ପ୍ରସିଦ୍ଧ ଆଇନଜ୍ଞଙ୍କ ଦୃଷ୍ଟିକୋଣରୁ, ଦଣ୍ଡ କେବଳ ତିନି କିମ୍ବା ଚାରି ପାର୍ଶ୍ୱରୁ ନ୍ୟାୟସଙ୍ଗତ ହୋଇପାରିବ, ଯାହା ଦୋଷୀଙ୍କ ଉପରେ ଲାଗୁ କରାଯାଏ | ସେଗୁଡ଼ିକ ପ୍ରତିଶୋଧାତ୍ମକ, ସଂସ୍କାରବାଦୀ ଏବଂ ପ୍ରତିରୋଧକାରୀ। ପ୍ରତିଶୋଧାତ୍ମକ ସିଦ୍ଧାନ୍ତକୁ ବର୍ତ୍ତମାନ ସମସ୍ତ ଉନ୍ନତ ଚିନ୍ତାନାୟକଙ୍କ ଦ୍ୱାରା ନିନ୍ଦା କରାଯାଉଛି। ପ୍ରତିବନ୍ଧକ ସିଦ୍ଧାନ୍ତ ମଧ୍ୟ ସମାନ ଭାଗ୍ୟ ଅନୁସରଣ କରୁଛି | ସଂସ୍କାରବାଦୀ ସିଦ୍ଧାନ୍ତ ହେଉଛି ଏକମାତ୍ର ଯାହା

ମାନବ ପ୍ରଗତି ପାଇଁ ଅତ୍ୟାବଶ୍ୟକ ଏବଂ ଅପରିହାର୍ଯ୍ୟ। ଏହାର ଉଦ୍ଦେଶ୍ୟ ହେଉଛି ଅପରାଧୀକୁ ସମାଜକୁ ଜଣେ ଦକ୍ଷ ଏବଂ ଶାନ୍ତିପ୍ରିୟ ନାଗରିକ ଭାବେ ଫେରାଇ ଆଣିବା। କିନ୍ତୁ, ମଣିଷମାନଙ୍କ ଉପରେ ଭଗବାନଙ୍କ ଦ୍ୱାରା ଦିଆଯାଇଥିବା ଦଣ୍ଡର ସ୍ୱଭାବ କ "ଣ, ଯଦିଓ ଆମେ ସେମାନଙ୍କୁ ଅପରାଧୀ ବୋଲି ବିବେଚନା କରୁ? ତୁମେ କହୁଛ ସେ ସେମାନଙ୍କୁ ପଠାନ୍ତି ଦଣ୍ଡ ସ୍ୱରୂପ ଜନ୍ମ ହେଲେ 84 ଲକ୍ଷ। ମୁଁ ଆପଣଙ୍କୁ ପଚାରୁଛିଃ ମଣିଷ ଉପରେ ଏହାର ସଂସ୍କାରାତ୍ମକ ପ୍ରଭାବ କ "ଣ? କେତେ ଜଣ ପୁରୁଷ ଆପଣଙ୍କୁ ଭେଟିଛନ୍ତି ଯେଉଁମାନେ କୁହନ୍ତି ଯେ ସେମାନେ କୌଣସି ପାପ କରିଥିବାରୁ ପୂର୍ବ ଜନ୍ମରେ ଗଧ ଭାବରେ ଜନ୍ମ ହୋଇଥିଲେ? କିଛି ନୁହେଁ। ଆପଣଙ୍କ ପୁରାଣଗୁଡ଼ିକୁ ଉଦ୍ଧୃତ କରନ୍ତୁ ନାହିଁ। ଆପଣଙ୍କ ପୌରାଣିକ କଥାଗୁଡ଼ିକୁ ଛୁଇଁବା ପାଇଁ ମୋର କୌଣସି ସୁଯୋଗ ନାହିଁ। ଅଧିକନ୍ତୁ, ଆପଣ ଜାଣନ୍ତି କି ଏହି ଦୁନିଆର ସବୁଠାରୁ ବଡ ପାପ ହେଉଛି ଗରିବ ହେବା? ଦାରିଦ୍ର୍ୟ ଏକ ପାପ, ଏହା ଏକ ଦଣ୍ଡ। ମୁଁ ଆପଣଙ୍କୁ ପଚାରୁଛି ଯେ ଆପଣ ଜଣେ କ୍ରିମିନୋଲୋଜିଷ୍ଟ, ଜଣେ ଆଇନଜ୍ଞ କିମ୍ବା ଜଣେ ବିଧାୟକଙ୍କୁ କେତେ ପ୍ରଶଂସା କରିବେ ଯିଏ ଦଣ୍ଡର ଏପରି ପଦକ୍ଷେପ ପ୍ରସ୍ତାବ ଦିଅନ୍ତି ଯାହା ପୁରୁଷମାନଙ୍କୁ ଅଧିକ ଅପରାଧ କରିବାକୁ ବାଧ୍ୟ କରିବ?

ଆପଣଙ୍କ ଭଗବାନ କ "ଣ ଏହା ବିଷୟରେ ଚିନ୍ତା କରିନଥିଲେ, କିମ୍ବା ତାଙ୍କୁ ମଧ୍ୟ ଅଭିଜ୍ଞତା ଦ୍ୱାରା ଏହି ଜିନିଷଗୁଡିକ ଶିଖିବାକୁ ପଡିବ, କିନ୍ତୁ ମାନବଜାତି ଦ୍ୱାରା ବହନ କରିବାକୁ ଥିବା ଅକଥନୀୟ ଯନ୍ତ୍ରଣା ମୂଲ୍ୟରେ? ଆପଣ ଭାବୁଛନ୍ତି, ଜଣେ ଗରିବ ଏବଂ ଅଶିକ୍ଷିତ ପରିବାରରେ ଜନ୍ମ ହୋଇଥିବା, ଉଦାହରଣ ସ୍ୱରୂପ, ଜଣେ ଚାମର କିମ୍ବା ଝାଡୁଦାରଙ୍କ ଭାଗ୍ୟ କ "ଣ ହେବ? ସେ ଗରିବ, ତେଣୁ ସେ ପଢ଼ିପାରିବେ ନାହିଁ। ସେ ତାଙ୍କ ସାଥୀ ମଣିଷମାନଙ୍କ ଦ୍ୱାରା ଘୃଣା ଏବଂ ଦୂରେଇ ରୁହନ୍ତି, ଯେଉଁମାନେ ନିଜକୁ ତାଙ୍କର ବରିଷ୍ଠ ବୋଲି ଭାବନ୍ତି, ଉଦାହରଣ ସ୍ୱରୂପ, ଏକ ଉଚ୍ଚ ଜାତିରେ ଜନ୍ମ ହୋଇଛନ୍ତି। ତାଙ୍କର ଅଜ୍ଞାନତା, ସମାଜ ପ୍ରତି ତାଙ୍କର ହୃଦୟ।

ମନେକର ସେ ଏକ ପାପ କରିଛି, ଏହାର ପରିଣାମ କିଏ ବହନ କରିବ? ଭଗବାନ, ସେ ନା ସମାଜର ବିଦ୍ୱାନମାନେ? ସେହି ଲୋକମାନଙ୍କ ଦଣ୍ଡ ବିଷୟରେ କ "ଣ ହେବ, ଯେଉଁମାନେ ଅହଙ୍କାରୀ ଏବଂ ଅହଂକାରୀ ବ୍ରାହ୍ମଣମାନଙ୍କ ଦ୍ୱାରା ଜାଣିଶୁଣି ଅଜ୍ଞ ଥିଲେ, ଏବଂ ଯେଉଁମାନଙ୍କୁ ଆପଣଙ୍କ ବେଦ ଶିକ୍ଷା ସମ୍ବନ୍ଧୀୟ ପବିତ୍ର ପୁସ୍ତକର କିଛି ବାକ୍ୟ ଶୁଣିଥିବାରୁ ସେମାନଙ୍କ କାନରେ ଛାଡ଼ିବାର (ନେତୃତ୍ୱ ନ ନେବା) ଧାରା ବହନ କରି ଦଣ୍ଡ ଭୋଗିବାକୁ ପଡ଼ିଥିଲା? ଯଦି ସେମାନେ କୌଣସି ଅପରାଧ କରନ୍ତି, ସେମାନଙ୍କ ପାଇଁ କିଏ ଦାୟୀ ରହିବେ ଏବଂ ବିଶେଷାଧିକାରପ୍ରାପ୍ତ ବ୍ୟକ୍ତିମାନଙ୍କର ଉଦ୍ଭାବନ ପାଇଁ କିଏ ଦାୟୀ ରହିବେ; ସେମାନେ ଏହି ସିଦ୍ଧାନ୍ତଗୁଡ଼ିକର ସହାୟତାରେ ସେମାନଙ୍କ ଅଧିକୃତ ଶକ୍ତି, ଧନ ଏବଂ ଶ୍ରେଷ୍ଠତାକୁ ଯଥାର୍ଥ ସାବ୍ୟସ୍ତ କରନ୍ତି।

ହଁ, ସମ୍ଭବତଃ ଅପ୍ଟନ୍ ସିନ୍କ୍ଲେୟାର ହିଁ କୌଣସି ସ୍ଥାନରେ ଲେଖିଥିଲେ ଯେ ଜଣେ ବ୍ୟକ୍ତିଙ୍କୁ ଅମରତ୍ୱରେ ବିଶ୍ୱାସୀ କରିଦିଅନ୍ତୁ ଏବଂ ତା 'ପରେ ତାଙ୍କର ସମସ୍ତ ଧନ ଓ ସମ୍ପତ୍ତି ଲୁଟି ନିଅନ୍ତୁ। ସେ ଅପ୍ରତ୍ୟାଶିତ ଭାବେ ମଧ୍ୟ ଆପଣଙ୍କୁ ସାହାଯ୍ୟ କରିବେ। ଧାର୍ମିକ ପ୍ରଚାରକ ଏବଂ କ୍ଷମତାର ଅଧିକାରୀମାନଙ୍କ ମଧ୍ୟରେ ମେଣ୍ଟ ଜେଲ, ଗାଲୋନ, ନାଉଟ ଏବଂ ଏହି ସିଦ୍ଧାନ୍ତଗୁଡ଼ିକ।

ମୁଁ ପଚାରୁଛି ତୁମର ସର୍ବଶକ୍ତିମାନ ଭଗବାନ କାହିଁକି ପ୍ରତ୍ୟେକ ମଣିଷକୁ ଅଟକାନ୍ତି ନାହିଁ ଯେତେବେଳେ ସେ କୌଣସି ପାପ କିମ୍ବା ଅପରାଧ କରୁଛି? ସେ ଏହାକୁ ଅତି ସହଜରେ କରିପାରିବେ। ସେ କାହିଁକି ଯୁଦ୍ଧପତିମାନଙ୍କୁ ହତ୍ୟା କଲେ ନାହିଁ କିମ୍ବା ସେମାନଙ୍କ ମଧ୍ୟରେ ଯୁଦ୍ଧର କ୍ରୋଧକୁ ହତ୍ୟା କଲେ ନାହିଁ ଏବଂ ଏହିପରି ମହାନ ଯୁଦ୍ଧ ଦ୍ୱାରା ମାନବତାର ମୁଣ୍ଡ ଉପରେ ଫିଙ୍ଗାଯାଇଥିବା ବିପର୍ଯ୍ୟୟକୁ ଏଡ଼ାଇ ପାରିଲେ ନାହିଁ? ଭାରତକୁ ସ୍ୱାଧୀନ କରିବା ପାଇଁ ସେ ବ୍ରିଟିଶ ଲୋକଙ୍କ ମନରେ ଏକ ନିର୍ଦ୍ଦିଷ୍ଟ ଭାବନା ସୃଷ୍ଟି କରୁନାହାନ୍ତି କାହିଁକି? ସେ କାହିଁକି ସମସ୍ତ ପୁଞ୍ଜିପତିଙ୍କ ହୃଦୟରେ ଉତ୍ପାଦନ ମାଧ୍ୟମର ବ୍ୟକ୍ତିଗତ ସମ୍ପତ୍ତିର ଅଧିକାରକୁ ତ୍ୟାଗ

କରିବା ପାଇଁ ପରୋପକାରୀ ଉତ୍ସାହ ସୃଷ୍ଟି କରନ୍ତି ନାହିଁ ଏବଂ ଏହିପରି ସମଗ୍ର ଶ୍ରମିକ ସମ୍ପ୍ରଦାୟକୁ, ଅର୍ଥାତ୍ ସମଗ୍ର ମାନବ ସମାଜକୁ ପୁଞ୍ଜିବାଦର ବନ୍ଧନରୁ ମୁକ୍ତ କରନ୍ତି ନାହିଁ? ଆପଣ ସମାଜବାଦୀ ସିଦ୍ଧାନ୍ତର ବ୍ୟବହାରିକତାକୁ ଯୁକ୍ତି କରିବାକୁ ଚାହୁଁଛନ୍ତି, ମୁଁ ଏହାକୁ କାର୍ଯ୍ୟକାରୀ କରିବା ପାଇଁ ସର୍ବଶକ୍ତିମାନଙ୍କ ଉପରେ ଛାଡ଼ି ଦେଉଛି। ସାଧାରଣ କଲ୍ୟାଣ ବିଷୟରେ ଲୋକମାନେ ସମାଜବାଦର ଗୁଣକୁ ସ୍ୱୀକାର କରନ୍ତି। ଏହାର ଅବ୍ୟବହାରିକତାର ବାହାନା କରି ସେମାନେ ଏହାକୁ ବିରୋଧ କରନ୍ତି। ସର୍ବଶକ୍ତିମାନ ପ୍ରବେଶ କରନ୍ତୁ ଏବଂ ସବୁକିଛି ଏକ ଶୃଙ୍ଖଳିତ ଢଙ୍ଗରେ ବ୍ୟବସ୍ଥା କରନ୍ତୁ। ବର୍ତ୍ତମାନ ଯୁକ୍ତିତର୍କ ବିଷୟରେ ଆଗକୁ ବଢିବାକୁ ଚେଷ୍ଟା କରନ୍ତୁ ନାହିଁ, ସେଗୁଡ଼ିକ ନିୟମ ବାହାରେ | ମୁଁ ଆପଣଙ୍କୁ କହିବାକୁ ଚାହେଁ, ବ୍ରିଟିଶ ଶାସନ ଏଠାରେ ନାହିଁ ଏବଂ ଆମେ ଭଗବାନଙ୍କ ଇଚ୍ଛା ହେତୁ, କିନ୍ତୁ ସେମାନଙ୍କ ପାଖରେ ଶକ୍ତି ଥିବାରୁ ସେମାନଙ୍କୁ ବିରୋଧ କରିବାକୁ ସାହସ କରନ୍ତି ନାହିଁ। ଏହା ନୁହେଁ ଯେ ଭଗବାନଙ୍କ ସାହାଯ୍ୟରେ ସେମାନେ ଆମକୁ ନିଜ ଅଧୀନରେ ରଖିଛନ୍ତି, ବରଂ ବନ୍ଧୁକ ଏବଂ ରାଇଫଲ୍, ବୋମା ଏବଂ ଗୁଳି, ପୋଲିସ୍ ଏବଂ ମିଲିଶିଆ ଏବଂ ଆମର ଉଦାସୀନତା ସାହାଯ୍ୟରେ ସେମାନେ ସମାଜ ବିରୁଦ୍ଧରେ ସବୁଠାରୁ ନିନ୍ଦନୀୟ ପାପ କରୁଛନ୍ତି-ଗୋଟିଏ ରାଷ୍ଟ୍ର ଦ୍ୱାରା ଅନ୍ୟ ରାଷ୍ଟ୍ରର ଘୃଣ୍ୟ ଶୋଷଣ। ଭଗବାନ କେଉଁଠି ଅଛନ୍ତି? ସେ କ "ଣ କରୁଛି? ସେ କ "ଣ ମାନବ ଜାତିର ଏହି ସମସ୍ତ ଦୁଃଖକୁ ଉପଭୋଗ କରୁଛନ୍ତି? ଏ ନିରୋ, ଏ ଚେଙ୍ଗିଃ ତାଙ୍କ ସହିତ ତଳକୁ ଯାଆନ୍ତୁ।

ତୁମେ ମୋତେ ପଚାରୁଛ କି ମୁଁ ଏହି ଜଗତର ଉତ୍ପତ୍ତି ଏବଂ ମନୁଷ୍ୟର ଉତ୍ପତ୍ତି ବିଷୟରେ କିପରି ବ୍ୟାଖ୍ୟା କରିବି? ଠିକ୍ ଅଛି, ମୁଁ ଆପଣଙ୍କୁ କହୁଛି, ଚାର୍ଲସ୍ ଡାରୱିନ୍ ଏହି ବିଷୟ ଉପରେ କିଛି ଆଲୋକପାତ କରିବାକୁ ଚେଷ୍ଟା କରିଛନ୍ତି। ତାଙ୍କୁ ଅଧ୍ୟୟନ କର। ସୋହମ ସ୍ୱାମୀଙ୍କ 'ସାଧାରଣ ଜ୍ଞାନ' ପଢ଼ନ୍ତୁ। ଏହା କିଛି ମାତ୍ରାରେ ଆପଣଙ୍କ ପ୍ରଶ୍ନର ଉତ୍ତର ଦେବ। ଏହା ପ୍ରକୃତିର ଏକ ଘଟଣା। ନେବୁଲା ଆକୃତିର ବିଭିନ୍ନ ପଦାର୍ଥର ଆକସ୍ମିକ ମିଶ୍ରଣ ଏହି ପୃଥିବୀ ସୃଷ୍ଟି କରିଥିଲା। କେତେବେଳେ? ଇତିହାସର ସମୀକ୍ଷା କରନ୍ତୁ। ସେହି ଏକା ପ୍ରକ୍ରିୟା ପ୍ରାଣୀମାନଙ୍କୁ ସୃଷ୍ଟି କରିଥିଲା ଏବଂ, ଦୀର୍ଘକାଳୀନ, ମଣିଷ। ଡାରୱିନ୍ଙ୍କ ପ୍ରଜାତିର ଉତ୍ପତ୍ତି ପଢ଼ନ୍ତୁ। ଏବଂ ସମସ୍ତ ଟେଲେଟର୍ ପ୍ରଗତି ପ୍ରକୃତି ସହିତ ମନୁଷ୍ୟର ନିରନ୍ତର ସଂଘର୍ଷ ଏବଂ ଏହାକୁ ଅତିକ୍ରମ କରିବାକୁ ତାଙ୍କର ପ୍ରୟାସ ହେତୁ | ଏହା ହେଉଛି ଏହି ଘଟଣାର ସଂକ୍ଷିପ୍ତତମ ସମ୍ଭାବ୍ୟ ବ୍ୟାଖ୍ୟା | ଆପଣଙ୍କର ଅନ୍ୟ ଯୁକ୍ତି କେବଳ ଏହା ପଚାରିବା ପାଇଁ ହୋଇପାରେ ଯେ ଯଦି ପୂର୍ବ ଜନ୍ମରେ କରାଯାଇଥିବା କାର୍ଯ୍ୟ କାରଣରୁ ନୁହେଁ, ତେବେ ଏକ ଶିଶୁ କାହିଁକି ଅନ୍ଧ କିମ୍ବା ପଙ୍ଗୁ ହୋଇ ଜନ୍ମ ନିଏ? ଜୀବବିଜ୍ଞାନୀମାନେ ଏହି ସମସ୍ୟାକୁ କେବଳ ଏକ ଜୈବିକ ଘଟଣା ଭାବେ ବ୍ୟାଖ୍ୟା କରିଛନ୍ତି। ସେମାନଙ୍କ ମତରେ, ସମ୍ପୂର୍ଣ୍ଣ ଭାର ପିତାମାତାଙ୍କ କାନ୍ଧରେ ପଡ଼ିଥାଏ, ଯେଉଁମାନେ ହୁଏତ ନିଜ କର୍ମ ପ୍ରତି ସଚେତନ କିମ୍ବା ଅଜ୍ଞ ଥିବେ, ଯାହାଫଳରେ ଶିଶୁର ଜନ୍ମ ପୂର୍ବରୁ ଅଙ୍ଗଚ୍ଛେଦ ହୋଇଥାଏ।

ସ୍ୱାଭାବିକ ଭାବରେ, ଆପଣ ଅନ୍ୟ ଏକ ପ୍ରଶ୍ନ ପଚାରିପାରନ୍ତି, ଯଦିଓ ଏହା ସାରାଂଶରେ ବେଶ ଶିଶୁସୁଲଭ | ଯଦି ଭଗବାନ ନଥିଲେ, ତେବେ ଲୋକମାନେ ତାଙ୍କ ଉପରେ କିପରି ବିଶ୍ୱାସ କଲେ? ମୋର ଉତ୍ତର ସ୍ପଷ୍ଟ ଏବଂ ସଂକ୍ଷିପ୍ତ ଅଟେ। ଯେହେତୁ ସେମାନେ ଭୂତ ଏବଂ ମନ୍ଦ ଆତ୍ମାରେ ବିଶ୍ୱାସ କରିବାକୁ ଲାଗିଲେ; ଏକମାତ୍ର ପାର୍ଥକ୍ୟ ହେଉଛି ଭଗବାନଙ୍କ ଉପରେ ବିଶ୍ୱାସ ପ୍ରାୟ ସାର୍ବଜନୀନ ଏବଂ ଦର୍ଶନ ଭଲ ଭାବରେ ବିକଶିତ | କେତେକ ଉଗ୍ରବାଦୀଙ୍କ ପରି ମୁଁ ଏହାର ଉତ୍ପତ୍ତି ଶୋଷଣକାରୀଙ୍କ ଚତୁରତା ପାଇଁ ଦାୟୀ କରିବି ନାହିଁ ଯେଉଁମାନେ ଏକ ସର୍ବୋଚ୍ଚ ସତ୍ତାର ଅସ୍ତିତ୍ୱ ପ୍ରଚାର କରି ଏବଂ ତା 'ପରେ ସେମାନଙ୍କ ସୁବିଧାପ୍ରାପ୍ତ ପଦବୀ ପାଇଁ ତାଙ୍କଠାରୁ ଏକ କର୍ତ୍ତୃତ୍ୱ ଏବଂ ଅନୁମୋଦନ ଦାବି କରି ଲୋକଙ୍କୁ ସେମାନଙ୍କ ଅଧୀନରେ ରଖିବାକୁ ଚାହୁଁଥିଲେ, ଯଦିଓ ମୁଁ ସେମାନଙ୍କ ସହ ଏହି ଗୁରୁତ୍ୱପୂର୍ଣ୍ଣ ପ୍ରସଙ୍ଗରେ ଭିନ୍ନମତ ପୋଷଣ କରେ ନାହିଁ ଯେ ସମସ୍ତ

ଧର୍ମ, ଧର୍ମ, ଧର୍ମ ଏବଂ ଏହିପରି ଅନ୍ୟାନ୍ୟ ଅନୁଷ୍ଠାନ କେବଳ ଅତ୍ୟାଚାରୀ ଏବଂ ଶୋଷଣକାରୀ ଅନୁଷ୍ଠାନ, ପୁରୁଷ ଏବଂ ଶ୍ରେଣୀର ସମର୍ଥକ ହୋଇଥିଲେ। ପ୍ରତ୍ୟେକ ଧର୍ମ ଅନୁସାରେ, ରାଜାଙ୍କ ବିରୁଦ୍ଧରେ ବିଦ୍ରୋହ ସର୍ବଦା ଏକ ପାପ।

ଭଗବାନଙ୍କ ଉତ୍ପତ୍ତି ସମ୍ବନ୍ଧରେ, ମୋର ନିଜସ୍ୱ ବିଚାର ହେଉଛି ଯେ ମନୁଷ୍ୟର ସୀମାବଦ୍ଧତା, ଦୁର୍ବଳତା ଏବଂ ଦୁର୍ବଳତାକୁ ବିଚାରକୁ ନେଇ ଭଗବାନଙ୍କୁ କାଳ୍ପନିକ ଅସ୍ତିତ୍ୱକୁ ଅଣାଯାଇଥିଲା, ଯାହା ମନୁଷ୍ୟକୁ ସମସ୍ତ କଠିନ ପରିସ୍ଥିତିକୁ ସାହସର ସହିତ ସାମ୍ନା କରିବାକୁ, ସମସ୍ତ ବିପଦର ମୁକାବିଲା କରିବାକୁ ଉତ୍ସାହିତ କରିଥିଲା। ଭଗବାନ, ଉଭୟ ତାଙ୍କର ବ୍ୟକ୍ତିଗତ ନିୟମ ଏବଂ ପିତାମାତାଙ୍କ ଉଦାରତା, ଅଧିକ ବିବରଣୀରେ କଳ୍ପନା ଏବଂ ଚିତ୍ରିତ ହୋଇଥିଲା | ଯେତେବେଳେ ତାଙ୍କର କ୍ରୋଧ ଏବଂ ବ୍ୟକ୍ତିଗତ ଆଇନ ବିଷୟରେ ଆଲୋଚନା କରାଯାଇଥିଲା, ସେତେବେଳେ ସେ ଏକ ପ୍ରତିବନ୍ଧକ କାରକ ଭାବରେ କାର୍ଯ୍ୟ କରିବାର ଥିଲା, ଯାହା ଦ୍ୱାରା ମଣିଷ ସମାଜ ପାଇଁ ବିପଦ ନ ହୋଇପାରେ |

ଯେତେବେଳେ ତାଙ୍କ ପିତାମାତାଙ୍କ ଯୋଗ୍ୟତା ବ୍ୟାଖ୍ୟା କରାଯିବାର ଥିଲା, ସେତେବେଳେ ସେ ଜଣେ ପିତା, ମାତା, ଭଉଣୀ ଏବଂ ଭାଇ, ବନ୍ଧୁ ଏବଂ ସହାୟକ ଭାବରେ କାର୍ଯ୍ୟ କରିବାର ଥିଲା। ଯାହାଦ୍ୱାରା ଯେତେବେଳେ ମଣିଷ ବଡ଼ ଦୁଃଖରେ ଥାଏ, ସମସ୍ତ ବନ୍ଧୁଙ୍କ ଦ୍ୱାରା ବିଶ୍ୱାସଘାତକତା ଏବଂ ପରିତ୍ୟକ୍ତ ହୋଇ, ସେ ଏହି ଧାରଣାରେ ସାନ୍ତ୍ୱନା ପାଇପାରନ୍ତି ଯେ ଜଣେ ଚିର-ସତ୍ୟ ବନ୍ଧୁ, ତାଙ୍କୁ ସାହାଯ୍ୟ କରିବାକୁ, ତାଙ୍କୁ ସମର୍ଥନ କରିବାକୁ ଏବଂ ସେ ସର୍ବଶକ୍ତିମାନ ଏବଂ କିଛି ବି କରିପାରିବେ | ପ୍ରକୃତରେ ଏହା ଆଦିମ ଯୁଗରେ ସମାଜ ପାଇଁ ଉପଯୋଗୀ ଥିଲା। ଭଗବାନଙ୍କ ଧାରଣା ଦୁର୍ଦ୍ଦଶା ଭୋଗୁଥିବା ମଣିଷ ପାଇଁ ସହାୟକ ହୋଇଥାଏ।

ସମାଜକୁ ଏହି ବିଶ୍ୱାସ ବିରୁଦ୍ଧରେ ଲଢ଼ିବାକୁ ପଡ଼ିବ ଏବଂ ପ୍ରତିମା ପୂଜା ଏବଂ ଧର୍ମର ସଂକୀର୍ଣ୍ଣ ଧାରଣା ବିରୁଦ୍ଧରେ ମଧ୍ୟ ଲଢ଼ିବାକୁ ପଡ଼ିବ। ସେହିପରି, ଯେତେବେଳେ ମଣିଷ ନିଜ ଗୋଡ଼ରେ ଠିଆ ହୋଇ ବାସ୍ତବବାଦୀ ହେବାକୁ ଚେଷ୍ଟା କରେ, ତାଙ୍କୁ ବିଶ୍ୱାସକୁ ପରିତ୍ୟାଗ କରିବାକୁ ପଡିବ, ଏବଂ ସମସ୍ତ ଦୁଃଖ, ସମସ୍ୟାକୁ ପୁଙ୍ଖାନୁପୁଙ୍ଖ ଭାବରେ ସାମ୍ନା କରିବାକୁ ପଡିବ, ଯେଉଁଥିରେ ପରିସ୍ଥିତି ତାଙ୍କୁ ଫିଙ୍ଗି ଦେଇପାରେ | ଠିକ୍ ସେଇଆ ମୋର ସ୍ଥିତି। ଏହା ମୋର ଅହଂକାର ନୁହେଁ, ବନ୍ଧୁଗଣ। ଏହା ମୋର ଚିନ୍ତାଧାରା ଯାହା ମୋତେ ନାସ୍ତିକ କରିଛି। ମୁଁ ଜାଣେ ନାହିଁ ଯେ ମୋ କ୍ଷେତ୍ରରେ ଭଗବାନଙ୍କ ଉପରେ ବିଶ୍ୱାସ ଏବଂ ଦୈନନ୍ଦିନ ପ୍ରାର୍ଥନା କରିବା ଯାହାକୁ ମୁଁ ସବୁଠାରୁ ସ୍ୱାର୍ଥପର ଏବଂ ଅପମାନିତ କାର୍ଯ୍ୟ ବୋଲି ବିବେଚନା କରେ, ଏହି ପ୍ରାର୍ଥନାଗୁଡ଼ିକ ସାହାଯ୍ୟକାରୀ ପ୍ରମାଣିତ ହୋଇପାରିବ କି ନାହିଁ କିମ୍ବା ସେଗୁଡ଼ିକ ମୋ ମାମଲାକୁ ଆହୁରି ଖରାପ କରିଦେବ। ନାସ୍ତିକମାନେ ସମସ୍ତ ସମସ୍ୟାକୁ ସାହସର ସହିତ ସାମ୍ନା କରୁଥିବା ବିଷୟରେ ମୁଁ ପଢ଼ିଛି; ତେଣୁ ମୁଁ ଶେଷ ପର୍ଯ୍ୟନ୍ତ ସିଧା ମୁଣ୍ଡ ଥିବା ଜଣେ ବ୍ୟକ୍ତି ପରି ଠିଆ ହେବାକୁ ଚେଷ୍ଟା କରୁଛି, ଏପରିକି ଫାଶୀ ଉପରେ ମଧ୍ୟ |

ଚାଲନ୍ତୁ ଦେଖିବା ମୁଁ କିପରି ଆଗକୁ ବଢୁଛି। ଜଣେ ବନ୍ଧୁ ମୋତେ ପ୍ରାର୍ଥନା କରିବାକୁ କହିଥିଲେ। ମୋର ନାସ୍ତିକବାଦ ବିଷୟରେ ଅବଗତ ହେବା ପରେ ସେ କହିଲେଃ "ତୁମର ଶେଷ ଦିନରେ ତୁମେ ବିଶ୍ୱାସ କରିବାକୁ ଆରମ୍ଭ କରିବ।" ମୁଁ କହିଲିଃ "ନା, ପ୍ରିୟ ମହାଶୟ, ଏହା ହେବ ନାହିଁ। ମୁଁ ଭାବିବି ଯେ ଏହା ମୋ ତରଫରୁ ଏକ ଅବକ୍ଷୟ ଏବଂ ନୈରାଶ୍ୟଜନକ କାର୍ଯ୍ୟ। ସ୍ୱାର୍ଥପର ଉଦ୍ଦେଶ୍ୟ ପାଇଁ ମୁଁ ପ୍ରାର୍ଥନା କରିବି ନାହିଁ "। ପାଠକ ଏବଂ ବନ୍ଧୁଗଣଃ ଏହା କ "ଣ" ଅହଂକାର "? ଯଦି ହଁ, ତା "ହେଲେ ମୁଁ ଏହା ସପକ୍ଷରେ ଠିଆ ହେବି।

27

ଭଗତ ସିଂହଙ୍କ ଶେଷ ପିଟିସନ

ପାଇଁ

ପଞ୍ଜାବ ରାଜ୍ୟପାଳ

ସାର୍,

ଉପଯୁକ୍ତ ସମ୍ମାନ ସହିତ ଆମେ ନିମ୍ନଲିଖିତ ବିଷୟଗୁଡ଼ିକ ଆପଣଙ୍କ ଦୃଷ୍ଟି ଆକର୍ଷଣ କରିବାକୁ ଅନୁରୋଧ କରୁଛୁଃ

ଯେ ଆମେ 7 ଅକ୍ଟୋବର 1930 ରେ ଏକ ବ୍ରିଟିଶ କୋର୍ଟ, ଟ୍ରିବ୍ୟୁନାଲ ଦ୍ୱାରା ମୃତ୍ୟୁଦଣ୍ଡରେ ଦଣ୍ଡିତ ହୋଇଛୁ। ଲାହୋର ଷଡ଼ଯନ୍ତ୍ର ମାମଲା ଅଧ୍ୟାଦେଶ, ଭାଇସରୟ, ଭାରତର ବ୍ରିଟିଶ ସରକାରଙ୍କ ମୁଖ୍ୟ, ଏବଂ ଆମ ବିରୁଦ୍ଧରେ ମୁଖ୍ୟ ଅଭିଯୋଗ ଥିଲା ଇଂଲଣ୍ଡର ରାଜା କିଙ୍ଗ ଜର୍ଜଙ୍କ ବିରୁଦ୍ଧରେ ଯୁଦ୍ଧ କରିବା।

ନ୍ୟାୟାଳୟର ଉପରୋକ୍ତ ସିଦ୍ଧାନ୍ତ ଦୁଇଟି ବିଷୟକୁ ପୂର୍ବରୁ ଅନୁମାନ କରିଥିଲାଃ

ପ୍ରଥମତଃ, ବ୍ରିଟିଶ ରାଷ୍ଟ୍ର ଏବଂ ଭାରତୀୟ ରାଷ୍ଟ୍ର ମଧ୍ୟରେ ଯୁଦ୍ଧର ସ୍ଥିତି ରହିଛି ଏବଂ ଦ୍ୱିତୀୟତଃ, ଆମେ ବାସ୍ତବରେ ସେହି ଯୁଦ୍ଧରେ ଅଂଶଗ୍ରହଣ କରିଥିଲୁ ଏବଂ ସେଥିପାଇଁ ଯୁଦ୍ଧବନ୍ଦୀ ଥିଲୁ। ଦ୍ୱିତୀୟ ପୂର୍ବ-ଅନୁମାନଟି ଟିକେ ପ୍ରଶଂସନୀୟ ମନେହୁଏ, କିନ୍ତୁ ତଥାପି ଏହା ସ୍ୱୀକାର କରିବାର ଇଚ୍ଛାକୁ ପ୍ରତିରୋଧ କରିବା ଅତ୍ୟନ୍ତ ଲୋଭନୀୟ।

ପ୍ରଥମଟି ବିଷୟରେ, ଆମେ କିଛି ବିସ୍ତୃତ ବିବରଣୀକୁ ଯିବାକୁ ବାଧ୍ୟ। ସ୍ପଷ୍ଟତଃ ଏପରି କୌଣସି ଯୁଦ୍ଧ ନଥିବା ପରି ମନେହୁଏ ଯେପରି ବାକ୍ୟାଂଶ ସୂଚିତ କରେ | ତଥାପି, ଦୟାକରି ଆମକୁ ପୂର୍ବ-ଅନୁମାନର ବୈଧତାକୁ ଏହାର ମୁଖ ମୂଲ୍ୟରେ ଗ୍ରହଣ କରିବାକୁ ଅନୁମତି ଦିଅନ୍ତୁ | କିନ୍ତୁ ଏହାକୁ ସଠିକ୍ ଭାବେ ବୁଝିବା ପାଇଁ ଆମକୁ ଆହୁରି ଅଧିକ ବ୍ୟାଖ୍ୟା କରିବାକୁ ପଡ଼ିବ। ଆସନ୍ତୁ ଆମେ ଘୋଷଣା କରିବା ଯେ ଯୁଦ୍ଧର ସ୍ଥିତି ବିଦ୍ୟମାନ ଅଛି ଏବଂ ରହିବ ଯେପର୍ଯ୍ୟନ୍ତ ଭାରତୀୟ ଶ୍ରମଜୀବୀ ଜନତା ଏବଂ ପ୍ରାକୃତିକ ସମ୍ବଳକୁ ମୁଷ୍ଟିମେୟ ପରଜୀବୀ ଦ୍ୱାରା ଶୋଷଣ କରାଯାଉଛି | ସେମାନେ ସମ୍ପୂର୍ଣ୍ଣ ବ୍ରିଟିଶ ପୁଞ୍ଜିପତି କିମ୍ବା ମିଶ୍ରିତ ବ୍ରିଟିଶ ଏବଂ ଭାରତୀୟ କିମ୍ବା ଏପରିକି ସମ୍ପୂର୍ଣ୍ଣ ଭାରତୀୟ ହୋଇପାରନ୍ତି। ସେମାନେ ମିଶ୍ରିତ ମାଧ୍ୟମରେ କିମ୍ବା ଏପରିକି ସମ୍ପୂର୍ଣ୍ଣ ଭାରତୀୟ ଅମଲାତାନ୍ତ୍ରିକ ଉପକରଣରେ ମଧ୍ୟ ସେମାନଙ୍କର କପଟପୂର୍ଣ୍ଣ ଶୋଷଣ ଜାରି ରଖିଥାଇପାରନ୍ତି। ଏସବୁ କିଛି ଫରକ ପକାଏ ନାହିଁ। ଏହା ଯାହା ହେଉନା କାହିଁକି, ଯଦି ଆପଣଙ୍କ ସରକାର ଛୋଟ ଛୋଟ ରିହାତି ଏବଂ ଆପୋଷେ ବୁଝାମଣା ମାଧ୍ୟମରେ ଭାରତୀୟ ସମାଜର ଉଚ୍ଚ ସ୍ତରର ନେତାମାନଙ୍କୁ ଜିତିବାକୁ ଚେଷ୍ଟା କରନ୍ତି ଏବଂ ସଫଳ ହୁଅନ୍ତି ଏବଂ ଏହା ଦ୍ୱାରା ବାହିନୀର ମୁଖ୍ୟ ସଂସ୍ଥାରେ ଏକ ଅସ୍ଥାୟୀ ମନୋବଳ ହ୍ରାସ ହୋଇଥାଏ। ଯାହା ହେଉନା କାହିଁକି, ଯଦି ପୁଣି ଥରେ ଭାରତୀୟ ଆନ୍ଦୋଳନର ଅଗ୍ରଣୀ,

ବିପ୍ଳବୀ ଦଳ, ନିଜକୁ ଯୁଦ୍ଧର ଘନତ୍ବ ମଧ୍ୟରେ ପରିତ୍ୟକ୍ତ ଅନୁଭବ କରେ। ଯେଉଁ ନେତାମାନଙ୍କ ପ୍ରତି ଆମେ ବ୍ୟକ୍ତିଗତ ଭାବେ ସହାନୁଭୂତି ଏବଂ ଭାବନା ବ୍ୟକ୍ତ କରିଛୁ, ସେଥିପାଇଁ ଆମେ ବହୁତ ଋଣୀ, ତଥାପି ଆମେ ଏହି ସତ୍ୟକୁ ଅଣଦେଖା କରିପାରିବୁ ନାହିଁ ଯେ ସେମାନେ ଏତେ ନିର୍ଦ୍ଦୟ ହୋଇଗଲେ ଯେ ସେମାନେ ଅଣଦେଖା କରିବାକୁ ଏବଂ ଶାନ୍ତି ଆଲୋଚନାରେ ଉଲ୍ଲେଖ ନକରିବାକୁ ଏତେ ନିଷ୍ଠୁର ହୋଇଗଲେ, ଏପରିକି ଗୃହହୀନ, ବନ୍ଧୁହୀନ ଏବଂ ଗରିବ ମହିଳା ଶ୍ରମିକଙ୍କ ବିଷୟରେ ମଧ୍ୟ, ଯେଉଁମାନେ ଅଗ୍ରଭାଗର ବୋଲି ଅଭିଯୋଗ କରାଯାଇଛି ଏବଂ ଯେଉଁମାନଙ୍କୁ ନେତାମାନେ ସେମାନଙ୍କ ଆଦର୍ଶଗତ ଅହିଂସାତ୍ମକ ଧର୍ମର ଶତ୍ରୁ ବୋଲି ବିବେଚନା କରନ୍ତି, ଯାହା ପୂର୍ବରୁ ଅତୀତର ଏକ ବିଷୟ ହୋଇସାରିଛି; ଯେଉଁ ନାୟିକାମାନେ ନିଜ ସ୍ୱାମୀ, ଭାଇ ଏବଂ ବଳିଦାନ ପାଇଁ ଅସନ୍ତୁଷ୍ଟ ଭାବରେ ବଳିଦାନ ଦେଇଥିଲେ କିମ୍ବା ଉତ୍ସର୍ଗ କରିଥିଲେ, ସେମାନଙ୍କ ସମେତ ସେମାନଙ୍କ ନିକଟତମ ଏବଂ ପ୍ରିୟ ଥିଲେ, ଯାହାକୁ ଆପଣଙ୍କ ସରକାର ବେଆଇନ ବୋଲି ଘୋଷଣା କରିଛନ୍ତି। ଯାହା ହେଉନା କାହିଁକି, ଆପଣଙ୍କ ଏଜେଣ୍ଟମାନେ ଏତେ ତଳକୁ ଖସିଗଲେ ଯେ ଭିତ୍ତିହୀନ ଅଭିଯୋଗମାନ ସୃଷ୍ଟି କଲେ। ସେମାନଙ୍କର ଏବଂ ସେମାନଙ୍କ ଦଳର ପ୍ରତିଷ୍ଠାକୁ କ୍ଷତି ପହଞ୍ଚାଇବା ପାଇଁ ସେମାନଙ୍କର ନିଷ୍କଳଙ୍କ ଚରିତ୍ର ବିରୁଦ୍ଧରେ। ଯୁଦ୍ଧ ଜାରି ରହିବ।

ଏହା ଭିନ୍ନ ଭିନ୍ନ ସମୟରେ ଭିନ୍ନ ଭିନ୍ନ ଆକାର ଧାରଣ କରିପାରେ। ଏହା ବର୍ତ୍ତମାନ ଖୋଲା, ବର୍ତ୍ତମାନ ଲୁକ୍କାୟିତ, ବର୍ତ୍ତମାନ ସମ୍ପୂର୍ଣ୍ଣ ଆନ୍ଦୋଳନ, ବର୍ତ୍ତମାନ ଭୟଙ୍କର ଜୀବନ ଏବଂ ମୃତ୍ୟୁ ସଂଗ୍ରାମ ହୋଇପାରେ | ପାଠ୍ୟକ୍ରମର ଚୟନ, ରକ୍ତାକ୍ତ ହେଉ କିମ୍ବା ତୁଳନାତ୍ମକ ଭାବରେ ଶାନ୍ତିପୂର୍ଣ୍ଣ, ଯାହା ଏହା ଗ୍ରହଣ କରିବା ଉଚିତ୍ ତାହା ଆପଣଙ୍କ ଉପରେ ନିର୍ଭର କରେ | ଆପଣ ଯାହା ପସନ୍ଦ କରନ୍ତି ତାହା ବାଛନ୍ତୁ। କିନ୍ତୁ କ୍ଷୁଦ୍ର (ଅବୈଧ) ଏବଂ ଅର୍ଥହୀନ ନୈତିକ ବିଚାରଧାରାକୁ ବିଚାରକୁ ନ ନେଇ ସେହି ଯୁଦ୍ଧ ନିରନ୍ତର ଭାବରେ କରାଯିବ। ସମାଜବାଦୀ ଗଣତନ୍ତ୍ର ପ୍ରତିଷ୍ଠା ହେବା ପର୍ଯ୍ୟନ୍ତ ଏବଂ ବର୍ତ୍ତମାନର ସାମାଜିକ ବ୍ୟବସ୍ଥା ସମ୍ପୂର୍ଣ୍ଣ ରୂପେ ସାମାଜିକ ସମୃଦ୍ଧି ଉପରେ ଆଧାରିତ ଏକ ନୂତନ ସାମାଜିକ ବ୍ୟବସ୍ଥା ଦ୍ୱାରା ପ୍ରତିସ୍ଥାପିତ ହେବା ପର୍ଯ୍ୟନ୍ତ ଏହା ସର୍ବଦା ନୂତନ ଉତ୍ସାହ, ଅଧିକ ଦୁଃସାହସ ଏବଂ ଦୃଢ ସଂକଳ୍ପ ସହିତ ପରିଚାଳିତ ହେବ ଏବଂ ଏହିପରି ପ୍ରତ୍ୟେକ ପ୍ରକାରର ଶୋଷଣ ସମାପ୍ତ ହେବ ଏବଂ ମାନବତା ପ୍ରକୃତ ଏବଂ ସ୍ଥାୟୀ ଶାନ୍ତିର ଯୁଗରେ ପ୍ରବେଶ କରିବ। ଅତି ନିକଟ ଭବିଷ୍ୟତରେ ଅନ୍ତିମ ଯୁଦ୍ଧ ଲଢ଼ାଯିବ ଏବଂ ଚୂଡ଼ାନ୍ତ ସମାଧାନରେ ପହଞ୍ଚିବ।

ପୁଞ୍ଜିବାଦୀ ଏବଂ ସାମ୍ରାଜ୍ୟବାଦୀ ଶୋଷଣର ଦିନ ସଂଖ୍ୟାଧିକ। ଯୁଦ୍ଧ ଆମ ସହିତ ଆରମ୍ଭ ହୋଇନାହିଁ କିମ୍ବା ଏହା ଆମ ଜୀବନ ସହିତ ଶେଷ ହେବାକୁ ଯାଉଛି ନାହିଁ। ଏହା ହେଉଛି ଐତିହାସିକ ଘଟଣା ଏବଂ ବର୍ତ୍ତମାନର ପରିବେଶର ଅନିବାର୍ଯ୍ୟ ପରିଣାମ। ଆମର ନମ୍ର ବଳିଦାନ କେବଳ ଶୃଙ୍ଖଳାର ଏକ ସଂଯୋଗ ହେବ ଯାହା ଶ୍ରୀ ଦାସଙ୍କ ଅତୁଳନୀୟ ବଳିଦାନ ଏବଂ କମରେଡ ଭଗବତୀ ଚରଣଙ୍କ ସବୁଠାରୁ ଦୁଃଖଦ କିନ୍ତୁ ମହାନ ବଳିଦାନ ଏବଂ ଆମର ପ୍ରିୟ ଯୋଦ୍ଧା ଆଜାଦଙ୍କ ଗୌରବମୟ ମୃତ୍ୟୁ ଦ୍ୱାରା ଅତ୍ୟନ୍ତ ସଠିକ୍ ଭାବରେ ସୁଶୋଭିତ ହୋଇଛି।

ଆମର ଭାଗ୍ୟର ପ୍ରଶ୍ନ ବିଷୟରେ, ଦୟାକରି ଆମକୁ କହିବାକୁ ଅନୁମତି ଦିଅନ୍ତୁ ଯେ ଯେତେବେଳେ ଆପଣ ଆମକୁ ହତ୍ୟା କରିବାକୁ ନିଷ୍ପତ୍ତି ନେଇଛନ୍ତି, ଆପଣ ନିଶ୍ଚିତ ଭାବରେ ଏହା କରିବେ | ଆପଣଙ୍କ ହାତରେ ଶକ୍ତି ଅଛି ଏବଂ ଶକ୍ତି ହେଉଛି ଏହି ଦୁନିଆରେ ସବୁଠାରୁ ବଡ଼ ଯଥାର୍ଥତା | ଆମେ ଜାଣୁ ଯେ "ସାମର୍ଥ୍ୟ ଠିକ୍" ଉକ୍ତିଟି ଆପଣଙ୍କର ମାର୍ଗଦର୍ଶକ ନୀତିବାକ୍ୟ ଭାବେ କାର୍ଯ୍ୟ କରିଥାଏ। ଆମର ସମଗ୍ର ବିଚାର ଏହାର କେବଳ ଏକ ପ୍ରମାଣ ଥିଲା। ଆମେ ସୂଚାଇବାକୁ ଚାହୁଁଥିଲୁ ଯେ ଆପଣଙ୍କ ନ୍ୟାୟାଳୟର ରାୟ ଅନୁଯାୟୀ ଆମେ ଯୁଦ୍ଧ ଚଳାଇଥିଲୁ ଏବଂ ସେଥିପାଇଁ ଯୁଦ୍ଧବନ୍ଦୀ ଥିଲୁ। ଏବଂ ଆମେ ଏପରି ବ୍ୟବହାର କରିବାକୁ ଦାବି କରୁଛୁ, i.e., ଆମେ ଫାଶୀ ଦେବା ପରିବର୍ତ୍ତେ ଗୁଳି ମାରିଥିବା ଦାବି କରୁଛୁ। ଆପଣଙ୍କ

ଅଦାଲତ ଯାହା କହିଛନ୍ତି ତାହା ଆପଣ ପ୍ରକୃତରେ ବୁଝାଇଛନ୍ତି ବୋଲି ପ୍ରମାଣ କରିବା ଆପଣଙ୍କ ଉପରେ ନିର୍ଭର କରେ |

ଆମେ ଅନୁରୋଧ କରୁଛୁ ଏବଂ ଆଶା କରୁଛୁ ଯେ ଆପଣ ଅତ୍ୟନ୍ତ ଦୟାଳୁ ଭାବରେ ସାମରିକ ବିଭାଗକୁ ଆମର ଫାଶୀ କାର୍ଯ୍ୟ ସମ୍ପାଦନ କରିବାକୁ ଏହାର ବିଚ୍ଛିନ୍ନତା ପଠାଇବାକୁ ନିର୍ଦ୍ଦେଶ ଦେବେ |

ଆପଣଙ୍କର,

ଭାଗତ୍ ସିଂ

ଲାହୋରର ଶାଦମାନ ଚକ୍, ଯେଉଁଠାରେ 1931 ମସିହାରେ ଭାଗବତ ସିଂ, ରାଜଗୁରୁ ଏବଂ ସୁଖଦେବଙ୍କୁ ଫାଶୀ ଦିଆଯାଇଥିଲା |

The Tribune.

BHAGAT SINGH, RAJGURU AND SUKHDEV EXECUTED.

NO "LAST INTERVIEW" WITH RELATIONS.

Shouts Emerge From Jail.

ଭାଗବତ ସିଂ, ରାଜଗୁରୁ ଏବଂ ସୁଖଦେବଙ୍କ ମୃତ୍ୟୁ ପରେ ମାର୍ଚ୍ଚ 25, 1931 ରେ ଟ୍ରିବ୍ୟୁନର ପ୍ରଥମ ପୃଷ୍ଠା

ଅଜିତ ସିଂ ଭାଗବତ ସିଂଙ୍କ ମାମୁଁ

ସ୍ୱରଣ ସିଂ ଭାଗବତ ସିଂଙ୍କ ମାମୁଁ

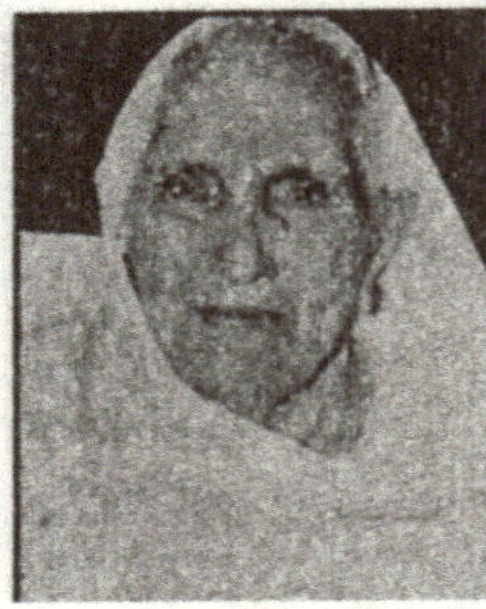

ବିଦ୍ୟାବତୀ କ ur ର ଭାଗବତ ସିଂଙ୍କ ମା

ସୁଖଦେବ ଥାପର |

(15 ମଇ 1907-23 ମାର୍ଚ୍ଚ 1931)

ଶିବରାମ ରାଜଗୁରୁ

(24 ଅଗଷ୍ଟ 1908-23 ମାର୍ଚ୍ଚ 1931)

ବାଟୁକେଶ୍ୱର ଦତ୍ତ

(18 ନଭେମ୍ବର 1910-20 ଜୁଲାଇ 1965)